सराहना

'जो बातें करने से हम घबराते हैं, उन पर महारत हासिल करने के लिए एक उपयोगी मार्गदर्शिका... जो हर किसी को अपने पास रखनी चाहिए।'

– फास्ट कंपनी मैगज़ीन

'जीवन के सबसे कठिन क्षणों में कारगर भावनात्मक सूझबूझ को बढ़ानेवाली किताब।'

– डेनियल गोलमैन, वर्किंग विद इमोशनल इंटेलीजेंस के बेस्टसेलिंग लेखक

'इस किताब को सिर्फ वही लोग न पढ़ें, जिन्हें अन्य लोगों के साथ कभी भी, कहीं भी काम न करना हो।'

– पीटर एम. सेंगे, दि फिफ्थ डिसिप्लिन के बेस्टसेलिंग लेखक

'आप अपने पूर्व-जीवनसाथी से कैसे निपटेंगे, जब वह बच्चों को स्कूल से घर लाने में देर कर दे? आप किसी ग्राहक से कैसे कहेंगे कि उसका प्रोजेक्ट पूरा करने में अपेक्षा से अधिक समय लगा है और अब उसे दोगुना बिल देना होगा? आप किसी से माफी कैसे माँगेंगे? अगर आप इन सवालों का जवाब जानना चाहते हैं, तो ये किताब जरूर पढ़ें।'

– सिटीज़न

'ये किताब़ उन पाठकों द्वारा जरूर सराही जाएगी, जो दैनिक जीवन में अपने मौखिक संवाद में सुधार लाना चाहते हैं?'

– लाइब्रेरी जर्नल

'स्टोन, पैटन और हीन ने अपने तर्कों को बड़े ही स्पष्ट व आसान ढंग से किस्सों, बातचीतों और जाने-पहचाने उदाहरणों द्वारा पाठकों के सामने रखा है।'

– पब्लिशर्स वीकली

'इस किताब की बुनियादी अंतर्दृष्टियाँ व्यावहारिक ज्ञान के इतने करीब हैं कि शायद इस बात पर ध्यान ही न जाए कि ये कितनी उल्लेखनीय किताब है... इसे जरूर पढ़ा जाना चाहिए।'

– हार्वर्ड नेगोसिएशन लॉ रिव्यू

'इतने सटीक सुझाव और इतने स्पष्ट उदाहरण हमें पहले कभी देखने को नहीं मिले।'

– डलास मॉर्निंग न्यूज़

'स्टोन पैटन और हीन ने एक बहुत ही स्पष्ट और आडंबररहित किताब लिखी है, जो न सिर्फ ये बताती है कि संवाद की प्रभावी क्षमता कैसे विकसित करें बल्कि आपसी बातचीत में खुला नज़रिया रखने और रचनात्मक परिणाम हासिल करने का मार्गदर्शन भी देती है... ये किताब वर्तमान में और संभवत: भविष्य में भी निर्णायक सिद्ध होगी।'

– सदर्न कम्युनिकेशन जर्नल

लेखक परिचय

डगलस स्टोन हार्वर्ड लॉ स्कूल में कानून के व्याख्याता और ट्रायड कंसल्टिंग ग्रुप (www.triadcgi.com) में साझेदार हैं, जो सौदेबाज़ी, संवाद व संघर्ष-समाधान में विशेषज्ञता रखनेवाली एक कंसल्टिंग फर्म है। वे विश्वविद्यालयों, कानूनी प्रतिष्ठानों, वित्तीय संस्थानों, गैर-लाभकारी संगठनों, सरकारों और छोटे-बड़े व्यावसायिक समूहों को परामर्श देते हैं। स्टोन ने दक्षिण अफ्रीका, साइप्रस और दक्षिण कोरिया जैसे देशों के अलावा इथोपिया की ऑर्गनाइजेशन ऑफ अफ्रीकन यूनिटी में भी एक शिक्षक और मध्यस्थ के रूप में अपनी सेवाएँ दी हैं। उनके लेख न्यू यॉर्क टाइम्स से लेकर पेरेंट्स मैगज़ीन तक में प्रकाशित हो चुके हैं। हार्वर्ड लॉ स्कूल से स्नातक करनेवाले स्टोन दस वर्षों तक हार्वर्ड नेगोसिएशन प्रोजेक्ट के सह-निर्देशक भी रहे। वर्तमान में वे ट्रॉमा (आघात) और क्षमा के पारस्परिक प्रभावों पर - विशेषकर नस्ल, लिंग या विभाजित समुदायों के संदर्भ में - शोध कर रहे हैं। उनसे dstone@post.harvard.edu पर संपर्क किया जा सकता है।

ब्रूस पैटन हार्वर्ड नेगोसिएशन प्रोजेक्ट के उप-निर्देशक व सह-संस्थापक हैं और साथ ही ग्लोबल कंसल्टिंग फर्म सीएमआई/वैंटेज पार्टनर्स एलएलसी (www.vantagepartners.bom) में साझेदार भी हैं, जो विभिन्न संगठनों को (उनके आपूर्तिकर्ताओं, ग्राहकों, गठबंधन भागीदारों और टीम के साथियों के साथ) अपने संबंधों, सौदेबाजियों व संघर्षों का रचनात्मक प्रबंधन करने की क्षमता बढ़ाने में सहयोग देते हैं। पैटन ने दक्षिण अफ्रीका की संवैधानिक प्रक्रिया का ढाँचा तैयार करने, 1980 के ईरानी बंधक संघर्ष का समाधान निकालने और शैक्षिक सुधारों के लिए श्रम समझौते तैयार करने में भी अपना सहयोग दिया है। वे 1981 से हार्वर्ड में सौदेबाज़ी की शिक्षा दे रहे हैं। 1987 में उन्हें थेडियस आर. बील व्याख्याता (कानून) के तौर पर भी नियुक्त किया गया था। हार्वर्ड कॉलेज और हार्वर्ड लॉ

कालेज से स्नातक पैटन बेस्टसेलर किताब गेटिंग टू यस (दूसरा संस्करण, पेंगुइन, 1991) के सह-लेखक भी हैं। उनसे bpatton@post.harvard.edu पर संपर्क किया जा सकता है।

शीला हीन हार्वर्ड लॉ स्कूल में कानून की व्याख्याता हैं और ट्रायड कंसल्टिंग ग्रुप में साझेदार हैं, जो संगठनों और व्यक्तियों की सबसे कठिन बातचीतों में उनका सहयोग करती है। वे कठिन निर्णय लेने जा रहे अधिकारियों, आपस में संघर्ष कर रहे श्रम-प्रबंधन दलों, उत्तराधिकार संबंधी मसलों का सामना कर रहे पारिवारिक व्यवसायों और नस्लीय संघर्ष के चलते विभाजित समुदायों को प्रशिक्षण देती हैं। उनके ग्राहकों में फिडेलिटी इन्वेस्टमेंट्स से लेकर सिंगापुर सुप्रीम कोर्ट तक, यूएस एयरफोर्स से लेकर कार्लसन परिवार तक और ग्रीक व तुर्की साइप्रिएट्स से लेकर साउथ कैरोलिना के सिटाडेल मिलिट्री कॉलेज तक, हर कोई शामिल हैं। हार्वर्ड में छात्रों और पेशेवरों को सौदेबाज़ी पढ़ानेवाली शीला हीन संवाद व संघर्ष प्रबंधन के विषय पर नियमित रूप से लिखती रही हैं। वे अपने पति और बेटे के साथ मैसाचुसेट्स प्रांत के कैम्ब्रिज शहर में रहती हैं। उनसे heen@post.harvard.edu पर संपर्क किया जा सकता है।

कठिन बातचीत

Difficult Conversations

**जो सबसे ज़्यादा मायने रखता है
उस पर चर्चा कैसे करें**

कठिन बातचीत के बारे में सबसे ज़्यादा पूछे जानेवाले
दस सवालों के जवाब सहित

डगलस स्टोन • ब्रूस पैटन • शीला हीन

हार्वर्ड नेगोसिएशन प्रोजेक्ट के सदस्य

गेटिंग टू यस के सहलेखक रॉजर फिशर द्वारा लिखित भूमिका के साथ

कठिन बातचीत

जो सबसे ज्यादा मायने रखता है, उस पर चर्चा कैसे करें

प्रथम आवृत्ती : नवंबर 2022

रीप्रिंट : नवंबर 2025

अनुवादक : **अभिषेक शुक्ला**

प्रकाशक : वॉव पब्लिशिंग्ज् प्रा. लि. पुणे

मुद्रक : ट्रिनिटी अकादमी प्रिंटर्स प्रा. लि., पुणे

ISBN : 978-93-90607-71-6

'Difficult Conversations' **इस अंग्रेजी पुस्तक का हिंदी अनुवाद**

Kathin Batchit
by Douglas Stone, Bruce Patton, Sheila Heen

हमारे परिवारों के लिए
प्रेम व आभार सहित
और हमारे दोस्त व मार्गदर्शक रॉजर फिशर को
उनके विज़न और प्रतिबद्धता के लिए समर्पित

भूमिका

हार्वर्ड नेगोसिएशन प्रोजेक्ट को सौदेबाज़ी व समस्या-समाधान पर आधारित किताब गेटिंग टू यस के लिए जाना जाता है। दुनियाभर में इस किताब की तीन मिलियन से भी ज़्यादा प्रतियाँ बिक चुकी हैं। 1981 में पहली बार प्रकाशित हुई ये किताब दुनियाभर के पाठकों को ये समझाने में सफल रही कि जब सौदेबाज़ एक-दूसरे के विरोधियों जैसा व्यवहार करने के बजाय, दोनों पक्षों के हितों को पूरा करने के लिए संयुक्त रूप से काम करते हैं, तो कहीं अधिक प्रभावी सिद्ध होते हैं।

हार्वर्ड पद्धति - इसे अक्सर इसी नाम से जाना जाता है - एक सहज व दोतरफा संवाद के महत्त्व पर जोर देती है। फिर भी सौदेबाज़ी और दैनिक जीवन, दोनों में ही हम तमाम अच्छी-बुरी वजहों से अक्सर एक-दूसरे से बात नहीं करते और करना चाहते भी नहीं हैं। और जब कभी हम बात करते भी हैं, तो चीज़ें और बदतर हो जाती हैं। भावनाएँ - जैसे गुस्सा, अपराधबोध व पीड़ा - और तीव्र हो जाती हैं। हम इस बात को लेकर और ज़्यादा आश्वस्त हो जाते हैं कि हम बिलकुल सही हैं। ठीक ऐसा ही उसे भी लगता है, जिससे हम असहमत हैं।

ये कठिन बातचीत का अधिकार-क्षेत्र है और इस सवाल का भी कि ये किताब इतनी सशक्त और आवश्यक क्यों है। ये इस बात का पता लगाती है कि बातचीत को कठिन बनाने के लिए कौन सी चीज़ें जिम्मेदार हैं, हम कठिन बातचीत से बचते क्यों हैं और हम अक्सर इस मामले में गड़बड़ क्यों कर बैठते हैं। यूँ तो ये पड़ताल सौदेबाज़ों की मदद करने की इच्छा से शुरू हुई थी, लेकिन इस विषय के बहुत गहन निहितार्थ भी हैं। ये किताब हमारे आपसी संवाद के एक महत्वपूर्ण पहलू को संबोधित करती है और बताती है कि हम अपने बच्चों से, माता-पिता, मकान-मालिक, किराएदारों, आपूर्तिकर्ताओं, ग्राहकों, बैंक कर्मचारियों, दलालों, पड़ोसियों, कर्मचारियों और अपने सहकर्मियों से कैसे निपट सकते हैं।

इस किताब द्वारा मेरे सहकर्मी डग, ब्रूस और शीला, हमारा हाथ थामकर हमें ये समझाते हैं कि किसी भी रिश्ते में अधिक से अधिक पूर्णता कैसे हासिल की जाए। वे हमें एक बौद्धिक व भावनात्मक दृष्टिकोण और अभिव्यक्ति का कौशल देते हैं, जो अनुभवों, मान्यताओं और भावनाओं के वास्तविक मतभेदों पर प्रभावी संवाद करने के लिए जरूरी होता है, फिर चाहे बात व्यक्तिगत संबंधों की हो, व्यावसायिक सौदों की या अंतर्राष्ट्रीय मामलों की।

ये ऐसे कौशल हैं, जो किसी व्यावसायिक संगठन के भीतर एक गंभीर असहमति को एक प्रतिस्पर्धात्मक खींच-तान से नवाचार के साधन में तब्दील करने के लिए जरूरी होते हैं। ये ऐसे कौशल हैं, जिनका उपयोग करके हम अपने वैवाहिक जीवन को अधिक सुखद व टिकाऊ बना सकते हैं। साथ ही किशोरों व उनके माता-पिता के आपसी रिश्ते भी बेहतर बनाए जा सकते हैं। ये कौशल उन घावों को भर सकते हैं, जिनके चलते हममें से बहुत से लोग एक-दूसरे से दूर हो जाते हैं। वास्तव में ये सारे कौशल हर किसी को एक बेहतर भविष्य प्रदान करते हैं।

द्वितीय विश्व-युद्ध के समय की बात है, अमेरिकी वायुसेना को कई सालों तक अपनी सेवाएँ देने के बाद जब मैं वापस लौटा तो पाया कि मेरा रूममेट, मेरे दो सबसे करीबी दोस्त और दर्जनों सहपाठी इस युद्ध में शहीद हो गए हैं। तभी से मैं आपसी मतभेदों से निपटने में उपयोगी कौशलों में सुधार लाने, हमारे बच्चों के भविष्य की संभावनाओं को उज्ज्वल बनाने और इस अभियान में दूसरों को जोड़ने के लिए काम करता रहा हूँ। हार्वर्ड नेगोसिएशन प्रोजेक्ट के मेरे युवा सहकर्मियों की ये उत्कृष्ट और जबरदस्त किताब पढ़ने के बाद मैं इस बात को लेकर बहुत आशावादी महसूस करने लगा हूँ कि तीनों मोर्चों पर भरपूर प्रगति हो रही है।

– रॉजर फिशर,

कैम्ब्रिज, मैसाचुसेट्स

आभार

इस किताब के कई स्रोत हैं।

हमने इसमें जो भी किस्से और बातचीतें साझा की हैं, वे अपने जीवन से और छात्रों, सहकर्मियों व ग्राहकों के विविध समूहों के साथ अपने पेशेवर अनुभवों से ली हैं। इनमें से कई किस्से विभिन्न लोगों के अनुभवों का मिश्रण हैं ताकि गोपनीयता का ध्यान रखा जा सके और विविधता लाई जा सके। इसीलिए हमने पहचान उजागर करनेवाले तथ्यों को भी बदल दिया है। हम उन सभी लोगों के बहुत आभारी हैं, जिन्होंने उन कठिन बातचीतों को हमारे साथ उदारता से साझा किया, जिनसे वे जूझ रहे थे। उनके खुलेपन और कुछ नया करने के साहस से हमें बहुत कुछ सीखने को मिला।

हमारे अपने शोध और चिंतन के अलावा इसमें कई अन्य विषयों से जुड़े विचार भी शामिल किए गए हैं। हम बुनियादी रूप से सौदेबाज़ी, मध्यस्थता और कानून जैसे विषयों में प्रशिक्षित हैं, लेकिन इन विषयों के साथ-साथ इस किताब में अन्य कई विषयों से भी बहुत कुछ शामिल किया गया है, जैसे - संगठनात्मक व्यवहार; ग्राहक-केंद्रित कॉग्निटिव और फैमिली थेरेपी; सामाजिक मनोविज्ञान; संचार सिद्धांत; और 'संवाद' जिस पर आजकल काफी काम हो रहा है।

इस किताब का काम फैमिली इंस्टीट्यूट ऑफ कैम्ब्रिज की फैकल्टी के सहयोग से शुरू हुआ, जिन्होंने इसमें अनगिनत तरीकों से अपना योगदान दिया है। डॉ. रिचर्ड चेसिन ओर डॉ. रिचर्ड ली ने ब्रूस पैटन और रॉजर फिशर के साथ मिलकर इंटरपर्सनल स्किल एक्सरसाइज[1] विकसित की। इस अभ्यास में प्रतिभागियों

[1] पारस्परिक कौशल अभ्यास - जो साइकोड्रामा विशेषज्ञ डॉ. कार्ल और शेरोन हॉलैन्डर के एक प्रदर्शन से प्रेरित था।

को उनकी सबसे कठिन बातचीतों के लिए प्रशिक्षित किया जाता है। ये अभ्यास एक दशक से भी ज़्यादा समय तक हार्वर्ड लॉ स्कूल की नेगोसिएशन वर्कशॉप और हमारे सीखने की प्रक्रिया के केंद्र में रहा है। हमारे साथ इस अभ्यास की शिक्षा देनेवाले डिक, रिक, सैलियन रोथ, जोडी स्कीयर और फैमिली इंस्टीट्यूट के उनके सहयोगियों से हमें पारिवारिक पहलुओं, प्रभावों, लोगों के 'अटक' जाने के पीछे के आम कारणों के अलावा ये भी सीखने को मिला कि पीड़ा झेल रहे लोगों की मदद कैसे की जाए।

हम क्रिस आर्गारिस और एक्शन डिजाइन के भागीदारों – डायना मैक्लेन स्मिथ, बॉस पुटनम और फिल मैक्आर्थर के भी आभारी हैं। संगठनात्मक जीवन की दुविधाओं और पारस्परिक संरचनाओं के बारे में उनकी अंतर्दृष्टियाँ, बातचीत के बारे में हमारी समझ के लिए अमूल्य साबित हुई हैं, जैसे – कैसे बातचीत पटरी से उतर जाती है और कैसे उसे वापस सही दिशा में लाया जाए। संयुक्त योगदान, प्रभाव बनाम आशय और इंटरपर्सनल इंटरसेक्शन्स (पारस्परिक अंतरअनुभाग) सहित इस किताब में प्रस्तुत तमाम अन्य अवधारणाएँ उनके कार्य से ही ली गई हैं। इसके साथ ही वे टू-कॉलम टूल, सीढ़ी और पदचिन्ह रूपकों व मैपिंग पद्धतियों के स्रोत भी हैं। भावनाएँ व्यक्त करने के दो नियम हमें बॉब पुटनम से मिले। फ्रेमिंग के विषय पर डॉन शॉन और डायना स्मिथ द्वारा किए गए कार्यों और भूमिकाओं के क्षेत्र में जॉन रिसर्डसन के योगदान से हमें ये समझ मिली कि अपनी कहानी कैसे कहें और एक अच्छी शुरुआत कैसे करें। संगठनात्मक जीवन की चुनौतियों की व्याख्या और उनका सामना करने में ये विचार कैसे सहयोग करते हैं, इसके बारे में डायना और वेंटेज पार्टनर्स के हमारे सहकर्मियों ने कई उपयोगी उदाहरण प्रस्तुत किए।

कॉग्निटिव थेरेपी के क्षेत्र की बात करें, तो हमें एरन बेक और डेविड बर्न्स के शोध और लेखन का लाभ मिला। मानसिक विकृति कैसे हमारी आत्म-छवि और भावनाओं को प्रभावित करती है, इस विषय पर उनके शोध के लिए हम उनके विशेष आभारी हैं। फैमिली इंस्टीट्यूट के डेविड केन्टॉर – जो फैमिली थेरेपी के प्रवर्तक भी हैं – उन्होंने ये समझने में हमारी सहायता की कि पहचान संबंधी बातचीत का परिदृश्य कैसा है और ये समूह के मामले में कैसे काम करती है।

सामाजिक मनोविज्ञान और संचार सिद्धांत की अंतर्दृष्टियाँ इतनी व्यापक हैं कि यहाँ उनका उल्लेख करना संभव नहीं है। ये अंतर्दृष्टियाँ कितनी सशक्त हैं, ये

इसी तथ्य से समझा जा सकता है कि उनमें से अधिकांश अंतर्दृष्टियाँ अब सिर्फ विशेषज्ञों तक ही सीमित नहीं हैं। हम दिवंगत जेफ रुबिन के ऋणी हैं, जिन्होंने बहुत से विचारों को हमारे ध्यान में लाया और हमें निरंतर समर्थन एवं प्रोत्साहन देते रहे। प्रमाणिकता की शक्ति और सुनने की कला जैसे विषयों पर हमने जो भी काम किया है, उस पर कार्ल रॉजर्स, शीला रेंडल और सुजैऩ रेपेटो का गहरा प्रभाव रहा है। जॉन ग्राइंडर ने हमें तीन दृष्टिकोणों या 'पोजिशंस' की अवधारणा दी, जिनमें से पहला है आपका दृष्टिकोण, दूसरा है सामनेवाले व्यक्ति का दृष्टिकोण और तीसरा है अवलोकन करनेवाले का दृष्टिकोण।

संवाद के क्षेत्र में हम लॉरा चेसिन और पब्लिक कन्वर्सेशन प्रोजेक्ट के उनके सहयोगियों, कॉन्फ्लिक्ट मैनेजमेंट ग्रुप के अपने साथियों और एरिका फॉक्स के भी आभारी हैं। इन सभी से हमने अपनी कहानी कहने और किसी मामले के केंद्रीय पहलू पर बात करने की परिवर्तनकारी शक्ति के बारे में जाना। इस विषय पर बिल आईजेक़्स, लुईस डायमंड, रिचर्ड मून और कई अन्य लोग भी महत्वपूर्ण काम कर रहे हैं।

हम जो सीख रहे थे, उसे पढ़ाने का शुरुआती प्रोत्साहन और अवसर देने के लिए हार्वर्ड लॉ स्कूल के रॉजर फिशर, बॉन मनूकिन, फ्रैंक सैंडर और डेविड हेरविट्स; कॉन्फ्लिक्ट मैनेजमेंट ग्रुप के रॉब रिसिग्लिआनो, जो स्टैन्फोर्ड और डॉन थॉम्पसन; कॉन्फ्लिक्ट मैनेजमेंट, ऑस्ट्रेलेशिया के एरिक कोर्नहॉज़र; कनाडा में सीआईबीसी बैंक की शर्ली नाइट; हार्वर्ड कॉलेज के डीन आर्ची एप्स; दक्षिण केरोलिना में द सिटाडेल के कर्नल डैनी कारपेंटर और कर्नल जो ट्रेज; और बोइंग कंपनी के गैरी जुसेला व नैन्सी एन स्टेबिन्स (और कैरोलिन गेलरमैन, जिन्होंने हमारा परिचय कराया था); प्रोग्राम ऑन नेगोसिएशन की डेबोरा कोल्ब; और कॉन्फ्लिक्ट मैनेजमेंट, इंक. के अपने सहकर्मियों को हम धन्यवाद देते हैं। हमारे दोस्त और सहयोगी स्टीफन स्मिथ ने पारिवारिक व्यवसायों और संस्थानों के साथ हमारा कामकाज आगे बढ़ाने में सहयोग दिया और हमारी एजेंट एस्टर न्यूबर्ग से हमारा परिचय कराया, जिन्होंने आईसीएम की अपनी टीम के साथ शानदार काम किया। हम पर विश्वास करने और सालों तक हमारा समर्थन करने के लिए हम उनके आभारी हैं।

हमारा सौभाग्य है कि हमारे पास प्रतिभाशाली और परवाह करनेवाले दोस्त

हैं, जो अपने व्यस्त कार्यक्रम से समय निकालकर हमारे ड्राफ्ट्स पढ़ते हैं, सुझाव देते हैं और साथ ही हमारा उत्साह भी बढ़ाते हैं। रॉजर फिशर, एरिका फॉक्स, माइकल मोफिट, स्कॉट पेपेट, जॉन रिचर्डसन, रॉब रिसिग्लिआनो और डायना स्मिथ लंबे समय तक हमसे और हमारे काम से जुड़े रहे। समीक्षा, पुनर्लेखन और वैकल्पिक खंडों या पूरे अध्याय की रूपरेखा तैयार करने के चलते इस किताब को तैयार करने में इन सभी का महत्वपूर्ण योगदान रहा है। किस्सों, प्रतिक्रियाओं और सहयोग के लिए हम डेनिस अचकोसो, लिस्ले बेकर, बॉब बोर्डोन, बिल ब्रेस्लिन, स्कॉट ब्राउन, स्टीवेन्सन कार्लबैक, टोनी शाएज़, डायना शिगास, एमी एडमंडसन, जॉर्ज डेली, एलिजाबेथ इंग्लैंड, डैनी एर्टल, कीथ फिट्ज़गेराल्ड, रॉन फोर्टगैंग, ब्रायन गैन्सन, लॉरी गोल्डनथल, मार्क गॉर्डन, शेरलॉक ग्राहम-हेन्स, एरिक हॉल, टीरी हिल, एड हिल्स, टेड जॉनसन, हेलेन किम, स्टू क्लिमन, लिंडा क्लुज़, डाएन कॉस्किनस, जिम लॉरेंस, सूजन मैक्केफर्टी, शार्लोट मैक्कॉर्मिक पैट्रिक मैक्िनी, जेमी मोफिट, लिंडा नेट्रश, मोनिका पार्कर, रॉबर्ट और सूजन रिचर्डसन, डॉन रुबेनस्टीन और सिल्वी कैर, कैरल रुबिन, जेफ सिओल, ड्यू टुलमेलो, रॉबिन वेदरहिल, जेफ वीस, जिम यंग, लुइसा हैकेट और कई अन्य का आभार व्यक्त करते हैं।

हमारे परिवार के सदस्यों को सालों तक ये लगता रहा कि क्या वाकई ऐसी कोई किताब कभी आकार ले सकेगी। उन्होंने इसके कई ड्राफ्ट्स पढ़े, उनकी समीक्षा की, बेशर्त व सराहनीय परामर्श और नैतिक समर्थन दिया। साथ ही पारिवारिक किस्सों के हमारे संस्करण को विनम्रतापूर्वक स्वीकार भी किया, जिसके लिए हम उनके बहुत आभारी हैं और उन्हें बहुत प्रेम करते हैं: रॉबी और डेविड ब्लैकेट, जैक और जॉयस हीन, जिल और जेसन ग्रेनन, स्टेसी हीन, बिल और कैरल पैटन, ब्रायन पैटन और डेवरा सिसिट्सकी, जॉन और बेंजामिन रिचर्डसन, डायना स्मिथ, डॉन और एनी स्टोन, जूली स्टोन और डेनिस डॉहेर्टी, और रैंडी स्टोन को हमारा धन्यवाद।

हमें वाइकिंग पेंगुइन में इससे बेहतर संपादन टीम नहीं मिल सकती थी। हमारी संपादक जेन वॉन मेहरन न केवल बुद्धिमान और व्यावहारिक हैं बल्कि उनके साथ काम करना बड़ा ही आसान और मजेदार भी है। जेन, सूजन पीटरसन, बारबरा ग्रॉसमैन, इवान हेल्ड, अलीसा वॉयट और टीम ने बहुत जल्द ये भाँप लिया कि हम किस दिशा में काम कर रहे हैं। हम उनकी प्रतिबद्धता और योगदान के लिए उनके आभारी हैं। लैंगिक तटस्थता बनाकर रखने के लिए सर्वनाम के तौर पर 'वे'

और ‘उन्हें’ का उपयोग करने के बावजूद हमारी लाइन एडिटर बीना कमलानी और कॉपी एडिटर जेनेट रीनार्ड ने हमसे असहमति जताने और हमारा मुकाबला करने का साहस दिखाया, जिससे हमारी पांडुलिपी और बेहतर हो गई। (चूँकि हालिया समय में बोलचाल के शब्दों का ऐसा प्रयोग काफी आम हो गया है इसलिए संभवत: युवा पीढ़ी इसे स्वाभाविक मान सकती है। फिर भी हम उन लोगों से क्षमा चाहते हैं, जिन्हें शब्दों का ऐसा प्रयोग असामान्य या अजीब लगता है।) अंतत: हमारी डिजाइनर मैगी पाएट और फ्रान्चेस्का बेलेन्गर का भी धन्यवाद, जिन्होंने किताब के लिए एक विशिष्ट, सहज और सुंदर कवर तैयार किया।

हमेशा की तरह इस किताब के अच्छे पहलुओं का श्रेय कई अन्य लोगों को जाता है, जबकि इसमें जो भी गलतियाँ या चूक हुई हैं, उनके लिए सिर्फ हम जिम्मेदार हैं।

– डग, ब्रूस और शीला

कैम्ब्रिज, मैसाचुसेट्स

विषय सूची

प्रस्तावना

अपना वेतन बढ़ाने की माँग करना... कोई रिश्ता तोड़ना... किसी के काम की आलोचनात्मक समीक्षा करना... किसी जरूरतमंद को ना कहना... अपमानजनक या आहत करनेवाले व्यवहार का विरोध करना... किसी समूह में रहकर बहुमत से असहमत होना... माँफी माँगना...

ऑफिस में, घर पर और कई अन्य स्थानों पर हर दिन या तो कठिन बातचीत करने की कोशिशें चल रही होती हैं या फिर उसे टालने की।

कठिन बातचीत यानी वह सब जिस पर बात करना आपको असहज लगता हो

जिन विषयों पर बातचीत करना सबसे कठिन लगता है, उनमें सबसे पहले आते हैं- नस्ल, लिंग, सेक्शुएलिटी, राजनीति और धर्म। हममें से बहुत लोगों के लिए ये विषय बड़े कठिन होते हैं। लेकिन हमें असहज और अटपटा महसूस करानेवाले विषय सिर्फ अखबार के संपादकीय पेज के विषयों तक ही सीमित नहीं होते। जब भी हम असुरक्षित महसूस करते हैं या हमारा आत्मसम्मान खतरे में होता है, जब दांव पर लगे मुद्दे महत्वपूर्ण हों और परिणाम अनिश्चित हो, जब हम उस विषय की बहुत परवाह करते हों, जिस पर चर्चा हो रही है या फिर उन लोगों की परवाह करते हों, जिनसे चर्चा हो रही है, तो हो सकता है कि हम उस बातचीत में कठिनता का अनुभव करें।

हम सबके जीवन में ऐसी बातचीत करने के मौके आते रहते हैं, जो हमें अप्रिय लगती हैं, जिनसे हम घबराते हैं, जिनसे हम बचते हैं या फिर जिन्हें हम किसी कड़वी दवा की तरह स्वीकार कर लेते हैं, जैसे :

आपके ऑफिस का एक सीनियर इंजीनियर, जो आपका पुराना दोस्त है, अब कंपनी पर बोझ बन गया है। उसे नौकरी से निकालने की जिम्मेदारी कंपनी ने आपको दी है।

आपने अपनी सास को एक पड़ोसी से ये कहते सुना कि आपके बेटे बिगड़ैल और अनुशासनहीन हैं। आप अपनी छुट्टियाँ सास के घर में बितानेवाली थीं, लेकिन अब आप यकीन से नहीं कह सकतीं कि इस दौरान उनसे आपका टकराव नहीं होगा।

आप जिस प्रोजेक्ट पर काम कर रहे हैं, उसे पूरा करने के लिए आपने ग्राहक से जितना समय माँगा था, उससे दोगुना समय लग चुका है। अब आपको बिल बनाकर ग्राहक को भेजना है और अगर आप प्रोजेक्ट में लगे अतिरिक्त समय का खर्च बिल में नहीं जोड़ेंगे, तो आपको बहुत नुकसान होगा, लेकिन ग्राहक को ये जानकारी देने से आप घबरा रहे हैं।

आप अपने पिता को बताना चाहते हैं कि आप उनसे कितना प्यार करते हैं, लेकिन आपको डर है कि इस अंतरंगता से आप दोनों को ही अटपटा महसूस होगा।

आपको हाल ही में पता चला कि आपकी पुलिस फोर्स के कुछ अश्वेत सहकर्मी आपको पीठ पीछे अंकल टॉम कहकर पुकारते हैं। ये जानकर आपको बहुत गुस्सा आया, लेकिन आप यकीन से नहीं कह सकते कि इस विषय पर उन सहकर्मियों से बात करके आपको कुछ हासिल होगा।

इसके अलावा दैनिक जीवन में आनेवाली चीज़ें तो हैं ही यानी ऐसी बातचीत, जो यूँ तो अपेक्षाकृत सामान्य लगती है, लेकिन फिर भी आपकी चिंता का कारण बन जाती है: जैसे बिना रसीद के कोई सामान लौटाने जाना, अपनी सेक्रेटरी को कुछ दस्तावेजों की फोटोकॉपी करने को कहना, घर पर पेंट करनेवाले से कहना कि वह घर के अंदर धूम्रपान न करे। ये कुछ ऐसी बातें हैं, जिन्हें हम जब तक संभव हो, टालते रहते हैं और जब कोई चारा नहीं रह जाता तो जाकर किसी तरह कह देते हैं। हम अक्सर इन बातों का मन ही मन अभ्यास भी करते हैं ताकि ये बिलकुल स्पष्ट हो जाए कि हमें जाकर क्या कहना है और फिर बातचीत के बाद हम ये भी

सोचते हैं कि हमने जो कहा, वह उचित था या नहीं और क्या उसके बजाय हम कुछ और भी कह सकते थे।

आखिर इन स्थितियों का सामना करना इतना कठिन क्यों होता है? दरअसल हम ऐसी बातचीतों के परिणाम से घबराते हैं - फिर चाहे हम जाकर उस मुद्दे पर बात करें या फिर उससे बचने की कोशिश करें।

दुविधा : अनदेखा करें या सामना करें, ऐसा लगता है, मानों कोई संतोषजनक विकल्प है ही नहीं

इस दुविधा से हम सब परिचित हैं। हम बार-बार एक ही सवाल से जूझ रहे होते हैं - हमें ये मुद्दा उठाना चाहिए या फिर इस बारे में चुप रहना चाहिए?

जैसे पड़ोसी के कुत्ते के भौंकने के चलते आप रात को ठीक से सो नहीं पा रहे हैं। आप सोचते हैं, 'क्या मुझे इस बारे में पड़ोसी से बात करनी चाहिए?' पहले-पहल आप तय करते हैं कि आप उससे कुछ नहीं कहेंगे। लेकिन उसका कुत्ता फिर से भौंकना शुरू कर देता है और आपकी नींद हराम होने लगती है। अब आप तय करते हैं कि कल सुबह आप इस मुद्दे पर उससे स्पष्ट शब्दों में बात करेंगे।

लेकिन अब आपकी नींद किसी और कारण से उड़ी हुई है। अब आप इस विचार से परेशान हैं कि आपको पड़ोसी से उसके कुत्ते को लेकर झगड़ा करना पड़ेगा। जबकि आप चाहते हैं कि उससे आपके संबंध न बिगड़ें; शायद आप बेवजह ही इतना परेशान हो रहे हैं। आखिरकार आप तय करते हैं, इस बारे में पड़ोसी से कुछ न कहना ही बेहतर होगा। ये सोचकर आप शांत महसूस करने लगते हैं। लेकिन फिर जैसे ही आपकी नींद लगती है, उसका कुत्ता एक बार फिर भौंकने लगता है। इस तरह आप नए सिरे से अनिर्णय की स्थिति में फँस जाते हैं।

ऐसा लगता है, मानों कोई संतोषजनक विकल्प है ही नहीं, जिसका चुनाव करके आप शांति से सो सकें।

ये तय करना इतना कठिन क्यों है कि आपको समस्या को अनदेखा करना चाहिए या उसका सामना करना चाहिए? क्योंकि कहीं न कहीं हमें सच्चाई पता होती है: अगर हम समस्या को अनदेखा करेंगे या उससे बचने की कोशिश करेंगे, तो हमें लगेगा कि हमारा फायदा उठाया जा रहा है, इससे हमारी भावनाएँ भड़केंगी और हम

ये सोच-सोचकर परेशान होते रहेंगे कि आखिर हम आत्मविश्वास क्यों नहीं दिखाते और अपने निर्णय के पक्ष में खड़े क्यों नहीं होते। इसके अलावा हम सामनेवाले को सुधार करने का मौका देने से भी चूक जाते हैं, जबकि अगर हम समस्या का सामना करें, तो हो सकता है कि स्थितियाँ और बदतर हो जाएँ। हो सकता है कि हमारी बात को खारिज कर दिया जाए या हमारी आलोचना की जाए; कहीं ऐसा न हो कि इससे सामनेवाला आहत हो जाए और हमारे संबंध बिगड़ जाएँ, जबकि वास्तव में हमारा ऐसा कोई इरादा न हो।

व्यवहारकुशल बारूदी हथगोले जैसी कोई चीज़ नहीं होती

हम दुविधा से निकलने के लिए बेताब होते हैं और ये सोच-सोचकर हैरान होते हैं कि क्या सचमुच ऐसा कोई चतुर और विनम्र तरीका है, जिससे सब कुछ ठीक हो जाए।

चतुराई अच्छी चीज़ है, लेकिन ये कठिन बातचीत का जवाब नहीं है। चतुराई दिखाने से आपके और आपके पिता के बीच की बातचीत और अंतरंग नहीं हो जाएगी, न ही ज़्यादा बिल देखकर भड़कनेवाले ग्राहक का गुस्सा दूर हो जाएगा। इसी तरह अपने दोस्त को नौकरी से निकालने का या तकलीफदेह पूर्वाग्रहों से ग्रस्त अपने सहकर्मी का विरोध करने का या फिर अपनी सास को ये बताने का कोई व्यवहारकुशल तरीका नहीं है कि आप उनसे परेशान हो चुके हैं।

एक कठिन संदेश देना बारूदी हथगोला फेंकने जैसा होता है। भले ही आप उस पर मीठी चाशनी लपेट दें या उसे धीरे से फेंके, लेकिन बारूदी हथगोले से जो नुकसान होना है, वह तो होकर रहेगा। आप जितनी चाहे कोशिश कर लें, लेकिन बारूदी हथगोला फेंकने का ऐसा कोई चतुर तरीका नहीं है, जिससे उसके परिणामों से बचा जा सके। लेकिन समस्या होने के बावजूद चुप रहना या बात को अपने तक सीमित रखना भी कोई बेहतर विकल्प नहीं है। सामनेवाले को कठिन संदेश न देना, बारूदी हथगोले की पिन निकालने के बाद भी उसे अपने हाथ में पकड़े रहने जैसा है।

इसीलिए हम अटका हुआ महसूस करते हैं। ऐसे में हमें किसी ऐसे कारगर सुझाव की जरूरत होती है, जो सिर्फ 'व्यवहार कुशलता दिखाओ' या 'सकारात्मकता बनाए रखो' तक सीमित न हो। क्योंकि समस्याएँ इससे कहीं अधिक जटिल होती

हैं; और उनके समाधान भी।

ये किताब आपकी मदद कर सकती है

हार्वर्ड नेगोसिएशन प्रोजेक्ट में हज़ारों लोगों के साथ हर तरह की कठिन बातचीत पर काम करते हुए हमने इन बातचीतों को कम तनावपूर्ण और अधिक उत्पादक बनाने का रास्ता खोज निकाला है। इससे लोगों के साथ शालीनता और ईमानदारीभरा व्यवहार करते हुए कठिन समस्याओं से रचनात्मक ढंग से निपटा जा सकता है। ये ऐसा दृष्टिकोण है, जो आपकी मानसिक शांति को भंग नहीं होने देता, भले ही सामनेवाला इसे अपनाए या नहीं।

हम आपको संदेश देने (और प्राप्त करने) की समस्या से बाहर निकलने में मदद करेंगे ताकि आप बारूदी हथगोला फेंकने की स्थिति से बच सकें। हम आपको दिखाएँगे कि विरोधी संदेशों की हानिकारक लड़ाई को, अधिक रचनात्मक दृष्टिकोण में कैसे बदलें। इसे हम सीखने की बातचीत कहते हैं।

ये इतना लाभकारी है कि इसके लिए कोशिश की जानी चाहिए

कठिन बातचीत से निपटने के आपके तरीके में बदलाव लाने के लिए बेशक मेहनत की जरूरत होती है। गोल्फ खेलते समय गेंद को हिट करने का अपना तरीका बदलने, सड़क के दूसरी ओर गाड़ी चलाने या एक नई भाषा सीखने की तरह ही कोई भी बदलाव शुरू-शुरू में अटपटा ही लगता है। और साथ ही ये ज़रा खतरनाक भी लग सकता है: अपने कम्फर्ट ज़ोन से बाहर निकलना शायद ही कभी आसान होता हो; थोड़ा जोखिम तो हमेशा रहता ही है। इसके लिए आपको खुद पर गहरी नज़र डालने और कभी-कभी अपने अंदर बदलाव लाकर प्रगति करने की जरूरत होती है। अपनी माँसपेशियाँ मजबूत बनाने के लिए की गई किसी नई कसरत के कारण होनेवाला दर्द, व्यर्थ की लड़ाई से मिली चोटों का दर्द सहने से कहीं बेहतर होता है।

और इसका संभावित लाभ अच्छा-खासा है। अगर आप इस किताब में बताए गए कदम उठाते हैं, तो कठिन बातचीत आपके लिए पहले से कहीं अधिक आसान हो जाएगी और उसे लेकर आपकी चिंता भी कम हो जाएगी। आपको कहीं अधिक प्रभावी परिणाम मिलेंगे, जिन्हें देखकर आप खुश होंगे। जैसे-जैसे आपकी

चिंता कम होगी और संतुष्टि बढ़ेगी, आप वे बातचीतें ज़्यादा से ज़्यादा करने लगेंगे, जो आपको हमेशा से करनी चाहिए थीं।

वास्तव में हमने जिन लोगों के साथ काम किया है, उन्होंने अपनी सबसे चुनौतीपूर्ण बातचीतें करने के नए तरीके सीखे हैं, जिससे न सिर्फ इन बातचीतों को लेकर उनकी चिंता कम हुई बल्कि वे इनमें कहीं ज़्यादा प्रभावी भी साबित हुए। उन्होंने पाया कि अब वे इस बात से कम घबराते हैं कि अन्य लोग क्या कहेंगे। कठिन परिस्थितियों में जरूरी कदम उठाने का उनका आत्मविश्वास तो बढ़ा ही है, साथ ही उनका आत्म-सम्मान और ईमानदारी की भावना भी बढ़ गई है। उन्होंने ये भी सीखा कि कठिन विषयों और अटपटी परिस्थितियों के साथ रचनात्मक ढंग से निपटने से आपसी संबंध अक्सर और मजबूत हो जाते हैं। और ये एक ऐसा मौका है, जिसे कतई गँवाना नहीं चाहिए।

क्या आपको संदेह है?

अगर आपको संदेह है, तो ये स्वाभाविक है। हो सकता है कि आप कई हफ्तों, महीनों या सालों से इन मुद्‌दों से जूझ रहे हों, आपकी समस्याएँ बहुत जटिल हों और उनमें जो लोग शामिल हों, उनसे निपटना आसान न हो। तो फिर भला एक किताब पढ़ लेने से क्या फर्क पड़ सकता है?

एक किताब पढ़कर आप इंसानों के बीच के पारस्परिक संवाद के बारे में कितना सीख सकते हैं, इसकी अपनी सीमाएँ हैं। हम आपकी परिस्थितियों की बारीकियाँ नहीं जानते, हमें नहीं पता कि आपका क्या-क्या दांव पर लगा हुआ है और आपकी कमजोरी या आपकी ताकत क्या है? लेकिन हमने पाया है कि भले ही संदर्भ कोई भी हो, जो चीज़ कठिन बातचीतों को वास्तव में कठिन बनाती है और सोचने व कार्य करने में होनेवाली गलतियाँ, जिनके चलते वे कठिनाइयाँ पैदा होती हैं, वे हमेशा समान होती हैं। हम सबके डर समान होते हैं और हम सब एक ही किस्म के जाल में फँसते हैं। इसलिए भले ही आप कैसी भी स्थिति का या किसी भी व्यक्ति का सामना कर रहे हों, इस किताब में आपके लिए ऐसा कुछ न कुछ जरूर है, जिससे आपको मदद मिल सकती है।

ये सच है कि कुछ परिस्थितियों में सुधार की कोई संभावना नहीं होती, भले ही आप कितने भी कुशल हो जाएँ। हो सकता है कि मुद्‌दे से जुड़े लोग भावनात्मक

रूप से इतने अशांत हों या इतना कुछ दांव पर लगा हो या टकराव इतना तीव्र हो कि सिर्फ एक किताब – या पेशेवर हस्तक्षेप – से कोई लाभ मिलने की संभावना न के बराबर हो। लेकिन अगर कुछ मामले पूरी तरह निराशाजनक होते हैं, तो कुछ मामले ऐसे भी होते हैं, जो निराशाजनक लगते जरूर हैं, पर होते नहीं हैं। लोग अक्सर आकर हमसे कहते हैं, 'मुझे आपसे कुछ सुझाव चाहिए, लेकिन याद रखिए कि मेरी परिस्थितियों में सुधार की कोई संभावना नहीं है।'

हालाँकि उनकी ये सोच गलत है। हम एक–दूसरे के साथ मिलकर कुछ ऐसे रास्ते जरूर खोज सकते हैं, जिनसे बातचीत पर गहन सकारात्मक प्रभाव पड़े।

बेशक, यह भी संभव है कि आप किसी कठिन परिस्थिति से निपटने या किसी रिश्ते को सुधारने में सक्षम न हों या उसके लिए तैयार न हों। हो सकता है कि आप शोक मना रहे हों, अपने जख्मों को भरने की कोशिश कर रहे हों या फिर आपको बस थोड़ा समय चाहिए हो। हो सकता है कि आप गुस्से में हों या इस बात को लेकर दुविधा में हों कि आप असल में क्या चाहते हैं। भले ही आप कोई बातचीत न करना चाहते हों पर ये किताब भावनात्मक उलझनों को सुलझाने और एक बेहतर रास्ता तलाशने में आपकी मदद जरूर कर सकती है।

हमें नए स्थानों पर तलाश करने की जरूरत है

हम आपको ऐसे कितने सुझाव दे सकते हैं, जो आपके लिए बिलकुल नए हों और जिन पर आपने पहले विचार न किया हो? शायद काफी सारे। क्योंकि सवाल ये नहीं है कि क्या आप कठिन बातचीतों का 'जवाब' तलाशने की पूरी कोशिश कर रहे थे बल्कि सवाल ये है कि क्या आप सही स्थानों पर जवाब तलाश रहे थे? मूल रूप से देखें, तो समस्या आपके कार्यों में नहीं है बल्कि आपकी सोच में है। जब तक आप सिर्फ इस बात पर फोकस करेंगे कि कठिन बातचीत में आप क्या अलग कर सकते हैं, तब तक आप नए आयाम तलाशने में नाकाम होते रहेंगे।

ये किताब इस बारे में बहुत से सुझाव देती है कि एक कठिन बातचीत कैसे की जाए। लेकिन सबसे महत्वपूर्ण बात ये है कि इससे आपको यह समझने में मदद मिलेगी कि आपको किसका मुकाबला करना है और 'संदेश देनेवाली प्रवृत्ति' छोड़कर 'सीखने की प्रवृत्ति' अपनाना व्यावहारिक क्यों है। इसके बाद ही आप सीखने की बातचीत के चरणों को समझने और लागू करने में सक्षम होंगे।

कठिन बातचीतें जीवन का हिस्सा हैं

आप चाहे जितने बेहतर हो जाएँ, कठिन बातचीतें आपके लिए हमेशा एक चुनौती ही रहेंगी। ये बात हम तीनों लेखक अपने जीवन के अनुभवों के आधार पर कह रहे हैं। हम अच्छी तरह जानते हैं कि किसी को दुःख पहुँचाने या खुद आहत होने का डर कैसा होता है। हम ये भी जानते हैं कि हमारे कार्यों से अन्य लोग कैसे प्रभावित हुए हैं या हमने खुद को कैसे निराश किया है और इसका अपराधबोध कैसा होता है। हमें मालूम है कि नेक इरादों के बावजूद कई बार आपसी रिश्ते खराब हो जाते हैं या उलझ जाते हैं और अगर पूरी ईमानदारी से कहें, तो हमें ये भी पता होता है, हमारे इरादे हमेशा अच्छे नहीं होते। हम जानते हैं कि हम हमारा दिल और हमारी आत्मा कितने नाजुक होते हैं।

इसलिए यथार्थवादी लक्ष्य रखना ही बेहतर है। डर और चिंता को पूरी तरह खत्म करना एक यथार्थवादी लक्ष्य नहीं है। लेकिन डर और चिंता को कम करना और उनका प्रबंधन करना सीखना निश्चित ही एक ऐसा यथार्थवादी लक्ष्य है, जिसे हासिल किया जा सकता है। इसी तरह बिना किसी जोखिम के सर्वश्रेष्ठ परिणाम हासिल करना संभव नहीं है, लेकिन तमाम बाधाओं के बावजूद बेहतर परिणाम हासिल करना संभव हो सकता है।

हममें से अधिकांश के लिए इतना काफी है। क्योंकि अगर हम नाजुक हैं, तो इसका अर्थ है कि हम उल्लेखनीय रूप से लचीले भी हैं।

समस्या

1
तीन बातचीतों को निपटाएँ

जैक एक कठिन बातचीत करने जा रहा है।

वह बताता है : 'एक दिन दोपहर को मेरे पास माइकल का फोन आया, जो मेरा अच्छा दोस्त है और कभी-कभी मेरा ग्राहक भी। 'मैं ज़रा मुश्किल में हूँ,' उसने मुझसे कहा। 'मुझे कल दोपहर तक किसी भी तरह एक फायनेंशियल ब्रोशर डिजाइन और प्रिंट करवाना है।' उसने बताया कि उसका डिजाइनर शहर से बाहर गया हुआ है और कोई दूसरा डिजाइनर उपलब्ध नहीं है, जिसके चलते वह काफी परेशान है।

'मैं पहले से ही एक अन्य प्रोजेक्ट में व्यस्त था, लेकिन चूँकि माइकल मेरा दोस्त है इसलिए मैं बाकी सब काम छोड़कर देर रात तक उसका ब्रोशर डिजाइन करने में जुटा रहा।

'अगले दिन तड़के सुबह माइकल ने मेरे डिजाइन किए हुए नमूने की समीक्षा की और फिर उसे प्रिंट करने की मंजूरी दे दी। मैंने दोपहर तक उस ब्रोशर की प्रतियाँ प्रिंट कराकर माइकल की डेस्क पर रखवा दीं। मैं बुरी तरह थक चुका था, लेकिन ये सोचकर खुश था कि मैं अपने दोस्त के काम आया।

'फिर जब मैं अपने ऑफिस लौटा तो मैंने देखा कि माइकल ने एक वाइस-मेल भेजा है :

> तुमने तो इसे बर्बाद कर दिया! देखो जैक, मैं जानता हूँ कि समय कम था और तुम दबाव में थे, लेकिन... (गहरी साँस लेता है)। इस ब्रोशर में आमदनीवाला चार्ट पूरी तरह स्पष्ट नहीं है और काफी अलग भी है। सच कहूँ, तो ये किसी काम का नहीं है। मैंने ये ब्रोशर अपने एक महत्वपूर्ण ग्राहक के लिए बनवाया था। उम्मीद है, तुम इसे तत्काल

सुधार दोगे। ये वाइस-मेल मिलते ही मुझे फोन करो।

'अब आप समझ सकते हैं कि मुझे उसका ये मैसेज पाकर कैसा लगा होगा। वह चार्ट ज़रा अलग तो था, लेकिन सिर्फ तभी, जब आप उस पर बहुत बारीकी से गौर करें। तो मैंने माइकल को तत्काल फोन किया।'

उनकी बातचीत कुछ ऐसी रही :

जैक : हेलो माइकल, मुझे तुम्हारा मैसेज मिला...

माइकल: देखो जैक, तुम्हें इसे दोबारा डिज़ाइन करना होगा।

जैक : एक मिनट! मैं मानता हूँ कि ये परफेक्ट नहीं है, लेकिन इस चार्ट को स्पष्ट रूप से लेबल किया गया है। ऐसा नहीं है कि इसे पढ़नेवाला ठीक से समझ नहीं पाएगा।

माइकल: यार जैक! हम दोनों जानते हैं कि मैं ये ब्रोशर इस तरह अपने ग्राहक को नहीं भेज सकता।

जैक : मुझे लगता है कि...

माइकल: देखो, इसमें बहस करने जैसी कोई बात नहीं है। गलतियाँ हम सबसे होती हैं। तुम बस इसे ठीक कर दो और बात खतम।

जैक : तुमने सुबह कुछ क्यों नहीं कहा, जब मैंने तुम्हें इसका नमूना दिखाया था?

माइकल: इसकी प्रूफरीडिंग करना मेरा काम नहीं है जैक। देखो, मैं पहले ही काफी दबाव में हूँ। मुझे इसे किसी भी हाल में उस ग्राहक को भेजना है, लेकिन बिलकुल ठीक से तैयार करके। या तो तुम मेरे पक्ष में हो या नहीं। मुझे बस 'हाँ' या 'ना' में जवाब चाहिए। तुम इसे ठीक करोगे या नहीं?

जैक : (पलभर चुप रहने के बाद) अच्छा चलो ठीक है। मैं कर दूँगा।

इसमें एक ऐसी कठिन बातचीत के सारे लक्षण हैं, जो किसी भी क्षण पटरी से उतर सकती थी। महीनों बाद भी जैक इस बातचीत को लेकर अच्छा महसूस नहीं कर रहा है और माइकल के साथ उसके संबंध अब भी तनावपूर्ण हैं। वह ये सोचता रहता है कि क्या वह कुछ अलग कर सकता था? और अब उसे इस बारे में क्या करना चाहिए?

लेकिन इस पर चर्चा करने से पहले, आइए देखें कि जैक और माइकल की इस बातचीत से हम ये कैसे सीख सकते हैं कि कठिन बातचीतें कैसी होती हैं और उनसे कैसे निपटा जाना चाहिए।

कठिन बातचीत की संरचना को डिकोड करना

हैरानी की बात ये है कि अनंत विविधताएँ नज़र आने के बावजूद, सभी कठिन बातचीतों की संरचना एक जैसी होती है। जब आप एक कठिन बातचीत करने को लेकर चिंतित होते हैं और उसके विवरण में उलझे होते हैं, तो इस संरचना पर गौर करना मुश्किल हो जाता है। लेकिन यहाँ ये समझना जरूरी है कि अपनी सबसे कठिन बातचीतों से बेहतर ढंग से निपटने की बुनियाद ये संरचना ही है।

जितना आपको सुनने को मिल रहा है, ये सिर्फ वहीं तक सीमित नहीं है

ऊपर वर्णित जैक और माइकल की बातचीत के शब्दों पर गौर करके आप उनके बीच की स्थिति को सिर्फ सतही तौर पर ही समझ सकेंगे। एक कठिन बातचीत की संरचना को सामने लाने के लिए हमें न सिर्फ कही गई बातों को समझना होगा बल्कि अनकही बातों को भी समझना होगा। उन दोनों के मन में जो चल रहा है और वे दोनों जो महसूस कर रहे हैं, लेकिन एक-दूसरे से कह नहीं रहे हैं, हमें उसे भी समझना होगा। एक कठिन बातचीत में आमतौर पर असली चीज़ यही होती है।

बातचीत के दौरान जैक जो सोच रहा है, लेकिन कह नहीं रहा है, ज़रा उस पर गौर करें।

जैक ने जो सोचा और महसूस किया, पर कहा नहीं	जैक और माइकल ने एक–दूसरे से जो कहा
वह मुझे ऐसा मैसेज कैसे भेज सकता है? मैंने अपनी पत्नी के साथ बाहर डिनर करने का प्लान कैंसिल किया, पूरी रात जागा और बाकी सारे काम छोड़कर पहले उसका काम पूरा किया और इतना सब करने का मुझे ये सिला मिला?	
	जैक: हेलो माइकल, मुझे तुम्हारा मैसेज मिला – माइकल: देखो जैक, तुम्हें इसे दोबारा डिज़ाइन करना होगा।
अब ये अनावश्यक प्रतिक्रिया दे रहा है। कोई सीपीए भी इस ब्रोशर को देखकर ये नहीं कर सकता कि चार्ट थोड़ा अलग है। अब तो मुझे खुद पर गुस्सा आ रहा है कि मैंने ऐसी बेवकूफी क्यों की।	
	जैक: एक मिनट! मैं मानता हूँ कि ये परफेक्ट नहीं है, लेकिन इस चार्ट को स्पष्ट रूप से लेबल किया गया है। ऐसा नहीं है कि इसे पढ़नेवाला ठीक से समझ नहीं पाएगा। माइकल: यार जैक! हम दोनों जानते हैं कि मैं ये ब्रोशर इस तरह अपने ग्राहक को नहीं भेज सकता।
माइकल अपनी बात मनवाने के लिए अपने सहकर्मियों पर हावी होने की कोशिश करता है। लेकिन उसे मेरे साथ ऐसा नहीं करना चाहिए। मैं तो उसका दोस्त हूँ! मैं अपना बचाव करने के लिए अपनी बात मजबूती से रखना चाहता हूँ, लेकिन मैं इस मामले को और बढ़ाकर	

जैक ने जो सोचा और महसूस किया, पर कहा नहीं	**जैक और माइकल ने एक–दूसरे से जो कहा**
झगड़ा नहीं करना चाहता। मैं एक दोस्त और एक ग्राहक के तौर पर माइकल को खोने का नुकसान नहीं झेल सकता। मैं सचमुच फँस गया हूँ।	
	जैक: मुझे लगता है कि...
गलतियाँ होती हैं? ये मेरी गलती नहीं है। इसे तुम्हीं ने मंजूरी दी थी, याद है?	माइकल: देखो, इसमें बहस करने जैसी कोई बात नहीं है। गलतियाँ हम सबसे होती हैं। तुम बस इसे ठीक कर दो और बात खतम।
	जैक: तुमने सुबह कुछ क्यों नहीं कहा, जब मैंने तुम्हें इसका नमूना दिखाया था?
तो तुम मुझे सिर्फ एक प्रूफरीडर मानते हो?	माइकल: इसकी प्रूफरीडिंग करना मेरा काम नहीं है जैक। देखो, मैं पहले ही काफी दबाव में हूँ। मुझे इसे किसी भी हाल में उस ग्राहक को भेजना है। लेकिन बिलकुल ठीक से तैयार करके। या तो तुम मेरे पक्ष में हो या नहीं। मुझे बस 'हाँ' या 'ना' में जवाब चाहिए। तुम इसे ठीक करोगे या नहीं?
मैं इस पूरे ड्रामे से थक चुका हूँ। मैं इसकी तरह ओछा व्यवहार करने के बजाय बड़प्पन दिखाऊँगा। इस स्थिति से निकलने का सबसे अच्छा तरीका यही है कि मैं ज़रा उदारता दिखाते हुए ब्रोशर को ठीक कर दूँ।	
	जैक: (पलभर चुप रहने के बाद) अच्छा चलो ठीक है। मैं कर दूँगा।

इसी तरह माइकल भी बहुत कुछ सोच और महसूस कर रहा है, लेकिन कह नहीं रहा है। माइकल इस असमंजस में है कि उसे जैक को ये काम देना भी चाहिए था या नहीं। इससे पहले भी वह जैक के काम से कुछ खास संतुष्ट नहीं था, लेकिन फिर भी उसने अपने साझेदारों की मर्जी के खिलाफ जाकर जैक को ये मौका दिया। अब माइकल जैक से हताश हो चुका है और सोच रहा है कि जैक को काम देना पेशेवर और व्यक्तिगत रूप से एक अच्छा निर्णय था या नहीं।

तो पहली अंतर्दृष्टि बिलकुल स्पष्ट है : माइकल और जैक के बीच ऐसा बहुत कुछ चल रहा है, जो अनकहा है।

ये बहुत आम है बल्कि यूँ कहें कि आप जो सोच रहे होते हैं और जो कह रहे होते हैं, उसके बीच का फर्क बातचीत के कठिन बनने का एक बड़ा कारण होता है। आपके अंदर जो भी चल रहा होता है, आप उससे विचलित होते हैं। आप इस बात को लेकर दुविधा में होते हैं कि क्या कहना या न कहना बेहतर रहेगा। और आपको इस बात का एहसास होता है कि आप जो सोच रहे हैं, वह कह देने से बातचीत आसान नहीं हो जाएगी।

प्रत्येक कठिन बातचीत में दरअसल तीन बातचीतें होती हैं

हर प्रकार की सैकड़ों बातचीतों का अध्ययन करने के बाद हमने पाया कि बातचीत के दौरान जो वास्तव में चल रहा होता है, उसकी एक अंतर्निहित संरचना होती है। ऐसी बातचीतों से बेहतर ढंग से निपटने की दिशा में पहला सशक्त कदम होता है, इस संरचना को समझना। हमारे अध्ययन से ये स्पष्ट हुआ है कि विषय भले ही कोई भी हो, लेकिन हमारे विचारों और भावनाओं को तीन श्रेणियों या तीन 'बातचीतों' में बाँटा जा सकता है। और इनमें से प्रत्येक बातचीत में हम ऐसी गलतियाँ करते हैं, जिनका अनुमान पहले से लगाया जा सकता है। ये गलतियाँ हमारे विचारों और भावनाओं को विकृत बनाकर हमें मुसीबत में डाल देती हैं।

माइकल और जैक द्वारा कही गई, सोची गई या महसूस की गई हर समस्याग्रस्त बात, इन तीन 'बातचीतों' की श्रेणी में आती है। और आपकी कठिन बातचीतों की हर समस्याग्रस्त बात भी इन्हीं श्रेणियों में आती है।

१. **'क्या हुआ?' वाली बातचीत-** सबसे कठिन बातचीतें वे होती हैं, जिनमें इस बारे में असहमति हो कि 'क्या हुआ' या 'क्या होना चाहिए?' 'किसने क्या

कहा' और 'किसने क्या किया?' 'कौन सही है, किसका क्या मतलब था और दोष किसका है?' जैक और माइकल के बीच इन्हीं मुद्दों पर दोनों किस्म की खींचतान हुई, बोलकर भी और आंतरिक रूप से भी। क्या ब्रोशर के चार्ट को सचमुच फिर से तैयार करना जरूरी था? क्या माइकल जैक पर हावी होने की कोशिश कर रहा था? ब्रोशर की गलती किसे पकड़नी चाहिए थी?

२. **भावनाओंवाली बातचीत-** हर कठिन बातचीत भावनाओं से जुड़े सवाल भी पूछती है और उनका जवाब भी देती है। 'क्या मेरी भावनाएँ जायज़ हैं? मैं इन्हें स्वीकार करूँ या खारिज कर दूँ? सबके सामने व्यक्त कर दूँ या यूँ ही विलीन हो जाने दूँ? मैं सामनेवाले की भावनाओं का क्या करूँ? अगर वह गुस्सा या आहत हुआ तो?' जैक और माइकल के विचार भावनाओं से भरे हुए हैं। उदाहरण के लिए, 'इतना सब करने का मुझे ये सिला मिला?' गुस्से और आहत होने को दर्शाता है और 'मैं पहले ही काफी दबाव में हूँ' चिंता को दर्शाता है। बातचीत में इन भावनाओं को सीधे तौर पर संबोधित नहीं किया जा रहा है, लेकिन फिर भी वे किसी तरह सामने आ ही जाती हैं।

३. **पहचान संबंधी बातचीत-** ये वह बातचीत है, जो हम सब अपने आपसे करते हैं कि हमारे लिए कोई स्थिति क्या मायने रखती है। हम इस बारे में एक आंतरिक बहस करते हैं कि इसका अर्थ क्या है, हम सक्षम हैं या अक्षम हैं, हम एक अच्छे इंसान हैं या बुरे, हम प्रेम के योग्य हैं या नहीं? इसका हमारी आत्म-छवि और आत्म-सम्मान पर, हमारे भविष्य और हमारे हितों पर क्या प्रभाव पड़ेगा? इन सवालों के हमारे जवाब ही काफी हद तक ये तय करते हैं कि हम बातचीत के दौरान 'संतुलित' महसूस करेंगे या भटका हुआ और चिंतित महसूस करेंगे। जैक और माइकल की बातचीत में जैक इस भावना से जूझ रहा है कि वह अक्षम साबित हुआ है, इसीलिए वह कम 'संतुलित' महसूस कर रहा है। जबकि माइकल ये सोच रहा है कि कहीं उसने जैक को काम देकर मूर्खता तो नहीं कर दी।

हर कठिन बातचीत में इन तीनों प्रकार की बातचीतों से जूझना शामिल होता है। इनके साथ सफलतापूर्वक निपटने के लिए ये सीखना जरूरी है कि तीनों बातचीतों के मामले में प्रभावी कैसे रहा जाए। इन तीनों का प्रबंधन एक साथ करना ज़रा कठिन लग सकता है, लेकिन ये उन परिणामों का सामना करने से कहीं ज़्यादा आसान है, जो आँखें मूँदकर कठिन बातचीत करने से मिलते हैं।

हम क्या बदल सकते हैं और क्या नहीं

हम कितने भी कुशल हो जाएँ, तीनों बातचीतों में कुछ ऐसी चुनौतियाँ सामने आ ही जाती हैं, जिन्हें हम बदल नहीं सकते। हमारे सामने ऐसी स्थितियाँ भी आएँगी, जहाँ 'क्या हुआ?' हमारी उम्मीद से कहीं अधिक जटिल होगा। हममें से प्रत्येक के पास ऐसी जानकारी होगी, जिससे दूसरा व्यक्ति अनजान होगा और एक-दूसरे की जानकारी बढ़ाना आसान नहीं होता। इसके बावजूद भी हमें भावनात्मक रूप से तीव्र स्थितियों का सामना करना पड़ेगा, जो किसी खतरे से कम नहीं लगेंगी क्योंकि उनके चलते हमारी पहचान के महत्वपूर्ण पहलू जोखिम में पड़ जाते हैं।

ऐसे में हम जो बदल सकते हैं, वह है, इन सभी चुनौतियों पर प्रतिक्रिया देने का हमारा तरीका। दूसरे व्यक्ति के पास ऐसी कौन सी जानकारी हो सकती है, जो हमारे पास नहीं है, इसका पता लगाने के बजाय हम आमतौर पर ये मान लेते हैं कि चीज़ों को समझने और बताने के लिए हमें जो कुछ भी पता होना चाहिए, वह सब हमें पहले से ही पता है। अपनी भावनाओं का रचनात्मक ढंग से प्रबंधन करने के बजाय हम या तो उन्हें छिपाने की कोशिश करते हैं या फिर उन्हें इतने अनियंत्रित तरीके से जाहिर होने देते हैं कि फिर बाद में हमें पछतावा होता है। हमारे (या उनके) लिए जोखिम में पड़े पहचान संबंधी मुद्दों का पता लगाने के बजाय हम बातचीत को कुछ इस तरह जारी रखते हैं, मानो ये हमारे बारे में कुछ न कहती हो - इस तरह हम कभी अपनी चिंता की जड़ तक नहीं पहुँच पाते।

इन गलतियों को और इनके विनाशकारी प्रभाव को समझने के बाद हम बेहतर दृष्टिकोण विकसित करना शुरू कर सकते हैं। आइए, अब प्रत्येक बातचीत को और गहराई से समझते हैं।

'क्या हुआ?' वाली बातचीत :
यहाँ कथा क्या है?

'कौन सही है,' 'किसका क्या मतलब था' और 'दोष किसका है' को लेकर अपनी विभिन्न कथाओं के साथ जूझते हुए जब हम कठिन बातचीतें करते हैं, तो उस दौरान हमारा अधिकांश समय 'क्या हुआ?' वाली बातचीत में ही बीतता है। इन तीनों मोर्चों - सच, इरादे और दोष - पर हम एक आम धारणा बना लेते हैं,

जो हमें पंगु बना देती है। कठिन बातचीत से निपटने की अपनी क्षमता बढ़ाने के लिए इन सभी धारणाओं में सुधार करना आवश्यक है।

सच की धारणा

अपने मत के पक्ष में मुखर बहस करते हुए हमारी बातचीत का रुख जिस धारणा पर टिका होता है, हम अक्सर उस पर सवाल नहीं उठाते। और वह धारणा है : मैं सही हूँ और आप गलत। ये साधारण सी धारणा अंतहीन दुःख की वजह बनती है।

मैं किस बारे में सही हूँ? 'मेरा ये सोचना सही है कि आप बहुत तेज गाड़ी चलाते हैं।' 'मेरा ये सोचना सही है कि आप अपने युवा सहकर्मियों को सलाह-मशवरा देने में असमर्थ हैं।' 'मेरा ये सोचना सही है कि थैंक्सगिविंग के मौके पर आपने जो टिप्पणियाँ की थीं, वे अनुचित थीं।' 'मेरा ये सोचना सही है कि इतने दर्दनाक ऑपरेशन के बाद मरीज को और दवाइयाँ मिलनी चाहिए थीं।' 'मेरा ये सोचना सही है कि ठेकेदार ने मुझसे ज़्यादा पैसा लिया।' 'मेरा ये सोचना सही है कि वेतन में बढ़ोत्तरी मेरा हक है।' 'मेरा ये सोचना सही है कि ब्रोशर जैसा है, वैसा ही ठीक है।' यानी जिन-जिन चीज़ों के बारे में मेरा सोचना सही है, अगर उन्हें कागज पर दर्ज किया जाए तो एक पूरी किताब बन सकती है।

पर यहाँ केवल एक ही अड़चन है: मैं सही नहीं हूँ।

लेकिन ऐसा कैसे हो सकता है? ये तो असंभव सा लगता है। कम से कम कुछ मामलों में तो मेरा सोचना जरूर सही होगा!

जी नहीं। असल मुद्दा ये है: सही तथ्यों को सामने लाने से कठिन बातचीत का कोई संबंध नहीं है। कठिन बातचीतों का संबंध तो विरोधी धारणाओं, व्याख्याओं, मूल्यों से होता है। उनका संबंध इस बात से नहीं होता कि कोई अनुबंध क्या कहता है बल्कि इस बात से होता है कि अनुबंध का अर्थ क्या है। उनका संबंध इस बात से नहीं होता कि बच्चों के लालन-पालन की कौन सी किताब सबसे अधिक लोकप्रिय है बल्कि इस बात से होता है कि हमें बच्चों के लालन-पालन की किस किताब का अनुसरण करना चाहिए।

कठिन बातचीत का संबंध इस बात से नहीं है कि सच क्या है बल्कि इस बात

से है कि महत्वपूर्ण क्या है।

आइए एक बार फिर माइकल और जैक की ओर वापस चलते हैं। उनके बीच इस बारे में कोई विवाद नहीं है कि ग्राफ पूरी तरह सही है या नहीं। वे दोनों ही मानते हैं कि ग्राफ पूरी तरह सही नहीं है। उनका विवाद तो इस बारे में है, ग्राफ में जो गलती है, वह चिंता करने योग्य है या नहीं और अगर है, तो उससे कैसे निपटा जाए? यानी सवाल सही और गलत का नहीं बल्कि व्याख्या और निर्णय का है। व्या।ख्याओं और निर्णयों की गहराई में जाना जरूरी होता है। इसके विपरीत, कौन सही है और कौन गलत है, यह निर्धारित करने की कोशिश, गतिरोध पैदा करती है।

'क्या हुआ?' वाली बातचीत में, जब हम सच की धारणा से दूर हो जाते हैं, तो खुद को सही साबित करने को अपना उद्देश्य बनाने के बजाय, दोनों पक्षों की धारणाएँ, व्याख्याएँ और मूल्य समझने को अपना उद्देश्य मानने के लिए आज़ाद हो जाते हैं। इससे हम संदेश देने के बजाय सवाल पूछने और ये जानने की ओर बढ़ते हैं कि हर पक्ष दुनिया को किस तरह देखता और समझता है। साथ ही हम अपने मतों को धारणाओं, व्याख्याओं और मूल्यों के तौर पर सामने रखने लगते हैं – न कि 'सच' के तौर पर।

इरादे गढ़ना

'क्या हुआ?' वाली बातचीत में दूसरा तर्क – आपके और मेरे – इरादों के बारे में हैं। 'क्या आप मुझे भावनात्मक चोट पहुँचाने के लिए मुझ पर चिल्लाए थे या सिर्फ अपनी बात पर ज़ोर देने के लिए?' 'क्या तुमने मेरी सिगरेट्स इसलिए बाहर फेंक दीं क्योंकि तुम मुझे अपने नियंत्रण में रखना चाहती हो या फिर इसलिए कि सिगरेट छोड़ने की मेरी प्रतिज्ञा पूरी करने में तुम मेरी मदद करना चाहती हो?' मैं आपके इरादों के बारे में जो सोचता हूँ, इससे न सिर्फ ये तय होता है कि मैं आपके बारे में क्या सोचता हूँ बल्कि ये भी तय होता है कि आखिरकार हमारी बातचीत कैसी होगी।

इरादों के मामले में हम जो गलती करते हैं, वह बड़ी ही साधारण पर गहन गलती है: हम ये मान लेते हैं कि हमें दूसरों के इरादे पता हैं, जबकि वास्तव में हमें उनके इरादे पता नहीं हैं। इससे भी बदतर ये है कि जब हम यकीन से नहीं कह पाते

कि किसी के इरादे कैसे हैं, तो अक्सर ये मान लेते हैं कि उनके इरादे बुरे ही होंगे।

सच तो ये है कि इरादे अदृश्य होते हैं। हम दूसरों का व्यवहार देखकर तय करते हैं कि उनके इरादे कैसे होंगे। दूसरे शब्दों में कहें, तो हम खुद ही उनके इरादे गढ़ लेते हैं, उनकी कल्पना कर लेते हैं। लेकिन दूसरों के इरादों के बारे में हम अपने मन में जो कथाएँ गढ़ते हैं, वे आमतौर पर सही नहीं होतीं। पर क्यों? क्योंकि कठिन बातचीत के अन्य कई पहलुओं की तरह ही लोगों के इरादे भी बड़े जटिल होते हैं। कभी-कभी लोग मिले-जुले इरादों से या ऐसे इरादों से कार्य करते हैं, जिनका हमसे कोई संबंध नहीं होता। और कभी-कभी अच्छे इरादे से किए गए उनके कार्यों से भी हमें दुःख पहुँचता है।

क्योंकि दूसरे के इरादों के बारे में हमारा मत (और हमारे इरादों के बारे में उनका मत) कठिन बातचीत में इतना महत्वपूर्ण है कि उसके बारे में निराधार धारणाएँ बनाना विनाशकारी सिद्ध हो सकता है।

दोष देना

'क्या हुआ?' वाली बातचीत में हम जो तीसरी गलती करते हैं, उसका संबंध दोष देने से है। सबसे कठिन बातचीतें विशेष रूप से इस बात पर केंद्रित होती हैं कि हम जो समस्या झेल रहे हैं, उसमें दोष किसका है। उदाहरण के लिए जब कोई कंपनी अपना सबसे बड़ा ग्राहक खो देती है, तो हमें पता होता है कि जल्द ही किसी को दोष देने का क्रूर खेल शुरू हो जाएगा। ये दोष किस पर आएगा, हमें इसकी कोई परवाह नहीं होती, बस कोई हमें दोषी न ठहराए। व्यक्तिगत संबंधों में भी ऐसा ही होता है। क्या अपनी सौतली माँ के साथ आपके संबंध तनावपूर्ण हैं? तो इसमें उन्हीं की गलती होगी। उन्हें इस बात के लिए आपको परेशान करना बंद कर देना चाहिए कि आपने अपना कमरा अस्त-व्यस्त कर रखा है और आपकी संगत ठीक नहीं है।

जैक और माइकल के बीच हुए टकराव में, जैक के अनुसार असली सम स्या ये है कि माइकल गलत है: ब्रोशर की फॉरमेटिंग को लेकर उसे अपनी अति-संवेदनशीलता प्रिंटिंग से पहले दर्शानी चाहिए थी, न कि बाद में। और स्वाभाविक है कि माइकल को लगता है कि असली समस्या ये है कि जैक गलत है: ब्रोशर को जैक ने तैयार किया था, तो उसके लेआउट से जुड़ी हर गड़बड़ की

जिम्मेदारी भी जैक की है।

छोटे बच्चों के माता-पिता इस चीज़ को अच्छी तरह समझते हैं। जब कार की पिछली सीट पर बैठे उनके दो बच्चे एक-दूसरे से झगड़ रहे होते हैं, तो दोषी कौन है, ये तय करने की कोशिश हमेशा एक शिकायत को जन्म देती है: 'लेकिन पहले उसने हाथ उठाया था!' या 'मैंने उसे मारा क्योंकि उसने मुझे छोटा बच्चा कहा।' हर बच्चा दोष स्वीकार करने से इंकार कर देता है, न सिर्फ इसलिए क्योंकि दोषी साबित होने पर आप सज़ा के रूप में उसे उसकी पसंदीदा आइसक्रीम नहीं खाने देंगे बल्कि इसलिए भी क्योंकि ये उसे न्यायपूर्ण नहीं लगता। दोनों में से किसी को नहीं लगता कि असली समस्या ये है कि गलती सिर्फ उसकी है। क्योंकि वास्तव में गलती किसी एक की है भी नहीं।

आगे की सीट पर बैठकर ये देखना मुश्किल नहीं है कि पीछे की सीट पर हो रहे झगड़े में दोनों का योगदान है। लेकिन जब मामला हमारा खुद का हो, तो ये देखना बहुत मुश्किल हो जाता है कि समस्या खड़ी करने में हमारा अपना कितना योगदान है। लेकिन कठिन बातचीत को बढ़ावा देनेवाली करीब-करीब हर स्थिति में जो भी होता है, उसमें दोनों पक्षों का योगदान होता है। ऐसे में कोई भी सज़ा उचित या प्रासंगिक नहीं होती। जब सक्षम और समझदार लोग कोई बेवकूफी कर बैठते हैं, तो दो बातों का पता लगाना ही सबसे व्यावहारिक कदम होगा। पहला, वे यह क्यों नहीं समझ सके कि वे बेवकूफी कर रहे हैं और दूसरा कि दोबारा ऐसा न हो, इसके लिए क्या किया जाए।

दोष के बारे में चर्चा करने से हमारा ध्यान भटक जाता है और हम ये पता नहीं लगा पाते कि गड़बड़ क्यों हुई और हम उसे कैसे सुधार सकते हैं। जब आप समस्या के पीछे की योगदान-प्रणाली को समझने पर ध्यान केंद्रित करेंगे, तो समस्या के असली कारणों का पता लगाना और उनमें सुधार करना आसान हो जाएगा। दोष और योगदान के बीच का अंतर बहुत सूक्ष्म लग सकता है। लेकिन इस अंतर को समझने की कोशिश करना सार्थक है। क्योंकि इससे कठिन बातचीतों से निपटने की आपकी क्षमता विशेष रूप से बढ़ेगी।

भावनाओंवाली बातचीत :
हम अपनी भावनाओं का क्या करें?

कठिन बातचीत का संबंध सिर्फ इस बात से नहीं होता कि क्या हुआ था; इनमें भावनाएँ भी शामिल होती है। सवाल ये नहीं है कि तीव्र भावनाएँ उठेंगी या नहीं बल्कि ये है कि ऐसी भावनाएँ उठने पर उनसे निपटा कैसे जाए। क्या आपको अपने बॉस को ये बताना चाहिए कि आप उसकी प्रबंधन शैली के बारे में सचमुच क्या राय रखते हैं या फिर उस सहकर्मी के बारे में बताना चाहिए, जिसने आपका आइडिया चुरा लिया? क्या आपको अपनी बहन को ये बताना चाहिए कि आपके लिए ये बात कितनी दुःखी करनेवाली है कि उसने अब भी आपकी पूर्व प्रेमिका के साथ दोस्ती बनाकर रखी है? और अगर आप अपने वेंडर से उसकी लिंगभेदी टिप्पणियों के बारे में बात करने का निर्णय लेते हैं, तो ऐसा करते वक्त आपको जो गुस्सा आएगा, उसका आप क्या करेंगे?

जब तीव्र भावनाएँ उठती हैं, तो हममें से बहुत से लोग तर्कसंगत बने रहने की पूरी कोशिश करते हैं। क्योंकि भावनाओं के ज्वार में गहरे तक डूबना काफी बुरा साबित हो सकता है, इससे आपकी निर्णय लेने की क्षमता प्रभावित होती है और कुछ संदर्भों में - उदाहरण के लिए ऑफिस में - ऐसा करना पूरी तरह अनुचित लग सकता है। अपनी भावनाएँ खुलकर व्यक्त करना एक भयावह और असहज अनुभव हो सकता है और ये भी हो सकता है कि इसके चलते हम असुरक्षित महसूस करने लगें। आखिरकार, अगर सामनेवाले ने हमारी भावनाओं को खारिज कर दिया या बिना सोचे-समझे कोई प्रतिक्रिया दे दी तो? या फिर अगर सामनेवाले ने हमारी भावनाओं को दिल पर ले लिया या अगर इससे हमारे रिश्ते खराब हो गए तो? और जब हम अपनी भावनाएँ व्यक्त करके अपने दिल का बोझ उतार देंगे, तो फिर सामनेवाले की बारी आएगी। तब क्या हम गुस्सा और तकलीफ दर्शाती उनकी भावनाओं को सुनने को तैयार होंगे?

ऐसे तर्क इस बात को रेखांकित करते हैं कि हमें भावनाओंवाली बातचीत से दूर रहना है - कि जैक द्वारा अपने गुस्से और तकलीफ को जाहिर न करना और माइकल द्वारा अपनी निराशा की भावना साझा न करना ही बेहतर है। बेहतर होगा कि वे सिर्फ ब्रोशर के बारे में ही सवाल-जवाब करें। बेहतर होगा कि वे अपने काम के बजाय किसी और चीज़ पर बात ही न करें।

क्या वाकई?

संगीतरहित ओपेरा

इस तर्क के साथ ये समस्या है कि ये एक साधारण से तथ्य पर विचार नहीं करता: भावनाएँ कठिन बातचीत का सिर्फ एक अंग नहीं होतीं बल्कि उसका केंद्र होती हैं। भावनाएँ किसी कठिन बातचीत का मुखर बायप्रोडक्ट (उपोत्पाद) नहीं हैं बल्कि वे टकराव का एक अभिन्न अंग हैं। भावनाओं के बारे में बात किए बिना कठिन बातचीत करना कुछ वैसा ही है, जैसा संगीत के बिना एक ओपेरा (संगीत-नाटक) का मंचन करना। आप उसका कथानक तो समझ जाएँगे, लेकिन उसके मूल सार तक नहीं पहुँच पाएँगे। उदाहरण के लिए जैक और माइकल के बीच की बातचीत में जैक ने एक बार भी खुलकर नहीं कहा कि उसे ऐसा महसूस होता है, जैसे उसके साथ दुर्व्यवहार हो रहा है या उसे अयोग्य समझा जा रहा है, लेकिन इस घटना के महीनों बाद भी जैक ने तत्काल माइकल के प्रति अपना गुस्सा और द्वेष तत्काल व्यक्त कर दिया।

अब अपनी कुछ कठिन बातचीतों पर विचार करिए। उसमें कौन सी भावनाएँ शामिल हैं? दुःख या गुस्सा? निराशा, शर्म या भ्रम? क्या आपको लगता है कि आपके साथ अनुचित व्यवहार किया गया या आपका तिरस्कार किया गया। हममें से कुछ लोगों को 'मुझे तुम पर गर्व है' या 'मैं तुमसे प्यार करता हूँ' कहना भी जोखिम भरा लगता है।

हो सकता है कि भावनाओं के बारे में बात किए बिना एक सीमित अवधि तक कठिन बातचीत करने से आपका थोड़ा समय बच जाए और आपकी चिंता कम हो जाए। ये खुद को, दूसरों को या आपसी संबंधों को किसी गंभीर जोखिम से बचाने का एक तरीका भी लग सकता है। लेकिन सवाल ये है कि अगर भावनाएँ ही असली मुद्दा हैं, तो उन्हें व्यक्त न करके या उन पर बात न करके आपने क्या हासिल किया?

इंसान होने की सबसे बड़ी चुनौतियों में से एक है - भावनाओं को समझना, उनके बारे में बात करना और उनका प्रबंधन करना। ऐसी कोई चीज़ नहीं है, जो भावनाओं से निपटने को आसान और जोखिम मुक्त बना दे। लेकिन हममें से अधिकांश लोग भावनाओंवाली बातचीत और बेहतर ढंग से कर सकते हैं। भले ही

आपको ऐसा न लगे, लेकिन भावनाओं के बारे में बात करना एक ऐसा कौशल है, जिसे सीखना संभव है।

बेशक, भावनाओं पर चर्चा करना हमेशा व्यावहारिक नहीं होता। वो कहते हैं ना, सोते हुए जानवर को छेड़ना नहीं चाहिए। दुर्भाग्य से, भावनाओं पर चर्चा करने के कौशल की कमी के कारण हो सकता है कि आप न सिर्फ सोते हुए जानवर को अनदेखा कर दें बल्कि सभी जानवरों को अनदेखा कर दें – उन्हें भी, जो आपको चैन से सोने न दे रहे हों।

पहचान संबंधी बातचीत : ये मेरे बारे में क्या दर्शाती है?

पहचान संबंधी बातचीत तीनों बातचीतों में संभवत: सबसे सूक्ष्म और चुनौतीपूर्ण होती है। लेकिन इससे हमें अपनी चिंता का प्रबंधन करने और बाकी दोनों किस्म की बातचीतें करने के अपने हुनर को निखारने में महत्वपूर्ण सहायता मिलती है।

पहचान संबंधी बातचीत हमारे भीतर झाँकती है: इसका संबंध इस बात से है कि हम कौन हैं और दुनिया में हम खुद को कैसे देखते हैं। जो भी हुआ, वह मेरे आत्मसम्मान, मेरी आत्म–छवि और मेरे हिसाब से दुनिया में मेरी हैसियत को कैसे प्रभावित करता है? मेरे भविष्य पर इसका क्या प्रभाव पड़ेगा? अपने आपको लेकर मेरे अंदर कौन से संदेह पैदा हो रहे हैं? संक्षेप में कहें, तो एक कठिन बातचीत के पहले, दौरान और बाद में, पहचान संबंधी बातचीत का संबंध इस बात से होता है कि मैं अपने बारे में खुद से क्या कह रहा हूँ?

हो सकता है, आप सोच रहे हों कि 'मैं तो सिर्फ अपने बॉस से वेतन बढ़ाने के लिए कह रहा हूँ। तो फिर यहाँ ये बात मायने क्यों रखती है कि मेरे हिसाब से दुनिया में मेरी हैसियत क्या है।' या शायद जैक सोच रहा हो कि 'इसका संबंध ब्रोशर से है, न कि मुझसे।' वास्तव में जब भी कोई बातचीत कठिन लगती है, तो इसीलिए क्योंकि वह आंशिक रूप से 'आपसे' संबंधित होती है। यानी उस बातचीत के प्रत्यक्ष बुनियादी सार से परे यहाँ आपका कुछ और दांव पर लगा होता है।

ये कुछ ऐसा भी हो सकता है, जो बड़ा साधारण हो। जब आप अपने पड़ोसी से उसके कुत्ते के बारे में बात करते हैं, तो ये आपके बारे में क्या दर्शाता है? हो

सकता है कि छोटे शहर में पला-बढ़ा होने के चलते आप खुद को एक मिलनसार व्यक्ति और एक अच्छे पड़ोसी के रूप में देखते हों, इसीलिए इस बात से असहज महसूस कर रहे हों कि कहीं आपका पड़ोसी आपको एक ऐसा आक्रामक व्यक्ति न मान ले, जो समस्याएँ खड़ी करता है।

आप वेतन बढ़ाने की माँग कर रहे हैं? अगर आपकी ये माँग ठुकरा दी गई तो? बल्कि अगर ये माँग ठुकराते समय आपका बॉस आपको एक ठोस कारण भी दे देता है तो? इससे एक सक्षम और सम्मानित कर्मचारी की आपकी आत्म-छबि पर क्या प्रभाव पड़ेगा? देखा जाए, तो यहाँ मूल मुद्दा पैसा है, लेकिन ये माँग करते समय आप इसलिए असहज महसूस करते हैं क्योंकि यहाँ आपकी आत्म-छवि दांव पर लगी है।

यहाँ तक कि जब आप किसी को कोई बुरी खबर दे रहे होते हैं, तब भी पहचान संबंधी बातचीत काम कर रही होती है। उदाहरण के लिए कल्पना कीजिए कि आपको क्रिएटिव टीम के एक आकर्षक प्रोजेक्ट का प्रस्ताव ठुकराना पड़ रहा है। उन्हें ये बताने का विचार आपको चिंता में डाल रहा है, जबकि प्रस्ताव को ठुकराने का निर्णय आपका नहीं है। आंशिक रूप में ऐसा इसलिए है क्योंकि आपको डर है कि इस बातचीत से आप अपने बारे में न जाने कैसा महसूस करेंगे: 'मैं वैसा इंसान नहीं हूँ, जो लोगों को निराश करे और उनका उत्साह खत्म कर दे। लोग मेरा सम्मान एक ऐसे व्यक्ति के रूप में करते हैं, जो किसी चीज़ को करने के नए-नए रास्ते खोजना जानता है, न कि एक ऐसे व्यक्ति के रूप में, जो दूसरों को आगे बढ़ने से रोकता है।' यहाँ आपकी आत्म-छवि ऐसे व्यक्ति की है, जो किसी काम को पूरा करने में दूसरों की मदद करता है। लेकिन अब इस आत्म-छवि का टकराव इस सच्चाई से हो रहा है कि आप उनके प्रस्ताव को 'ना' कहनेवाले हैं। अगर आप एक नायक नहीं रहे, तो क्या लोग आपको एक खलनायक की तरह देखने लगेंगे?

अपना संतुलन बनाए रखना

जब आपको अपनी आत्म-छवि पर इस बातचीत के निहितार्थों का प्रभाव महसूस होना शुरू होगा, तो हो सकता है कि आप अपना संतुलन खोने लगें। क्रिएटिव टीम का वह अधीर युवा प्रमुख, जो आपको अपनी युवावस्था की याद दिलाता है, हैरान नज़र आ रहा है और उसे ऐसा लग रहा है, जैसे उसके साथ

विश्वासघात हुआ हो। आप अचानक दुविधा में पड़ जाते हैं; आपकी चिंता बढ़ जाती है। आप सोचने लगते हैं कि क्या इस विचार को इतनी जल्दी त्यागना सचमुच व्यावहारिक होगा? इससे पहले कि आपको एहसास हो, आप बुदबुदाते हुए कह देते हैं कि उसके प्रस्ताव पर पुनर्विचार किया जा सकता है, जबकि आप अच्छी तरह जानते हैं कि इसकी कोई संभावना नहीं है।

थोड़ा-बहुत संतुलन खोने से हमारा आत्मविश्वास कम हो सकता है, ध्यान भटक सकता है और हो सकता है कि हम ये भूल जाएँ कि हम क्या कहने जा रहे थे। जबकि किसी मौके पर पूरी तरह संतुलन खो देना हमारे लिए एक भयावह अनुभव साबित हो सकता है। ऐसे में संभव है कि हम स्तब्ध रह जाएँ, बुरी तरह घबरा जाएँ या वहाँ से उठकर भाग जाने की इच्छा से ग्रस्त हो जाएँ और यहाँ तक कि हमारे लिए ठीक से साँस लेना भी मुश्किल हो जाए।

पहचान संबंधी बातचीत, कठिन बातचीत का ही एक घटक है, इस तथ्य से सिर्फ परिचित होना भी आपके लिए सहायक सिद्ध हो सकता है। अन्य दोनों प्रकार की बातचीतों की तरह ही, आप इस तीसरी प्रकार की बातचीत के प्रति जागरूक रहने के अलावा और भी बहुत कुछ कर सकते हैं। हालाँकि कभी-कभी अपना संतुलन खोना लाज़मी है, लेकिन पहचान सबंधी बातचीत आपको जितना चिंतित करती है, ये जरूरी नहीं है कि आप उतनी चिंता करें। कुछ विशिष्ट कौशल विकसित करके पहचान संबंधी बातचीत से जूझना आसान बनाया जा सकता है, ठीक वैसे ही जैसे कुछ कौशल ऐसे होते हैं, जो भावनाओं से निपटना आसान बना देते हैं। एक बार जब आप पहचान संबंधी बातचीत में अपने पैर जमा लेते हैं, तो अपनी चिंता के स्रोत को शक्ति के स्रोत में तब्दील कर सकते हैं।

'सीखने की बातचीत' की दिशा में जाना

भले ही हम कितना भी दिखावा करें, पर सच यही है कि एक कठिन बातचीत के पीछे हमारा प्रारंभिक उद्देश्य होता है, अपनी बात को साबित करना, अपनी नाराजगी जाहिर करना और सामनेवाले से वह कराना या उसे वह बनाना, जो हम चाहते हैं। दूसरे शब्दों में कहें, तो एक संदेश देना।

जब आप तीनों बातचीतों की अंतर्निहित चुनौतियों को और उस दौरान आपसे होनेवाली गलतियों को समझ लेंगे, तो संभवतः आप पाएँगे कि एक विशिष्ट

बातचीत के पीछे का आपका उद्देश्य बदलने लगा है। फिर आप उस बातचीत में शामिल धारणाओं की, उसके पीछे के इरादों की, समस्या हल करने में संयुक्त योगदान देने की सच्चाई की और इस बात की जटिलता को समझने लगते हैं कि भावनाओं की केंद्रीय भूमिका और प्रत्येक व्यक्ति के आत्म-सम्मान व पहचान के लिए इन मुद्दों के क्या मायने हैं। और आप पाते हैं कि संदेश देने का रुख अब व्यावहारिक नहीं रहा। बल्कि हो सकता है कि आप देखें कि अब आपके पास किसी को देने के लिए कोई संदेश नहीं है बल्कि कुछ जानकारी है, जो आपको साझा करनी है और कुछ सवाल हैं, जो आपको पूछने हैं।

सामनेवाले को राज़ी करने और अपना रास्ता बनाने के बजाय, आप साम नेवाले के दृष्टिकोण से ये समझना चाहेंगे कि वास्तव में क्या हुआ है। आप चाहेंगे कि आप उसे अपना दृष्टिकोण बता सकें, भावनाएँ व्यक्त कर सकें, उन्हें समझ सकें और समस्या से निपटने का तरीका पता लगाने के लिए एक-दूसरे के साथ मिलकर काम कर सकें। जब आप ऐसा करते हैं, तो इस बात की संभावना बढ़ जाती है कि दूसरा पक्ष राजी होने के लिए खुला रवैया रखेगा और आपको कुछ ऐसा सीखने को मिलेगा, जो समस्या के प्रति आपकी समझ में महत्वपूर्ण बदलाव लेकर आएगा।

अपना रुख बदलने का अर्थ है, सामनेवाले को बातचीत करने और चीज़ों को समझने में आपकी मदद करने के लिए आमंत्रित करना। अगर हमें अपने उद्देश्य सचमुच पूरे करने हैं, तो हमें उनसे और उन्हें हमसे बहुत कुछ सीखना होगा, इसीलिए हमारे बीच 'सीखने की बातचीत' होना जरूरी है।

संदेशों के बीच के संघर्ष और एक 'सीखने की बातचीत' के बीच जो अंतर हैं, उन्हें आगे दिए गए चार्ट द्वारा संक्षेप में बताया गया है।

‘क्या हुआ?’ वाली बातचीत	संदेशों के बीच का संघर्ष	सीखने की बातचीत
चुनौती: आप दोनों को जितना लगता है, समस्या उससे कहीं अधिक जटिल है।	**धारणा:** क्या हुआ, ये समझने के लिए मुझे जो कुछ भी जानने की जरूरत है, वह सब मुझे पहले से पता है। **लक्ष्य:** उन्हें इस बात के लिए राज़ी करना कि मैं सही हूँ।	**धारणा:** हम दोनों अलग-अलग जानकारियाँ और समझ लेकर आ रहे हैं: संभव है कि ऐसी कई महत्वपूर्ण चीज़ें हों, जिनसे हम दोनों ही परिचित न हों। **लक्ष्य:** एक दूसरे की कथा का पता लगाना: हम परिस्थिति को कैसे समझते हैं और क्यों।
	धारणा: मैं जानता हूँ कि उनके इरादे क्या हैं। **लक्ष्य:** उन्हें ये बताना कि उन्होंने जो किया, वह गलत था।	**धारणा:** मैं जानता हूँ कि मेरा इरादा क्या था और उन्होंने जो किया, उसका मुझ पर क्या प्रभाव पड़ा। मैं नहीं जानता और जान भी नहीं सकता कि उनके मन में क्या चल रहा है। **लक्ष्य:** मुझ पर जो प्रभाव पड़ा, उसे साझा करना और ये पता लगाना कि वे क्या सोच रहे थे। साथ ही ये भी पता लगा कि मेरा उन पर क्या प्रभाव पड़ रहा है।
	धारणा: ये सब उनकी गलती है। (या फिर मेरी।) **लक्ष्य:** वे अपना दोष स्वीकार करें और सुधार की जिम्मेदारी लें।	**धारणा:** संभवत: इस समस्या में हम दोनों का योगदान है। **लक्ष्य:** समस्या के पीछे की योगदान-प्रणाली को समझना: ये परिणाम प्राप्त करने के लिए हमारे कार्यों का परस्पर प्रभाव क्या है?

	संदेशों के बीच का संघर्ष	सीखने की बातचीत
भावनाओंवाली बातचीत **चुनौती** : परिस्थिति में भावनात्मक तीव्रता है।	**धारणा:** भावनाएँ महत्वपूर्ण नहीं हैं और इन्हें साझा करना मेरे लिए मददगार सिद्ध नहीं होगा। (या मेरी भावनाएँ उनकी गलती की वजह से उठी हैं और अब उन्हें इनके बारे में सुनना होगा।) **लक्ष्य:** भावनाओं के बारे में बात करने से बचना। (या उन्हें ऐसा करने देना।)	**धारणा:** भावनाएँ परिस्थिति का केंद्र हैं। भावनाएँ आमतौर पर जटिल होती हैं। मुझे अपनी भावनाओं को समझने के लिए थोड़ा और गहराई में जाना होगा। **लक्ष्य:** बिना किसी आलोचना या आरोप के (अपनी और उनकी) भावनाओं को संबोधित करना। समस्या हल करने से पहले भावनाओं को स्वीकार करना।
पहचान संबंधी बातचीत **चुनौती** : ये परिस्थिति हमारी पहचान को जोखिम में डाल रही है।	**धारणा:** मैं सक्षम हूँ या असक्षम, अच्छा हूँ या बुरा, प्रेम के योग्य हूँ या अप्रिय? यहाँ बीच का कुछ भी नहीं है। **लक्ष्य:** समझौता न करने वाले व्यक्ति की अपनी आत्म-छवि की रक्षा करना।	**धारणा:** हो सकता है कि मनोवैज्ञानिक रूप से हम दोनों का बहुत कुछ दांव पर लगा हो। हम दोनों ही जटिल लोग हैं। हममें से कोई भी परफेक्ट नहीं है। **लक्ष्य:** पहचान संबंधी जो मुद्दे दांव पर लगे हैं, उन्हें समझना। अपना बेहतर संतुलन बनाकर रखने के लिए अपेक्षाकृत जटिल आत्म-छवि बनाना।

ये किताब तीनों प्रकार की बातचीत से अधिक उत्पादक ढंग से निपटने और तीनों से एक साथ निपटने की आपकी क्षमता बढ़ाने में सहायक सिद्ध होगी। जिससे आपको 'कठिन बातचीत' को 'सीखने की बातचीत' में तब्दील करने में मदद मिलेगी।

लोग तीनों प्रकार की बातचीतों में आमतौर पर जो गलतियाँ करते हैं, अगले पाँच अध्यायों में उन गलतियों की गहन पड़ताल की गई है। इससे आपको सीखनेवाला रवैया अपनाने में मदद मिलेगी, विशेषकर तब, जब आप अपनी कठिन बातचीत में और अपने रवैये में खुलापन महसूस न कर रहे हों। अध्याय २, ३ और ४ में 'क्या हुआ?' वाली बातचीत की तीनों धारणाओं की पड़ताल की गई है। जबकि अध्याय ५ भावनाओंवाली बातचीत से जुड़ा हुआ है। वहीं अध्याय ६ पहचान संबंधी बातचीत के बारे में है। इन अध्यायों से आपको अपने विचारों और अपनी भावनाओं से निपटने में मदद मिलेगी। कोई भी कठिन बातचीत शुरू करने से पहले ये तैयारी करना जरूरी है।

अंतिम छह अध्यायों में 'बातचीत' पर चर्चा होगी। इसकी शुरुआत ये समझने से होगी कि आपको कोई मुद्दा कब उठाना है और कब उसे जाने देना है। अगर आप वह मुद्दा उठा रहे हैं, तो क्या हासिल करने की उम्मीद कर सकते हैं और क्या नहीं - कौन सा उद्देश्य व्यावहारिक होगा। इसके बाद हम इस बारे में चर्चा करेंगे कि आपके लिए जो मुद्दे मायने रखते हैं, उनके बारे में उत्पादक ढंग से बात करने की प्रक्रिया कैसी होगी: शुरुआत करने का सबसे अच्छा तरीका ढूँढ़ना, सीखने के लिए सुनना और सवाल पूछना, खुद को सशक्त व स्पष्ट ढंग से अभिव्यक्त करना और समस्याओं को संयुक्त रूप से हल करना, जिसमें ये भी शामिल होगा कि जब परिस्थितियाँ विपरीत हों, तो बातचीत को वापस पटरी पर कैसे लाया जाए। यह सब व्यावहारिक रूप से कैसा होगा, ये दर्शाने के लिए हम अंततः इस मुद्दे पर वापस लौटेंगे कि अगली बार जैक, माइकल से किस तरह बातचीत कर सकता है।

सीखनेवाला रवैया अपनाना

. . . . .

'क्या हुआ?' वाली बातचीत

2

इस बहस में न पड़ें कि कौन सही है: एक दूसरे की कथा का पता लगाएँ

माइकल और जैक के बीच जो हुआ, उसे लेकर दोनों की कथा एक-दूसरे से बिलकुल अलग है :

> पिछले कुछ सालों से मैं जैक की मदद करने की पूरी कोशिश करता आया हूँ, लेकिन लगता है, हर बार कुछ न कुछ गड़बड़ हो ही जाती है। और ये मानने के बजाय कि ग्राहक की बात हमेशा सही होती है, जैक मुझसे बहस करने लगता है! पता नहीं, मैं आगे उसके साथ काम कैसे करूँगा।

> असल में जिस बात पर मुझे सचमुच गुस्सा आया, वह ये थी कि जैक उस चार्ट को ठीक करने के बजाय उसे सही ठहराते हुए बेकार के बहाने बना रहा था। जबकि वह जानता था कि उसका चार्ट पेशेवर मानकों पर खरा नहीं उतरता। वैसे भी, रेवेन्यू ग्राफ्स फायनेंशियल प्रेजेन्टेशन का सबसे महत्वपूर्ण भाग होते हैं।

'क्या हुआ?' वाली बातचीत का एक लक्षण ये है कि इसमें लोग एक-दूसरे से असहमत होते हैं। रिटायरमेंट के बाद के जीवन के लिए बचत करने का सबसे अच्छा तरीका क्या है? हमें विज्ञापनों पर कितना पैसा लगाना चाहिए? क्या पड़ोस के लड़के आपकी बेटी को स्टिक बॉल खेलने देते हैं? क्या ब्रोशर पेशेवर मानकों पर खरा उतरता है?

असहमति कोई बुरी चीज़ नहीं है और ये भी जरूरी नहीं है कि ये आपको कठिन बातचीत की ओर ले जाए। हम हमेशा किसी न किसी बात पर दूसरों से असहमत होते रहते हैं और आमतौर पर कोई इसकी परवाह भी नहीं करता।

लेकिन कुछ मामलों में हम परवाह करते हैं। ऐसा लगता है कि हमारे बीच जो भी गलत हो रहा होता है, उसके केंद्र में हमारी आपसी असहमति ही होती है। हम

जिस बात पर उनकी सहमति चाहते हैं, वे उससे सहमत नहीं होते। और वे वह कार्य करने को सहमत नहीं होते, जो हम उनसे कराना चाहते हैं। ऐसे में हम जो चाहते हैं, भले वह हो या न हो, पर हम अक्सर हताश जरूर महसूस करते हैं, आहत हो जाते हैं या फिर ऐसा लगता है कि हमें गलत समझा जा रहा है। आमतौर पर ये असहमति भविष्य में भी बनी रहती है और जब भी कभी सामने आती है तो सब तहस-नहस कर देती है।

जब किसी बात पर असहमति हो, तो बहस करना स्वाभाविक, यहाँ तक कि उचित भी लगने लगता है। लेकिन वास्तव में इससे आपको कोई मदद नहीं मिलती।

हम बहस क्यों करते हैं और इससे कोई मदद क्यों नहीं मिलती

अपनी उन कठिन बातचीतों पर विचार करें, जिनमें इस विषय पर खासतौर पर असहमति रही हो कि वास्तव में क्या चल रहा है या क्या किया जाना चाहिए। समस्या किस चीज़ से पैदा हो रही है, इस बारे में आपका क्या कहना है?

हमें लगता है कि दूसरा पक्ष ही समस्या है

जब आप ज़रा उदार महसूस कर रहे हों, तब आपको ऐसा लग सकता है कि 'हर किसी का अपना अलग मत होता है,' या 'हर कहानी के दो पहलू होते हैं।' लेकिन हममें से अधिकांश लोग सचमुच ऐसा नहीं मानते हैं। हम सब कहीं न कहीं ये मानते हैं कि अगर सीधे शब्दों में कहा जाए, तो दरअसल दूसरा पक्ष ही समस्या है।

* **दूसरा पक्ष स्वार्थी है।** 'मेरी प्रेमिका मेरे साथ कपल्स-काउंसलर के पास नहीं जाती। उसका कहना है कि ये पैसे की बर्बादी है। मेरा कहना है कि ये मेरे लिए महत्वपूर्ण है, लेकिन उसे इसकी कोई परवाह नहीं है।
* **दूसरा पक्ष नासमझ है।** 'मेरी बेटी न्यू यॉर्क जाकर थिएटर की दुनिया में नाम कमाने के बड़े-बड़े सपने देख रही है। उसे अंदाज़ा भी नहीं है कि ये कितना मुश्किल है।'
* **दूसरा पक्ष नियंत्रणकारी है।** 'हम अपना हर काम हमेशा अपने बॉस के अनुसार ही करते हैं। मुझे इससे सख्त चिढ़ है क्योंकि वह ऐसा व्यवहार करता है, मानों

उसका हर आइडिया बाकी किसी भी व्यक्ति के आइडिया से बेहतर है, भले ही उसे उस विषय के बारे में कुछ भी अता-पता न हो।'

* **दूसरा पक्ष तर्कहीन है।** 'मेरी दादी बार्था इस पुराने गद्दे पर सोतीं हैं, जो काफी खराब हो चुका है। उनकी पीठ में हमेशा दर्द रहता है, लेकिन मेरे लाख कहने के बावजूद वे कभी इस बात के लिए राज़ी नहीं होतीं कि मैं उनके लिए एक नया गद्दा खरीद लाऊँ। परिवार के सभी सदस्यों का कहना है कि 'दादी सठिया गई है। उनके साथ बहस करने का कोई फायदा नहीं है,' लगता है कि वे सब सच कहते हैं।

अगर हम सचमुच यही सब सोच रहे हैं, तो कोई आश्चर्य नहीं कि हम अक्सर बहस करने लगते हैं। उदाहरण के लिए रॉरी अपनी दादी की परवाह करती है और उनकी मदद करने में सक्षम भी है। तो रॉरी वह करने लगती है, जो हम सब करते हैं: अगर दूसरा पक्ष जिद्दी है, तो हम अपनी बात पर ज़ोर देने लगते हैं ताकि उस चीज़ से छुटकारा पाया जा सके, जिसके चलते दूसरा पक्ष ये नहीं देख पा रहा है कि क्या करना व्यावहारिक होगा। (जैसे आप एक बार नए गद्दे पर लेटकर तो देखिए, फिर आप खुद कहेंगी कि ये कितना आरामदायक है!)

अगर सामनेवाला नासमझ है, तो हम उन्हें ये समझाने की कोशिश करते हैं कि जीवन की सच्चाई क्या है। और अगर वे स्वार्थी व्यवहार करते हैं या चालाकी दिखाते हैं, तो हम स्पष्टवादी ढंग से पेश आकर उन्हें आईना दिखाने की कोशिश करते हैं। हम इस उम्मीद में डटे रहते हैं कि आखिरकार, हमारी बात का कुछ तो प्रभाव पड़ेगा।

लेकिन हमारा इस तरह डटे रहना बहस को जन्म देता है और इन बहसों से कोई सार्थक नतीजा नहीं निकलता। ऊपर से दोनों पक्षों को ये लगता है कि उन्हें अनसुना कर दिया गया या उनके साथ बुरा व्यवहार किया गया। ऐसे में हम सिर्फ इस बात से हताश नहीं होते कि सामनेवाला बिलकुल तर्कहीन व्यवहार कर रहा है बल्कि इस बात से भी हताश होते हैं कि उस मामले में कुछ न कर पाने के कारण हम खुद कितना शक्तिहीन महसूस कर रहे हैं। और लगातार बहस करने से आपसी संबंधों में भी खटास आने की संभावना बढ़ने लगती है।

फिर भी हमें पक्के तौर पर पता नहीं होता कि अब आगे उस मामले में क्या किया जाए। हम ये दिखावा तो नहीं कर सकते कि हमारे बीच कोई असहमति है ही

नहीं या ये असहमति हमारे लिए कोई मायने नहीं रखती और हमें इससे कोई फर्क नहीं पड़ता। क्योंकि सच तो ये है कि ये असहमति हमारे लिए मायने रखती है और हमें इससे फर्क भी पड़ता है। इसीलिए तो हम इसे लेकर इतना भावुक होते हैं। पर अगर बहस करने से कोई सार्थक नतीजा नहीं निकलेगा, तो फिर हम और क्या कर सकते हैं?

सबसे पहले तो हम ये कर सकते हैं कि दादी की बात को सुनें और समझें।

उन्हें लगता है कि समस्या हम हैं

दादी इस बात से पूरी तरह सहमत होंगी कि उनका गद्दा काफी पुराना है और खराब हो चुका है। वे कहती हैं, 'ये वही गद्दा है, जिस पर मैं और मेरे स्वर्गीय पति चालीस साल तक सोए हैं। इस पर लेटकर मैं सुरक्षित महसूस करती हूँ। मेरे जीवन में बहुत सी चीज़ें बदल गई हैं, लेकिन गद्दा वही पुराना है। ये मेरा छोटा सा स्वर्ग है, जिससे मेरे जीवन की अनगिनत यादें जुड़ी हैं।' इस गद्दे को अपने पास रखने से दादी को एहसास होता है कि उनके जीवन की बागडोर अब भी उन्हीं के हाथों में है। जब वे बात-बात पर शिकायतें करती हैं, तो इसलिए नहीं कि उन्हें किसी से कोई जवाब चाहिए बल्कि इसलिए क्योंकि अपने दैनिक जीवन की छोटी-छोटी चीज़ों के महत्त्व का एहसास दिलाकर, उन्हें सभी के साथ महसूस होनेवाला जुड़ाव अच्छा लगता है।

वहीं रॉरी के बारे में दादी का कहना है, 'वह मुझे बड़ी प्यारी है, लेकिन वह बहुत चिड़चिड़ी और जिद्दी भी है। उसे इस बात से कोई खास फर्क नहीं पड़ता कि लोग उसके बारे में क्या सोचते हैं। जब मैं उसे ये बताती हूँ, तो वह बुरी तरह भड़क जाती है और रूखा व्यवहार करने लगती है।' रॉरी को लगता है कि दादी ही समस्या हैं और संभवत: दादी को लगता है कि समस्या रॉरी है।

इससे एक दिलचस्प सवाल उठता है : आखिर हमेशा सामनेवाला ही क्यों नासमझ, स्वार्थी, तर्कहीन या नियंत्रणकारी होता है? हम कभी ये क्यों नहीं सोचते कि कहीं हम ही तो समस्या नहीं हैं? अगर आप एक कठिन बातचीत कर रहे हैं और कोई आपसे पूछता है कि आप फलाँ बात से असहमत क्यों हैं, तो आप कभी ये क्यों नहीं कहते कि 'क्योंकि मैं जो कह रहा हूँ, वह कतई तर्कसंगत नहीं है! है ना?'

हम सबको अपनी-अपनी कथा तर्कसंगत लगती है

हम खुद को कभी समस्या नहीं मानते क्योंकि वास्तव में समस्या हम नहीं हैं और हम जो कह रहे हैं, वह सचमुच तर्कसंगत है। लेकिन आमतौर पर ये समझ पाना बड़ा मुश्किल होता है कि दूसरा पक्ष जो कह रहा है, वह भी तर्कसंगत है। रॉरी और उसकी दादी की तरह हम सबके पास भी इस बारे में अपनी-अपनी एक कथा होती है कि दुनिया में क्या चल रहा है। रॉरी की कथा के अनुसार उसके विचार और उसके कार्य, सब पूरी तरह तर्कसंगत हैं। लेकिन रॉरी सिर्फ अपनी कथा की पात्र भर नहीं है बल्कि दादी के कथा की अतिथि-पात्र भी है। और रॉरी की बातें, दादी की कथा में ढीठ और असंवेदनशील लगती हैं। वहीं दादी की बातें, रॉरी की कथा में तर्कहीन लगती हैं।

आमतौर पर हम ये नहीं देख पाते कि दुनिया के बारे में हमने अपने मन में जो कथा बनाई है, वह दूसरों की कथा से किन मायनों में अलग है। लेकिन कठिन बातचीत करने की नौबत ठीक उन्हीं बिंदुओं पर आती है, जहाँ हमारी कथा के महत्वपूर्ण अंशों और दूसरे की कथा के महत्वपूर्ण अंशों के बीच टकराव होता है। हम ये मानकर बैठ जाते हैं कि ये टकराव सामनेवाले की हरकतों के चलते हो रहा है; और वे ये मानकर बैठ जाते हैं कि इस टकराव के लिए आपकी हरकतें जिम्मेदार हैं। जबकि वास्तव में ये टकराव इसलिए हो रहा है क्योंकि हम दोनों की कथाएँ अलग-अलग हैं लेकिन हममें से किसी को भी इस बात का एहसास नहीं होता। ये कुछ ऐसा है, मानों प्रिंसेस लीआ (मशहूर फिल्म सीरीज स्टार वॉर्स की एक पात्र) हक फिन (मशहूर उपन्यास एडवेंचर्स ऑफ हकलबेरी फिन का एक पात्र) से बात करने की कोशिश कर रही हो। कोई आश्चर्य नहीं कि हमारे बीच बहस हो जाती है।

बहस करना हमें एक-दूसरे की कथाओं को जानने से रोकता है

बहस करना, ये देख पाने में हमारी विफलता का परिणाम मात्र नहीं है कि हम और दूसरा पक्ष अलग-अलग कथाओं के पात्र हैं - बल्कि ये हमारी इस विफलता का एक कारण भी है। बहस करने से, हमारी ये समझने की क्षमता कमजोर पड़ जाती है कि दूसरा पक्ष इस दुनिया को किस नज़रिए से देखता है - जब हम बहस करते हैं, तो निष्कर्ष निकालने लगते हैं - यानी हम जो सोचते हैं, उसका सार :

'एक नया गद्दा ले लो' बनाम 'मुझे नियंत्रित करना बंद करो।' 'मैं थिएटर में नाम कमाने के लिए न्यू यॉर्क जा रही हूँ' बनाम 'तुम नासमझ हो।' 'कपल काउंसलिंग मददगार होती है' बनाम 'कपल काउंसलिंग सिर्फ समय की बर्बादी है।'

लेकिन इनमें से कोई भी निष्कर्ष दूसरे पक्ष की कहानी में तर्कसंगत नहीं लगता। इसलिए हम दोनों ही एक-दूसरे के तर्क खारिज कर देते हैं। एक-दूसरे के विविध विचारों को समझने में सहायक सिद्ध होने के बजाय, हमारी बहस संदेशों की लड़ाई में तब्दील हो जाती है। ये बहस हमें एक-दूसरे के पास लाने के बजाय, एक-दूसरे से और दूर कर देती है।

बिना सोचे-समझे बहस करना कतई प्रेरक नहीं होता

बहस, कठिन बातचीत में एक और समस्या खड़ी करती है: ये बदलाव को रोकती है। जब आप किसी को बदलने के लिए कहते हैं, तो उसकी बदलने की संभावना बढ़ती नहीं बल्कि घट जाती है। क्योंकि लोग तब तक नहीं बदलते, जब तक उन्हें ये न लगे कि उन्हें समझा जा रहा है।

अब जरा कैरेन के साथ ट्रेवर की बातचीत पर विचार करें। ट्रेवर सामाजिक कार्य विभाग में वित्तीय प्रबंधक है। जबकि कैरेन उसी विभाग में एक सामाजिक कार्यकर्ता है। 'कैरेन कभी भी अपना पेपरवर्क सही समय पर पूरा नहीं करती है,' ट्रेवर कहता है। 'मैंने उसे बार-बार समझाया कि वह डेडलाइन्स मिस कर रही है, लेकिन उसे कोई फर्क नहीं पड़ता। बल्कि जब भी मैं इस मसले पर बात करता हूँ, तो वह चिढ़ जाती है।'

बेशक हम जानते हैं कि इस कहानी का एक दूसरा पक्ष भी जरूर होगा। दुर्भाग्यवश, ट्रेवर नहीं जानता कि कहानी का दूसरा पक्ष क्या है। ट्रेवर कैरेन को बताता है कि उसे क्या चाहिए, लेकिन अब तक उसने कभी कैरेन के साथ इस बारे में दो-तरफा बातचीत नहीं की। कैरेन के व्यवहार में बदलाव लाने - यह बहस कि देर करना गलत है - के बजाय जब ट्रेवर ये उद्देश्य लेकर चलता है कि पहले वह खुद कैरेन को समझे और फिर कैरेन उसे समझे, तो परिस्थितियाँ नाटकीय रूप से सुधरने लगती हैं:

> कैरेन ने बताया कि वह कितना अधिक काम करती है और कितना थका हुआ महसूस करती है। वह अपनी सारी ऊर्जा अपने ग्राहकों पर लगा देती है,

जो बड़े जरूरतमंद प्रवृत्ति के होते हैं। उसे लगता था कि उसकी इस मेहनत के लिए मेरे अंदर सराहना का कोई भाव नहीं है। जो दरअसल सच भी था। मेरे अंदर उसके लिए ऐसा कोई भाव नहीं था। मैंने उसे समझाया कि जब वह अपना पेपरवर्क देर से पूरा करती है, तो मेरा काम कितना बढ़ जाता है। इस अतिरिक्त काम के बारे में मैंने उसे पूरे विस्तार से समझाया। इसे लेकर उसे थोड़ा बुरा भी महसूस हुआ। जिससे स्पष्ट हो गया कि उसने कभी मेरे नज़रिए से इस मसले पर विचार नहीं किया था। इसके बाद उसने वादा किया कि अपना काम समय पर पूरा करना अब उसकी मुख्य प्राथमिकता होगी। तब से वह डेडलाइन के भीतर ही अपना पेपरवर्क पूरा कर रही है।

अंतत: दोनों को कुछ नई जानकारी मिली और सार्थक बदलाव का मंच तैयार हो गया।

किसी मसले पर आपसी असहमति की स्थिति में तभी कुछ सार्थक हो सकता है, जब हम सामनेवाले की कथा को इतनी अच्छी तरह समझें कि ये देख सकें कि कैसे उनके निष्कर्ष उनकी अपनी कथा में तर्कसंगत हैं। हालाँकि एक-दूसरे की कथा को गहनता से समझने का अर्थ ये नहीं है कि इससे समस्या का 'समाधान' हो जाएगा, लेकिन कैरेन और ट्रेवर के मामले में ऐसा करना एक महत्वपूर्ण पहला कदम जरूर था।

अलग-अलग कथाएँ :
दुनिया को देखने का हमारा नज़रिया अलग-अलग क्यों होता है

जब हम बहस करने के बजाय दूसरे पक्ष की कथा को समझने की कोशिश करते हैं, तो हमें ये समझने में भी मदद मिलती है कि लोगों की कथाएँ अलग-अलग क्यों होती हैं। हमारी कथाएँ यूँ ही नहीं बनतीं। वे सहसा पैदा नहीं हो जातीं। वास्तव में हमारी कथाएँ अक्सर अचेतन मन में सुव्यवस्थित तरीके से बनती हैं। इसके लिए हम पहले जानकारी ग्रहण करते हैं। दृश्यों, ध्वनियों और भावनाओं के माध्यम से हम दुनिया का अनुभव करते हैं। दूसरा, हम जो देखते, सुनते और महसूस करते हैं, उसकी विवेचना करते हैं; और उसे एक अर्थ दे देते हैं। इसके बाद ये निष्कर्ष निकालते हैं कि वास्तव में क्या हो रहा है। और हर कदम पर ये मौका होता है कि अलग-अलग लोगों की कहानियाँ अलग-अलग दिशा में जाएँ।

सीधे शब्दों में कहें, तो दुनिया के बारे में हम सबकी कहानियाँ इसलिए अलग-अलग होती हैं क्योंकि हम सब अलग-अलग जानकारी ग्रहण करते हैं और अपने-अपने अनूठे ढंग से उस जानकारी की विवेचना करते हैं।

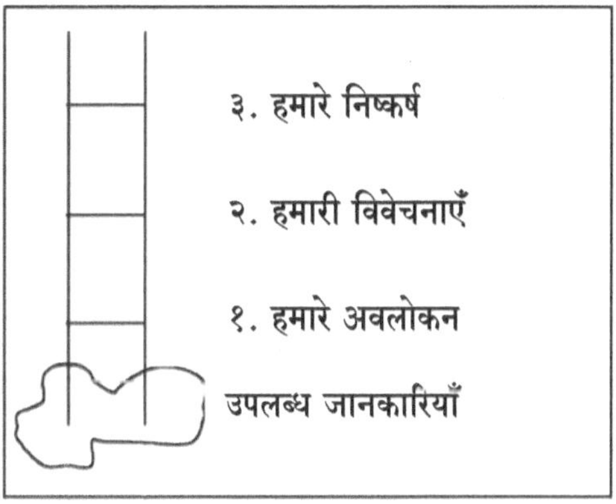

हमारी कथाएँ यहाँ से आती हैं

कठिन बातचीतों में हम अधिकांशतः एक-दूसरे से लगातार सिर्फ निष्कर्षों का लेन-देन करते हैं और वह भी उस दिशा में गए बिना, जहाँ असली घटनाक्रम है: जानकारी और उसकी विवेचना, जो हर किसी को दुनिया को अपने ढंग से देखने के लिए प्रेरित करती है। फिर हम दुनिया को उसी नज़रिए से देखते हैं।

१. हमारे पास अलग-अलग जानकारी होती है

दुनिया के बारे में हमारी जानकारी अलग-अलग होने के पीछे दो कारण हैं। पहला, जीवन में – और किसी भी कठिन परिस्थिति में – हमारे पास जो जानकारी उपलब्ध होती है, वह अपरिहार्य होती है। हम इतने सक्षम भी नहीं होते कि एक आम मुलाकात के संपूर्ण दृश्यों, ध्वनियों, तथ्यों और भावनाओं को ग्रहण कर सकें। अंततः हम बस कुछ ही चीज़ों पर गौर कर पाते हैं और बाकी सभी चीज़ों को अनदेखा कर देते हैं। हम किन चीज़ों पर गौर करने का चुनाव करेंगे और किन चीज़ों को नज़रअंदाज करने का, ये हम सबके मामले में अलग-अलग होता है। दूसरा, हम सबकी पहुँच अलग-अलग जानकारी तक होती है।

हम अलग-अलग चीज़ों पर गौर करते हैं। डग अपने चार साल के भतीजे एंड्र्यू को लेकर होमकमिंग परेड देखने गया। अपने चाचा के कंधों पर बैठे नन्हे एंड्र्यू ने जब वहाँ फुटबॉल खिलाड़ियों, चीयरलीडर्स और स्कूल के बैंड को भव्य झांकियों के साथ गुज़रते देखा, तो वह खुशी से चिल्लाने लगा। इसके बाद एन्ड्र्यू ने कहा, 'मैंने इतनी अच्छी ट्रक परेड पहले कभी नहीं देखी!'

परेड की हर झांकी को एक ट्रक द्वारा खींचा जा रहा था। एंड्रयू ट्रकों को जुनून की हद तक पसंद करता था - उसे परेड में ट्रकों के अलावा जैसे कुछ और दिखाई ही नहीं दिया। दूसरी ओर उसके चाचा डग को ट्रकों से कोई मतलब नहीं था, उन्होंने किसी ट्रक पर गौर तक नहीं किया। यानी ये कुछ ऐसा था, मानों डग और एंड्रयू ने दो अलग-अलग परेड देखी हों।

डग और एंड्रयू की तरह ही हम जिन चीज़ों पर गौर करते हैं, उसका संबंध इस बात से होता है कि हम क्या हैं और किन चीज़ों की परवाह करते हैं। हममें से कुछ लोग भावनाओं और रिश्तों पर ज़्यादा ध्यान देते हैं, जबकि कुछ लोग हैसियत व ताकत पर और कुछ लोग तथ्यों व तर्क पर। हममें से कुछ लोग कलाकार होते हैं, जबकि कुछ वैज्ञानिक और कुछ व्यावहारिक। हममें से कुछ लोग खुद को सही साबित करना चाहते हैं; जबकि कुछ लोग किसी भी टकराव या संघर्ष से बचना चाहते हैं। हममें से कुछ लोग खुद को पीड़ित के रूप में देखते हैं, जबकि कुछ लोग खुद को हीरो, ऑब्ज़र्वर या सरवाइवर के रूप में। इसीलिए हम जिस जानकारी पर ध्यान देते हैं, वह अलग-अलग होती है।

बेशक डग और एंड्रयू में से कोई भी, परेड से लौटते समय ये नहीं सोच रहा था कि 'मैंने परेड पर अपने विशिष्ट दृष्टिकोण का आनंद लिया, जो उस जानकारी पर आधारित था, जिस पर मैंने ध्यान दिया।' बल्कि वे दोनों तो ये सोच रहे थे, 'मुझे परेड देखकर मज़ा आया।' दोनों ने ये मान लिया कि जिन भी चीज़ों पर उन्होंने ध्यान दिया, वहीं इस पूरे अनुभव में सबसे महत्वपूर्ण थी। दोनों ने ये मान लिया कि उनके पास जो है, बस वही 'तथ्य' है।

अब इसी बात को एक अपेक्षाकृत अधिक गंभीर परिदृश्य में देखते हैं। रैंडी और डेनियल सहकर्मी हैं। वे एक असेंबली लाइन में साथ-साथ काम करते हैं और उनका अनुभव भी समान है। दोनों के बीच नस्लीय मुद्दों पर कई बार तनावपूर्ण चर्चाएँ हुई हैं। रैंडी एक श्वेत व्यक्ति है और उसका मानना है कि अल्पसंख्यकों की भर्ती व पदोन्नति के मामले में उनकी कंपनी का रिकॉर्ड अच्छा है। उसने गौर किया कि उसकी असेंबली लाइन के सात कर्मचारियों में से दो अफ्रीकी-अमेरिकी व एक लैटिन-अमेरिकी है और यूनियन का प्रमुख भी एक अफ्रीकी-अमेरिकी व्यक्ति है। उसे ये भी पता चला कि उसका सुपरवाइजर मूल रूप से फिलीपींस का रहनेवाला है। रैंडी का विश्वास है कि एक विविधतापूर्ण कार्यस्थल का अपना महत्त्व होता है

और उसने देखा कि हाल ही में अन्य नस्लोंवाले कई लोगों को भी पदोन्नति दी गई है।

वहीं दूसरी ओर डेनियल का नज़रिया कुछ और है - जो एक कोरियाई-अमेरिकी है। उसे अपनी योग्यता को लेकर विचित्र सवालों का सामना करना पड़ा है। उसने अपने सहकर्मियों द्वारा नस्लीय टिप्पणियाँ भी झेली हैं। उसके फोरमैन ने भी एक बार उस पर नस्लीय टिप्पणी की थी। इन सारे अनुभवों का उसके मन पर गहरा प्रभाव पड़ा। वह कुछ ऐसे अल्पसंख्यक सहकर्मियों से भी परिचित है, जिन्हें पदोन्नति के मामले में अनदेखा किया गया। उसने ये भी गौर किया कि कंपनी के शीर्ष पदों पर बैठे अधिकांश लोग श्वेत हैं। और कई बार कंपनी के अधिकारियों की बातें सुनकर उसे ऐसा लगा, मानों सिर्फ दो नस्लीय श्रेणियाँ ही महत्वपूर्ण हैं, एक श्वेत और दूसरी अफ्रीकी-अमेरिकी।

एक ओर जहाँ रैंडी और डेनियल के पास कुछ साझा जानकारी है, वहीं दूसरी ओर उनके पास काफी सारी जानकारी ऐसी भी है, जो साझा नहीं है। इसके बावजूद दोनों को लगता है कि तथ्य बिलकुल स्पष्ट हैं और उनका अपना मत ही वास्तविकता है। यानी एक लिहाज से ये कुछ ऐसा है, मानों वे दोनों एक नहीं बल्कि दो अलग-अलग कंपनियों में काम करते हों।

आमतौर पर हम बिना ये जाने ही पूरी बातचीत कर लेते हैं कि दोनों ही पक्ष अलग-अलग चीज़ों पर गौर कर रहे हैं और हमारे मत अलग-अलग जानकारी पर आधारित हैं।

हम खुद को जितनी अच्छी तरह जानते हैं, उतना कोई और हमें नहीं जान सकता। हम न सिर्फ अलग-अलग जानकारी का चुनाव करते हैं बल्कि हमारी पहुँच भी अलग-अलग जानकारी तक होती है। उदाहरण के लिए अपने बारे में अन्य लोगों की पहुँच जिस जानकारी तक होती है, वह जानकारी हमारी पहुँच में नहीं होती। वे उन सीमाओं को जानते हैं, जिनसे वे बंधे होते हैं; लेकिन हमें उनकी उन सीमाओं के बारे में पता नहीं होता। वे अपनी आशाओं, सपनों और आशंकाओं से परिचित होते हैं; लेकिन हम नहीं। हम कुछ ऐसा व्यवहार करते हैं, मानों हमारे पास उनसे जुड़ी सारी महत्वपूर्ण जानकारी है, जबकि वास्तव में ऐसा नहीं है। उनका आंतरिक अनुभव हमारी कल्पना से कहीं अधिक जटिल होता है।

आइए एक बार फिर जैक और माइकल के उदाहरण की ओर वापस लौटते

हैं। जब माइकल पूरे मामले का वर्णन करता है, तो इस बात का उल्लेख नहीं करता कि समय पर काम पूरा करने के लिए जैक को रातभर जागना पड़ा। हो सकता है कि उसे पता ही न हो कि जैक को रातभर जागना पड़ा। और अगर उसे पता भी था, तब भी इस बारे में उसकी 'जानकारी' जैक की तुलना में काफी सीमित होगी। जैक को पता है कि काम पूरा करने के लिए रातभर जागना किसी संघर्ष से कम नहीं था। उसे पता है कि कड़ाके की ठंड में उस रात जब अचानक घर का हीटर खराब हो गया था, तो ये उसके लिए कितना परेशान करनेवाला अनुभव था। उसे पता है कि जब समय पर काम पूरा करने के दबाव में उसने बाहर जाकर डिनर करने का प्लान कैंसिल किया, तो उसकी पत्नी कितनी नाराज हो गई थी। उसे उस चिंता का भी एहसास है, जो माइकल का काम पूरा करने के लिए अपने बाकी सारे कामों को किनारे करने पर उसे महसूस हुई थी। जैक को ये भी पता है कि मौके पर अपने दोस्त की मदद करके उसे कितना अच्छा लगा था।

और ऐसा भी बहुत कुछ है, जिसके बारे में जैक को कुछ नहीं पता था। जैक को नहीं पता कि माइकल का वह क्लाइंट सुबह-सुबह उस पर भड़का था क्योंकि उसे माइकल के एक अन्य ब्रोशर में इस्तेमाल की गई तस्वीर पसंद नहीं आई थी। जैक को नहीं पता कि मुनाफे के आँकड़े विशेष रूप से महत्वपूर्ण थे क्योंकि उस क्लाइंट के कुछ हालिया व्यावसायिक निर्णयों पर पहले से ही सवाल उठ रहे थे। जैक को नहीं पता कि माइकल का ग्राफिक डिजाइनर एक व्यस्त सत्र के बीच अचानक छुट्टी पर चला गया था, जिससे न सिर्फ ये प्रोजेक्ट बल्कि अन्य कई प्रोजेक्ट भी प्रभावित हुए थे। जैक को नहीं पता कि माइकल पहले से ही उसके काम से संतुष्ट नहीं था। और जैक को नहीं पता कि माइकल को अपने दोस्त पर एहसान करके कितनी खुशी हुई थी।

बेशक हम जिस चीज़ से अनभिज्ञ होते हैं, उसके बारे में पहले से कुछ नहीं जानते। लेकिन ये मान लेने के बजाय कि हम पहले से ही वह सब जानते हैं जो जानना जरूरी है, हमें ये मानना चाहिए कि कुछ महत्वपूर्ण जानकारी ऐसी भी होगी, जो हमारी पहुँच में नहीं है। क्योंकि ये मान लेना एक अच्छा दांव साबित हो सकता है।

२. हमारी विवेचना अलग-अलग होती है

मशहूर अमेरिकी फिल्म एनी हॉल के एक दृश्य में नायक एल्वी सिंगर कहता

है, 'हम कभी सेक्स नहीं करते।' जबकि उसकी प्रेमिका कहती है, 'हम बहुत ज़्यादा सेक्स करते हैं।' ये सुनकर उनका थेरेपिस्ट पूछता है, 'आप लोग कितनी बार सेक्स करते हैं?' जवाब में नायक और नायिका एक स्वर में कहते हैं, 'सप्ताह में तीन बार!'

दुनिया के बारे में हमारी कथाएँ अलग-अलग होने के पीछे दूसरा कारण ये है कि हमारे पास समान जानकारी होने के बावजूद भी हम उसकी विवेचना अलग-अलग ढंग से करते हैं - हम जानकारी को अलग-अलग अर्थ देते हैं। मेरे हिसाब से गिलास आधा खाली है; आपके हिसाब से ये मानवजाति की नाजुकता का एक रूपक है। मैं प्यासा हूँ; आप एक कवि हैं। हम जो भी देखते हैं, उसकी विवेचना कैसे करते हैं, इसके पीछे विशेष रूप से दो महत्वपूर्ण कारक होते हैं (१) हमारे अतीत के अनुभव (२) कोई चीज़ कैसे करनी है या कैसे नहीं करनी है, इस बारे में हमारे द्वारा सीखे गए अंतर्निहित नियम।

हम अतीत के अनुभवों से प्रभावित होते हैं। अतीत वर्तमान को अर्थ देता है। आमतौर पर किसी व्यक्ति के अतीत के अनुभवों के संदर्भ में ही हम ये समझ सकते हैं, वह जो भी कह रहा है या जो कर रहा है, वह किसी भी लिहाज से तर्कसंगत क्यों है।

एक लंबे प्रोजेक्ट के पूरा होने का जश्न मनाने के लिए बॉनी और उसके सहकर्मियों ने पैसे इकट्ठे किए ताकि अपनी सुपरवाइजर कैरोलिन को एक अच्छे रेस्त्रां में डिनर पर ले जा सके। डिनर के दौरान कैरोलिन लगातार शिकायत करती रही, 'यहाँ सब कुछ कितना महँगा है,' 'रेस्त्रांवाले चीज़ों को बेवजह महँगा बेचकर भी कैसे बच निकलते हैं?' और 'क्या मज़ाक है, पाँच डॉलर का मीठा!' डिनर के बाद जब बॉनी घर पहुँची तो बुरी तरह लज्जित और हताश महसूस कर रही थी और सोच रही थी, 'हम सब ये तो जानते थे कि कैरोलिन बहुत ओछी सोचवाली है लेकिन आज रेस्त्रां में जो हुआ, वह सचमुच हास्यास्पद था। डिनर का पैसा हमने दिया ताकि उसे पैसे की चिंता न करनी पड़े और फिर भी वह खाने की कीमत को लेकर लगातार शिकायत करती रही। उसने हमारी शाम बर्बाद कर दी।'

बॉनी के दिमाग में जो कथा बनी, उसके अनुसार कैरोलिन निहायत ही कंजूस और मज़ा खराब करनेवाली महिला थी। अंतत: बॉनी ने तय किया कि वह जाकर कैरोलिन से साफ-साफ पूछेगी कि रेस्त्रां के खाने की कीमत पर वह इतनी तीखी

प्रतिक्रिया क्यों दे रही थी? अगले दिन बॉनी के इस सवाल पर थोड़ा सोचने के बाद कैरोलिन ने कहा:

'मुझे लगता है कि इसका संबंध इस बात से है कि मैं घोर मंदी के दौर में बड़ी हुई हूँ। आज भी मेरे कानों में मेरी माँ की वो आवाज गूँजती है, जब मैं बचपन में सुबह-सुबह तैयार होकर स्कूल जा रही होती थी। वे मुझसे कहतीं – 'कैरोलिन, तुम्हारे लंच के लिए टेबल पर पाँच पैसे रखे हैं।' मेरी माँ इस बात पर बहुत गर्व महसूस करती थीं कि वे उन हालातों में भी हर रोज मुझे लंच करा पाने में सक्षम हैं। फिर जब मैं आठ-नौ साल की हुई, तो लंच खरीदने के लिए पाँच पैसे बहुत कम पड़ने लगे, लेकिन मेरी हिम्मत नहीं हुई कि उन्हें ये बात बता सकूँ।

सालों बाद भी कैरोलिन को मामूली कीमतवाला खाना भी पैसे की बर्बादी ही लगता था क्योंकि अतीत के अनुभव और स्मृतियाँ अब भी उसके मन में ताजा थे।

आपका हर तीखा मत आपके अतीत से गहन रूप से प्रभावित होता है। छुट्टियाँ कहाँ मनाएँ, अपने बच्चों को सजा के तौर पर थप्पड़ा मारना चाहिए या नहीं, एडवर्टाइजिंग का बजट कितना होना चाहिए – इन सब पर उन चीज़ों का प्रभाव होता है, जो आपने अपने परिवार में देखी होती हैं या अपने जीवन में सीखी होती हैं। हमें अक्सर इस बात का एहसास नहीं होता कि हम जिस तरह दुनिया की विवेचना करते हैं, उस पर हमारे इन अनुभवों का कितना प्रभाव होता है। हम बस ये मान लेते हैं कि चीज़ें बस ऐसी ही होती हैं।

हम अलग-अलग अंतर्निहित नियम लागू करते हैं। हमारे अतीत के अनुभव अक्सर उन 'नियमों' में तब्दील हो जाते हैं, जिनके आधार पर हम अपना जीवन जीते हैं। हमें उनके बारे में पता हो या नहीं पर उन नियमों का पालन हम सब करते हैं। ये नियम हमें बताते हैं कि दुनिया कैसे चलती है, लोगों को कैसा व्यवहार करना चाहिए या चीज़ों को कैसा होना चाहिए। और एक कठिन बातचीत में हमारे बीच क्या हो रहा है, इसके बारे में हम जो कथा सुनाते हैं, उस पर भी इन नियमों का गहरा प्रभाव होता है।

और जब हमारे इन नियमों के बीच टकराव होता है, तो हम मुश्किल में पड़ जाते हैं।

उदाहरण के लिए ओली और थेल्मा परस्पर विरोधी नियमों में उलझे हुए हैं। सेल्स प्रतिनिधि के रूप में वे दोनों बाहर बहुत सा समय साथ बिताती हैं। एक शाम दोनों ने तय किया कि वे कल सुबह ७.०० बजे होटल की लॉबी में मिलेंगी ताकि एक प्रेजेन्टेशन पूरी कर सकें। थेल्मा हमेशा की तरह ठीक ७.०० बजे पहुँच गई, जबकि ओली ७.१० पर पहुँची। ये पहली बार नहीं था, जब ओली देर से पहुँची हो और इस बात से थेल्मा इतनी हताश थी कि इस मीटिंग के पहले २० मिनट वह अपना ध्यान केंद्रित नहीं कर पा रही थी। वहीं ओली इस बात से हताश थी कि थेल्मा हताश है।

जिन अंतर्निहित नियमों को प्रत्येक पक्ष अनजाने में ही लागू कर रहा हो, उन्हें पहले से स्पष्ट कर देना बेहतर होता है। थेल्मा का नियम है कि 'देर करना गलत है और ये आपके गैर-पेशेवर रवैये को दर्शाता है।' जबकि ओली का नियम है, 'छोटी-मोटी बातों को लेकर इतना परेशान हो जाना गैर-पेशेवर है, जिससे आप महत्वपूर्ण चीज़ों पर ध्यान ही केंद्रित न कर पाएँ।' चूँकि थेल्मा और ओली, दोनों ही स्थिति की विवेचना अपने अंतर्निहित नियमों के दृष्टिकोण से कर रही हैं इसलिए उन्हें एक-दूसरे का व्यवहार अनुचित लग रहा है।

हमारे अंतर्निहित नियम अक्सर उन चीज़ों का रूप ले लेते हैं, जो लोगों को 'करनी चाहिए' या 'नहीं करनी चाहिए': तुम्हें शिक्षा पर पैसे खर्च करने चाहिए, लेकिन नए कपड़ों पर नहीं।' 'तुम्हें अपने किसी सहकर्मी की आलोचना अन्य सहकर्मियों के सामने नहीं करनी चाहिए।' 'तुम्हें कभी टॉयलेट सीट को ऊपर नहीं छोड़ना चाहिए, टूथपेस्ट को बीच से नहीं दबाना चाहिए या बच्चों को दो घंटे से ज़्यादा टीवी नहीं देखने देना चाहिए।' इन बातों की सूची अंतहीन हैं।

इन नियमों के होने में कुछ भी गलत नहीं है। बल्कि सच तो ये है कि अपने जीवन को व्यवस्थित रखने के लिए ये नियम जरूरी होते हैं। लेकिन जब आप किसी टकराव या द्वंद की स्थिति में हों तो अपने नियमों को स्पष्ट कर देना और सामनेवाले को भी ऐसा ही करने के लिए प्रोत्साहित करना मददगार साबित होता है। इससे परस्पर विरोधी नियमों के टकराव में अचानक उलझने की आपकी संभावना काफी हद तक कम हो जाती है।

३. हमारे निष्कर्ष आत्म-हितों को दर्शाते हैं

अंत में, जब हम इस बात पर विचार करते हैं कि दुनिया के बारे में हमारी कथाएँ अलग-अलग क्यों होती हैं, तो इस तथ्य से इंकार नहीं किया जा सकता कि हमारे निष्कर्ष पक्षपाती होते हैं और वे अक्सर हमारे आत्म-हितों को दर्शाते हैं। हम ऐसी जानकारी ढूँढ़ते हैं, जो हमारे मत का समर्थन करती हो और फिर हम उसी जानकारी की सबसे अनुकूल विवेचना करते हैं। इसके बाद हम इस बात को लेकर और निश्चिंत महसूस करने लगते हैं कि हमारा मत सही है।

हार्वर्ड बिजनेस स्कूल के प्रोफेसर हॉवर्ड राइफा ने इस परिघटना का प्रदर्शन करने के लिए कुछ टीमें बनाकर उन्हें एक कंपनी से जुड़े कुछ तथ्य दिए। इनमें से कुछ टीमों से उन्होंने कहा कि आपको कंपनी खरीदने के लिए सौदेबाज़ी करनी है और बाकी टीमों से कहा कि आपको कंपनी बेचने के लिए सौदेबाज़ी करनी है। इसके बाद उन्होंने हर टीम को यथासंभव निष्पक्ष होकर कंपनी का मूल्य तय करने को कहा। (यहाँ मूल्य का अर्थ उस कीमत से नहीं था, जिस पर वे टीमें कंपनी को खरीदने या बेचने का प्रस्ताव देती बल्कि इस बात से था कि वे टीमें कंपनी को कितना मूल्यवान मानती हैं।) राइफा ने पाया कि विक्रेता टीमें मन ही मन में ये मानती थीं कि स्वतंत्र मूल्यांकन से कंपनी का जो उचित बाजार मूल्य पता चला था, कंपनी का औसत मूल्य उससे ३० फीसदी अधिक था।

हर टीम ने अनजाने में ही एक धारणा विकसित कर ली, जो उनके खुद के अनुकूल थी। उन्होंने उन्हीं चीज़ों पर अधिक गौर किया, जिन पर वे खुद विश्वास करना चाहते थे और उन चीज़ों को जल्द ही भूल गए, जिन्हें वे अनदेखा करना चाहते थे। हमारे सहकर्मी रॉजर फिशर अपने वकालत के दिनों को याद करते हुए इस परिघटना के बारे में कहते हैं : 'मैं कभी-कभी कोर्ट को ये विश्वास दिलाने में नाकाम रहता था कि मैं सही हूँ, लेकिन मैं खुद को ये विश्वास दिलाने में कभी नाकाम नहीं हुआ।'

इस तरह अनजाने में ही एक पक्षपाती धारणा विकसित कर लेना मानवीय प्रवृत्ति है, जो खतरनाक साबित हो सकती है। इससे निपटने के लिए जरूरी है कि अपनी कथा की 'सत्यता' के बारे में हम ज़रा विनम्र रवैया रखें, खासकर तब, जब कुछ ऐसा दांव पर लगा हो, जो बहुत महत्वपूर्ण हो।

निश्चितता से जिज्ञासा की ओर बढ़ें

दूसरे व्यक्ति की कथा को समझने का सिर्फ एक ही तरीका है और वह है जिज्ञासु होना। खुद से ये पूछने के बजाय कि 'वे भला ऐसा कैसे सोच सकते हैं?' आप खुद से ये पूछें कि 'भला उनके पास ऐसी कौन सी जानकारी है, जो मेरे पास नहीं है?' खुद से पूछें कि 'आखिर दुनिया को लेकर उनका नज़रिया कैसा होगा, जो उन्हें अपना मत तर्कसंगत लगता है?' निश्चितता हमें उनकी कथा तक नहीं पहुँचने देती, जबकि जिज्ञासा हमारे लिए उनकी कथा के दरवाजे खोल देती है।

जिज्ञासा : उनकी कथा तक पहुँचने का रास्ता

अब ज़रा टोनी और उसकी पत्नी कीको के बीच की असहमति पर विचार करें। टोनी की बहन ने अपने पहले बच्चे को जन्म दिया। अगले दिन कीको टोनी की बहन से अस्पताल जाकर मिलने के लिए तैयार हो रही थी। लेकिन जब टोनी ने कहा कि वह उसके साथ अपनी बहन को देखने अस्पताल नहीं जाएगा, तो वह हैरान रह गई। जब कीको ने इसका कारण पूछा, तो टोनी ने बुदबुदाते हुए कहा कि 'आज टीवी पर बहुत महत्वपूर्ण फुटबॉल मैच है इसलिए मैं कल जाकर अपनी बहन से मिल लूँगा।'

कीको ये सुनकर काफी परेशान हो गई। उसे लगा, 'मैंने आज तक इससे ज़्यादा स्वार्थी, सतही और हास्यास्पद बात नहीं सुनी। आखिर ये कैसा व्यक्ति है, जो फुटबॉल की मैच को अपने परिवार से ज़्यादा महत्त्व देता है!' लेकिन उसने खुद को अपनी निश्चितता के जाल में उलझने नहीं दिया और ये कहने के बजाय कि 'आखिर तुम ऐसा कैसे कर सकते हो?' उसने खुद से सौदा किया और अपने आपको जिज्ञासा की ओर ले गई। उसने सोचा, 'वह क्या है, जो टोनी जानता है पर मैं नहीं? आखिर दुनिया को लेकर उसका नज़रिया कैसा है, जो उसे अपना ये निर्णय तर्कसंगत लग रहा है?'

टोनी की कथा, कीको की कल्पना से अलग है। ऊपरी तौर पर टोनी टीवी पर मैच देख रहा है। लेकिन टोनी के लिए ये उसके मानसिक स्वास्थ्य से जुड़ा मसला है। वह सप्ताहभर बेहद तनावपूर्ण परिस्थितियों में रोज दस घंटे काम करता है। शाम को घर लौटने के बाद वह अपने दो बच्चों के साथ खेलता है और वह सब करता है, जो उसके बच्चे चाहते हैं। फिर बच्चों को किसी तरह सुलाने के बाद वह कीको

को थोड़ा समय देता है और आमतौर पर इस विषय पर चर्चा करता है कि कीको का दिन कैसा गुज़रा। इसके बाद आखिरकार वह सो जाता है। सप्ताह में एक बार टीवी पर मैच देखना टोनी के लिए इकलौता ऐसा समय होता है, जब वह सचमुच आराम महसूस करता है। उसके तनाव का स्तर कम हो जाता है। ये उसके लिए कुछ ऐसा है, मानो वह ध्यान कर रहा हो। इस तरह वह अपने आपको तीन घंटे देकर वह अगले सप्ताह के तनावपूर्ण क्षणों का सामना करने के लिए खुद को तैयार कर लेता है। चूँकि टोनी को लगता है कि उसकी बहन को इस बात से कोई फर्क नहीं पड़ता कि वह उससे मिलने के लिए आज अस्पताल जाएगा है या कल, इसलिए वह ऐसा चुनाव करता है, जो उसके अपने मानसिक स्वास्थ्य के पक्ष में है।

बेशक ये बात यहीं खत्म नहीं हो जाती। कीको को भी टोनी के साथ अपनी कथा साझा करने की जरूरत है। और फिर जब दोनों के सामने सब कुछ स्पष्ट होगा, तो वे आपस में मिलकर ये तय कर सकते हैं कि उन्हें क्या करना चाहिए। लेकिन ऐसा तब तक संभव नहीं होगा, जब तक कीको ये मानकर बैठी रहेगी कि उसे टोनी की कथा अच्छी तरह पता है, फिर चाहे वह शुरू से ही इसे लेकर कितनी भी निश्चित हो।

आपकी कथा क्या है?

अपना यह सहज निश्चिततावाला रुख – कि हमने हर संभावित पहलू पर विचार कर लिया है – बदलने का एक तरीका ये है कि उन चीज़ों को लेकर जिज्ञासु रहा जाए, जो आप अपने बारे में नहीं जानते हैं। हो सकता है कि आपको ये ज़रा विचित्र लगे। आखिर आप हर समय अपने साथ ही तो रहते हैं; तो क्या आप अपने ही दृष्टिकोण से अच्छी तरह परिचित नहीं होंगे?

इस सवाल का संक्षिप्त जवाब है, 'नहीं।' हम जिस प्रक्रिया से अपने मन में दुनिया के बारे में एक कथा बनाते हैं, वह अक्सर इतनी तेजी से और इतने स्वचालित होती है कि हम अपने मतों को प्रभावित करनेवाली चीज़ों से अवगत ही नहीं होते। उदाहरण के लिए जब हमने देखा कि माइकल के साथ बातचीत के दौरान जैक वास्तव में क्या सोच रहा है और क्या महसूस कर रहा है, तो उसमें आधी रात को कड़ाके की ठंड में घर का हीटर बंद होने या बाहर डिनर का प्लान कैंसिल करने को लेकर पत्नी के नाराज होने के बारे में कुछ भी नहीं था। यहाँ तक कि जैक खुद भी अपनी प्रतिक्रियाओं के पीछे की सारी जानकारी से पूरी तरह परिचित नहीं था।

और उसके लिए कौन से अंतर्निहित नियम महत्वपूर्ण हैं? जैक सोच रहा है, 'मुझे विश्वास नहीं होता कि माइकल ने मेरे साथ ऐसा व्यवहार किया,' लेकिन उसे ये नहीं पता कि उसका ये सोचना इस अंतर्निहित नियम पर आधारित है कि लोगों को एक-दूसरे से कैसा व्यवहार 'करना चाहिए।' जैक का नियम कुछ ऐसा है 'चाहे जो भी हो पर आपको हमेशा दूसरों की सराहना करनी चाहिए।' हममें से कई लोग इस नियम से सहमत होंगे, लेकिन ये कोई 'सत्य' नहीं बल्कि सिर्फ एक नियम है। वहीं माइकल का नियम ये हो सकता है कि 'अच्छे दोस्त एक-दूसरे से नाराज हो सकते हैं और वह भी इसे एक व्यक्तिगत अपमान माने बिना।' यहाँ ये महत्वपूर्ण नहीं है कि दोनों में से किसका नियम बेहतर है; बल्कि ये महत्वपूर्ण है कि दोनों ही नियम एक-दूसरे से अलग हैं। लेकिन जैक को ये बात तब तक पता नहीं चलेगी, जब तक वह इस बात पर विचार नहीं करेगा कि इस मामले में उसकी कथा किन नियमों पर आधारित है।

अब ज़रा एंड्रयू और उसके चाचा डग की कथाओं को याद करें, जो परेड देखकर उनके मन में बनी थीं। हमने कहा था कि एंड्रयू 'ट्रकों को जुनून की हद तक पसंद करता है' जो वास्तव में उसके चाचा का दृष्टिकोण है। डग को पता है कि 'एंड्रयू कैसा है,' लेकिन उसे इस बारे में कम ही पता है कि वह खुद कैसा है। अगर हम ट्रकों में डग की दिलचस्पी - जो न के बराबर है - को एक आधार के रूप में देखें तो कहा जा सकता है कि एंड्रयू ट्रकों को जुनून की हद तक पसंद करता है। पर अगर हम एंड्रयू के दृष्टिकोण से देखें, तो संभवतः डग के बारे में ये कहा जा सकता है कि वह 'चीयरलीडर्स को जुनून की हद तक पसंद करता है।' इस संभावना से इंकार नहीं किया जा सकता कि चार साल की उम्रवाले बच्चों के बीच एंड्रयू का दृष्टिकोण ही आदर्श दृष्टिकोण होगा।

दोनों कथाओं को स्वीकार करें : 'यह और वहवाला रुख' अपनाएँ

जब आपके पास अपनी खुद की कथा हो, तो किसी दूसरे की कथा के प्रति अपनी जिज्ञासा बनाए रखना काफी मुश्किल हो सकता है, खासकर अगर आपको ये लगता है कि सिर्फ एक ही कथा सही हो सकती है। आखिर आपकी कथा उनकी कथा से बिलकुल अलग है और आपको पूरी तरह तर्कसंगत भी लगती है। अपनी जिज्ञासा बनाकर रखने के तनाव को कुछ हद तक वह रुख अपनाकर कम किया जा सकता है, जिसे हम 'यह और वह वाला रुख' कहते हैं।

आमतौर पर हम ये मानकर बैठ जाते हैं कि हमें या तो सामनेवाले की कथा को स्वीकार करना होगा या फिर अस्वीकार करना होगा। अगर हम उसे स्वीकार करते हैं, तो फिर हमें अपनी कथा का त्याग करना होगा। तो सवाल ये उठता है कि कौन सही है, माइकल या फिर जैक? ओली या थेल्मा? बॉनी या फिर उसकी बॉस कैरोलिन? आप ही बताइए कि एक व्यक्ति जो रात को कमरे की खिड़की खोलकर सोना पसंद करता है और दूसरा व्यक्ति जो रात को खिड़की बंद करके सोता है, भला उन दोनों में से कौन सही है?

इसका जवाब ये है कि इस सवाल का कोई मतलब नहीं बनता। इसलिए दो अलग-अलग कथाओं में से किसी एक का चुनाव न करें; बल्कि दोनों को स्वीकार करें। यही है 'यह और वह वाला रुख।'

हो सकता है कि दोनों कथाओं को स्वीकार करने का सुझाव आपको दो-तरफा बात जैसा लगे। इससे ये लग सकता है मानों कहा जा रहा हो कि 'ये दिखावा करो कि दोनों कथाएँ सही हैं।' लेकिन वास्तव में इसका मतलब बिलकुल अलग है। आपको कोई दिखावा करने की जरूरत नहीं है। आपको दूसरे पक्ष की कथा को स्वीकार करने या अस्वीकार करने को लेकर परेशान होने की भी जरूरत नहीं है। बल्कि जरूरी ये है कि पहले आप उसे समझने की कोशिश करें। दूसरे व्यक्ति की कथा को समझने की कोशिश करने के लिए आपको अपनी कथा को त्यागने की कोई जरूरत नहीं है। 'यह और वह वाला रुख' आपके लिए इस बात को पहचानना आसान बना देता है कि आप दोनों चीज़ों को जिस तरह देखते हैं और जैसा महसूस करते हैं, वह मायने रखता है। अंततः आप चाहे जो करें, चाहे आपकी कथा उनकी कथा को प्रभावित करे या उनकी कथा आपकी कथा को, लेकिन दोनों ही कथाएँ मायने रखती हैं।

'यह और वह वाला रुख' इस धारणा पर आधारित है कि दुनिया जटिल होती है और जिस तरह आप आहत, क्रोधित या ठगा हुआ महसूस कर सकते हैं, उसी तरह सामनेवाला भी आहत, क्रोधित या ठगा हुआ महसूस कर सकता है। हो सकता है कि वे अपना सर्वश्रेष्ठ दे रहे हों और फिर भी आपको लग रहा हो कि ये काफी नहीं है। हो सकता है कि आपने कोई मूर्खता कर दी हो और उन्होंने भी उस समस्या में भरपूर योगदान दिया हो। हो सकता है कि आप उन पर भड़के हुए हों और ये भी हो सकता है कि आप उनके लिए प्रेम और सराहना जैसे भाव महसूस कर रहे हों।

'यह और वह वाला रुख' आपको एक ऐसा आधार देता है, जिसकी सहायता से आप किसी और के दृष्टिकोण, मतों और भावनाओं को कम आंके बिना, अपने दृष्टिकोण, अपने मतों और अपनी भावनाओं की शक्ति को मुखर होकर सामने रख सकते हैं। इसी तरह सामनेवाला अलग क्यों महसूस करता है और चीज़ों को अलग ढंग से कैसे देखता है, ये स्वीकार करने के लिए आपको खुद किसी चीज़ का त्याग करने की जरूरत नहीं है। चूँकि आपकी जानकारी और विवेचना दूसरे से अलग हो, इसलिए दोनों की कथाएँ एक साथ तर्कसंगत हो सकती हैं।

हो सकता है कि जब आप अपनी कथाएँ साझा करें, तो नई जानकारी या नए दृष्टिकोण की प्रतिक्रिया के रूप में उनमें बदलाव आने लगे। लेकिन हो सकता है कि इसके बावजूद भी आपकी कथाएँ दूसरों की कथाओं जैसी न बन पाएँ और अगर ऐसा है तो कोई बात नहीं। कभी-कभी लोगों के बीच ईमानदार असहमतियाँ भी होती हैं, लेकिन फिर भी ये सवाल महत्वपूर्ण नहीं है कि 'कौन सही है?' बल्कि महत्त्व तो इस सवाल का है कि 'चूँकि हम एक-दूसरे को अच्छी तरह समझने लगे हैं, तो अब इस समस्या से निपटने का सर्वश्रेष्ठ तरीका क्या हो सकता है?'

दो अपवाद, जो अपवाद नहीं हैं

आप सोच रहे होंगे कि निश्चितता और बहस को छोड़कर जिज्ञासा एवं 'यह और वह वाला रुख' अपनाने का सुझाव यूँ तो तर्कसंगत लगता है, लेकिन इसके कुछ अपवाद भी तो होंगे। आइए अब दो ऐसे महत्वपूर्ण सवालों को देखें, जो हो सकता है कि अपवाद जैसे लगें, पर वास्तव में अपवाद हैं नहीं: (१) तब क्या, जब मुझे पूरी तरह पता हो कि मैं सही हूँ? और (२) क्या 'दूसरे पक्ष की कथा को समझने' का सुझाव हर मामले में लागू होता है? उदाहरण के लिए क्या यह तब भी लागू होगा, जब मैं किसी को काम से निकाल रहा हूँ या किसी से रिश्ता तोड़ रहा हूँ?

मैं सचमुच सही हूँ

एक पुरानी कहानी है, जिसमें दो पुरोहित इस बात पर बहस कर रहे हैं कि ईश्वर की पूजा कैसे करनी चाहिए। अंत में एक पुराहित आपस में सुलह करने की भावना से कहता है, 'मैं और तुम चीज़ों को अलग-अलग तरीके से देखते हैं और

इसमें कोई बुराई भी नहीं है। हमें एक-दूसरे से सहमत होने की कोई जरूरत नहीं है। तुम ईश्वर की पूजा अपने तरीके से करो और मैं ईश्वर के बताए हुए तरीके से ही उसकी पूजा करूँगा।'

सोच-विचार की यह प्रवृत्ति भावनात्मक तीव्रतावाली हो सकती है। हो सकता है कि आप दूसरे पक्ष की कथा को सच्ची अंतर्दृष्टि और सहानुभूतिपूर्ण ढंग से समझ रहे हों, लेकिन तब भी आपको लग सकता है कि भले ही उनकी कथा उनके लिए कितनी भी तर्कसंगत हो, लेकिन असल में आप 'सही' हैं और वे 'गलत।'

उदाहरण के लिए तब क्या, जब आप अपनी बेटी से उसकी धूम्रपान की आदत पर बातचीत कर रहे हों? आप जानते हैं कि आपका ये सोचना सही है कि धूमपान करना उसकी सेहत के लिए हानिकारक है और वह जितनी जल्दी ये आदत छोड़ दे, उतना अच्छा होगा।

ठीक है। इस मामले में आप सही हैं, लेकिन इसमें भी एक पेंच है: वास्तव में आप दोनों की बातचीत का संबंध धूम्रपान से नहीं है। बल्कि इस बात से है कि बेटी की धूम्रपान की आदत के बारे में आप दोनों क्या सोचते हैं, उसे इस मामले को लेकर क्या करना चाहिए और इसमें आपकी भूमिका क्या होगी। इसका संबंध उस डर और उदासी से है, जो आप बेटी की सेहत संबंधी भविष्य की समस्याओं के बारे में सोचकर महसूस करते हैं। साथ ही इसका संबंध उस गुस्से से भी है, जो आप इसलिए महसूस करते हैं क्योंकि आप उसे धूम्रपान करने से रोक नहीं पा रहे हैं। इसका संबंध उसकी आज़ाद महसूस करने की जरूरत से है, एक 'अच्छी लड़की' होने के उस सीमित दायरे को तोड़ने से है, जिसमें रहकर उसे घुटन महसूस होती है। इसका संबंध उसके उस दोतरफा एहसास से है, जहाँ उसे धूम्रपान करना अच्छा भी लगता है और साथ ही इसके हानिकारक प्रभावों से डर भी लगता है। इस बातचीत का संबंध आप दोनों के बीच के ऐसे कई मुद्दों से है, जिनकी गहराई में जाना जटिल तो है पर साथ ही महत्वपूर्ण भी। इस बातचीत का संबंध इस सच से नहीं है कि धूम्रपान की आदत सेहत के लिए कितनी हानिकारक है। क्योंकि इस बिंदु से तो आप दोनों पहले से ही सहमत हैं।

यहाँ तक कि जब ऐसा लगे कि विवाद इस बारे में है कि सच क्या है, तब भी आप पाएँगे कि सही होने से कोई विशेष लाभ नहीं होता। हो सकता है कि आपका दोस्त ये मानने से इंकार कर दे कि उसे शराब की लत है और उसके वैवाहिक जीवन

पर इसका नकारात्मक प्रभाव पड़ रहा है। भले ही पूरी दुनिया आपके इस आंकलन से सहमत हो कि उसे शराब की लत लग गई है, लेकिन उसके सामने खुद को सही साबित करने से आपके लिए उसकी मदद करना और आसान नहीं हो जाएगा।

अगर आप सचमुच उसकी मदद करना चाहते हैं तो उसे समझाएँ कि उसकी इस लत का आप पर क्या प्रभाव पड़ रहा है, उसकी कथा को समझने की कोशिश करें, ये जानने की कोशिश करें कि वह स्वीकार क्यों नहीं कर रहा है कि उसे शराब की लत है, अगर वह इस बात को सचमुच स्वीकार कर लेता है, तो उसके लिए इसके क्या मायने होंगे, वह क्या है, जो उसके रास्ते में रोड़ा बना हुआ है? जब तक आप उसकी कथा को नहीं समझेंगे और अपनी कथा को उसके साथ साझा नहीं करेंगे, तब तक आप ये जानने में उसकी मदद नहीं कर पाएँगे कि उसे अपनी कथा का अगला अध्याय बेहतर ढंग से दोबारा लिखने के लिए क्या करना होगा। हो सकता है कि इस मामले में आप सही हों और आपका दोस्त गलत, लेकिन सिर्फ सही होने से आपको कोई खास लाभ नहीं मिलनेवाला है।

बुरी खबर देना

क्या हो, अगर आपको किसी को काम से निकालना हो, कोई रिश्ता तोड़ना हो या किसी सप्लायर को बताना हो कि आप अब तक उसे जो ऑर्डर देते आए हैं, अब उसमें ८० फीसदी की कटौती कर रहे हैं? यूँ तो कई कठिन बातचीतों में आपके पास इकतरफा परिणाम थोपने की शक्ति नहीं होती है। लेकिन जब आप किसी को काम से निकाल रहे हों, कोई रिश्ता तोड़ रहे हों या ऑर्डर में कटौती कर रहे हों, तब आपके पास ये शक्ति होती है। इन परिस्थितियों में ये सोचना वाजिब है कि क्या दूसरे पक्ष की कथा सचमुच प्रासंगिक है।

किसी को काम से निकालने में या कोई रिश्ता तोड़ने में जो परेशानी होती है, वह अधिकांशत: भावनाओंवाली बातचीत और पहचान संबंधी बातचीतों में होती है, जिन पर हम बाद में चर्चा करेंगे। लेकिन यहाँ अलग-अलग दृष्टिकोण का सवाल भी महत्वपूर्ण होता है। याद रखें कि सामनेवाले की कथा को समझने का अर्थ ये नहीं है कि आप उसकी कथा से सहमत भी हों। न ही इसके लिए आपको अपनी कथा का त्याग करने की जरूरत है। आप उनका मत या दृष्टिकोण समझने के लिए तैयार हैं, इस तथ्य से अपने निर्णयों को लागू करने या ये स्पष्ट करने की आपकी शक्ति कम नहीं हो जाती कि आपका निर्णय ही अंतिम है।

वास्तव में जब आप कोई ऐसी कठिन बातचीत करते हैं, जहाँ आपको किसी को कोई बुरी खबर देनी हो तो 'यह और वह वाला रुख' आपको एक ठोस आधार प्रदान करता है। अगर आप किसी से रिश्ता तोड़ रहे हों, तो ये रुख आपको यह कहने में सक्षम बनाता है कि 'मैं तुमसे रिश्ता तोड़ रहा हूँ क्योंकि मेरे लिए यही सही होगा (और इसका कारण ये है कि...) और मैं जानता हूँ कि तुम इससे आहत हो..., और तुम्हें लगता है कि हमें इस रिश्ते को बचाने की एक और कोशिश करनी चाहिए..., और मैं अपना इरादा नहीं बदलनेवाला..., और मैं ये भी समझता हूँ कि तुम्हें लग रहा होगा कि मुझे अपनी दुविधा को पहले ही स्पष्ट कर देना चाहिए था..., और मुझे नहीं लगता कि इसका अर्थ ये है कि मैं कोई बुरा व्यक्ति हूँ..., और मैं समझता हूँ कि मैंने कुछ ऐसी चीज़ें भी हैं, जिससे तुम्हें दुःख पहुँचा है..., और मैं जानता हूँ कि तुमने भी कुछ ऐसी चीज़ें की हैं, जिनसे मुझे दुःख पहुँचा है..., और मैं जानता हूँ कि शायद मुझे अपने इस निर्णय पर पछतावा भी होगा..., और मैं फिर भी ये निर्णय ले रहा हूँ..., और..., और..., और...।'

'यह और वह वाला रुख' अपनाने से आपको अपनी जिज्ञासा व स्पष्टता बनाए रखने में मदद मिलती है।

आगे बढ़ना है, तो पहले यह समझें कि फिलहाल आप कहाँ हैं

कठिन बातचीतों से कैसे निपटना है, जब आप इसमें सुधार लाने की दिशा में आगे बढ़ेंगे, तो देखेंगे कि ये सवाल परछाई की तरह आपके साथ चलता है कि हम सब अपनी-अपनी दुनिया को कैसे जानते-समझते और सार्थक बनाते हैं? ये एक ऐसा प्रकाश-स्तंभ है कि आप चाहे जहाँ भी हों या चाहे जिन भी समस्याओं से जूझ रहे हों, लेकिन इसके पास वापस लौट सकते हैं।

सामनेवाले व्यक्ति को और स्वयं को अधिक गहनता से समझने का मतलब ये नहीं है कि आपके आपसी मतभेद खत्म हो जाएँगे या आपको वास्तविक समस्याओं का सामना नहीं करना पड़ेगा या फिर वास्तविक चुनाव नहीं करने होंगे। इसका ये मतलब भी नहीं है कि सभी मत और दृष्टिकोण समान रूप से मान्य हैं और दृढ़ विश्वास व मान्यताएँ रखना गलत है। बल्कि इससे तो आपको ये मूल्यांकन करने में मदद मिलेगी कि नई जानकारी और अलग-अलग विवेचना के बीच आपके दृढ़ विश्वास व मान्यताएँ, सार्थक और तर्कसंगत लगते हैं या नहीं। जिससे इन मतों की

शक्ति की सराहना करने में दूसरों की सहायता करना भी आपके लिए आसान हो जाएगा।

आप चाहे जिस भी दिशा में जाना चाहें, समझना - खुद को दूसरे की कथा में रखकर देखना - आपका पहला कदम होना चाहिए। आगे कैसे बढ़ना है, यह पता लगाने से पहले आपको ये समझना होगा कि फिलहाल आप कहाँ हैं।

अगले दो अध्याय हमारी कथा के दो समस्याजनक पहलुओं की गहराई में जाते हैं - सामनेवाले के इरादों को गलत समझ लेने की हमारी प्रवृत्ति और दोष मढ़ने पर अपना ध्यान केंद्रित करने की हमारी प्रवृत्ति।

3

यह धारणा न बनाएँ कि उन्होंने जो किया जानबूझकर किया : इरादों को प्रभाव से अलग करें

किसके इरादे क्या थे, ये सवाल हमारी उस कथा के केंद्र में होता है, जो हम किसी कठिन परिस्थिति को लेकर बनाते हैं। इरादे इस बात को गहनता से प्रभावित करते हैं कि हम दूसरों का आंकलन कैसे करेंगे। अगर किसी ने हमें इरादतन यानी जानबुझकर दुःख पहुँचाया हो, तो हम उन्हें उन लोगों की अपेक्षा कहीं अधिक कठोरता से आंकते हैं, जिन्होंने हमें भूलवश दुःख पहुँचाया हो। हम किसी के लिए असुविधा झेलने को भी तैयार हो जाते हैं, अगर इसके पीछे उनका कारण उचित हो। हम बस तब चिढ़ जाते हैं, जब हमें ये लगता है कि उन्हें इस बात की कोई परवाह ही नहीं है कि उनके कार्यों का हम पर क्या प्रभाव पड़ेगा। जैसे अगर हम किसी संकरी गली से गुज़र रहे हों और सामने कोई एम्बुलेंस हमारा रास्ता रोककर खड़ी हो जाए, तो हमारी प्रतिक्रिया अलग होगी। जबकि अगर उसकी जगह कोई बीएमडब्ल्यू कार आकर हमारा रास्ता रोक ले, तो हमारी प्रतिक्रिया बिलकुल अलग होगी।

इरादों की लड़ाई

अब ज़रा लॉरी और लिओ की कहानी पर विचार करें, जो पिछले दो साल से एक रिश्ते में हैं और उनके बीच एक विशेष मसले पर बार-बार झगड़ा होता रहा है, जो दोनों के लिए तकलीफदेह है। एक बार दोनों अपने एक दोस्त की पार्टी में गए हुए थे। वहाँ लॉरी एक और आइसक्रीम लेकर खाने ही जा रही थी कि लिओ ने कहा, 'लॉरी, तुम और आइसक्रीम मत खाओ।' लॉरी अपने बढ़ते वजन से परेशान थी, उसने लिओ की ओर ज़रा गुस्से से देखा और फिर दोनों काफी देर तक एक-दूसरे से बचते रहे। रात होते-होते स्थिति और बदतर हो गई:

लॉरी : तुमने पार्टी में हमारे दोस्तों के सामने मुझसे जैसा व्यवहार किया, वह मुझे

बहुत बुरा लगा।

लिओ : कैसा व्यवहार किया? तुम कहना क्या चाहती हो?

लॉरी : वही आइसक्रीमवाली बात। तुम ऐसे व्यवहार कर रहे थे, जैसे तुम मेरे बाप हो। तुम हमेशा मुझ पर हावी होने की कोशिश करते हो और मुझे नीचा दिखाते हो।

लिओ : लॉरी मैं तुम्हें दुःख पहुँचाने की कोशिश नहीं कर रहा था। तुम्हीं ने मुझसे कहा था कि तुम डायट पर हो। मैं तो बस उस डायट के हिसाब से चलने में तुम्हारी मदद करने की कोशिश कर रहा था। तुम बात-बात पर अपना बचाव करने लगती हो। मैं कुछ भी कहूँ, तुम्हें हमेशा यही लगता है कि मैं तुम पर हावी होने की कोशिश कर रहा हूँ, फिर भले ही मेरी मंशा तुम्हारी मदद करने की हो।

लॉरी : मदद? मेरे दोस्तों के सामने मुझे अपमानित करने को तुम मदद करना कहते हो?

लिओ : यार, मैं तुमसे नहीं जीत सकता। मैं कुछ कहूँ, तो तुम्हें लगता है कि मैं तुम्हें अपमानित कर रहा हूँ और अगर मैं कुछ न कहूँ, तो फिर तुम कहती हो कि मैंने तुम्हें जरूरत से ज़्यादा खाने क्यों दिया। मैं इससे तंग आ चुका हूँ। कभी-कभी तो मुझे लगता है कि तुम मुझसे जानबूझकर झगड़ा करती हो।

इस बातचीत के चलते लॉरी और लिओ, दोनों ही क्रोधित और आहत महसूस करते हैं और दोनों को ही ये लगता है कि सामनेवाला उन्हें गलत समझ रहा है। इससे भी बदतर ये कि ऐसी बातचीत दोनों के बीच कई बार हो चुकी है। वास्तव में वे दोनों इरादों की क्लासिक लड़ाई में उलझे हुए हैं: लॉरी का आरोप है कि लिओ उसे जानबूझकर दुःख पहुँचाता है, जबकि लिओ इससे इंकार करता है। वे एक ऐसे दुश्चक्र में फँसे हुए हैं, जिसे वे समझ नहीं पा रहे और उन्हें ये भी नहीं पता कि इस दुश्चक्र को तोड़ा कैसे जाए।

दो प्रमुख गलतियाँ

इससे निपटने का एक रास्ता है। दरअसल इस बातचीत में होने वाली दो प्रमुख

गलतियाँ इसे हद से ज़्यादा कठिन बना रही हैं – इसमें से एक गलती लॉरी कर रही है, जबकि दूसरी गलत लिओ कर रहा है। जब लॉरी कहती है, 'तुम हमेशा मुझ पर हावी होने की कोशिश करते हो और मुझे नीचा दिखाते हो' तो वह दरअसल लिओ के इरादों की बात कर रही होती है। यहाँ लॉरी की गलती ये है कि उसने मान लिया है कि उसे लिओ के इरादे पता हैं, जबकि वास्तव में उसे लिओ के इरादों की कोई जानकारी नहीं है। ये गलती करना बहुत आसान है और ये आपको कमजोर बनाती है। हम सब हमेशा यही गलती करते हैं।

दूसरी ओर लिओ की गलती ये है कि उसने मान लिया है कि अगर एक बार उसने स्पष्ट कर दिया कि उसके इरादे नेक थे, तो फिर लॉरी का परेशान या नाराज होना जायज नहीं है। वह लॉरी को समझाता है कि वह उसे 'दुःख पहुँचाने की कोशिश नहीं कर रहा था,' बल्कि उसकी मदद करने की कोशिश कर रहा था। ये समझाने के बाद लिओ को लगता है कि अब ये मामला यहीं खत्म हो जाना चाहिए। परिणामस्वरूप वह ये जानने की कोशिश तक नहीं करता कि लॉरी कैसा महसूस कर रही है और क्यों। यह गलती भी बहुत आम है और आपको कमजोर बनाती है।

सौभाग्य से, थोड़ी सी जागरूकता लाकर इन दोनों गलतियों से बचा जा सकता है।

पहली गलती : इरादों के बारे में हमारी धारण अक्सर गलत होती है

'लॉरी की गलती' के गहराई में जाने के लिए हमें ये समझने की जरूरत है कि हमारा दिमाग उस समय कैसे काम करता है, जब हम सामनेवाले के इरादों के बारे में अपनी कथा बना रहे होते हैं। साथ ही ये सीखना भी जरूरी होता है कि उन संदिग्ध धारणाओं की पहचान कैसे की जाए, जिनके आधार पर ये कथा बनती है। यहाँ समस्या ये है: हम अपने प्रति सामनेवाले के इरादों की परवाह तो बहुत करते हैं, लेकिन हमें ये पता नहीं होता कि वास्तव में उनके इरादे क्या हैं। और हम उनके इरादों का पता भी नहीं लगा सकते। क्योंकि दूसरों के इरादे सिर्फ उनके मन-मस्तिष्क में होते हैं। वे हमें दिखाई नहीं देते। भले ही उनके इरादों के बारे में हमें अपनी धारणाएँ कितनी भी सही लगें, लेकिन असल में ये धारणाएँ अक्सर या तो आधी-अधूरी होती हैं या फिर सीधे तौर पर गलत होती हैं।

हम खुद पर पड़नेवाले प्रभाव के आधार पर इरादों के बारे में धारणाएँ बना लेते हैं

इस पहली गलती की जड़ें एक बुनियादी त्रुटि में छिपी होती हैं: दूसरे व्यक्ति के कार्यों का हम पर जो भी प्रभाव होता है, हम उसके आधार पर उसके इरादों के बारे में धारणाएँ बना लेते हैं। अगर हमें दुःख पहुँचा हो, तो हम मान लेते हैं कि उनका इरादा हमें दुःख पहुँचाने का ही था। इसी तरह अगर हम अपमानित महसूस करते है, तो हम मान लेते हैं कि उनका इरादा हमारा अपमान करना था। हमारी सोच इतनी स्वचालित होती है कि हमें पता ही नहीं लगता कि हमने जो निष्कर्ष निकाला है, वह कुछ और नहीं बल्कि केवल एक धारणा है। हम उनके इरादों के बारे में अपनी कथा में इतने उलझे होते हैं कि ये सोच ही नहीं पाते कि संभवत: उनके इरादे कुछ और रहे होंगे।

हम सबसे बुरा सोचकर धारणाएँ बनाते हैं। दूसरों के कार्यों का हम पर जो प्रभाव पड़ता है, उसके आधार पर हम उनके इरादों के बारे में शायद ही कभी कोई उदारवादी निष्कर्ष निकालते हों। जब हमारा कोई दोस्त हमारे साथ फिल्म देखने के लिए देर से पहुँचता है, तब हम ये नहीं सोचते कि 'बेचारा किसी जरूरी काम में फँस गया होगा।' बल्कि हम कुछ ऐसा सोचते हैं, 'बेवकूफ कहीं का। इसे इस बात की कोई परवाह नहीं है कि इसके चक्कर में मैं फिल्म की शुरुआत देखने से रह जाऊँगा।'

जब हमें किसी के व्यवहार से दुःख पहुँचता है, तो हम सबसे बुरा सोचकर धारणाएँ बनाते हैं।

मार्गरेट ने भी कुछ ऐसा ही किया। उसने एक प्रतिष्ठित सर्जन से अपने कूल्हे का ऑपरेशन कराया। मार्गरेट ने पाया कि ये सर्जन ज़रा कठोर व्यवहारवाला है और उसके साथ सहजता से बातचीत करना ज़रा मुश्किल है। ऑपरेशन के कुछ दिनों बाद जब मार्गरेट किसी तरह लंगड़ाते हुए उस डॉक्टर से मिलने का समय लेने गई, तो रिसेप्शनिस्ट ने उसे बताया कि डॉक्टर ने अप्रत्याशित रूप से अपनी छुट्टियाँ बढ़ा दी हैं। ये सुनकर मार्गरेट भड़क गई और सोचने लगी कि ये अमीर डॉक्टर अपनी पत्नी या प्रेमिका के साथ किसी समुद्र तट पर मजे कर रहा होगा और अपने अहंकार व विवेकहीनता के चलते उसे इस बात की कोई फिक्र नहीं होगी कि उसे तय समय पर छुट्टियों से वापस आ जाना चाहिए। मार्गरेट की इस कल्पना ने उसका गुस्सा और बढ़ा दिया।

इसके एक सप्ताह बाद आखिरकार जब मार्गरेट डॉक्टर से मिली, तो उसने कटाक्ष करनेवाले अंदाज में डॉक्टर से पूछा कि उसकी छुट्टियाँ कैसी रहीं। जवाब में डॉक्टर ने कहा कि छुट्टियाँ अच्छी रहीं। 'जरूर!' मार्गरेट ने कहा और सोचने लगी कि उसे यहाँ अपनी खीझ निकालनी चाहिए या नहीं। लेकिन इससे पहले कि वह कुछ कह पाती, डॉक्टर ने बताया, 'ये छुट्टियाँ भी काम से ही जुड़ी हुई थीं। दरअसल मैं बोस्निया में एक अस्पताल शुरू कराने में मदद करने गया था। वहाँ के हालात बहुत ही भयावह हैं।'

ये जानकर कि डॉक्टर सचमुच क्या कर रहा था, मार्गरेट की असुविधा कम नहीं हुई। लेकिन उसे ये एहसास जरूर हुआ कि छुट्टियाँ बढ़ाने के पीछे डॉक्टर का अपना कोई स्वार्थ नहीं था बल्कि वह तो बड़ी उदारता से जरूरतमंदों की मदद करने की कोशिश कर रहा था। अब मार्गरेट को ये बात पहले जितनी बुरी नहीं लग रही थी कि उसे एक सप्ताह तक डॉक्टर का इंतजार करना पड़ा।

हम हमेशा दूसरों पर बुरे इरादे रखने का आरोप मढ़ देते हैं। बात चाहे पेशेवर मामलों की हो या व्यक्तिगत रिश्तों की, ई-मेल, वॉयस मेल, फैक्स और कॉन्फ्रेंस कॉल्स का इस्तेमाल हर जगह बहुत तेजी से बढ़ा है। इन माध्यमों का उपयोग करते समय सामनेवाला वास्तव में क्या कहना चाहता है, ये समझने के लिए हमें उसकी बात पर ज़रा बारीकी से गौर करना पड़ता है। जैसे जब एक ग्राहक लिखता है, 'लगता है आपको मेरा ऑर्डर मिला ही नहीं है...' तो क्या वह व्यंग कर रहा है या फिर वह गुस्से में है? या फिर वह आपसे ये कहने की कोशिश कर रहा है कि उसे पता है कि आप व्यस्त होंगे? किसी की आवाज का स्वर सुने बिना सिर्फ उसकी लिखी बात पढ़कर ये पता लगाना मुश्किल होता है कि वह वास्तव में क्या कह रहा है, इसीलिए ऐसे में सबसे बुरा सोचकर कोई धारणा बना लेना बहुत आसान होता है।

हम अपने साथ अधिक उदारवादी रवैया अपनाते हैं। दूसरों पर बुरे इरादे रखने का आरोप मढ़ देने की हमारी प्रवृत्ति की विडंबना ये है कि हम खुद के साथ बिलकुल अलग रवैया अपनाते हैं और यह हमारा मानवीय स्वभाव भी है। अगर आपका पति ड्राई क्लीनर के यहाँ से कपड़े उठाना भूल जाता है, तो आप उसे गैर-जिम्मेदार मान लेती हैं। लेकिन जब आप एयर टिकट बुक करना भूल जाती हैं, तो आप मान लेती हैं कि आपके ऊपर काम का बहुत बोझ था और आप

तनावग्रस्त थीं। जब आपकी सहयोगी, विभाग के सहकर्मियों के बीच आपकी आलोचना करती है, तो आप मान लेती हैं कि वह आपको नीचा दिखा रही थी। लेकिन जब उसी मीटिंग में आप दूसरों को बात-बात पर सुझाव देती हैं, तो सिर्फ इसलिए क्योंकि आप उनकी मदद करना चाहती हैं।

जब बात हमारी होती है, तो हमें पता होता है कि आमतौर पर हमारा इरादा किसी को नाराज़ करने, दुःख पहुँचाने या अलग-थलग करने का नहीं है। हम अपनी ही चिंताओं से घिरे होते हैं और इस बात से अक्सर अनजान होते हैं कि हम किसी पर कोई नकारात्मक प्रभाव डाल रहे हैं। लेकिन जब कोई हमारे साथ ऐसा कुछ करता है, तो हम बड़ी आसानी से ये कथा बना लेते हैं कि न सिर्फ उसके इरादे बुरे हैं बल्कि वह व्यक्ति ही बुरा है।

क्या किसी के इरादे कभी बुरे नहीं हो सकते? बेशक कभी-कभी हमें इसीलिए दुःख पहुँचता है क्योंकि कोई हमें दुःख पहुँचाना चाहता था। हो सकता है कि सामनेवाला एक बुरा व्यक्ति हो, जो किसी का लिहाज न करता हो, हमारी छवि खराब करना चाहता हो या दोस्तों के बीच फूट डालना चाहता हो। लेकिन ऐसी स्थितियाँ काफी दुर्लभ होती हैं और सामनेवाले की पूरी बात सुने बिना, हम उनके इरादों को नहीं समझ सकते।

उनके इरादों को गलत समझ लेना आपको महँगा पड़ सकता है

इरादे मायने रखते हैं और किसी के इरादों को गलत समझ लेने से आपके आपसी संबंधों में खटास आ सकती है।

हम ये धारणा बना लेते हैं कि बुरे इरादों का मतलब है कि उस इंसान का चरित्र भी बुरा ही होगा। सामनेवाले के इरादों को गलत समझ लेने का सबसे बड़ा जोखिम शायद ये है कि हम तत्काल 'उसके इरादे ठीक नहीं हैं' से 'वह व्यक्ति ही ठीक नहीं है' की ओर चले जाते हैं। हम उनके चरित्र का एक निर्णायक आंकलन कर लेते हैं, जिससे उनके बारे में हमारा मत प्रभावित होता है। इसका प्रभाव न सिर्फ उस संभावित बातचीत पर पड़ता है, जो भविष्य में हमारे और उस व्यक्ति के बीच हो सकती है बल्कि इससे हमारे और उसके आपसी संबंधों में भी खटास आ सकती है। एक बार जब हमें ये लगने लगता है कि हमने किसी व्यक्ति को समझ लिया है, तो फिर हम उसके हर कार्य को उसी नज़रिए से देखने लगते हैं। इसके

चलते बहुत कुछ दांव पर लग जाता है। फिर भले ही हम उनसे अपना ये मत साझा न करें, लेकिन उसका प्रभाव बना रहता है। किसी व्यक्ति के चरित्र को लेकर हमारा मत जितना बदतर होता है, उस व्यक्ति को अनदेखा करना या उसके बारे में पीठ पीछे उल्टी-सीधी बातें करना उतना ही आसान हो जाता है।

जब आपके मन में इस प्रकार के विचार आएँ कि 'ये ट्रैफिक पुलिसवाला हर चीज को काबू करना चाहता है' या 'मेरा बॉस बड़ा चालाक है' या 'मेरा पड़ोसी एक अशिष्ट व्यक्ति है,' तो खुद से पूछें कि आपके इस मत के पीछे क्या कारण है। इसकी बुनियाद क्या है? अगर इस मत की बुनियाद ये है कि आप खुद को उस व्यक्ति के सामने शक्तिहीन महसूस कर रहे हैं या आपको डर है कि वह आपसे चालाकी कर रहा है या फिर अगर आप हताश महसूस कर रहे हैं, तो गौर करें कि कहीं आपका ये निष्कर्ष पूरी तरह से उस प्रभाव पर तो आधारित नहीं है, जो उनके व्यवहार से आपके ऊपर पड़ा है। क्योंकि किसी के इरादों और चरित्र के बारे में कोई धारणा बनाने के लिए इतना काफी नहीं है।

दूसरों पर बुरे इरादे रखने का आरोप लगाने से वे रक्षात्मकता का रवैया अपना लेते हैं। उनके इरादों के बारे में हम जो भी धारणा बनाते हैं, उसका हमारी आपसी बातचीत पर भी महत्वपूर्ण प्रभाव पड़ता है। इन धारणाओं को अभिव्यक्त करने का सबसे आसान और सबसे आम तरीका है, आरोप लगानेवाले अंदाज में सवाल करना: 'तुम मुझे दुःख क्यों पहुँचाना चाहते हो?' 'तुम मुझे इस तरह अनदेखा क्यों कर रहे हो?' 'मैंने ऐसा क्या किया है, जो तुम इस तरह मेरा अपमान कर रहे हो?'

हमें लगता है कि हम अपना दुःख, हताशा, गुस्सा या दुविधा साझा कर रहे हैं। हम अपनी ओर से बातचीत शुरू करने की कोशिश करते हैं ताकि हमारे बीच एक बेहतर समझ बन सके, उनके व्यवहार में सुधार आए और शायद वे अपनी गलती के लिए माँफी भी माँग लें। जबकि उन्हें लगता है कि हम उन्हें उकसाने की कोशिश कर रहे हैं, आरोप लगा रहे हैं या उन्हें बदनाम कर रहे हैं। (दूसरे शब्दों में कहें, तो हमारे इरादों का मूल्यांकन करने में वे भी वही पुरानी गलती करते हैं।) हमारी धारणाएँ अक्सर आधी-अधूरी या गलत साबित होती है, इससे उन्हें न सिर्फ ये लगता है कि उन पर आरोप लगाया जा रहा है बल्कि ऐसा भी लगता है कि झूठा आरोप लगाया जा रहा है। ये सचमुच बेहद परेशान करनेवाली चीज़ है।

ऐसे में जब वे अपना बचाव करने की कोशिश करें या जवाबी हमला करें,

तो हमें आश्चर्य नहीं होना चाहिए। उनके दृष्टिकोण से देखें, तो वे बस झूठे आरोपों से बचने की कोशिश कर रहे हैं। वहीं अगर हमारे दृष्टिकोण से देखें, तो वे बस रक्षात्मक रवैया अपना रहे हैं – जबकि हम जो कह रहे हैं, बिलकुल सही कह रहे हैं और उनमें इतना बड़प्पन भी नहीं है कि वे इन आरोपों को चुपचाप स्वीकार कर लें। इसका परिणाम भयावह होता है। इससे किसी को कुछ सीखने को नहीं मिलता, कोई किसी से माफी नहीं माँगता और कुछ नहीं बदलता।

लॉरी और लिओ का मामला भी बिलकुल ऐसा ही था। लिओ लगातार रक्षात्मक रवैया अपनाता रहा और अंत में जब वह कहता है कि 'कभी-कभी तो मुझे लगता है कि तुम मुझसे जानबूझकर झगड़ा करती हो' तो वह दरअसल लॉरी पर बुरे इरादे रखने का आरोप लगा रहा होता है। और इस तरह आरोप-प्रत्यारोप का सिलसिला शुरू हो जाता है। अगर इस बातचीत के बाद उन दोनों का इंटरव्यू लिया जाता, तो दोनों यही कहते कि वे सामनेवाले के बुरे इरादों के शिकार हैं। दोनों ही ये दावा करते कि उन्होंने खुद जो भी कहा, अपना बचाव करने के लिए कहा। ये इस दुश्चक्र की दो क्लासिक विशेषताएँ हैं: दोनों पक्ष खुद को शिकार या पीड़ित मानते हैं और दोनों को ये लगता है कि वे जो कर रहे हैं, अपने बचाव के लिए कर रहे हैं। नेक इरादोंवाले लोग इसी तरह खुद को मुसीबत में डाल लेते हैं।

आरोप अक्सर स्वत: ही सच हो जाते हैं। दूसरे व्यक्ति के बारे में हमारी धारणाएँ अक्सर सच साबित हो जाती हैं, तब भी, जब वास्तव में वे सच न हों। आपको लगता है कि आपका बॉस आपको पर्याप्त जिम्मेदारियाँ नहीं दे रहा है। आप धारणा बना लेते हैं कि ऐसा इसलिए है क्योंकि उसे ये भरोसा नहीं है कि आप अपना काम अच्छी तरह कर सकते हैं। इसके चलते आप निराश महसूस करते हैं क्योंकि आपको लगता है कि आप चाहे जो कर लें, आपके बारे में बॉस के विचार नहीं बदलेंगे। इसका आपके काम पर नकारात्मक प्रभाव पड़ता है और आपका बॉस – जो पहले आपके काम को लेकर कतई चिंतित नहीं था – अब वह इसे लेकर काफी परेशान है। इसलिए अब वह आपको और भी कम जिम्मेदारियाँ देता है।

जब हम ये सोचते हैं कि कोई व्यक्ति हमारे प्रति बुरे इरादे रखता है, तो इसका प्रभाव हमारे व्यवहार पर पड़ता है। परिणामस्वरूप हम जैसा व्यवहार करते हैं, उससे हमारे प्रति उनका व्यवहार प्रभावित होता है। इससे पहले कि हमें एहसास

हो, हमारी ये धारणा सच साबित होने लगती है कि वे हमारे प्रति बुरे इरादे रखते हैं।

दूसरी गलती : इरादे नेक होने से बुरा प्रभाव कम नहीं हो जाता

जैसा कि हमने देखा, लॉरी ये गलत धारणा बना लेती है कि उसे लिओ के इरादे पता हैं। उसकी ये गलती भले कितनी भी साधारण नज़र आए, लेकिन इसके परिणाम असाधारण होते हैं। आइए अब लिओ की ओर वापस चलते हैं। लिओ भी बातचीत के दौरान ऐसी गलती करता है, जो उतनी ही महँगी साबित होती है। वह ये मान लेता है कि चूँकि उसके इरादे नेक हैं इसलिए लॉरी को आहत महसूस नहीं करना चाहिए। ये सोच कुछ ऐसी है कि 'तुमने कहा कि मैं तुम्हें दुःख पहुँचाना चाहता था। पर अब मैंने ये बता दिया है कि मैं ऐसा कुछ नहीं चाहता था। तो अब तुम्हें अच्छा महसूस करना चाहिए और अगर तुम अच्छा महसूस नहीं करती हो, तो फिर ये तुम्हारी समस्या है, मेरा इससे कोई लेना-देना नहीं है।'

हम वह सुनते ही नहीं हैं जो वे सचमुच कहना चाहते हैं

केवल अपने इरादों को स्पष्ट करने पर ध्यान केंद्रित करने में समस्या ये है कि वे जो कहने की कोशिश कर रहे हैं, उसके सबसे महत्वपूर्ण अंशों को हम ग्रहण ही नहीं कर पाते। जब वे कहते हैं कि 'तुम मुझे दुःख पहुँचाने की कोशिश क्यों कर रहे हो?' तो दरअसल वे आपको दो अलग-अलग संदेश देने की कोशिश कर रहे होते हैं: पहला, 'मैं जानता हूँ कि तुम्हारे इरादे क्या थे,' और दूसरा, 'मुझे दुःख पहुँचा।' जब कोई हम पर आरोप लगाता है, तो हम सिर्फ पहले संदेश पर ही ध्यान केंद्रित करते हैं और दूसरे संदेश को अनदेखा कर देते हैं। क्यों? क्योंकि हमें लगता है कि हमें अपना बचाव करना चाहिए। चूँकि लिओ अपना बचाव करने में व्यस्त है इसलिए वह ये सुन ही नहीं पाता कि लॉरी को दुःख पहुँचा है। दोनों के बीच जो भी हुआ, लॉरी के लिए उसके क्या मायने हैं, उसे कितना दुःख पहुँचा है और ये मुद्दा उसके लिए इतना तकलीफदेह क्यों है, ये सब लिओ समझ ही नहीं पाता।

सामनेवाला वास्तव में क्या कह रहा है, इसे समझने की कोशिश करना विशेष रूप से महत्वपूर्ण है क्योंकि जब कोई कहता है कि 'तुम्हारा इरादा मुझे दुःख पहुँचाने का था' तो वास्तव में उसका ये मतलब नहीं होता है। सिर्फ इरादों पर ध्यान केंद्रित

करना बातचीत को अस्पष्ट बना देता है। जब हम ये कहते हैं कि 'तुम्हारा इरादा मुझे दुःख पहुँचाने का था' तो अक्सर हमारे कहने का मतलब ये होता है कि 'तुम मेरी परवाह नहीं करते।' इन दोनों बातों में बहुत फर्क है।

जब एक पिता ऑफिस में व्यस्त होने के चलते अपने बेटे का बास्केटबॉल मैच देखने नहीं जा पाता, तो इसके पीछे उसका इरादा अपने बेटे को दुःख पहुँचाने का नहीं होता। उसकी प्राथमिकता तो यही होगी कि उसके बेटे को दुःख न पहुँचे। लेकिन बेटे को दुःख न पहुँचाने की उसकी इच्छा, ऑफिस की जिम्मेदारियाँ पूरी करने की उसकी इच्छा जितनी शक्तिशाली नहीं है। जब कोई हमारे साथ ऐसा करता है, तो हम ये फर्क नहीं करते कि 'वह मुझे दुःख पहुँचाना चाहता था' और 'वह मुझे दुःख पहुँचाना तो नहीं चाहता था, लेकिन उसने मुझे प्राथमिकता भी नहीं दी।' चाहे जो भी, दुःख तो पहुँचता है। जब पिता अपने बेटे की शिकायत पर यह प्रतिक्रिया देता है, 'मैं तुम्हें दुःख पहुँचाना नहीं चाहता था,' तो इससे उसके बेटे की असली तकलीफ कम नहीं हो जाती, जो कुछ इस प्रकार है, 'हो सकता है कि आप मुझे दुःख पहुँचाना नहीं चाहते थे, लेकिन आपको पता था कि अगर आप मेरा मैच देखने नहीं आएँगे, तो मुझे दुःख होगा, फिर भी आप नहीं आए।'

अपने इरादों को स्पष्ट करने की कोशिश उपयोगी साबित हो सकती है। बस सवाल ये है कि कब। अगर आप बातचीत की शुरुआत में ऐसा करते हैं, तो संभवतः इसका अर्थ ये होगा कि सामनेवाला वास्तव में जो कहना चाहता है, उसे समझे बिना ही आप ऐसा कर रहे हैं।

हम मानवीय प्रेरणाओं की जटिलता को अनदेखा कर देते हैं

नेक इरादों से बुरा प्रभाव कम हो जाता है, ये मानने में एक और समस्या ये है कि इरादे अक्सर 'नेक' या 'बुरे' से कहीं अधिक जटिल होते हैं। क्या लिओ के इरादे पूरी तरह नेक हैं? क्या वह सिर्फ डायट के अनुसार चलने में लॉरी की मदद करने की कोशिश कर रहा है? शायद वह जरूरत से ज़्यादा खाने की लॉरी की आदत से खुद भी शर्मिंदा महसूस करता है और इसीलिए वह कुछ कहने के लिए मजबूर हुआ। या फिर लिओ चाहता है कि लॉरी अपना वजन कम करे इसलिए नहीं क्योंकि लॉरी को ऐसा करने की जरूरत है बल्कि इसलिए क्योंकि लिओ खुद ऐसा चाहता है। अगर वह सचमुच लॉरी की उतनी ही परवाह करता है, जितना वह

दावा करता है, तो क्या उसे इस बात को लेकर और अधिक सावधान नहीं रहना चाहिए कि उसके शब्दों का लॉरी पर क्या प्रभाव पड़ेगा?

जैसा कि अक्सर होता है, शायद इस मामले में लिओ मिले-जुले इरादे रखता है। हो सकता है कि उसे खुद ही पता न हो कि वह क्या है, जो उसे ऐसा करने के लिए प्रेरित करता है। लेकिन इस सवाल का जवाब उतना महत्वपूर्ण नहीं है, जितना यह सवाल पूछने और इसका जवाब ढूँढ़ने की लिओ की इच्छा महत्वपूर्ण है। अगर लॉरी की बात पर उसकी पहली प्रतिक्रिया ये है, 'नहीं! मेरे इरादे नेक थे,' तो इसका अर्थ ये हुआ कि इस बातचीत से वह जो कुछ जान या सीख सकता है, उसमें वह खुद ही बाधा खड़ी कर रहा है। और इस तरह वह लॉरी को यही संदेश दे रहा है कि 'हमारे रिश्ते में मेरे साथ क्या चल रहा है, उसकी जटिलताओं का पता लगाने से ज़्यादा मेरी दिलचस्पी अपना बचाव करने में है।'

दिलचस्प बा ये है कि जब लोग अपने इरादों के बारे में गहन चिंतन का प्रयास करते हैं, तो इससे सामने वाले को आपसी रिश्तों के महत्त्व को लेकर बड़ा ही सकारात्मक संदेश जाता है। आखिरकार इस किस्म की चीज़ों पर आप तभी चिंतन करेंगे, जब सामनेवाला आपके लिए सचमुच मायने रखता होगा।

हम आपसी द्वेष बढ़ा देते हैं - खासकर समूहों के बीच

दूसरों पर बुरे इरादे रखने का आरोप मढ़ देना, अपना बचाव करना और दूसरों पर हम जो प्रभाव डालते हैं, उसे अनदेखा करना, समूहों के बीच होनेवाले संघर्ष में खासतौर पर आम होता है। फिर चाहे वे समूह यूनियन और मैनेजमेंट हो, पड़ोसी संगठन और बिल्डर हों, मैनेजमेंट स्टाफ और ऐसे पेशेवर हों, जिनका वे समर्थन करते हैं या फिर मेरा परिवार और आपका परिवार हो। प्रभाव को कम करने की इच्छा, उन स्थितियों में खासतौर पर आम होती है, जहाँ बात दो समूहों के बीच के अंतरों की हो जैसे नस्लीय अंतर, लैंगिक अंतर और यौन झुकाव में अंतर।

कुछ साल पहले की बात है, जब एक अखबार के कर्मचारियों के बीच नस्लीय कलह चल रही थी। अफ्रीकी-अमेरिकी और हिस्पैनिक पत्रकारों की शिकायत थी कि संपादकीय स्तर पर अल्पसंख्यक कर्मचारी न के बराबर हैं। उन्होंने चेतावनी दी कि अगर इस स्थिति को बदला नहीं गया, तो वे काम का बहिष्कार करेंगे। इसके बाद अखबार के शीर्ष अधिकारी एक-दूसरे से मिले ताकि ये तय कर

सकें कि इस मामले में क्या किया जाए। इस मीटिंग में किसी अल्पसंख्यक कर्मचारी को नहीं बुलाया गया। जब अल्पसंख्यक पत्रकारों को इसकी जानकारी मिली, तो वे बुरी तरह भड़क गए। 'हमें एक बार फिर ये एहसास दिलाया जा रहा है कि हम क्या कहना चाहते हैं, इसकी उन्हें कोई परवाह नहीं है,' एक अल्पसंख्यक रिपोर्टर ने कहा।

जब एक श्वेत संपादक ने ये सुना, तो उसे लगा कि उस पर झूठा आरोप लगाया जा रहा है। इसलिए उसने ये स्पष्ट करने की कोशिश की कि इस मीटिंग के पीछे का इरादा क्या था: 'मैं समझ सकती हूँ कि आप लोग खुद को अलग-थलग क्यों महसूस कर रहे हैं। लेकिन हमारा ऐसा कोई इरादा नहीं था। ये बस अखबार के संपादकों की एक मीटिंग थी, जिसमें ये तय किया जाना था कि अल्पसंख्यक आवाजों को आगे लाने के लिए क्या सकारात्मक कदम उठाए जा सकते हैं।' ये कहने के बाद उस श्वेत संपादक को लगा कि उसने अपने इरादे स्पष्ट कर दिए हैं और अब ये मुद्दा यहीं समाप्त हो जाएगा कि 'इस मीटिंग के पीछे का मतलब क्या था?' लेकिन ये सब मामले कभी इतने सीधे नहीं होते। यहाँ श्वेत संपादकों के इरादे महत्वपूर्ण हैं। इसके अलावा ये भी महत्वपूर्ण है कि भले ही संपादकों का इरादा अल्पसंख्यक कर्मचारियों को मीटिंग से अलग-थलग रखने का रहा हो या नहीं, लेकिन आखिरकार अल्पसंख्यकों ने तो खुद को अलग-थलग ही महसूस किया। इस तरह की भावनाओं को शांत करने में न सिर्फ समय लगता है, बल्कि ये भी जरूरी होता है कि इसके लिए हर कोई अपनी ओर से सच्ची कोशिश करे।

दो गलतियों से बचना

अच्छी बात ये है कि इरादों और प्रभाव से जुड़ी दोनों गलतियों से बचा जा सकता है।

पहली गलती से बचना: प्रभाव और इरादों को एक-दूसरे से अलग करें

लॉरी लिओ पर ऐसे इरादे रखने का आरोप मढ़ने की गलती से कैसे बच सकती है, जो शायद लिओ के इरादे हो ही नहीं। इसका पहला कदम होगा, लिओ के व्यवहार का लॉरी पर जो प्रभाव पड़ा है और लिओ के जो इरादे सचमुच हैं, उनके बीच का फर्क पहचानना। इन दोनों चीज़ों को एक-दूसरे से अलग किए बिना

लॉरी इस मामले में कोई सकारात्मक परिणाम हासिल नहीं कर सकेगी। प्रभाव को इरादों से अलग करने के लिए 'मुझे दुःख पहुँचा' और 'तुम्हारा इरादा मुझे दुःख पहुँचाने का था' के बीच के सहज अंतर को समझने की जरूरत होती है। आप खुद से ये तीन सवाल पूछकर इस अंतर को स्पष्ट कर सकते हैं:

१. **क्रियाएँ :** 'सामनेवाले ने वास्तव में क्या कहा या किया है?'

२. **प्रभाव :** 'मुझ पर इसका क्या प्रभाव पड़ा?'

३. **धारणा :** 'इस प्रभाव के आधार पर सामनेवाले के इरादों के बारे में मैं क्या धारणा बना रहा हूँ?'

प्रभाव और इरादों को एक-दूसरे से अलग करें

अवगत होना	अवगत न होना
मेरे इरादों से	दूसरे पक्ष के इरादों से
मुझ पर दूसरे पक्ष के प्रभाव से	दूसरे पक्ष पर मेरे प्रभाव से

अपने मत को एक परिकल्पना की तरह देखें। एक बार जब आप इन तीनों सवालों के स्पष्ट जवाब दे दें, तो अगला कदम है, ये सुनिश्चित करना कि आपको पता हो कि उनके इरादों के बारे में आपकी जो भी धारणा है, वह सिर्फ धारणा ही है, सिर्फ एक अनुमान, एक परिकल्पना है।

ऐसी नहीं है कि आपकी परिकल्पना शून्य पर आधारित है; आप जानते हैं कि सामनेवाले ने क्या कहा या किया था। लेकिन जैसा कि हमने देखा है, किसी के इरादों को जानने के लिए सिर्फ इतना काफी नहीं है। आपका अनुमान सही भी हो सकता है और गलत भी। बल्कि वास्तव में आपकी प्रतिक्रिया आपके बारे में भी उतना ही उजागर करती है, जितना इस बारे में कि सामनेवाले ने क्या किया था। शायद सामनेवाले के साथ आपके अतीत के अनुभव कुछ ऐसे रहे हैं, जो उनकी वर्तमान क्रियाओं को एक विशेष अर्थ दे देते हैं। उदाहरण के लिए अपने भाई-बहनों के साथ हुए बुरे अनुभवों के कारण कुछ लोगों को एक विशेष प्रकार की छेड़खानी द्वेषपूर्ण लगती है। जबकि अन्य लोगों के लिए (संयमित) छेड़खानी एक-दूसरे से जुड़ने और स्नेह दिखाने का तरीका होती है। हालाँकि, जो कुछ दांव पर लगा है, उसे देखते हुए आप थोड़ी-बहुत जानकारी के आधार पर किसी पर आरोप लगाने

का जोखिम नहीं उठा सकते।

आपके ऊपर जो प्रभाव पड़ा है उसे साझा करें; उनके इरादों का पता लगाएँ। आप कठिन बातचीत की शुरुआत करने के लिए ऊपर दिए गए सवालों के जवाबों का उपयोग कर सकते हैं: सामनेवाले ने जो किया, वह कह दें। उन्हें बता दें कि उसका आपके ऊपर क्या प्रभाव पड़ा और उनके इरादों के बारे में आपकी धारणा क्या है। इस बात का ध्यान रखें कि अपनी धारणा के सच होने का दावा करने के बजाय उसे एक ऐसी परिकल्पना के रूप में प्रस्तुत करें, जिसे आप परखने की कोशिश कर रहे हैं।

अब ज़रा विचार करें कि अगर लॉरी और लिओ ने भी ऐसा ही किया होता, तो उनकी बातचीत कितने अलग ढंग से शुरू हुई होती। फिर लॉरी लिओ पर आरोप लगाने के बजाय इस समझ के साथ अपनी बात शुरू करती कि लिओ ने क्या कहा और लॉरी पर उसका क्या प्रभाव पड़ा।

लॉरी : तुम्हें याद भी है कि तुमने क्या कहा था, 'लॉरी, तुम और आइसक्रीम मत खाओ।' मुझे तुम्हारी इस बात से दुःख पहुँचा।

लिओ : दुःख पहुँचा?

लॉरी : हाँ।

लिओ : मैं तो बस डायट के हिसाब से चलने में तुम्हारी मदद करने की कोशिश कर रहा था। लेकिन तुम इस बात से इतना परेशान क्यों हो गईं?

लॉरी : मुझे इस बात से शर्मिंदगी महसूस हुई कि तुमने हमारे दोस्तों के सामने मुझसे ऐसा कहा। फिर मैं ये सोचती रही कि क्या तुमने मुझे शर्मिंदा करने और मुझे दुःख पहुँचाने के लिए जानबूझकर ऐसा कहा। मैं नहीं जानती कि तुम मेरे साथ ऐसा क्यों करते हो, लेकिन जब भी ऐसा कुछ होता है, तो मेरे मन में हमेशा यही बात आती है।

लिओ : मैं कभी जानबूझकर ऐसा नहीं करता। मुझे इस बात का एहसास नहीं था कि तुम्हें ये बात इतनी बुरी लगेगी। अब मैं बड़ी दुविधा में हूँ। जब भी तुम अपनी डायट के हिसाब से नहीं चलोगी तो तुम क्या चाहती हो, मैं तुमसे क्या कहूँ...?

अभी तो लॉरी और लिओ की ये बातचीत बस शुरू हुई है, लेकिन ये एक बेहतर शुरुआत है।

ये दिखावा न करें कि आपकी कोई परिकल्पना है ही नहीं। ध्यान रखें कि हम यह सुझाव नहीं दे रहे हैं कि उनके इरादों के बारे में आपकी जो भी धारणा है, उससे आपको छुटकारा पाना है। क्योंकि ये यथार्थवादी नहीं होगा। न ही हम ये सलाह दे रहे हैं कि आप अपना मत छिपाकर रखें। बल्कि आप बस अपनी धारणाएँ पहचाने और ये समझें कि वास्तव में वे क्या हैं - मात्र आपके अनुमान, जिनमें संशोधन हो सकता है और जिनका खंडन किया जा सकता है। लॉरी लिओ से ये नहीं कहती कि 'तुमने जो कहा, वह क्यों कहा, इस बारे में मेरा अपना कोई विचार नहीं है।' या 'मैं जानती हूँ कि तुम मुझे दुःख पहुँचाना नहीं चाहते थे।' क्योंकि ये कहना सच नहीं होता। जब आप उनके इरादों के बारे में अपनी धारणाएँ साझा करते हैं, तो बस ये याद रखें कि आप सिर्फ धारणाएँ - अनुमान - साझा कर रहे हैं और इसके पीछे आपका उद्देश्य है, ये परखना कि वे धारणाएँ सामनेवाले को तर्कसंगत लगती हैं या नहीं।

थोड़ा-बहुत बचाव करना तो निश्चित है। बेशक आप चाहे जितने कुशल हो जाएँ, थोड़ा-बहुत बचाव करना तो निश्चित है। इरादों और प्रभाव का मामला काफी जटिल होता है और कभी-कभी उनके बीच का फर्क बहुत बारीक होता है। इसलिए इस बात के लिए तैयार रहना ही बेहतर है कि थोड़ा-बहुत बचाव तो किया ही जाएगा। साथ ही आपको ये स्पष्ट करने के लिए तैयार रहना चाहिए कि आप सामनेवाले से क्या कहने या न कहने की कोशिश कर रहे हैं।

आप सामनेवाले को अपना बचाव करने की जरूरत से जितना मुक्त रखेंगे, उनके लिए आपकी बात को ग्रहण करना और अपनी प्रेरणाओं की जटिलता पर विचार करना उतना ही आसान होगा। उदाहरण के लिए आप कह सकते हैं, 'मैं ये देखकर हैरान था कि तुमने वह टिप्पणी की क्योंकि तुम तो ऐसे व्यक्ति नहीं लगते...।' अगर हम इस बात को सच मान लेते हैं (कि 'तुम तो ऐसे व्यक्ति नहीं लगते') तो ये प्रतिक्रिया देकर आप दरअसल अपनी बात को संतुलित ढंग से उनके सामने रख रहे हैं। अगर उनकी उस टिप्पणी में द्वेष का भाव रहा भी होगा तो आपको संतुलित ढंग से उसका जिक्र करते देख सामनेवाले के लिए अपनी उस टिप्पणी की जिम्मेदारी लेना आसान हो जाएगा।

दूसरी गलती से बचना : उनकी भावनाएँ जानने के लिए उन्हें सुनें, और अपने इरादों पर चिंतन करें

जब हम खुद को लिओवाली स्थिति में पाते हैं – जहाँ हम पर बुरे इरादे रखने का आरोप लगाया जा रहा हो – तो हमारे अंदर अपना बचाव करने की दृढ़ प्रवृत्ति पैदा हो जाती है: 'मेरा ऐसा कोई इरादा नहीं था।' हम अपने इरादों और अपने चरित्र का बचाव करने लगते हैं। हालाँकि जैसा कि हमने देखा है, अपनी बात की शुरुआत इस तरह करने से सिर्फ समस्याएँ ही खड़ी होती हैं।

सामनेवाले की भावनाओं को समझने के लिए उसके द्वारा लगाए गए आरोपों से परे देखें। याद रखें कि हम पर बुरे इरादे रखने का जो आरोप लगाया जाता है, उसके पीछे हमेशा दो अलग-अलग विचार होते हैं: (१) हमारे इरादे बुरे थे (२) सामनेवाला हताश, आहत और शर्मिंदा है। ये दिखावा न करें कि वे इनमें से पहली बात नहीं कह रहे हैं। आप उस पर अपनी प्रतिक्रिया भी देना चाहेंगे। लेकिन इसके साथ ही आपको दूसरी बात को भी अनदेखा नहीं करना चाहिए और अगर आप सामनेवाले को सुनकर स्वीकार्यता के भाव से अपनी बात शुरू करेंगे और फिर इरादों के सवाल पर वापस आएँगे, तो इससे आपकी बातचीत काफी आसान और रचनात्मक बन जाएगी।

अपने इरादों की जटिलता पर चिंतन करने के लिए तैयार रहें। जब अपने इरादों पर विचार करने का समय आए तो ये कहने की प्रवृत्ति से बचें कि 'मेरे इरादे बिलकुल नेक और सच्चे थे।' आमतौर पर हम खुद के बारे में ऐसा ही सोचते हैं और कभी-कभी ये सच भी होता है। लेकिन जैसा कि हमने देखा है, इरादे अक्सर काफी जटिल होते हैं।

हम कल्पना कर सकते हैं कि अगर लिओ ने ये सुझाव माना होता, तो लॉरी के साथ उसकी शुरुआती बातचीत कैसी होती:

लॉरी : तुमने पार्टी में हमारे दोस्तों के सामने मुझसे जैसा व्यवहार किया, वह मुझे बहुत बुरा लगा।

लिओ : कैसा व्यवहार किया? तुम कहना क्या चाहती हो?

लॉरी : वही आइसक्रीमवाली बात। तुम ऐसे व्यवहार कर रहे थे जैसे तुम मेरे बाप

हो। तुम हमेशा मुझ पर हावी होने की कोशिश करते हो और मुझे नीचा दिखाते हो।

लिओ : ओह, लगता है तुम्हें मेरी बात से सचमुच बहुत दुःख पहुँचा है।

लॉरी : हाँ दुःख तो पहुँचा है! क्यों? तुम और क्या उम्मीद कर रहे थे?

लिओ : मैं तो उस समय कुछ और ही सोच रहा था। तुम्हीं ने मुझसे कहा था कि तुम डायट पर हो और शायद मैं डायट के हिसाब से चलने में तुम्हारी मदद कर सकता हूँ। लेकिन अब मैं समझ सकता हूँ कि वहाँ सबके सामने मेरा कुछ कहना तुम्हारे लिए काफी शर्मिंदगीभरा रहा होगा। पता नहीं मैं ये बात उस समय क्यों नहीं समझ सका!

लॉरी : शायद उस समय मुझे कुछ कहने में तुम्हें खुद शर्मिंदगी महसूस हो रही थी?

लिओ : हाँ, हो सकता है। शायद मुझे ऐसा लगा कि तुम नियंत्रण खो रही हो, जो मेरे लिए एक बड़ा मुद्दा है।

लॉरी : हाँ ये सच है। शायद मैंने सचमुच थोड़ा नियंत्रण खो दिया था।

लिओ: खैर, आय एम सॉरी। मुझे तुम्हें दुःख पहुँचाना कतई अच्छा नहीं लगता। चलो अब ये सोचते हैं कि ऐसी किसी स्थिति में अगर मुझे कुछ कहना या करना चाहिए, तो वह क्या होगा?

लॉरी : हम्म... अच्छा विचार है।

. . . . .

हमारे बीच जो भी हुआ है, उसे स्पष्ट तौर पर समझने के लिए ये समझना भी जरूरी है कि कैसे हम दूसरों के इरादों को विकृत व कठिन बातचीतों को और कठिन बना देते हैं। हालाँकि 'क्या हुआ?' वाली बातचीत का एक और ऐसा पहलू है, जो हमारे लिए समस्या खड़ी कर सकता है – ये सवाल कि दोषी कौन है।

4

दोष देना बंद करें: योगदान प्रणाली का खाका तैयार करें

आप जिस एड एजेंसी के लिए काम करते हैं, वह एक्सट्रीमस्पोर्ट के अधिकारियों को पिच करने के लिए आपको बोल्डर शहर भेजती है। खिलाड़ियों के कपड़े बनानेवाली ये उभरती हुई कंपनी आपकी एड एजेंसी की एक महत्वपूर्ण क्लाइंट है। कंपनी के अधिकारियों के सामने आप जैसे ही अपनी प्रेजेन्टेशन शुरू करते हैं, आपको पता चलता है कि आपके पास जो स्टोरीबोर्ड है, वह गलत है। सही क्लाइंट, गलत कैम्पेन। आप घबरा जाते हैं और बड़ी मुश्किल से अपनी प्रेजेन्टेशन पूरी कर पाते हैं, जो काफी अस्पष्ट होती है। आपकी असिस्टेंट ने आपका ब्रीफकेस पैक किया था – उसकी एक छोटी सी गलती ने आपकी हफ्तों की कड़ी मेहनत पर पानी फेर दिया।

हमारी कथा में ये स्पष्ट होता है कि दोषी कौन है

इस पूरी गड़बड़ के लिए आप अपनी असिस्टेंट को दोषी ठहराते हैं इसलिए नहीं क्योंकि आपके लिए उस पर भड़ास निकालना आसान है या आप हर किसी को ये बताकर अपनी प्रतिष्ठा बचाना चाहते हैं कि गलती आपकी नहीं, उसकी थी। बल्कि आप तो उसे सिर्फ इसलिए दोष देते हैं क्योंकि यही सच है: गलती उसी की थी।

अंततः जब आप अपनी उस असिस्टेंट के साथ इस बारे में चर्चा करेंगे कि आखिर ये गड़बड़ कैसे हो गई, तो आप दो तरीकों में से कोई भी एक तरीका अपना सकते हैं। आप उसे सीधे तौर पर दोषी ठहरा सकते हैं और कुछ ऐसा कह सकते हैं, 'मुझे समझ नहीं आ रहा कि आखिर तुम ऐसा कैसे कर सकती हो?' या अगर आप ज़रा कम आक्रामक प्रवृत्तिवाले व्यक्ति हैं (या फिर अगर आपको ये सिखाया गया है कि दूसरों को दोषी ठहराने से कोई लाभ नहीं होता) तो आप उसे अप्रत्यक्ष

रूप से दोष देते हुए कुछ ऐसा कह सकते हैं, जो कम आक्रामक हो, जैसे 'ध्यान रखो कि दोबारा ऐसी गलती न हो।' जो भी हो, आप कोई भी तरीका अपनाएँ, वह समझ जाएगी कि आप क्या कहना चाहते हैं कि सारा दोष उसी का है।

हम दोषारोपण के जाल में फँसे रहते हैं

दोष देना बहुत सी कठिन बातचीतों का एक प्रमुख मुद्दा होता है। ऐसी हर बातचीत आमतौर पर इसी सवाल के इर्द-गिर्द घूमती है कि दोषी कौन है। इस रिश्ते में बुरा कौन है? गलती किसकी थी? माफी किसे माँगनी चाहिए? किसका गुस्सा न्यायसंगत है?

दोषारोपण पर ध्यान केंद्रित करना एक बुरा विचार है। इसलिए नहीं क्योंकि इस पर चर्चा करना मुश्किल होता है और न ही इसलिए क्योंकि इससे आपसी रिश्तों में खटास आ सकती है या फिर ये सामनेवाले की तकलीफ और चिंता का कारण बन सकता है। ऐसे विषयों की कोई कमी नहीं है, जिन पर चर्चा करना मुश्किल होता है और जिनके संभावित रूप से कुछ दुष्प्रभाव भी होते हैं, लेकिन फिर भी उन पर बात करना जरूरी होता है।

दोषारोपण पर ध्यान केंद्रित करना एक बुरा विचार इसलिए है क्योंकि इससे न सिर्फ यह पता लगाने की हमारी क्षमता बाधित होती है कि वास्तव में समस्या का कारण क्या है बल्कि उस समस्या का समाधान ढूँढ़ने के लिए कोई सार्थक कदम उठाने की हमारी क्षमता पर भी नकारात्मक प्रभाव पड़ता है। क्योंकि दोष देना अक्सर व्यर्थ और अनुचित होता है। दरअसल आपके और सामनेवाले के बीच समस्या क्यों खड़ी हुई, इस बारे में आपकी गलतफहमी ही दूसरों को दोष देने की इच्छा की जड़ है। साथ ही आपकी इस इच्छा के पीछे ये डर भी छिपा होता है कि कहीं समस्या के लिए आपको दोषी न ठहरा दिया जाए। लोग अक्सर अपनी आहत भावनाओं के बारे में खुलकर बात करने के बजाय, उनके लिए किसी को दोष देकर संतुष्ट हो जाते हैं।

लेकिन ये सलाह कि 'दूसरों को दोष मत दो' कोई समाधान नहीं है। आप दोषारोपण करने से तब तक नहीं बच सकते, जब तक यह न समझ लें कि असल में दोषारोपण क्या है और एक-दूसरे को दोष देने की हमारी इच्छा के पीछे कौन सी प्रेरणाएँ छिपी होती हैं और दोष देने के बजाय, ऐसा क्या किया जाए, जो कठिन

बातचीतों में हमारे उद्देश्यों की पूर्ति बेहतर ढंग से करे। ये 'ऐसा क्या' कुछ और नहीं बल्कि योगदान की अवधारणा है। दोषारोपण करने और योगदान देने के बीच के फर्क को समझना आसान नहीं होता, लेकिन कठिन बातचीतों से निपटने की आपकी क्षमता में सुधार लाने के लिए इस फर्क को समझना बहुत जरूरी है।

दोषारोपण और योगदान को अलग-अलग करें

बुनियादी रूप से दोषारोपण करने का संबंध आंकलन करने से है, जबकि योगदान का संबंध समझने से है।

दोषारोपण करने का संबंध आंकलन करने से है और ये एक दकियानूसी तरीका है

जब हम पूछते हैं कि 'दोषी कौन है?' तो वास्तव में हम एक साथ तीन सवाल पूछ रहे होते हैं। पहला, क्या इसी व्यक्ति ने समस्या खड़ी की? क्या आपकी असिस्टेंट के कार्यों (या उसकी निष्क्रियता) के कारण ही प्रेजेन्टेशन के दौरान आपका स्टोरीबोर्ड गलत निकला? दूसरा, अगर हाँ, तो उसके कार्यों का आंकलन किन मानकों के आधार पर किया जाए? क्या इसके पीछे उसका निकम्मापन था, क्या उसने बेतुके ढंग से कार्य किया या फिर क्या उसने बेईमानी की? और तीसरा, अगर यह आंकलन नकारात्मक है, तो इसके लिए उसे क्या दंड देना चाहिए? क्या उसे डांटा जाए? चेतावनी दी जाए? या शायद काम से निकाल दिया जाए?

जब हम कहते हैं, 'गलती तुम्हारी थी,' तो ये दरअसल इन तीनों सवालों का नकारात्मक जवाब देने जैसा है। इस तरह हम न सिर्फ ये कह रहे होते हैं कि 'समस्या तुम्हारे कारण खड़ी हुई,' बल्कि ये भी कह रहे होते हैं कि 'तुमने बहुत बुरा किया और तुम्हें इसके लिए दंड मिल जाना चाहिए।' कोई आश्चर्य नहीं कि दोषारोपण करना एक बड़ा भारी मुद्दा है और जैसे ही हमें इसका अंदेशा होता है, तो हम तत्काल अपना बचाव करने लगते हैं।

जब भी कहीं दोषारोपण का खेल शुरू होता है, तो 'अच्छे असिस्टेंट्स' को, 'प्यार करनेवाले जीवनसाथी' को या 'किसी भी समझदार व्यक्ति' को क्या करना चाहिए या क्या नहीं करना चाहिए, इस बारे में रक्षात्मक रवैया, तीव्र भावनाएँ, टोका-टाकी और बहस जैसी चीज़ें देखने को मिलने लगती हैं। जब हम किसी को दोष देते हैं, तो दरअसल हम उसे 'आरोपी' की भूमिका दे देते हैं ताकि फिर

वह व्यक्ति सिर्फ वही करें, जो आरोपी करते हैं: किसी भी हाल में अपना बचाव करना। कोई आरोप लगते ही उस व्यक्ति का बहुत कुछ दांव पर लग जाता है, ऐसे में ये समझना ज़्यादा मुश्किल नहीं है कि एक-दूसरे पर उँगली उठाना अक्सर एक घिनौने खेल में क्यों तब्दील हो जाता है।

योगदान देने का संबंध समझने से है और ये एक उदारवादी तरीका है

योगदान से जुड़े सवाल अलग होते हैं, लेकिन वे भी इसी से संबंधित हैं। इनमें से पहला सवाल है, 'ये स्थिति पैदा करने में हम दोनों का क्या योगदान है?' अगर इसी सवाल को दूसरे शब्दों में कहें, तो 'हम दोनों ने ऐसा क्या किया या नहीं किया, जिसके चलते हम इस झंझट में पड़ गए?' दूसरा सवाल है, 'योगदान प्रणाली के बारे में जानने के बाद, अब हम इस स्थिति को कैसे बदल सकते हैं? इस मामले में आगे बढ़ते हुए हम इसे लेकर क्या-क्या कर सकते हैं?' संक्षेप में कहें, तो योगदान प्रणाली तब काफी उपयोगी होती है, जब हमारा लक्ष्य ये जानना हो कि जो हुआ, वह क्यों और कैसे हुआ ताकि भविष्य में हम एक-दूसरे के साथ बेहतर ढंग से काम कर सकें। बात चाहे निजी रिश्तों की हो या व्यावसायिक मामलों की, दोनों ही स्थितियों में हम दोषारोपण के चक्कर में पड़ जाते हैं, जबकि हमारा असली लक्ष्य होता है, समझना और बदलाव लाना।

उदाहरण के लिए, आइए एक बार फिर एक्सट्रीमस्पोर्ट की कहानी पर लौटते हैं और आपके व आपके असिस्टेंट के बीच दो परस्पर विरोधी बातचीतों की कल्पना करते हैं। इनमें से पहली बातचीत दोषारोपण पर केंद्रित है, जबकि दूसरी बातचीत योगदान पर।

आप : मुझे तुमसे एक्सट्रीमस्पोर्ट की अपनी प्रेजेन्टेशन पर बात करनी है। तुमने मुझे गलत स्टोरीबोर्ड पैक करके दिया था। जिसके कारण वहाँ प्रेजेन्टेशन के दौरान हालात बहुत अजीब हो गए थे और मेरी छवि पर बट्टा लग गया। हम इस तरह काम नहीं कर सकते।

असिस्टेंट : जी, मुझे पता चला। मैं माफी चाहती हूँ। देखिए... असल में... ओह, आप शायद मेरा कोई बहाना सुनने के मूड में नहीं होंगे।

आप : मुझे समझ नहीं आ रहा कि आखिर तुम ऐसा कैसे कर सकती हो।

असिस्टेंट : मैं सचमुच माफी चाहती हूँ।

आप : मुझे पता है कि ये सब तुमने जानबूझकर नहीं किया और मुझे ये भी पता है कि तुम्हें बुरा लग रहा होगा, लेकिन अब दोबारा ऐसा नहीं होना चाहिए। तुम समझ रही हो, मैं क्या कह रहा हूँ?

असिस्टेंट : जी। मैं वादा करती हूँ, दोबारा ऐसा कभी नहीं होगा।

इस बातचीत में दोषारोपण के तीनों तत्त्व मौजूद हैं : ये समस्या तुम्हारे कारण खड़ी हुई, मैं तुम्हारा नकारात्मक आंकलन कर रहा हूँ और अप्रत्यक्ष रूप से मेरी बात का मतलब ये है कि तुम्हें किसी न किसी तरह इसका दंड भुगतना होगा, खासकर अगर दोबारा ऐसा कुछ हुआ तो!

इसके विपरीत, योगदान पर केंद्रित बातचीत कुछ इस प्रकार होगी:

आप : मुझे तुमसे एक्सट्रीमस्पोर्ट की अपनी प्रेजेन्टेशन पर बात करनी है। जब मैं वहाँ पहुँचा तो पता चला कि मेरे सूटकेस में गलत स्टोरीबोर्ड है।

असिस्टेंट : जी, मुझे पता चला। मैं माफी चाहती हूँ। मुझे सचमुच बहुत बुरा लग रहा है।

आप : अच्छी बात है। मुझे भी बहुत बुरा लग रहा है। चलो अब याद करते हैं कि आखिर ये हुआ कैसे। संभवत: इस समस्या में हम दोनों का योगदान है। तुम्हें क्या लगता है, क्या मैंने हर बार के मुकाबले इस बार कुछ अलग किया था?

असिस्टेंट : कहना मुश्किल है। हम एक साथ तीन क्लाइंट्स पर काम कर रहे थे। और इससे पहले जब आप दूसरे क्लाइंट को प्रेजेन्टेशन देने जा रहे थे, तो मैंने आपसे पूछा था कि कौन सा स्टोरीबोर्ड पैक कर दूँ? लेकिन मेरा सवाल सुनकर आप भड़क गए थे। मैं जानती हूँ कि ये पता होना मेरी जिम्मेदारी है, आपको कौन सा स्टोरीबोर्ड चाहिए। लेकिन कई बार काम के दबाव में जब चीज़ें बहुत अस्त-व्यस्त हों, तो कन्फ्यूज़न हो जाता है।

आप : अगर कोई कन्फ्यूज़न हो, तो तुम्हें तुरंत मुझसे पूछना चाहिए। लेकिन तुम्हारी बातों से लगता है कि मेरे व्यवहार के कारण मुझसे कुछ पूछना तुम्हारे लिए आसान नहीं होता।

असिस्टेंट : जी, कभी-कभी मैं ज़रा घबराहट महसूस करती हूँ। जब आप बहुत व्यस्त होते हैं, तो ऐसा लगता है, जैसे आप नहीं चाहते कि कोई आकर आपको डिस्टर्ब करे। जिस दिन आप उस प्रेजेन्टेशन के लिए निकले थे, उस दिन आपका मूड कुछ ऐसा ही था। मैं आपके रास्ते में पड़ना नहीं चाहती थी क्योंकि मैं नहीं चाहती थी कि मेरे किसी सवाल से आप और परेशान हो जाएँ। मैंने सोचा था कि जैसे ही आप अपनी बात खत्म करके फोन रखेंगे, तो मैं आपसे दोबारा पूछूँगी कि कौन सा स्टोरीबोर्ड पैक करना है, लेकिन तभी मुझे जल्दबाज़ी में कॉपी सेंटर तक जाना पड़ा। फिर जब आप निकल गए, तो मुझे दोबारा स्टोरीबोर्ड की याद आई, लेकिन मैं जानती हूँ कि आप कहीं जाने से पहले आमतौर पर अपना ब्रीफकेस दोबारा चेक करते हैं। तो मुझे लगा कि कोई बात नहीं, आपने चेक कर लिया होगा।

आप : हाँ, मैं हमेशा अपना ब्रीफकेस दोबारा चेक करता हूँ, लेकिन इस बार मैं इतना व्यस्त था कि भूल गया। मुझे लगता है कि हम दोनों को ही हर बार दोबारा चेक करना चाहिए। और ये सच है कि कभी-कभी मेरा मूड जरा उखड़ा हुआ होता है। मैं जानता हूँ कि ऐसे में मुझसे बात करना मुश्किल हो जाता है। मुझे अपना अधीर स्वभाव बदलने के लिए कुछ करना होगा। लेकिन जब भी तुम्हें किसी मामले में कोई कन्फ्यूज़न हो, तो भले ही मेरा मूड कैसा भी हो, तुम मुझसे पूछ लिया करो।

असिस्टेंट : तो आप ये कह रहे हैं, भले मुझे ये लगे कि मेरा सवाल सुनकर आप खीझ जाएँगे, लेकिन फिर भी मुझे आकर आपसे पूछ लेना चाहिए?

आप : हाँ, बिलकुल। हालाँकि मैं कोशिश करूँगा कि मैं कम से कम चिड़चिड़ाऊँ। तो, मैंने जो कहा, तुम कर पाओगी?

असिस्टेंट : मुझे लगता है कि इस बातचीत से मेरे लिए ये करना निश्चित ही आसान हो जाएगा। मैं समझ रही हूँ कि ये सचमुच महत्वपूर्ण है।

आप : तुम चाहो, तो उस समय इस बातचीत का उल्लेख भी कर सकती हो। तुम कह सकती हो कि 'मैं जानती हूँ कि आप काफी दबाव में हैं, लेकिन आपने मुझसे वादा किया था कि मैं आकर सवाल पूछ सकती हूँ...' या फिर सीधे ये कह देना कि 'देखिए आपने वादा किया था कि आप बेवकूफों की तरह चिड़चिडाएँगे नहीं!'

असिस्टेंट : (हँसते हुए) अच्छा, ठीक है।

आप : और अब हमें ये भी सोचना होगा कि तुम इस बात को और बेहतर ढंग से कैसे ट्रैक कर सकती हो कि कौन सा अपॉइंटमेंट किस कैंपेन के लिए है...।

इस दूसरी बातचीत में आप दोनों ने न सिर्फ समस्या में अपने-अपने योगदान को स्वीकार करना शुरू कर दिया बल्कि ये देखना भी शुरू कर दिया कि कैसे आप दोनों की हर प्रतिक्रिया एक पैटर्न का हिस्सा है: आप किसी आनेवाली प्रेजेन्टेशन को लेकर परेशान और विचलित महसूस करते हैं और अपनी असिस्टेंट पर भड़क उठते हैं। जिसके चलते वह ये मान लेती है कि आप नहीं चाहते कि वह आपके रास्ते में पड़े इसलिए वह दूर ही रहती है। इसके बाद आप किसी महत्वपूर्ण चीज़ पर गौर नहीं कर पाते, जिसके चलते कुछ गड़बड़ हो जाती है। फिर जब आप अगली बार तैयारी करते हैं, तो आपका चिड़चिड़ापन और बढ़ जाता है और आप पहले से ज़्यादा परेशान होते हैं क्योंकि अब आप अपनी असिस्टेंट पर भरोसा नहीं कर पा रहे हैं कि वह आपकी मदद कर पाएगी या नहीं। इससे आप और अधीर हो उठते हैं, आपसे बात करना भी मुश्किल हो जाता है व आप दोनों के बीच का संवाद और कम हो जाता है। इस तरह गलतियों की संख्या कई गुना बढ़ जाती है।

लेकिन आप दोनों के बीच संवाद की ये जो प्रणाली विकसित हो गई है, वह पकड़ में आते ही आपके सामने स्पष्ट होने लगता है कि आप दोनों को भविष्य में इस प्रणाली को सुधारने या इससे बचने के लिए क्या करने की जरूरत है। परिणाम स्वरूप पहली बातचीत के मुकाबले इस दूसरी बातचीत से, एक-दूसरे के साथ मिलकर काम करने के आपके तरीके में स्थाई बदलाव की संभावना कहीं ज़्यादा बढ़ जाती है। पहली बातचीत में निश्चित रूप से समस्या के बढ़ने का जोखिम है। क्योंकि इस प्रणाली का एक पहलू ये है कि ये आपकी असिस्टेंट को आपसे बात करने से हतोत्साहित करती है क्योंकि उसे इस बात का डर होता है कि आप भड़क जाएँगे। और दोषारोपण के बारे में बातचीत करने से ये प्रवृत्ति बेहतर नहीं बल्कि और बदतर ही होगी। अगर आप यही करते रहे, तो अंतत: उसे विश्वास हो जाएगा कि आपके साथ काम करना असंभव है और आप ये कहेंगे कि वह निकम्मी है और एक असिस्टेंट की जिम्मेदारी निभाना उसके बस की बात नहीं है।

योगदान करीब-करीब हमेशा ही संयुक्त और दो-तरफा होता है

एक–दूसरे का आंकलन करने के बजाय आपसी समझ बनाने की कोशिश कर रहे बॉस और असिस्टेंट के योगदान पर ध्यान केंद्रित करना जरूरी है। ये सिर्फ एक अच्छा अभ्यास मात्र नहीं है बल्कि वास्तविकता के काफी करीब है। जब मानवीय रिश्तों में कुछ गड़बड़ होती हैं, तो ये तय होता है कि उसमें हर किसी का महत्वपूर्ण योगदान होगा।

बेशक, हम आमतौर पर योगदान को इस तरह अनुभव नहीं करते हैं। एक आम समस्या ये है कि हम योगदान को हमेशा एकतरफा नज़रिए से देखते हैं – कि जो भी गड़बड़ हुई है वह या तो पूरी तरह हमारी गलती है या फिर पूरी तरह दूसरे पक्ष की। (अक्सर हम इसे उन्हीं की गलती मानते हैं।)

चीज़ें इतनी सीधी और सरल सिर्फ एक बी–ग्रेड फिल्म में ही हो सकती हैं। वास्तविक जीवन में करीब–करीब हमेशा ही 'कारण' कहीं अधिक जटिल होता है। यहाँ एक योगदान प्रणाली मौजूद है और इस प्रणाली में दोनों पक्षों के इनपुट शामिल हैं। अब एक क्रिकेट मैच पर विचार करें, जहाँ एक बल्लेबाज़ एक गेंदबाज़ का सामना कर रहा था। मैच बड़े ही नाजुक मोड़ पर है और तभी बल्लेबाज़ आउट हो जाता है। इसके बाद हो सकता है कि बल्लेबाज़ अपने बचाव में सफाई दे कि वह गेंद को ठीक से देख नहीं पाया या उसकी कलाई की पुरानी चोट अब भी उसे तकलीफ दे रही है या फिर वह बस गेंद को जज करने में नाकाम रहा। वहीं दूसरी ओर गेंदबाज़ इसका वर्णन संभवत: इस तरह करेगा, 'मुझे पता था कि वह मुझसे गुगली की उम्मीद कर रहा है, इसीलिए मैंने उसे चौंकाने के लिए यॉर्कर फेंकी।' या 'मैं पूरी फॉर्म में था। उसके क्रीज पर आने से पहले ही मुझे पता था कि आज उसे मैं ही आउट करूँगा।'

अब यहाँ दोनों में से कौन सही है, बल्लेबाज़ या गेंदबाज़? बेशक इसका जवाब ये है कि दोनों ही सही हैं, कम से कम कुछ हद तक। बल्लेबाज़ चाहे आउट हो या छक्का जड़े, वह गेंदबाज़ और बल्लेबाज़ के बीच होनेवाली पारस्परिक क्रिया का ही परिणाम होगा। अब ये आपके दृष्टिकोण पर निर्भर है कि आप दोनों में से किसकी क्रिया पर ध्यान केंद्रित करेंगे। लेकिन एक परिणाम सामने आए, इसके लिए दोनों की क्रिया का होना जरूरी है।

कठिन बातचीतों के मामले में भी ऐसा ही होता है। बाल-शोषण जैसे अतिवादी मामलों को छोड़ दें तो हर वह स्थिति, जो एक बातचीत को जन्म देती है - एक संयुक्त योगदान प्रणाली का ही परिणाम होती है। इसलिए योगदान देनेवालों में से किसी एक पर ध्यान केंद्रित करना उस प्रणाली को बेहतर बनाने के बजाय अस्पष्ट बना देता है।

दोष देना

कुछ स्थितियाँ ऐसी होती हैं, जिनमें दोष देने पर ध्यान केंद्रित करना, न सिर्फ महत्वपूर्ण बल्कि जरूरी भी होता है। हमारी कानून व्यवस्था कुछ इस तरह बनाई गई है कि अपराधिक और दीवानी, दोनों ही अदालतों में किसी एक पक्ष को दोष दिया जाता है यानी आरोपी बनाया जाता है। स्पष्ट कानूनी और नैतिक मानकों के आधार पर सार्वजनिक रूप से आरोप लगाने या दोष देने से, लोगों को पता चलता है कि उनसे क्या उम्मीदें रखी जाती हैं और साथ ही इससे समाज को न्याय करने का अवसर मिलता है।

जब दोष देना ही लक्ष्य हो तो नुकसान समझ का ही होता है

लेकिन उन स्थितियों में भी, जहाँ स्पष्ट दोषारोपण करना जरूरी होता है, कोई न कोई कीमत जरूर चुकानी पड़ती है। एक बार जब दंड - कानूनी या कोई और - की चिंता पैदा हो जाती है, तो असल में क्या हुआ था, इसके बारे में सच जानना और मुश्किल हो जाता है। स्वाभाविक है कि ऐसे में लोग खुलकर बात नहीं करते और न ही वे माँफी माँगने के ज्यादा इच्छुक रहते हैं। उदाहरण के लिए एक कार एक्सीडेंट के बाद अगर कार-निर्माता को यह लगे कि उस पर मुकदमा चलाया जा सकता है, तो वह आगे जो भी कारें निर्मित कर रहा होगा, उनके सुरक्षा प्रबंधों को बेहतर बनाने में हिचकिचाएगा क्योंकि उसे डर होगा कि ऐसा करना ये स्वीकार करने जैसा होगा कि कंपनी को अपनी कारों में ये सारे सुरक्षा प्रबंध एक्सीडेंट के पहले करने चाहिए थे।

'सत्य-आयोग' अक्सर दोष देने और वास्तव में जो हुआ, उसके बारे में एक समझ प्राप्त करने के बीच की दुविधा के कारण ही बनाए जाते हैं। एक सत्य-आयोग ईमानदारी दिखाने के बदले क्षमादान प्रदान करता है। उदाहरण के लिए दक्षिण अफ्रीका में रंगभेद की नीति के चलते अतीत में लोगों के साथ जो भी

अनुचित व्यवहार हुआ, उसके बारे में इतना कुछ शायद ही पता चल पाता, अगर सिर्फ अपराधिक जाँच-पड़ताल करना और मुकदमे चलाना ही उसकी खोजबीन का अकेला साधन होता।

दोषारोपण पर ध्यान केंद्रित करना समस्या के समाधान में बाधा डालता है

जैसे जब किसी का पालतू कुत्ता घर से भाग जाए, तो इसमें किसका दोष है? उस व्यक्ति का, जिसने घर का दरवाज़ा खुला छोड़ दिया या उस व्यक्ति का, जो उस पालतू कुत्ते की कॉलर पकड़ने में विफल रहा? अब क्या हमें इस बात पर बहस करनी चाहिए या फिर कुत्ते को ढूँढ़ने की कोशिश करनी चाहिए? इसी तरह जब किसी के बाथटब का पानी ओवरफ्लो हो जाए और नीचे के कमरे की छत खराब कर दे, तो क्या हमें उस व्यक्ति को दोष देना चाहिए, जो नहाने गया था? या उस नहानेवाले की पत्नी को दोष देना चाहिए, जो नीचेवाली मंजिल से उसे आवाज़ लगा रही थी? या फिर हमें बाथटब निर्मित करनेवाले को दोष देना चाहिए, जिसने उसका ओवरफ्लो ड्रेन बहुत छोटा बनाया है? या फिर उस प्लंबर को जिसने इसके बारे में कुछ नहीं बताया? वास्तव में इसका यही जवाब है कि इस समस्या में इन सभी का योगदान है। जब आपका वास्तविक लक्ष्य अपने पालतू कुत्ते को ढूँढ़ना हो या कमरे की छत की मरम्मत कराना हो और दोबारा ऐसी किसी घटना से बचना हो, तो फिर दोषारोपण पर ध्यान केंद्रित करना अपना कीमती समय बर्बाद करने के अलावा और कुछ नहीं है। इससे न तो आपको समस्या को समझने में मदद मिलती है और न ही उसका समाधान ढूँढ़ने में।

दोष देने के चक्कर में बुरी प्रणाली का पता नहीं लग पाता

भले ही दंड देना उचित लगे, लेकिन वास्तव में क्या गड़बड़ हुई और क्यों हुई, इसका पता लगाने के विकल्प के रूप में दंड का उपयोग करना विनाशकारी है। कमोडिटी कॉर्प. के वाइस प्रेसिडेंट ने कंपनी का मुनाफा बढ़ाने के लिए एक नया कारखाना शुरू करने का निर्णय लिया। लेकिन इस कारखाने के जरिए न सिर्फ कंपनी का मुनाफा बढ़ाने की योजना विफल रही बल्कि इस निर्णय से बाज़ार में माल की सप्लाई बढ़ने के कारण मुनाफा पहले से भी कम हो गया। जब ये कारखाना शुरू करने का निर्णय लिया जा रहा था, तब कंपनी के कुछ लोगों का पूर्वानुमान यही था कि ये योजना सफल नहीं होगी, लेकिन किसी ने भी अपनी ये आशंका सार्वजनिक

रूप से जाहिर नहीं की।

इस स्थिति से निपटने के लिए कंपनी के मालिकों ने वाइस प्रेसिडेंट को नौकरी से निकाल दिया और एक नए रणनीतिक योजनाकार को काम पर रखा गया। जिस व्यक्ति ने गलत निर्णय लिया उसे नौकरी से निकालकर, उसकी जगह एक नए 'बेहतर' व्यक्ति को लाकर ये मान लिया गया कि कंपनी के मैनेजमेंट की समस्या सुलझा ली गई है। हालाँकि भले ही कंपनी ने योगदान प्रणाली के एक 'हिस्से' को बदल दिया गया था, पर वह पूरी प्रणाली पर गौर करने में विफल रही। कंपनी के जिन कर्मचारियों ने वाइस प्रेसिडेंट के निर्णय की विफलता का पूर्वानुमान लगाया था, आखिर वे इस बारे में चुप क्यों रहे? क्या चुप रहने के पीछे उनका कोई अंतर्निहित लाभ था? कंपनी की वे संरचनाएँ, नीतियाँ और प्रक्रियाएँ कौन सी हैं, जिनके चलते अब भी गलत निर्णय लिए जा रहे हैं? उन्हें बदलने के लिए क्या करना होगा?

कभी-कभी किसी प्रणाली के एक व्यक्ति को हटाना जरूरी होता है। लेकिन अगर ऐसा योगदान प्रणाली की विस्तृत पड़ताल के विकल्प के तौर पर किया जाए, तो ये अक्सर काफी महँगा पड़ता है।

योगदान को समझने के लाभ

दोषारोपण करना मूल रूप से बातचीत को और कठिन बना देता है। जबकि योगदान प्रणाली को समझने से कठिन बातचीत भी आसान हो जाती है और उसके उत्पादक होने की संभावना भी बढ़ जाती है।

योगदान की बात उठाना आसान होता है

जोसेफ एक मल्टीनेशनल कॉरपोरेशन का विदेशी ऑफिस चलाता है। वह सबसे ज़्यादा हताश इस बात से है कि उसकी कंपनी का मुख्यालय उसके साथ प्रभावी संवाद बनाकर रखने में या तो असमर्थ है या अनिच्छुक है। कंपनी की नीतियों में होनेवाले बदलावों के बारे में जोसेफ को तब तक नहीं बताया जाता, जब तक वे लागू नहीं हो जाती। कंपनी उसके क्षेत्र में जो काम करती है, उसके बारे में आमतौर पर उसे कंपनी के मुख्यालय के ग्राहकों से पता चलता है (और एक बार तो उसे इसके बारे में अखबार से पता चला!) इसलिए जोसेफ ने तय किया कि वह

इस मामले को कंपनी के मुख्य अधिकारियों के सामने उठाएगा।

इससे पहले कि जोसेफ ऐसा कर पाता, कंपनी के एक मैनेजर ने उसे बताया कि इस समस्या में उसका अपना क्या योगदान है। जोसेफ ने अपने ऑफिस में एक ऐसा कंप्यूटर सिस्टम लगवाया था, जो मुख्यालय के कंप्यूटर सिस्टम के साथ मेल नहीं खाता था। इसके अलावा उसे उच्च अधिकारियों से जैसे सवाल पूछने चाहिए, उनके लिए वह अपनी ओर से कोई पहल नहीं करता था। दुर्भाग्यवश अपने योगदान को पूरी प्रणाली के एक भाग के रूप में देखने के बजाय जोसेफ दोषारोपण में उलझ गया और ये सोचने लगा कि क्या सचमुच सारा दोष कंपनी के मुख्यालय का नहीं बल्कि उसका खुद का है। अंततः उसने उच्च अधिकारियों के सामने ये मामला उठाया ही नहीं और उसकी हताशा जस की तस बनी रही।

दोषारोपण आपका मानसिक बोझ बढ़ा देता है। किसी मामले को उठाना उचित होगा, इस बात पर विश्वास करने के लिए जरूरी है कि आप इसे लेकर आश्वस्त हों कि गलती दूसरों की है, न कि आपकी। और जैसा कि हमने पहले ही बताया कि करीब-करीब हमेशा ही समस्या में आपका अपना योगदान भी होता है, इसलिए संभवः है कि अंततः आप किसी मामले को उठाने में विफल रहें। यह सचमुच शर्म की बात होगी क्योंकि इससे आप यह समझने का मौका गँवा देंगे कि आपके और उनके बीच में जरूरी संवाद क्यों नहीं हो पा रहा है और उसमें सुधार कैसे किया जा सकता है।

योगदान सीखने और बदलाव को प्रोत्साहित करता है

कल्पना कीजिए कि एक पति-पत्नी के बीच पत्नी की धोखेबाज़ी को लेकर झगड़ा हो रहा है। इस झगड़े में ये सवाल उठता है कि इसके लिए दोषी कौन है। दोनों के बीच आरोप-प्रत्यारोप का दौर चलता है। काफी जद्दोजहद के बाद पति इस शर्त पर शादी न तोड़ने का निर्णय लेता है कि पत्नी दोबारा उसे कभी धोखा नहीं देगी। यह एक स्पष्ट समाधान है, लेकिन इस पूरे अनुभव से दोनों ने क्या सीखा? एक विवाहेत्तर संबंध कितना भी एकतरफा लगे, इसमें अक्सर दोनों पक्षों का योगदान होता है। जब तक दोनों पक्षों का योगदान स्पष्ट नहीं हो जाता, तब तक पति-पत्नी के बीच की वे समस्याएँ और पैटर्न्स कठिनाई पैदा करते रहते हैं, जिनके चलते विवाहेत्तर संबंध बना। ऐसी स्थिति में कुछ सवाल पूछना जरूरी हो

जाता है: क्या पति अपनी पत्नी की सुनता है? क्या वह ऑफिस में देर तक रुकता है? क्या उसकी पत्नी दुःखी और अकेला महसूस करती थी या उसे ऐसा लगता था कि पति के मन में उसके लिए कोई चाहत नहीं बची है? अगर हाँ, तो क्यों?

योगदान प्रणाली को समझने के लिए पति-पत्नी को कुछ और सवाल भी पूछने होंगे: अगर पति अपनी पत्नी की सुनता नहीं है, तो इसमें पत्नी का क्या योगदान है? वह ऐसा क्या कहती या करती है, जिससे पति दूर-दूर रहने लगा है और उसकी बातों पर ध्यान नहीं देता? क्या वह हर सप्ताहांत में भी अपने काम में लगी रहती है या फिर जब वह खुद परेशान होती, तो पति से दूर-दूर रहने लगती है? उनका रिश्ता कैसे चल रहा है? अगर पत्नी की धोखेबाज़ी के पीछे के कारणों को समझना है और उनका हल निकालना है, तो ये सवाल पूछने होंगे - योगदान प्रणाली का खाका तैयार करना ही होगा।

योगदान के बारे में तीन भ्रांतियाँ

ये तीन आम भ्रांतियाँ लोगों को योगदान की अवधारणा को पूरी तरह अपनाने या उसका लाभ उठाने से रोकती हैं।

पहली भ्रांतिः मुझे सिर्फ अपने योगदान पर ही ध्यान केंद्रित करना चाहिए

जब ये सुझाव दिया जाता है कि आपको समस्या में संयुक्त योगदान का पता लगाना चाहिए, तो इसे लोग अक्सर इस तरह लेते हैं कि 'आपको सामनेवाले के योगदान को अनदेखा कर सिर्फ अपने योगदान पर ध्यान केंद्रित करना चाहिए।' यह एक बड़ी गलती है। समस्या में अपने योगदान का पता लगाने का अर्थ ये नहीं है कि आप दूसरे पक्ष के योगदान को सिरे से नकार दें। समस्या आप दोनों के कारण खड़ी हुई है और इससे निपटने के लिए आप दोनों की जरूरत पड़ेगी।

मामले में जो कोई भी शामिल है, समस्या में उन सभी का योगदान है, इस बात को स्वीकार करने का अर्थ ये नहीं है कि हर किसी का योगदान बराबर है। आप समस्या के लिए ५ फीसदी भी जिम्मेदार हो सकते हैं और ९५ फीसदी भी - और तब भी ये संयुक्त योगदान ही कहलाएगा। बेशक किसका कितना योगदान है, ये पता लगाना आसान नहीं होता और अधिकांश मामलों में ऐसा करने से कोई खास मदद भी नहीं मिलती। आपका लक्ष्य योगदान को समझना है, न किसी यह

तय करना कि किसने कितने फीसदी योगदान दिया।

दूसरी भ्रांतिः दोषारोपण से बचने का अर्थ है मेरी भावनाओं को महत्त्व न देना

दोषारोपण करने के बजाय योगदान प्रणाली को समझने की कोशिश करने का अर्थ, तीव्र भावनाओं को महत्त्व न देना नहीं है। बल्कि वास्तविकता इससे बिलकुल उलट है। समस्या खड़ी करने में आप दोनों का क्या योगदान रहा है, इस बात पर गौर करते समय अपनी भावनाएँ साझा करना सबसे जरूरी होता है।

इसमें कोई दोराय नहीं कि लोग जिन तीव्र भावनाओं को अभिव्यक्त नहीं कर पाते, वही उन्हें दोषारोपण करने के लिए उकसाती हैं। जब आपको अपनी पत्नी की धोखेबाज़ी के बारे में पता चलता है, तो संभवत: आप यही कहना चाहेंगे कि 'हमारे शादीशुदा जीवन को बर्बाद करने के लिए सिर्फ तुम जिम्मेदार हो! आखिर तुम ऐसी बेवकूफी कैसे कर सकती हूँ, जो मेरे लिए इतनी दुखदायी हो?' यहाँ आप दोषारोपण को अपनी भावनाओं के प्रतिनिधि के तौर पर उपयोग कर रहे हैं। इसके विपरीत अपनी तीव्र भावनाओं के बारे में सीधे शब्दों में बात करना दोषारोपण करने की प्रेरणा को घटा देता है, जैसे – 'तुमने जो किया, मुझे ऐसा लग रहा है, जैसे मैं तबाह हो गया।' या 'अब मैं तुम पर कभी भरोसा नहीं कर पाऊँगा।' समय के साथ योगदान के संदर्भ में ये आपको अधिक सहजता और उत्पादकता के साथ बात करने के लिए मुक्त कर देता है।

जब आप दोषारोपण करने की इच्छा या फिर इस इच्छा से खुद को निरंतर ग्रस्त महसूस करें कि सामनेवाला यह मान ले कि गलती उसकी थी, तो खुद से यह सवाल पूछकर आप थोड़ी राहत महसूस कर सकते हैं कि 'मैं कौन सी भावनाएँ व्यक्त नहीं कर पा रहा हूँ?' और 'क्या सामनेवाले ने मेरी भावनाओं को स्वीकार किया?' जब आप इन सवालों का जवाब ढूँढ़ने की कोशिश करेंगे, तो पाएँगे कि दोष देने के बजाय आप स्वत: ही योगदान पर ध्यान केंद्रित करने की दिशा में बढ़ रहे हैं। हो सकता है कि आपको एहसास हो कि आप जो वास्तव में चाहते हैं, वह है समझना और स्वीकार किया जाना। वास्तव में आप सामनेवाले से ये सुनना नहीं चाहते कि 'इसमें सारी गलती मेरी है,' बल्कि आप तो ये सुनना चाहते हैं, 'मैं समझता हूँ कि मैंने तुम्हें दुःख पहुँचाया और मैं इसके लिए माफी चाहता हूँ।' इनमें से पहला कथन आंकलन और आलोचना से संबंधित है, जबकि दूसरा कथन

समझ से जुड़ा हुआ है।

तीसरी भ्रांतिः योगदान का पता लगाने का अर्थ है 'पीड़ित को दोष देना'

जब कोई पीड़ित को दोष देता है तो दरअसल वह ये कह रहा होता है कि 'पीड़ित ने अपने लिए खुद समस्या खड़ी की है,' और वह इसी लायक है या फिर वह खुद एक पीड़ित बनना चाहता था। आमतौर पर इस तरह पीड़ित को दोष देना पूरी तरह अनुचित होता है। यह न सिर्फ पीड़ित के लिए बल्कि बाकी लोगों के लिए भी काफी तकलीफदेह होता है।

संयुक्त योगदान का पता लगाने का संबंध किसी भी लिहाज से दोष देने से नहीं है। कल्पना कीजिए कि आप रात के समय एक अंधेरी गली से गुजर रहे थे और तभी किसी ने आकर आपको लूट लिया। ऐसे में आपको दोष देने का अर्थ होगा, आपसे ये पूछना कि 'क्या आपने कोई गलती की? क्या आपने कोई कानून तोड़ा? क्या आपने अनैतिक व्यवहार किया? क्या आपको दंड मिलना चाहिए?' इस सभी सवालों का जवाब 'ना' है। आपने कुछ गलत नहीं किया। ऐसा नहीं है आप इसी लायक हैं। लूटपाट का शिकार होना आपकी गलती नहीं है।

दोषारोपण के विपरीत योगदान से जुड़े सवाल अलग किस्म के होते हैं: 'मैंने ऐसा क्या किया, जिससे ये स्थिति बन गई?' आप उन स्थितियों में भी अपने योगदान का पता लग सकते हैं, जिनमें आपका कोई दोष नहीं है; लूटपाट का शिकार होने में आपने भी योगदान दिया है। पर कैसे? रात को अकेले निकलकर। अगर आप उस अंधेरी गली के बजाय कहीं और होते या लोगों के किसी समूह के साथ होते, तो आपके साथ लूटपाट की संभावना बहुत कम हो जाती। अगर हम इस लूटपाट के लिए किसी को दंड देना चाहते हैं, तो ये दंड उस लुटेरे को ही दिया जाएगा। वहीं अगर हम आपको सशक्त महसूस कराना चाहते हैं, तो हम आपको अपने योगदान का पता लगाने के लिए प्रोत्साहित करेंगे। हो सकता है कि आप दूसरों के योगदान को बदल पाने में सक्षम न हों, लेकिन आप अपने योगदान को जरूर बदल सकते हैं।

अपनी आत्मकथा 'ए लॉन्ग वॉक टू फ्रीडम' में नेल्सन मंडेला यह उदाहरण देते हैं कि जो लोग बुरी तरह पीड़ित रहे हैं, वे भी अपने जीवन की समस्याओं में अपने योगदान को समझने की कोशिश कर सकते हैं। वे बताते हैं कि कैसे उन्होंने

यह बात एक अफ्रीकी व्यक्ति से सीखी:

> रेवरेंड आंद्रे शेफर अफ्रीका में डच रिफॉर्म मिशन चर्च के मंत्री थे... वे बड़े मज़ाकिया स्वभाव के थे और हमसे काफी हँसी-मज़ाक किया करते थे। वे कहते, 'पता है, इस देश में एक अश्वेत व्यक्ति के मुकाबले एक श्वेत व्यक्ति का काम कहीं अधिक मुश्किल होता है। जब भी कहीं कोई समस्या होती है, तो हमें (श्वेत लोगों को) उसका समाधान ढूँढ़ना पड़ता है। लेकिन जब आप अश्वेत लोगों के सामने कोई समस्या आती है, तो आपके पास एक तयशुदा बहाना मौजूद होता है। आप कह सकते हैं, 'इंगाबिलुंगु,' ..... यह अफ्रीकी भाषा 'कोसा' का एक शब्द है, जिसका अर्थ होता है, 'इसके पीछे श्वेत लोगों का हाथ है।'
>
> उनके कहने का मतलब था कि हम हमेशा अपनी सभी परेशानियों के लिए श्वेत लोगों को दोष देते रहते हैं। उनकी बात के पीछे ये संदेश था कि हमें अपने अंदर भी झांकना चाहिए और अपने कार्यों की जवाबदेही खुद लेनी चाहिए - और मैं उनकी इस बात से पूरी तरह सहमत था।

ऐसा नहीं है कि नेल्सन मंडेला अश्वेतों की स्थिति के लिए उन्हें ही दोषी मानते हैं। लेकिन वे ये जरूर मानते हैं कि अगर दक्षिण अफ्रीका को सचमुच सफलतापूर्वक आगे बढ़ना है तो अश्वेतों को देश की समस्याओं में अपने योगदान को पहचानना होगा और उसकी जवाबदेही भी लेनी होगी।

आपके सामने जो स्थिति है, उसे पैदा करने में आपका कितना हाथ है, इसका पता लगाकर आपको ये जानने का मौका मिलता है कि आप इस योगदान प्रणाली को प्रभावित करने का लाभ कैसे उठा सकते हैं। सिर्फ अपने व्यवहार में बदलाव लाकर ही समस्या को प्रभावित करने की आपकी क्षमता बढ़ जाती है।

अपना उचित हिस्सा ढूँढ़ना: चार ऐसे योगदान जिनका पता लगाना मुश्किल होता है

हो सकता है कि आप सोच रहे हों, 'योगदान की अवधारणा तर्कसंगत नज़र आ रही है।' लेकिन जब आप अपनी उलझनों पर विचार करते हैं, तो ये देखकर हैरान रह जाते हैं कि 'मुझे समझ नहीं आ रहा कि इस परिस्थिति को लाने में आखिर मेरा क्या योगदान है?' हालाँकि अभ्यास के साथ अपने योगदान का पता

लगाना आसान हो जाता है। इन चार आम योगदानों से परिचित होना आपके लिए काफी मददगार सिद्ध हो सकता है, जो अक्सर अनदेखे रह जाते हैं।

१. बचते रहना

किसी समस्या में सबसे आम योगदानों में से एक – जिसकी अनदेखी करना बहुत आसान है, वह है, उससे बचते रहना। आपने समस्या का समाधान न ढूँढ़कर उसे विकराल रूप लेने दिया। उदाहरण के लिए हो सकता है कि पिछले दो साल से आपका पूर्व-पति बच्चों को स्कूल से वापस लाने में हर बार देर कर देता हो, लेकिन आपने उससे कभी न कहा हो कि ये गलत है। हो सकता है कि पिछले चार साल से – जब से आपने इस ऑफिस में काम शुरू किया है – आपका बॉस हमेशा बिना सोचे-समझे आपके आत्मसम्मान को ठेस पहुँचाता रहा हो, लेकिन आपने कभी उससे न कहा हो कि उसकी इस हरकत का आप पर कितना बुरा प्रभाव पड़ रहा है।

आपके एक स्टोर मैनेजर का व्यवहार ऐसा है कि उसे इसके लिए चेतावनी दी जानी चाहिए, यहाँ तक कि अगर उसे इसके लिए नौकरी से भी निकाल दिया जाए, तो गलत नहीं होगा। लेकिन उसकी फाइल पिछले कई सालों की 'संतोषजनक' प्रदर्शन समीक्षाओं से भरी हुई है। क्यों? क्योंकि इसका आंशिक कारण ये है कि शायद आप अब तक इस समस्या को आधिकारिक दस्तावेजों पर दर्ज करने की झंझट से बचते रहे हैं। वहीं इसका मुख्य कारण ये है कि आप और कंपनी के अन्य सुपरवाइजर उस मैनेजर के साथ कठिन बातचीत करने की झंझट से बचते रहे हैं क्योंकि वह एक बहस करने और बात का बतंगड़ बनानेवाला व्यक्ति है। और इसलिए भी क्योंकि आपकी कंपनी के मैनेजरों के बीच इस तरह की कठिन बातचीतों से बचना और ऐसे लोगों को झेलते रहना एक आदत बन गया है।

कठिन बातचीतों से बचते रहने का एक सबसे समस्याकारी रूप है, इसके बारे में किसी तीसरे व्यक्ति से शिकायत करना, बजाय उस व्यक्ति से सीधे बात करने के, जिसके चलते आप परेशान हैं। किसी तीसरे व्यक्ति से शिकायत करने से आपको खुद ज़रा बेहतर महसूस होता है, लेकिन इसके चक्कर में वह तीसरा व्यक्ति बेवजह ही इस मामले में उलझ जाता है। वह खुद इस स्थिति में नहीं होता कि आपकी मदद कर सके। वह आपके प्रतिनिधि के तौर पर किसी से कुछ कह भी

नहीं सकता और अगर वह ऐसा करने की कोशिश भी करता है तो जिस व्यक्ति से आप परेशान हैं, उसे लग सकता है कि समस्या इतनी बड़ी है कि आप उसके बारे में उससे सीधे बात नहीं कर पा रहे हैं। वहीं दूसरी ओर, अगर वह तीसरा व्यक्ति इस मामले को लेकर चुप रहता है, तो वह बस आपके नज़रिए को ढोता रहता है और उसे पूरी कहानी का आधा-अधूरा संस्करण ही पता चल पाता है।

हालाँकि इसका मतलब ये नहीं है कि आप अपने किसी दोस्त से कोई सलाह-मशवरा न करें। हम तो बस ये स्पष्ट करने की कोशिश कर रहे हैं कि एक कठिन बातचीत कैसे निपटाई जाए। साथ ही अगर आप उस व्यक्ति से कठिन बातचीत करते हैं, जिससे आप परेशान हैं, तो फिर आपको इसके बारे में अपने दोस्त यानी उस तीसरे व्यक्ति को भी बताना चाहिए। ताकि उसे पता हो कि कठिन बातचीत के बाद मामले को लेकर आपकी भावनाओं में क्या बदलाव आया है और उसके पास इस बारे में जो कथा है, वह आधी-अधूरी व असंतुलित न हो।

२. दूसरों की पहुँच से बाहर रहना

किसी चीज़ का जिक्र न करने का एक नकारात्मक पहलू ये है कि इस तरह आपकी प्रवृत्ति ऐसी हो जाती है कि लोग आपके करीब नहीं आ पाते। आप दिलचस्पी न दिखाकर, अप्रत्याशित व चिड़चिड़ा व्यवहार करके, आलोचना करके, दंड देनेवाली प्रवृत्ति अपनाकर, अतिसंवेदनशील होकर, तर्क-वितर्क करके और दोस्ताना व्यवहार न करके स्थिति को बदतर बनाने में अपना योगदान देते हैं। बेशक यहाँ ये महत्वपूर्ण नहीं है कि आप वास्तव में ऐसा व्यवहार करनेवाले व्यक्ति हैं या नहीं या फिर आपने ये सब जानबूझकर किया या नहीं। अगर किसी को आपके साथ ऐसा अनुभव हुआ है, तो ये संभावना कम ही है कि वह आपके सामने कोई बात उठाएगा। इस तरह चीज़ों को अनदेखा करना आप दोनों के बीच आम हो जाता है।

३. परस्पर कटाव

किन्हीं दो लोगों के बीच परस्पर कटाव की स्थिति तब बनती है, जब उनकी पृष्ठभूमि, वरीयताओं, संवाद के तरीकों या रिश्तों को लेकर दोनों की धारणाओं में अंतर हो। टॉबी और इंग-एन को ही ले लीजिए, जिनकी शादी को करीब चार महीने हो चुके हैं। उनके बीच होनेवाले झगड़ों का एक स्पष्ट पैटर्न है। जब

किसी मसले पर कोई चर्चा करनी हो, तो इसकी शुरुआत आमतौर टॉबी ही करता है - जैसे घर का रोज़मर्रा का अधिकांश काम कौन करेगा, इंग-एन ने अपनी माँ के सामने टॉबी का पक्ष क्यों नहीं लिया या इंग-एन को अपने सालाना बोनस को खर्च कर देना चाहिए या बचत करनी चाहिए वगैरह। जब ऐसी किसी चर्चा के दौरान दोनों उत्तेजित होने लगते हैं, तो इंग-एन ये कहकर बात खत्म कर देती है कि 'देखो, मुझे अभी इस बारे में कोई बात नहीं करनी है' और फिर वह वहाँ से चली जाती है।

जब इंग-एन इस तरह बातचीत को बीच में छोड़कर चली जाती है या टॉबी से बात करना बंद कर देती है, तो टॉबी को ऐसा लगता है मानों इंग-एन ने उसे त्याग दिया हो और अब उसे आपसी रिश्तों की समस्याओं से अकेले ही जूझना होगा। वह अपने दोस्तों से शिकायत करता है कि 'इंग-एन भावनाओं से निपटने में सक्षम नहीं है, फिर चाहे वे भावनाएँ उसकी हों या मेरी। कोई छोटी-मोटी गड़बड़ भी होती है, तो वह तत्काल सब कुछ नकारकर दूर चली जाती है। टॉबी इस बात से बुरी तरह हताश रहता है कि वे दोनों एक-दूसरे के साथ मिलकर कोई मुश्किल निर्णय लेने या किसी समस्या को सुलझाने में असमर्थ हैं।

वहीं दूसरी ओर इंग-एन अपनी बहन से कहती है : 'टॉबी के कारण मेरा दम घुटने लगा है। उसके लिए हर स्थिति एक आपात स्थिति होती है। उसे हर मसले पर तत्काल चर्चा करनी होती है। वह इस बात को लेकर ज़रा भी संवेदनशील नहीं है कि मैं किसी मामले को लेकर कैसा महसूस कर रही हूँ या मैं उस पर चर्चा करने को तैयार भी हूँ या नहीं। एक रात वह हमारे घरेलू हिसाब-किताब में ३ डॉलर की गड़बड़ का पता लगाने के लिए बेचैन था, जबकि अगले दिन सुबह मुझे ऑफिस में कंपनी के बोर्ड मेंबर्स को एक जरूरी प्रेजेन्टेशन देनी थी! वह छोटी-छोटी असहमतियाँ होने पर भी तिल का ताड़ बना देता है, जिन पर हमें घंटों चर्चा करनी पड़ती है।'

अंततः जब टॉबी और इंग-एन ने इस बारे में खुलकर बातचीत की कि उन दोनों के बीच वास्तव में क्या चल रहा है, तब जाकर उन्हें एहसास हुआ कि एक-दूसरे के साथ उनके पिछले अनुभवों के चलते, आपसी संवाद और रिश्तों को लेकर उनके बीच विरोधी धारणाओं का एक परस्पर कटाव सा बन गया है। जब टॉबी छोटा था, तो उसकी माँ को शराब की लत थी, जो समय के साथ और बदतर

होती गई। पूरे घर में टॉबी इकलौता ऐसा व्यक्ति था, जो इस बारे में बातचीत करने को तैयार था। जबकि उसके पिता और बहन हमेशा इस बात को नकारते रहे कि कोई समस्या है। वे टॉबी की माँ के अस्थिर और अतिवादी व्यवहार को अनदेखा करते रहे, मानों कोई गड़बड़ है ही नहीं। निश्चित ही वे अंजाने में ये उम्मीद करते रहे कि एक दिन सब ठीक हो जाएगा। शायद इसीलिए टॉबी को लगता था कि इंग-एन और उसके रिश्ते के बेहतर भविष्य के लिए जरूरी है कि वे समस्याओं को उठाएँ और तत्काल उनका समाधान ढूँढ़ें।

वहीं दूसरी ओर इंग-एन का परिवार काफी अलग था। उसका भाई विकलांग था, जिसके चलते परिवार के सदस्यों की जिंदगी उसकी दिनचर्या और जरूरतों के इर्द-गिर्द ही घूमती थी। हालाँकि इंग-एन अपने भाई से बहुत प्यार करती थी, लेकिन कभी-कभी उसे अपने विकलांग भाई से जुड़ी चिंताओं, संकटों और रात-दिन की देखभाल के चलते पैदा होनेवाली भावनात्मक उलथ-पुथल से राहत पाने की जरूरत महसूस होती थी। इसीलिए किसी संभावित समस्या पर तत्काल कोई प्रतिक्रिया न देना उसकी आदत बन गई थी। भावनात्मक समस्याओं से जूझ रहे अपने परिवार में इन चीज़ों से दूरी बनाकर अपने लिए एक अलग-थलग संसार रचने के लिए इंग-एन ने बहुत मेहनत की थी। इसीलिए जब टॉबी और उसके बीच की असहमतियों पर टॉबी कोई प्रतिक्रिया देता, तो इंग-एन को लगता जैसे उसका वह अलग-थलग संसार खतरे पर पड़ जाएगा।

ज़रा देखिए कि कैसे इन दो दृष्टिकोणों के संयोजन से आपसी संवाद की एक ऐसी प्रणाली सामने आती है, जिसमें टॉबी बातचीत करता है, जबकि इंग-एन उससे दूर-दूर रहने लगती है। फिर टॉबी दोष देने लगता है और ये निष्कर्ष निकाल लेता है कि उन दोनों के बीच की इन समस्याओं के लिए इंग-एन ही जिम्मेदार है क्योंकि वह समस्या को 'नकार' देती है और 'भावनाओं से निपट नहीं पाती।' दूसरी ओर इंग-एन ये मान लेती है कि सारी गलती टॉबी की है क्योंकि वह 'अतिवादी प्रतिक्रियाएँ देता है' और 'मुझे परेशान करता है।' लेकिन दोष देने के बजाय, योगदान को पहचानने की दिशा में जाकर वे दोनों इस प्रणाली के उन तत्त्वों को पहचानने में सफल हुए, जिनके चलते उनके बीच झगड़े होते थे और फिर दोनों ने इस बारे में चर्चा की कि उनसे कैसे निपटा जाए। इसके बाद ही उनके बीच की बातचीत में सुधार आया।

टॉबी और इंग-एन भाग्यशाली थे, जो उन्हें अपने आपस के परस्पर मनमुटाव समय रहते समझ आ गए और उन्होंने तय किया कि वे इनसे निपटेंगे। क्योंकि ऐसा न कर पाना सचमुच विनाशकारी साबित होता है। सच तो ये है कि ऐसे किसी भी परस्पर कटाव को सही बनाम गलत का मामला बना देने से बहुत से रिश्ते अंततः खत्म हो जाते हैं।

योगदान प्रणाली का खाका तैयार करना

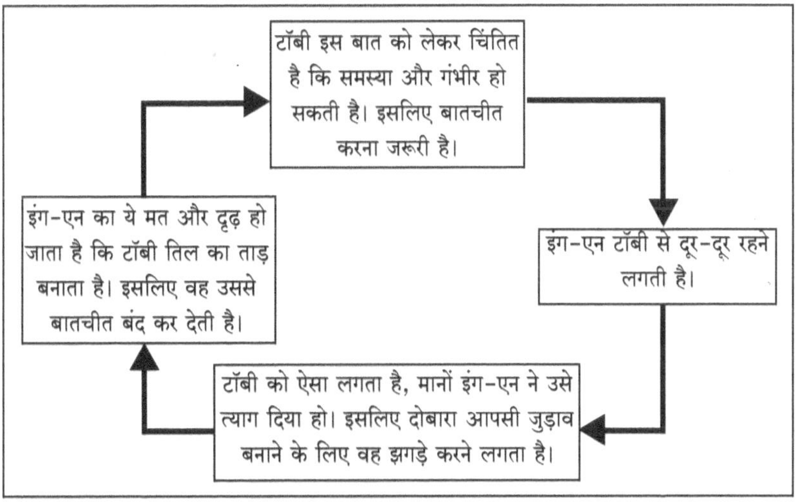

जब कोई रिश्ता नया-नया शुरू होता है, तो एक-दूसरे के प्रति मोह होने के चलते लोग अक्सर सामनेवाले की कमियों पर गौर नहीं कर पाते। फिर जैसे-जैसे रिश्ता और गहरा होता है, तो दोनों को ही एक-दूसरे की छोटी-छोटी कमियाँ नज़र आने लगती हैं, लेकिन उस वक्त दोनों एक-दूसरे की इन कमियों को गंभीरता से नहीं लेते। हम मान लेते हैं कि समय के साथ, हमें देखते-देखते सामनेवाला ये सीख जाएगा कि अधिक स्नेह कैसे दिखाया जाता है, अधिक सहज कैसे रहा जाता है या एक निश्चित बजट में अपना खर्च चलाने की इच्छा कैसे व्यक्त की जाती है।

पर समस्या ये है कि ऐसा कोई बदलाव नहीं आता। दोनों पक्ष एक-दूसरे के बदलने का इंतजार करते रहते हैं। हम आश्चर्य करने लगते हैं : 'क्या वह मुझे इतना प्यार करता है कि चीज़ों को ठीक से करे? वह मुझे सचमुच प्यार करता भी है या नहीं?'

जब तक हम इसे परस्पर कटाव के बजाय सही बनाम गलतवाले मामले की तरह देखते रहेंगे, तब तक विनाशकारी परिस्थितियों से बच नहीं पाएँगे। इसके विपरीत, सफल रिश्ते - फिर चाहे बात व्यक्तिगत जीवन की हो या व्यावसायिक जीवन की - इस समझ पर आधारित होते हैं कि परस्पर कटाव की स्थिति में किसी पर दोष नहीं मढ़ा जाएगा। लोग बस एक-दूसरे से भिन्न होते हैं। अगर हम लंबे समय तक एक-दूसरे के साथ रहने की उम्मीद रखते हैं, तो कभी-कभी अपनी वरीयताओं को किनारे रखकर समझौता करना पड़ता है और बीच का रास्ता निकालना होता है।

४. अपनी भूमिका के बारे में समस्याजनक धारणाएँ बनाना

चौथे किस्म का योगदान - जिसकी पहचान करना मुश्किल होता है - धारणाओं से संबंधित है, जहाँ आप अक्सर अनजाने में ही परिस्थिति में अपनी भूमिका के बारे में गलत धारणाएँ बना लेते हैं। जब आपकी धारणाएँ दूसरों से अलग होती हैं, तो आप दोनों के बीच भी ठीक वैसे ही परस्पर कटाव बन जाते हैं, जैसे टॉबी और इंग-एन के बीच थे। लेकिन भूमिका को लेकर बननेवाली धारणाएँ एक-दूसरे से साझा करने के बावजूद भी समस्याजनक हो सकती हैं।

उदाहरण के लिए जॉर्ज के परिवार के सदस्य अच्छी तरह जानते थे कि एक-दूसरे के साथ लगातार बननेवाली परिस्थितियों में उनकी अपनी भूमिका क्या है। सात साल का जॉर्ज कोई उल्टी-सीधी हरकत करता - जैसे पालतू कुत्ते के खाने के बरतन को चम्मच से बजाना - और आखिरकार जॉर्ज की माँ अपने पति से कहती, 'तुम इसे रोक नहीं सकते क्या?' फिर जॉर्ज का पिता उस पर चिल्लाता, 'जॉर्ज, बंद करो ये सब!' जॉर्ज तत्काल अपनी वह हरकत बंद कर देता और रुआंसा होकर अपनी माँ के पास चला जाता। फिर उसकी माँ अपने पति की ओर वापस मुड़ती और कहती, 'तुम्हें उस पर चिल्लाने की कोई जरूरत नहीं थी।' ये सुनकर जॉर्ज का पिता एक ठंडी साँस लेता और वापस अखबार पढ़ने में व्यस्त हो जाता। इसके कुछ देर बाद जॉर्ज एक बार फिर अपने माता-पिता का ध्यान आकर्षित करने का कोई खिझाऊ तरीका ढूँढ़ लेता और एक बार फिर वही पैटर्न दोहराया जाता। हालाँकि परिवार के किसी भी सदस्य को ये सब पसंद नहीं था, लेकिन इससे उनके बीच एक भावनात्मक जुड़ाव जरूर बना रहता था।

प्यार दिखाने के लिए एक-दूसरे से झगड़ा करना, यह एक-दूसरे से जुड़ने का एक तरीका है, लेकिन इस तरीके की अपनी कुछ सीमाएँ हैं। ये और ऐसी ही कई परिस्थितियाँ हैं, जिन्हें कतई आदर्श नहीं कहा जा सकता - घर से लेकर ऑफिस तक, हर जगह बड़ी आम होती हैं। पर क्यों? पहली बात तो ये है कि तमाम समस्याओं के बावजूद इन परिस्थितियों का एक जाना-पहचान पैटर्न होता है, जो सहज लगता है और समूह के सभी सदस्य एक-दूसरे को उसकी भूमिका निभाने देने के लिए काम करते रहते हैं। दूसरी बात ये कि किसी योगदान प्रणाली को बदलने के लिए, सिर्फ उसे और उसकी सीमाओं को पहचानना ही काफी नहीं होता। इसके लिए जरूरी है कि उसमें अपनी भूमिका निभानेवाला हर व्यक्ति एक ऐसा नया तरीका ढूँढ़े, जिसमें उस प्रणाली के फायदे भी मिल सकें। जॉर्ज और उसके माता-पिता को आपस में प्यार जाहिर करने और एक-दूसरे के साथ निकटता बनाकर रखने का एक बेहतर तरीका ढूँढ़ने की जरूरत थी। जिसके लिए जरूरी था कि वे अपनी भावनाओंवाली बातचीत और पहचान संबंधी बातचीत को लेकर कड़ी मेहनत करें।

इससे समझ में आता है कि किसी संगठन में एक-दूसरे के साथ मिलकर काम करने के तरीके में बदलाव लाना लोगों के लिए इतना मुश्किल क्यों होता है, फिर भले ही वे एक-दूसरे की भूमिकाओं को लेकर बननेवाली आम धारणाओं - जैसे 'बॉस रणनीति बनाता है और कर्मचारी उसे लागू करता है' - की सीमाओं से अच्छी तरह परिचित हों। लोगों के आपसी संवाद के तरीके बदलने के लिए उन्हें न सिर्फ एक ऐसे वैकल्पिक मॉडल की जरूरत होती है, जिसे हर कोई अपेक्षाकृत बेहतर मानता हो बल्कि ऐसे कौशलों की भी जरूरत होती है, जो उस मॉडल को कम से कम वर्तमान तरीके जितना कारगर बना सकें।

योगदान को पहचानने के दो तरीके

अगर आप अब भी अपना योगदान देख पाने में असमर्थ हैं, तो आगे प्रस्तुत दो तरीकों में से किसी एक का उपयोग करें।

भूमिका बदलना

अपने आपसे पूछें, 'उनके अनुसार मैं क्या योगदान दे रहा हूँ?' यह दिखावा

करें कि आप, आप नहीं बल्कि वे हैं और 'मैं,' 'मेरा,' 'मुझे' जैसे प्रोनाउन्स (सर्वनामों) का उपयोग करते हुए इस सवाल का जवाब दें। खुद को किसी और की दृष्टि से देखने से आपको ये समझने में मदद मिल सकती है कि आपके किन कार्यों से योगदान प्रणाली और पुष्ट हो रही है।

अवलोकनकर्ता की अंतर्दृष्टि

एक कदम पीछे हटाएँ और समस्या को एक उदासीन अवलोकनकर्ता की दृष्टि से देखें। कल्पना करें कि आप एक सलाहकार हैं, जिसे इसलिए बुलाया गया है ताकि वह इस परिस्थिति से जूझ रहे लोगों को यह समझने में मदद कर सके कि वे इसमें क्यों फँसे हुए हैं। एक तटस्थ और आलोचना न करनेवाले व्यक्ति के रूप में आप इसका वर्णन कैसे करेंगे कि समस्या में दोनों लोग क्या योगदान दे रहे हैं?

अगर आपको इस तरह खुद को दूसरे की जगह पर रखकर देखने में परेशानी होती है, तो किसी दोस्त की मदद लें। उससे कहें कि वह खुद को दूसरे की जगह रखकर देखे। फिर वह जो कहता है, अगर आपको उससे हैरानी होती है, तो उसकी बात को तत्काल खारिज न कर दें बल्कि कल्पना करें कि यही सच है। फिर पूछें कि ऐसा कैसे हो सकता है और इसका क्या अर्थ है?

दोष से योगदान की ओर बढ़ना – एक उदाहरण

दोष देने के बजाय अपना रुख बदलकर योगदान को समझने की ओर बढ़ना रातों-रात नहीं होता। इसके लिए कड़ी मेहनत और दृढ़ता की जरूरत होती है। आप पाएँगे कि सामनेवाला और आप खुद भी बार-बार दोष देने की दिशा में जाने लगते हैं। इसे रोकने और इसमें सुधार लाने के लिए आपको निरंतर सतर्क रहना होगा।

सिडनी को ये चीज़ तब सीखने को मिली, जब वह ब्राजील में एक कंसल्टिंग प्रोजेक्ट में इंजीनियरों की एक टीम का नेतृत्व कर रही थी। वह न सिर्फ उस प्रोजेक्ट में काम करनेवाली इकलौती महिला थी बल्कि टीम की सबसे कम उम्र की सदस्य भी थी। उसकी टीम का मिगुएल नामक एक सदस्य उसके प्रति सबसे अधिक शत्रुतापूर्ण रवैया रखता था, खासतौर पर उसके नेतृत्व को लेकर। सिडनी ने मिगुएल का समर्थन और सम्मान पाने के लिए उसे प्रोजेक्ट के कई पहलुओं पर अपने साथ काम करने की जिम्मेदारी सौंपी। दोनों ने मिलकर कई कार्यों को सफलतापूर्वक

पूरा किया, जिससे दोनों ही एक-दूसरे की शैली और क्षमताओं को लेकर अधिक सहज महसूस करने लगे। एक दिन होटल में डिनर के दौरान काम करते हुए मिगुएल अचानक उनके रिश्ते को किसी और दिशा की ओर ले जाने लगा। 'तुम बहुत खूबसूरत हो,' मिगुएल ने सिडनी ने कहा, 'और हम लोग अपने-अपने घरों से कितनी दूर हैं।' वह टेबल पर सिडनी की ओर झुका और उसके बालों को सहलाने लगा। सिडनी ने असहज होने का संकेत दिया, 'हमें वापस इन आंकड़ों पर ध्यान देना चाहिए।' फिर वह मिगुएल से नज़रें बचाते हुए तत्काल अपना सामान समेटने लगी।

अगले कुछ दिनों तक मिगुएल का ये ढीठताभरा व्यवहार जारी रहा। वह हमेशा सिडनी के एकदम पास आकर खड़ा हो जाता, टीम के अन्य सदस्यों से ज़्यादा सिडनी पर ध्यान केंद्रित रखता और हर अवसर पर उसके करीब आने की कोशिश करता। हालाँकि उसने कभी सीधे तौर पर सिडनी को शारीरिक संबंध बनाने के लिए नहीं कहा, लेकिन सिडनी ये सोचकर हैरान होती रहती कि क्या वह वाकई यही चाहता है?

शुरू-शुरू में अधिकांश लोगों की तरह सिडनी भी दोष देने की प्रवृत्ति अपनाने लगी। उसने मिगुएल के व्यवहार का आंकलन 'अनुचित व्यवहार' के रूप में किया और खुद को उसका शिकार महसूस किया। लेकिन दोष के साथ ही उसके मन में कुछ शंकाएँ भी घर कर गईं। जब भी वह मिगुएल को ये कहने की हिम्मत जुटाती कि उसका व्यवहार पूरी तरह गलत है, तो उसे ये भी लगता कि कहीं वह अतिवादी प्रतिक्रिया तो नहीं दे रही या कहीं वह मिगुएल के व्यवहार को गलत तो नहीं समझ रही और कहीं ये सब उन दोनों के बीच के सांस्कृतिक अंतर के चलते तो नहीं हो रहा?

सिडनी को इस बात का डर भी था कि मिगुएल पर ऐसा कोई आरोप लगाने से स्थिति और बदतर हो जाएगी। 'फिलहाल स्थिति असहज है, लेकिन नियंत्रण में है,' उसने सोचा। 'अगर मैंने मिगुएल से कहा कि उसका व्यवहार गलत है, तो हो सकता है कि वह भड़क जाए, टीम का समन्वय बिगाड़ दे और कुछ ऐसा कर दे, जिससे ये पूरा प्रोजेक्ट ही खतरे में पड़ जाए, जबकि ये प्रोजेक्ट ही मेरी पहली प्राथमिकता है।' अपनी सोच को दोषारोपण पर केंद्रित रखने के चलते, सिडनी को यही लगा कि कुछ बोलने पर मामला बिगड़ सकता है और फिर बहुत कुछ दांव पर लग जाएगा।

योगदान प्रणाली का खाका तैयार करें

दोषारोपण से दूर जाने का पहला कदम है, परिस्थिति को लेकर अपनी सोच को नई दिशा देना। आप योगदान प्रणाली की पहचान करने के लिए इस बात पर गौर कर सकते हैं कि इस समस्या को खड़ा करने में आप दोनों ने अपनी-अपनी ओर से क्या योगदान दिया है। कुछ लोगों की प्रवृति होती है कि वे दूसरों के योगदान पर तो पूरा ध्यान केंद्रित करते हैं, लेकिन अपने योगदान को ठीक से पहचान नहीं पाते। जब भी कोई गड़बड़ होती है, तो हम अक्सर खुद को एक ऐसे पीड़ित व्यक्ति की तरह देखते हैं, जिसका कोई दोष नहीं है। वहीं कुछ लोगों की प्रवृत्ति इसके बिलकुल विपरीत होती है: वे अपने कार्यों के नकारात्मक परिणामों को लेकर कुछ ज़्यादा ही सचेत रहते हैं, जिससे दूसरों का योगदान महत्वहीन नज़र आ सकता है। ऐसे लोग हर चीज़ के लिए खुद को ही जिम्मेदार ठहराने लगते हैं।

आपकी प्रवृत्ति क्या है, ये पता होने से आपको उसका सामना करने में मदद मिलती है। इससे आप दोनों पक्षों के योगदान को लेकर एक संतुलित नज़रिया बनाने में सक्षम हो जाते हैं। एक योगदान प्रणाली को समझने के लिए आपको उसके सभी घटकों को समझना होगा।

वे क्या योगदान दे रहे हैं? मिगुएल के योगदान को पहचानना अपेक्षाकृत आसान है। वह स्नेह व्यक्त करके रोमांटिक होने की कोशिश कर रहा है, लेकिन अपने इरादे स्पष्ट नहीं कर रहा और ये साफ नहीं कर रहा कि वह सिडनी में किस हद तक दिलचस्पी ले रहा है। वह सिडनी के पास आकर खड़ा हो जाता है ताकि टीम के बाकी सदस्यों के मुकाबले सिडनी के साथ ज़्यादा से ज़्यादा बात कर सके और उसके प्रति अपनी लालसापूर्ण भावनाओं का संकेत दे सके। वह (जानबूझकर या अंजाने में) सिडनी के संकेतों को अनदेखा कर रहा है। सिडनी बातचीत का विषय बदल देती है; स्टाफ को दिए जानेवाले प्रोजेक्ट के कार्य बदल देती है; वह ज़रा दूर चली जाती है, लेकिन मिगुएल उसके पीछे आना नहीं छोड़ता। वह ये जानने की कोशिश तक नहीं करता कि जो भी हो रहा है, उसे लेकर सिडनी कैसा महसूस कर रही है।

मिगुएल सिडनी की असहजता से वाकिफ हो भी सकता है और नहीं भी। उसकी हरकतें दोष देने लायक हो भी सकती हैं और नहीं भी। और उसे इसके लिए दंडित करना उचित भी हो सकता है और नहीं भी। लेकिन इन बातों का योगदान

के सवाल से कोई संबंध नहीं है। यहाँ महत्वपूर्ण ये है कि ये सब उसी पहेली का हिस्सा हैं, जो मिगुएल की ओर से आ रही है।

मैं क्या योगदान दे रहा हूँ? एक बार जब हम दोष देने की दिशा में जाना बंद कर देते हैं, तो सिडनी का योगदान भी स्पष्ट होने लगता है। वह टीम के बारे में मिगुएल की चिंताओं को लेकर विशेष रूप से चौकस थी और उसने मिगुएल के साथ मिलकर काम करने की कुछ ज़्यादा ही कोशिश की। शायद उसके इस व्यवहार को देखकर मिगुएल को लगा कि वह उसमें दिलचस्पी ले रही है। सिडनी ने मिगुएल को ये बताने से परहेज किया - कम से कम सीधे तौर पर - कि उसके व्यवहार के चलते वह असहज महसूस कर रही है। सिडनी का ये सब करना भले ही कितना भी जायज लगे, लेकिन अपनी ओर से उसने जो भी किया और जो नहीं किया, उसका इस वर्तमान स्थिति को खड़ा करने में भरपूर योगदान है। सिडनी ने कार्यों को देखकर ये समझा जा सकता है कि मिगुएल अब तक वही व्यवहार क्यों कर रहा है।

प्रत्येक व्यक्ति के योगदान को दर्ज करना

मेरा योगदान	उसका योगदान
* मिगुएल पर विशेष रूप से ध्यान केंद्रित किया। * मिगुएल के साथ मिलकर काम करने की कुछ ज़्यादा ही कोशिश की। * उसे ये नहीं बताया कि मैं उसके व्यवहार से असहज महसूस करती हूँ।	* उसने मुझसे ये कहा कि वह मेरे प्यार में पड़ गया है और मेरे साथ अकेले में समय बिताना चाहता है। * वह अपने इरादों को लेकर स्पष्ट नहीं है। * मेरे अप्रत्यक्ष संकेतों को समझने के बजाय उन्हें अनदेखा कर रहा है। * मुझसे ये नहीं पूछ रहा कि क्या मैं उसके व्यवहार को लेकर सहज हूँ।

और कौन शामिल है? आमतौर पर योगदान प्रणाली में अन्य महत्वपूर्ण योगदानकर्ता भी शामिल होते हैं। उदाहरण के लिए, टॉबी और इंग-एन के मामले में दोनों के परिवार के सदस्यों ने भी महत्वपूर्ण भूमिका निभाई। वहीं दूसरी ओर

सिडनी के मामले में हो सकता है कि टीम के अन्य सदस्यों ने अंजाने में ही मिगुएल को प्रोत्साहित किया हो या फिर कामकाज में सिडनी की मदद खुद करने के बजाय उन्होंने इसके मौके मिगुएल को दिए हों। एक योगदान प्रणाली को समझने के दौरान, इस बात पर विचार जरूर करें कि कहीं अन्य लोग भी तो अपनी ओर से कोई महत्वपूर्ण योगदान नहीं दे रहे हैं।

अपने योगदान की जिम्मेदारी पहले ही ले लें

बातचीत के दौरान योगदान बढ़ाना अपने आपमें काफी आसान होता है। जबकि सामनेवाले को दोष से योगदान की ओर लाना कहीं ज़्यादा मुश्किल हो सकता है। दोष किसका है, इस सवाल को आप पीछे छोड़ रहे हैं, यह जताने का सबसे अच्छा तरीका है, बातचीत के दौरान जल्द ही अपने योगदान की जिम्मेदारी स्वीकार कर लेना। उदाहरण के लिए सिडनी मिगुएल से कह सकती है:

> मैं माफी चाहती हूँ कि मैंने इस बात का जिक्र पहले नहीं किया और अब, जब ये मेरे लिए इतना बड़ा मुद्‌दा बन गया है, तब मैं इसके बारे में बात कर रही हूँ। साथ ही मुझे इस बात का भी एहसास है कि प्रोजेक्ट की शुरुआत में एक-दूसरे के साथ मिलकर काम करने की व्यवस्था करने के कारण शायद तुम्हें मेरी ओर से गलत संकेत गया हो। जबकि मेरा इरादा सिर्फ हमारे कामकाजी रिश्ते बेहतर बनाने का था। तुम्हारी प्रतिक्रिया क्या थी?

वह ये भी पूछ सकती है कि 'क्या इसके अलावा मैंने ऐसा कुछ और भी किया है, जो अस्पष्ट रहा हो या जिससे ये संकेत मिला हो कि मेरी दिलचस्पी काम के अलावा किसी और चीज़ में है?' इससे सिडनी को इस बारे में महत्वपूर्ण जानकारी मिलेगी कि उसने अपनी ओर से स्थिति पर क्या प्रभाव डाला। साथ ही इससे मिगुएल के योगदान पर चर्चा का आधार भी तैयार हो जाएगा।

हो सकता है कि आपको ये डर हो कि सामनेवाले से पहले अपने योगदान को स्वीकार करने के चलते बाकी की बातचीत के दौरान आपकी स्थिति ज़रा कमजोर हो जाएगी। क्योंकि अगर इसके बाद भी सामनेवाला दोष देने पर ही केंद्रित रहे और आपके योगदान को खुशी-खुशी स्वीकार कर ले (और कहे, मैं इस बात से पूरी तरह सहमत हूँ कि गलती आप ही की थी) और फिर इस बात पर अड़ जाए कि समस्या खड़ी करने में उसका अपना कोई योगदान नहीं है, तो क्या होगा?

ये सचमुच एक चिंता का विषय है, खासकर तब, जब योगदान को स्वीकार करनेवाले व्यक्ति आप हों। अपने योगदान को स्वीकार करना जोखिमभरा कार्य है। लेकिन उसे स्वीकार न करने के भी अपने जोखिम हैं। अगर सिडनी मिगुएल के योगदान की ओर इशारा करते हुए अपनी बात शुरू करती है, तो हो सकता है कि मिगुएल अपना बचाव करने लगे और उसे ऐसा महसूस हो कि ये बातचीत पक्षपातपूर्ण है, जो कि गलत है। फिर अपने योगदान को स्वीकार करने के बजाय मिगुएल उससे ध्यान हटाने की कोशिश कर सकता है और ऐसा करने का सबसे आसान तरीका है, समस्या में सिडनी के योगदान की ओर इशारा करना। इसीलिए जब आप अपने योगदान की जिम्मेदारी पहले ही ले लेते हैं, तो सामनेवाला व्यक्ति उसे एक ऐसी ढाल की तरह इस्तेमाल नहीं कर पाता, जिसकी मदद से वह अपने योगदान पर होनेवाली चर्चा से बच सके।

अगर आपको लगे कि सारा ध्यान सिर्फ आप पर ही केंद्रित हो गया है, तो आप कह सकते हैं: केवल मेरे योगदान पर गौर करना उचित नहीं है। क्योंकि मुझे लगता है कि वास्तविकता सिर्फ मेरे योगदान तक ही सीमित नहीं है। मेरी कोशिश है कि दोनों के योगदान को पहचाना जाए। क्या मैं ऐसा कुछ कर रहा हूँ, जिससे तुम्हारे लिए अपने योगदान पर गौर करना मुश्किल हो रहा है?

उनके योगदान को समझने में उनकी मदद करें

अपने योगदान की जिम्मेदारी लेने के साथ-साथ, आप ऐसा काफी कुछ कर सकते हैं, जिससे उन्हें अपने योगदान का पता लगाने में मदद मिले।

अपने अवलोकनों और टिप्पणियों को स्पष्ट रखें। सामनेवाले की उस बात या हरकत को पूरी स्पष्टता के साथ याद करके साझा करें, जिसने आपको प्रतिक्रिया देने के लिए मज़बूर किया था ताकि यह सुनिश्चित हो सके कि आप दोनों समान जानकारी के आधार पर चर्चा कर रहे हैं और एक-दूसरे की विवेचनाओं को समझ रहे हैं। उदाहरण के लिए सिडनी मिगुएल से कह सकती है: 'जब तुमने मेरे बालों को सहलाया या ये पूछा कि क्या हम एक-दूसरे के साथ समंदर किनारे थोड़ा निजी समय बिता सकते हैं, तो मैं इस बात को लेकर दुविधा में पड़ गई कि आखिर तुम चाहते क्या हो? मुझे ये चिंता होने लगी कि अगर तुम मुझसे रोमांस करने की इच्छा रखते हो, तो इसका अर्थ ये हुआ कि मेरे लिए सचमुच एक बड़ी समस्या खड़ी हो गई है।'

या फिर टॉबी इंग-एन से कह सकता है: 'जब तुम कल रात को झगड़े के बीच में अचानक घर से बाहर निकल गईं, तो मुझे ऐसा लगा मानों तुमने मुझे त्याग दिया हो। मुझे बहुत गुस्सा भी आया। मुझे लगता है, शायद इसीलिए आज सुबह मैं तुमसे ऑरेंज जूस के नाम में झगड़ पड़ा। क्योंकि मैं तुमसे फिर से जुड़ा हुआ महसूस करना चाहता था, फिर चाहे ऐसा झगड़ा करके ही क्यों न हो।' जिन चीज़ों ने आपको प्रतिक्रिया देने के लिए मज़बूर किया था, उनका संकलन करके आप दरअसल अपनी उन क्रियाओं और प्रतिक्रियाओं पर नियंत्रण हासिल कर लेते हैं, जिनसे मिलकर योगदान प्रणाली तैयार होती है।

स्पष्ट करें कि आप उनसे क्या अलग करने की उम्मीद करते हैं। जिन चीज़ों ने आपको प्रतिक्रिया देने के लिए मज़बूर किया था, उन्हें स्पष्ट करने के अलावा आपको ये कहने के लिए भी तैयार रहना चाहिए कि आप उनसे भविष्य में क्या अलग करने की उम्मीद करते हैं। साथ ही उन्हें यह भी समझा दें कि कैसे इससे आपको बेहतर व्यवहार करने में मदद मिलेगी। अपनी व्यभिचारी पत्नी के साथ संबंध सुधारने की कोशिश करनेवाला पति कह सकता है:

> 'मैं चाहता हूँ कि मैं भविष्य में तुम्हारी बातों को बेहतर ढंग से सुनूँ और तुमसे दूर-दूर न रहूँ। अगर तुम मुझसे पूछोगी कि मेरा दिन कैसा रहा और क्या हम अभी बात कर सकते हैं, तो मुझे तुम्हारी बातें सुनने में मदद मिलेगी। कभी-कभी मैं ऑफिस की किसी बात में उलझा होता हूँ या किसी पेशेवर समस्या को लेकर चिंतित होता हूँ और उस वक्त अगर तुम मुझे अपनी उन समस्याओं के बारे में बताने लगो, जो तुम्हें अपने बॉस के साथ हो रही हैं, तो मेरे लिए ये कुछ ज़्यादा ही हो जाता है और फिर मेरा दिमाग काम करना बंद कर देता है। कभी-कभी मुझे गुस्सा भी आ जाता है क्योंकि मुझे ऐसा लगने लगता है कि तुम्हें सिर्फ अपनी समस्याओं की पड़ी है और इस बात से कोई फर्क नहीं पड़ता कि मैं क्या-क्या झेल रहा हूँ। तो अगर तुम इस तरह के विषयों पर बात करने से पहले बस एक बार मुझसे पूछ लो, तो मैं तुम्हारी बातों को बेहतर ढंग से सुन सकूँगा। क्या कुछ ऐसा भी है, जिसके चलते तुम्हारे लिए ऐसा करना मुश्किल होगा?'

सामनेवाले को स्पष्ट शब्दों में समझा दें कि वे अपने योगदान में ऐसा क्या बदलाव ला सकते हैं, जिससे आपको थोड़ी मदद मिले। इससे वे अपनी उन

क्रियाओं को समझ सकेंगे, जिनके चलते समस्या खड़ी हो रही है। योगदान प्रणाली को समझने का बुनियादी उद्देश्य यह देखना है कि स्थिति को सुधारने के लिए आप क्या अलग कर सकते हैं।

. . . . .

आप चाहे अपनी परस्पर विरोधी कथाओं के बारे में बात कर रहे हों या अपने इरादों या फिर योगदान के बारे में, आपका उद्देश्य सामनेवाले से यह स्वीकार कराना नहीं है कि गलती उसकी है। बल्कि आपका उद्देश्य है, इस बात को बेहतर ढंग से समझना है कि आप दोनों के बीच वास्तव में क्या हुआ था। ताकि आप इस बारे में रचनात्मक ढंग से बातचीत कर सकें कि अब आपको इस मामले में आगे क्या करना है।

लेकिन 'क्या हुआ?'वाली बातचीत को स्पष्ट करने के अलावा, दो और बातचीतें ऐसी हैं, जिन्हें स्पष्ट करने की जरूरत है। अगले दो अध्याय भावनाओंवाली बातचीत और पहचान संबंधी बातचीत की पड़ताल करेंगे।

भावनाओंवाली बातचीत

5
अपनी भावनाओं से निपटना सीखें (वरना वे आपको निपटा देंगी)

एक माँ को घर के लिविंग रूम में कुछ टूटने की आवाज़ सुनाई देती है। वह दौड़ते हुए जाती है और देखती है कि उसका चार साल का बेटा हाथ में बेसबॉल बैट लिए खड़ा है और सामने फर्श पर एक टूटा हुआ फूलदान पड़ा हुआ है। 'क्या हुआ?' वह पूछती है। चेहरे पर घबराहट के भाव लिए उसका नन्हा बेटा दूसरी ओर देखते हुए कहता है, 'कुछ नहीं।'

जब बात कठिन भावनाओं को स्वीकार करने की हो, तो हम अक्सर वही रणनीति अपनाते हैं, जो इस नन्हे बच्चे ने अपनाई कि अगर इस बात से ही इंकार कर दिया जाए कि हम कठिन भावनाओं से जूझ रहे हैं, तो शायद हमें उनके परिणामों का सामना भी नहीं करना पड़ेगा। लेकिन अपनी इन भावनाओं को छिपाने में हम उतने ही सफल हो पाते हैं, जितना वह बच्चा अपनी माँ के सामने यह सिद्ध करने में सफल रहा कि फूलदान को 'कुछ नहीं' हुआ। भावनाएँ इतनी शक्तिशाली होती हैं कि उन्हें दबाकर नहीं रखा जा सकता। वे कभी न कभी बाहर आ ही जाती हैं। कई बार शांति से, तो कई बार विस्फोटक रूप से। और अगर भावनाओं के साथ पूरी ईमानदारी से न निपटा जाए या फिर अगर उन्हें किसी अप्रत्यक्ष ढंग से संभालने की कोशिश की जाए, तो वे संवाद को दूषित कर देती हैं।

भावनाएँ मायने रखती हैं : वे अक्सर कठिन बातचीत का केंद्र होती हैं

बेशक, भावनाओं के चलते ही अच्छे रिश्ते समृद्ध और संतोषजनक होते हैं। उत्कंठा और गर्व, बुद्धूपन और गर्मजोशी जैसी भावनाएँ हमें जिंदा महसूस कराती हैं। यहाँ तक कि ईर्ष्या, निराशा और क्रोध जैसी भावनाएँ भी ठीक यही करती हैं।

इसके साथ ही, भावनाओं का प्रबंधन करना बेहद चुनौतीपूर्ण होता है। भावनाओं के बारे में चर्चा न करने और उन्हें स्वीकार न कर पाने के चलते ही बहुत

सी कठिन बातचीतें पटरी से उतर जाती हैं। भावनाओं से खुलकर और अच्छी तरह निपटने में हमारी असमर्थता हमारे रिश्तों की गुणवत्ता कम कर देती है।

मैक्स और उसकी बेटी जूली इस बारे में बातचीत कर रहे हैं कि उन्हें जूली की शादी में कितना खर्च करना चाहिए। क्या उनकी ये बातचीत सिर्फ पैसे के बारे में होगी? अगर हाँ, तो फिर मैक्स और जूली को सिर्फ एक सूची बनानी होगी, जिसमें ये लिखा हो कि वे शादी में क्या-क्या चाहते हैं और इसके बाद उन्हें उन इच्छाओं को पूरा करने के तरीके ढूँढ़ने हैं। 'बस हो गया। हम दो हज़ार डॉलर्स बॉलरूम पर, पंद्रह सौ डॉलर्स बैंड पर और सात हज़ार दो सौ डॉलर्स खाने पर खर्च करेंगे।' और बस इसी तरह अन्य सभी चीज़ों की सूची तैयार करने के बाद उनका काम पूरा हो जाएगा।

लेकिन ये मामले इतने सीधे नहीं होते। ये बातचीत जूली और उसके पिता मैक्स, दोनों के लिए कठिन व तनावपूर्ण है। दोनों ही अधीर और भावुक महसूस कर रहे हैं और सामनेवाले में दोष ढूँढ़ने को तैयार बैठे हैं। क्योंकि अंतत: यहाँ बात सिर्फ पैसे की नहीं है बल्कि भावनाओं की भी है। उदाहरण के लिए मैक्स जब अपनी बेटी की शादी की कल्पना करता है तो गहरी खुशी और दुःख एक साथ महसूस करता है। दुःख इसलिए क्योंकि शादी के बाद उसकी बेटी उस पर कम ध्यान दे पाएगी और खुशी इसलिए क्योंकि अब उसकी प्यारी बेटी इतनी बड़ी हो गई है कि अपना घर बसाने जा रही है। मैक्स के लिए शादी का कार्यक्रम वह अंतिम अवसर होगा, जब जूली सिर्फ उसकी बेटी होगी क्योंकि इसके बाद वह सिर्फ मैक्स की बेटी नहीं रह जाएगी बल्कि किसी की पत्नी बन जाएगी। इसीलिए वह चाहता है कि जूली इस बारे में उससे सवाल-जवाब और सलाह-मशवरा करे, ठीक वैसे ही, जैसे वह तब करती थी, जब वह छोटी थी।

अब इसे अच्छा कहें या बुरा, पर ये बदलाव तब तक आसान नहीं होगा, जब तक ये भावनाएँ सामने नहीं आ जातीं। क्यों? क्योंकि जब तक आप मुख्य मुद्दे पर बात नहीं करेंगे, तब तक एक प्रभावी बातचीत नहीं कर सकते। जूली व मैक्स के बीच की बातचीत में भावनाएँ ही असली समस्या का केंद्र हैं। शादी में कितना पैसा खर्च करना है, इस बारे में भले ही वे दोनों कितनी भी कुशलता के साथ बातचीत कर लें, लेकिन जब तक वे दोनों इस बारे में खुलकर बात नहीं करेंगे कि वे कैसा महसूस कर रहे हैं, तब तक उनकी इस बातचीत से ऐसा कोई नतीजा नहीं

निकलनेवाला, जिससे दोनों संतुष्ट हो जाएँ।

हम भावनाओं को समस्या के दायरे से बाहर रखने की कोशिश करते हैं

मैक्स ने बुनियादी तौर पर हमसे ये कहते हुए अपनी समस्या का वर्णन किया कि 'मुझे और मेरी बेटी को ये तय करने में काफी मुश्किल हो रही है कि हमें उसकी शादी में कितना खर्च करना चाहिए। वह कुछ खास चीज़ें करना चाहती है और मैं उसकी इच्छाओं का सम्मान करता हूँ, लेकिन मेरा मानना है कि इन चीज़ों के सस्ते विकल्प भी उपलब्ध हैं।' मैक्स से बातचीत करने के बाद ही हमें पता चला कि उन दोनों के लिए जो चीज़ सचमुच दांव पर लगी हुई थी, वह कुछ और नहीं बल्कि शादी के कार्यक्रम से जुड़ी उनकी भावनाएँ ही थीं।

ये एक आम पैटर्न है: हम समस्या को विशेष रूप से एक मौलिक असहमति के रूप में परिभाषित करते हैं और ये मान लेते हैं कि अगर हम समस्याओं को सुलझाने में और अधिक कुशल होते तो इस कठिन स्थिति से भी पार पा जाते। भावनाओं के बारे में बात करने के मुकाबले हमें समस्याएँ सुलझाना कहीं ज़्यादा आसान लगता है।

भावनाओं को समस्या के दायरे से बाहर रखना, वास्तव में हमारा एक ऐसा तरीका है, जिसकी मदद से हम इस दुविधा से निपटते हैं कि मुद्दे को उठाना चाहिए या नहीं। भावनाएँ साझा करने की संभावित कीमत चुकाना एक ऐसा दांव लगाने जैसा लगता है, जो बहुत महँगा पड़ सकता है। जब हम अपनी भावनाएँ सामने रख देते हैं, तो जोखिम ये होता है कि कहीं सामनेवाले को दुःख न पहुँचे और कहीं हमारे संबंध खटाई में न पड़ जाएँ। भावनाएँ साझा करके हम खुद को भी एक ऐसी पोजिशन में रख देते हैं जहाँ हमें दुःख पहुँचाया जा सकता है। अगर सामनेवाले ने हमारी भावनाओं को गंभीरता से नहीं लिया और प्रतिक्रिया के रूप में कुछ ऐसा कह दिया जो हम सुनना नहीं चाहते तो क्या होगा? इसीलिए हमें लगता है कि सिर्फ काम की बात करके हमने ये सारे जोखिम कम कर दिए हैं।

समस्या तब होती है, जब मामले का केंद्र भावनाएँ ही हों और उनसे निपटना जरूरी हो। ऐसे में उन्हें अनदेखा करना लगभग असंभव होता है। कई कठिन बातचीतों में समस्या के साथ सिर्फ भावनाओं के स्तर पर ही निपटा जा सकता है। भावनाओं को बातचीत से बाहर रखने से आमतौर पर ऐसे नतीजे निकलते हैं,

जो दोनों ही पक्षों के लिए संतोषजनक नहीं होते। क्योंकि ऐसा करके आप असली समस्या से निपट ही नहीं पाते। इसके अतिरिक्त भावनाओं की खासियत होती है कि बातचीत के दौरान वे कहीं न कहीं उभर ही आती हैं और कुछ इस तरह उभरती हैं, जो आमतौर पर बहुत मददगार नहीं होता।

अव्यक्त भावनाएँ बातचीत के बीच में अचानक बाहर आ सकती हैं

एमा ये जानकर दंग थी कि उसकी दोस्त और मार्गदर्शक कैथी ने ऑफिस की कार्यकारी समिति से ये कहा है कि उसे नहीं लगता कि एमा अभी इतनी परिपक्व है कि पदोन्नति के बाद मिलनेवाली जिम्मेदारियों को ठीक से निभा सके। 'मैं खुद को ठगा हुआ महसूस कर रही थी,' एमा कहती है, 'मैं आहत थी कि कैथी मेरे बारे में ऐसा कैसे कह सकती है। मुझे इस बात पर भी गुस्सा आया कि मुझसे कुछ कहने के बजाय उसने सीधे जाकर कंपनी प्रबंधन से मेरे बारे में ऐसा कहा।' जब एमा ने इस विषय पर थोड़ा और विचार किया, तो उसे अपनी ही क्षमताओं पर संदेह होने लगा, 'कहीं ऐसा तो नहीं कि मैं अभी सचमुच पदोन्नति के लिए तैयार नहीं हूँ?'

उसी दिन दोपहर के वक्त इस मसले पर एमा और कैथी के बीच एक संक्षिप्त बातचीत हुई।

एमा : मैंने सुना है, तुमने कार्यकारी समिति से जाकर ये कहा कि मैं नई जिम्मेदारियों को नहीं निभा पाऊँगी।

कैथी : एक मिनट! मैंने ये नहीं कहा कि तुम जिम्मेदारी निभा नहीं पाओगी। मैंने सिर्फ ये कहा है कि तुम्हें कुछ ज़्यादा ही जल्दी पदोन्नति मिल रही है। मैं नहीं चाहती कि उनके निर्णयों के चलते तुम्हें नाकामी झेलनी पड़े।

एमा : अगर तुम्हें सचमुच यही संदेह था, तो तुम्हें पहले मेरे पास आना चाहिए था।

कैथी : मैं तुमसे इस बारे में बात करने ही वाली थी। लेकिन मेरा एक दायित्व ये भी था कि मैं कंपनी प्रबंधन से बात करूँ।

एमा : तुम्हारा एक दायित्व ये भी है कि तुम पहले मुझसे आकर बात करो। मुझे विश्वास नहीं हो रहा कि तुम इस तरह मेरा करियर बर्बाद कर सकती हो।

कैथी : एमा, मैंने हमेशा तुम्हारे कॅरियर में सहयोग दिया है! यहाँ सवाल ये

है कि तुम्हें पदोन्नति कब मिलनी चाहिए, न कि ये कि तुम्हें पदोन्नति मिलनी भी चाहिए या नहीं।

अपनी भावनाएँ साझा करने के बजाय, एमा ने पेशेवर संवाद के नियमों पर एक बहस छेड़ दी। पूरी बातचीत में एमा ने एक बार भी नहीं कहा कि 'मैं आहत महसूस कर रही हूँ' या 'मैं गुस्से में हूँ' या 'मुझे डर है कि कहीं तुम्हारी बात सच तो नहीं है,' इसके बावजूद इन भावनाओं का उनकी इस बातचीत पर गहरा प्रभाव है।

अनकही भावनाएँ बातचीत को कई तरह से प्रभावित कर सकती है। वे आपके स्वर को बदल सकती हैं। वे आपके चेहरे के हाव-भाव या बॉडी लैंग्वेज से व्यक्त होने लगती हैं। वे लंबे विराम और एक अजीब व रहस्यमयी तटस्थता का रूप ले सकती हैं। उनके चलते आप व्यंगात्मक, आक्रामक, रक्षात्मक या अधीर हो सकते हैं और अप्रत्याशित व्यवहार कर सकते हैं। अध्ययनों से पता चलता है कि बहुत कम लोग ही ऐसे होते हैं, जो तथ्यात्मक झूठ को पकड़ पाते हैं, लेकिन जब कोई व्यक्ति भावनाएँ छिपा रहा हो या उनका दिखावा कर रहा हो या उन्हें तोड़-मरोड़कर पेश कर रहा हो, तो हममें से अधिकांश लोग तुरंत समझ जाते हैं कि सामनेवाला क्या कर रहा है। ऐसा इसलिए क्योंकि भावनाओं को दबाकर रखने की कोशिश के बावजूद वे किसी न किसी तरह बाहर आ ही जाती हैं।

वास्तव में, अव्यक्त भावनाएँ इस हद तक तनाव पैदा कर सकती हैं कि आप खुद को अलग-थलग कर लेते हैं: आप तय कर लेते हैं कि आप फलाँ सहकर्मी के साथ काम नहीं करेंगे क्योंकि उसे लेकर आपके अंदर बहुत सी अनसुलझी भावनाएँ हैं। अव्यक्त भावनाओं के कारण ही लोग जीवनसाथी, बच्चों और दोस्तों से दूर हो जाते हैं।

बातचीत के दौरान अव्यक्त भावनाओं का बाँध टूट सकता है

कुछ लोगों की समस्या ये नहीं होती कि वे अपनी भावनाएँ व्यक्त करने में असमर्थ होते हैं बल्कि उनकी समस्या ये होती है कि वे भावनाओं को व्यक्त होने से रोक नहीं पाते। हम भड़क जाते हैं और अपने गुस्से को कुछ इस तरह जाहिर करते हैं, जो हमारे लिए न सिर्फ शर्मनाक बल्कि विनाशकारी भी होता हैं। जिस स्थितियों में हम शांत और सक्षम व्यवहार कर सकते थे, वहाँ भी हम रो देते हैं या अपनी

भावनाओं को विस्फोटक ढंग से बाहर आने देते हैं। बेशक, गुस्से और आँसुओं को लेकर कई संभावित स्पष्टीकरण दिए जा सकते हैं और उनमें से कई के पीछे गहन मनोवैज्ञानिक कारण भी हो सकते हैं। लेकिन एक आम स्पष्टीकरण ऐसा है, जो हमारी अपेक्षाओं से बिलकुल विपरीत है। हम जब रो पड़ते हैं या अपना आपा खो देते हैं, तो इसलिए नहीं क्योंकि हम अपनी भावनाओं को बहुत जल्द व्यक्त करते हैं बल्कि इसलिए क्योंकि हम उन्हें बहुत कम व्यक्त करते हैं। ये कुछ ऐसा है, मानो किसी कार्बोनेटेड ड्रिंक की बोलत को हिलाने के बाद अचानक खोल देना। इसका परिणाम अक्सर बुरा ही होता है।

उदाहरण के लिए एडवर्ड की एक बुरी आदत थी कि जब भी वह किसी बात पर हताश होता, तो अपनी पत्नी पर चिल्लाने लगता। उसने हमें बताया कि वह अपनी भावनाओं को काबू में रखने पर काम कर रहा है। फिर वह भले ही अपनी पत्नी के किसी व्यवहार से कितना भी परेशान क्यों न हो, वह पूरी कोशिश करता कि अपनी भावनाएँ व्यक्त न करे। लेकिन आखिरकार उसकी वही भावनाएँ विस्फोटक तरीके से बाहर आतीं। अपने इस पैटर्न पर वह यही स्पस्टीकरण देता कि वह बहुत भावुक व्यक्ति है। और इस भावुकता को काबू में रखने की उसकी कोशिशों का नतीजा ये था कि गुस्सा करने और चिल्लाने की उसकी आदत और बदतर होती जा रही थी।

अव्यक्त भावनाओं के चलते सामनेवाले की बात सुनना कठिन हो जाता है

अव्यक्त भावनाएँ एक तीसरी समस्या भी खड़ी कर सकती हैं, जो पिछली दोनों समस्याओं से ज़्यादा सूक्ष्म है। कठिन बातचीतों के दौरान संवाद संबंधी दो सबसे कठिन (और सबसे महत्वपूर्ण) चीज़ें हैं, भावनाएँ व्यक्त करना और सुनना। हमने अपनी कोचिंग के दौरान जो महत्वपूर्ण पैटर्न देखा है, वह है, इन दोनों कौशलों के बीच का संबंध, जो कभी-कभी बड़े ही मायावी किस्म का होता है। जब लोगों को सामनेवाले की बात सुनने में कठिनाई होती है, तो अक्सर इसका कारण ये नहीं होता कि उन्हें शांति से दूसरों की बात सुनना नहीं आता। बल्कि वास्तव में उन्हें ये कठिनाई इसलिए होती है क्योंकि उन्हें खुद को ठीक से व्यक्त करना नहीं आता। ये बात ज़रा विरोधाभासी लग सकती है पर वास्तविकता यही है। आपकी अव्यक्त भावनाएँ सामनेवाले की बात सुनने की आपकी क्षमता को अवरुद्ध कर सकती हैं।

पर क्यों? क्योंकि किसी की बातों को अच्छी तरह सुनने के लिए उस व्यक्ति के प्रति खुला रवैया और सच्ची जिज्ञासा होनी जरूरी है। साथ ही इसके लिए जरूरी है कि आपके अंदर सामनेवाले पर ध्यान केंद्रित रखने की क्षमता भी हो और इच्छा भी। लेकिन अंदर दबाकर रखी गई भावनाएँ आपका ध्यान वापस अपनी ओर केंद्रित कर देती हैं। ऐसे में बजाय ये सोचने के कि 'वे जो कह रहे हैं, उसका क्या अर्थ है?' और 'मुझे और जानने की कोशिश करनी चाहिए,' हमारा मन किसी रिकॉर्ड की तरह हमारी भावनाओं पर ही अटका होता है: 'मुझे उस पर बहुत गुस्सा आ रहा है!' 'ऐसा लगता है जैसे उसे मेरी कोई परवाह ही न हो,' या 'मैं इस वक्त खुद को बहुत कमजोर महसूस कर रहा हूँ।' दरअसल जब हम ये महसूस कर रहे हों कि हमें अनसुना कर दिया गया है, उस समय किसी और की बात सुनना काफी कठिन हो जाता है। फिर भले ही हम खुद को इसलिए अनसुना महसूस कर रहे हों क्योंकि हमने किसी से अपनी भावनाएँ साझा नहीं की हैं। एक बार जब हम अपनी तीव्र भावनाओं को व्यक्त कर देते हैं, तो सामनेवाले की बात सुनने की हमारी क्षमता भी उल्लेखनीय रूप से बढ़ जाती है।

अव्यक्त भावनाएँ हमारे आत्म-सम्मान और रिश्तों पर बहुत भारी पड़ती हैं

जब आपकी महत्वपूर्ण भावनाएँ अव्यक्त रह जाती हैं, तो हो सकता है आपको लगे कि आप अपना आत्म-सम्मान खो रहे हैं क्योंकि आप इस बात से सचमुच हैरान होते हैं कि आखिर आप अपना बचाव क्यों नहीं कर रहे हैं या अपने लिए खड़े क्यों नहीं हो रहे हैं। आप अपने सहकर्मियों, दोस्तों और परिवार के सदस्यों को आपकी भावनाएँ जानने और उनके अनुसार अपनी प्रतिक्रिया बदलने के अवसर से वंचित कर देते हैं। और इससे भी बदतर ये कि इस तरह आप रिश्तों को ठेस पहुँचाते हैं, जो अक्सर बहुत हानिकारक सिद्ध होता है। अपनी भावनाओं को रिश्ते से दूर रखकर आप अपने व्यक्तित्व के एक महत्वपूर्ण पहलू को ही उस रिश्ते से दूर कर देते हैं।

भावनाओं के बंधन से मुक्ति का रास्ता

ऐसे कई तरीके हैं, जिनकी मदद से भावनाओं की समस्या से निपटा जा सकता है। बातचीत में भावनाओं को शामिल करने की कोशिश करीब-करीब हमेशा ही मददगार सिद्ध होती है, बस शर्त ये है कि आप ऐसा उद्देश्यपूर्ण ढंग से करें। एक

ओर जहाँ भावनाओं को अनदेखा करने से हानि होना तय है, वहीं भावनाओं को साझा करने से ऐसा नहीं होता। अगर आप भावनाओं को कुशलतापूर्वक साझा करते हैं, तो इसके साथ जो संभावित नुकसान जुड़े होते हैं, उनसे न सिर्फ बच सकते हैं बल्कि कुछ अप्रत्याशित लाभ भी हासिल कर सकते हैं। भावनाओं के बंधन से मुक्त होने का यही रास्ता है।

कुछ प्रमुख दिशा-निर्देशों का पालन करके बातचीत और रिश्तों में भावनाओं को कुछ इस तरह शामिल करने की संभावना बढ़ाई जा सकती है, जो सार्थक, संतोषजनक और गुणकारी हो: सबसे पहले आपको ये स्पष्ट करने की जरूरत है कि वास्तव में आपकी भावनाएँ क्या हैं: दूसरा आपको अपनी भावनाओं के साथ सौदेबाज़ी करने की जरूरत है; और तीसरा, आपको अपनी सच्ची भावनाओं को साझा करने की जरूरत है, न कि सामनेवाले के बारे में अपना आंकलन, आलोचना और आरोप साझा करने की।

अपनी भावनाओं की खोज :
ये जानें कि आपकी भावनाएँ कहाँ छिपी होती हैं

अधिकांश लोगों को लगता है कि ये जानना बहुत आसान है कि हम कैसा महसूस कर रहे हैं। मानो यह कोई ऐसी चीज़ हो, जो बस हमें पता होती है - जैसे ये पता होना कि हमें गर्मी लग रही है या सर्दी। जबकि वास्तव में हमें अक्सर ये पता ही नहीं होता कि हम कैसा महसूस कर रहे हैं। अधिकांश लोगों को अपनी भावनाओं के बारे में बस उतना ही पता होता है, जितना किसी ऐसे शहर के बारे में, जहाँ वे पहली बार जा रहे हों। हो सकता है कि हम कुछ विशेष स्थलों और चिन्हों को पहचान लें, लेकिन फिर भी हम वहाँ के दैनिक जीवन की सूक्ष्म लय को समझने में असफल ही रहते हैं; हम उस शहर के मुख्य मार्ग को तो ढूँढ़ सकते हैं, लेकिन उन टेढ़ी-मेढ़ी भीतरी गलियों से अंजान ही रहते हैं, जहाँ असल चीज़ें हो रही होती हैं। हम जहाँ जा रहे हैं, वहाँ पहुँचने से पहले हमें ये पता होना चाहिए कि हम फिलहाल कहाँ हैं। जब बात अपनी भावनाओं को समझने की हो, तो हममें से अधिकांश लोग रास्ता भटक जाते हैं।

ऐसा इसलिए नहीं होता क्योंकि हम मूर्ख हैं बल्कि इसलिए होता है क्योंकि भावनाओं की पहचान करना बहुत चुनौतीपूर्ण होता है। भावनाएँ हमारी कल्पना

से कहीं अधिक जटिल और सूक्ष्म होती हैं। इसके अलावा, भावनाएँ अपना रूप बदलने में बड़ी पारंगत होती हैं। हम जिन भावनाओं को लेकर असहज महसूस करते हैं, वे अक्सर ऐसी भावनाओं का रूप धर लेती हैं, जिनसे निपटने में हम ज़्यादा सक्षम हों; बहुत सी विरोधाभासी भावनाएँ एक अकेली भावना होने का स्वांग रचती हैं; और सबसे महत्वपूर्ण, भावनाएँ अक्सर आंकलन, आलोचना और आरोपों में तब्दील हो जाती हैं।

अपने भावनात्मक पद-चिन्हों पर गौर करें

जैसे-जैसे हम बड़े होते हैं, हमारे विशिष्ट 'भावनात्मक पद-चिन्ह' बन जाते हैं, जिनका आकार इस बात से निर्धारित होता है कि हम किन भावनाओं को महसूस करना और व्यक्त करना ठीक मानते हैं और किन्हें नहीं। याद कीजिए कि जब आप बड़े हो रहे थे, तो आपका परिवार भावनाओं से कैसे निपटा करता था? वे कौन सी भावनाएँ थीं, जिनके बारे में आपस में चर्चा करना आसान था और किन भावनाओं को लेकर लोग ये दिखावा करते थे कि उनके अंदर वे भावनाएँ हैं ही नहीं? अपने परिवार के भावनात्मक जीवन में आपकी भूमिका क्या थी? आज आपके लिए किन भावनाओं को स्वीकार करना और व्यक्त करना आसान होता है और किसके साथ? दोनों में से आपके लिए ज़्यादा मुश्किल क्या है? जब आप इन सवालों के जवाब पर विचार करेंगे, तो आपके भावनात्मक पद-चिन्हों की रूपरेखा उभरकर सामने आने लगेगी।

हम सबका अपना एक अनोखा भावनात्मक पद-चिन्ह होता है। हो सकता है, आप मानते हों कि लालसा और उदासी महसूस करना ठीक है, लेकिन गुस्सा महसूस करना नहीं। हो सकता है कि मेरे लिए गुस्सा व्यक्त करना आसान हो, जबकि शर्म और नाकामी जैसी भावनाएँ व्यक्त करना मेरी क्षमता से बाहर हो। और ऐसा नहीं है कि सिर्फ तथाकथित नकारात्मक भावनाएँ महसूस और व्यक्त करना ही मुश्किल हो। बहुत से लोगों को निराशा की भावना व्यक्त करना आसान लगता है, जबकि स्नेह, गर्व और कृतज्ञता व्यक्त करना मुश्किल।

अलग-अलग रिश्तों में आपके भावनात्मक पद-चिन्ह अलग-अलग होते हैं, फिर भले ही उनकी विषय-वस्तु समान हो। भावनाएँ व्यक्त करने की आपकी क्षमता और जागरुकता इस बात पर निर्भर होती है कि आप उन्हें किससे व्यक्त कर रहे हैं, अपनी माँ से, अपने जिगरी दोस्त से, अपने बॉस से या फिर फ्लाइट में

आपके बगल में बैठे सहयात्री से। विभिन्न रिश्तों में अपने भावनात्मक पद-चिन्हों की रूपरेखा पर गौर करना, इस बारे में आपकी जागरूकता बढ़ाने में मददगार हो सकता है कि आप क्या महसूस कर रहे हैं और क्यों।

स्वीकार करें कि भावनाएँ सामान्य और स्वाभाविक होती हैं। बहुत से लोग अपने भावनात्मक पद-चिन्हों में ये धारणा भी जोड़ लेते हैं कि आपके अंदर भावनाएँ होने का अर्थ है कि आपके साथ सचमुच कोई गड़बड़ है। जैसा कि सेवानिवृत्त जज रिक कहते हैं, 'हमारे परिवार में हमें ये सिखाया गया था कि अपनी समस्याओं के बारे में या उनसे जुड़ी अपनी भावनाओं के बारे में बात मत करो।' कुछ लोगों के लिए अपने अंदर भावनाओं का होना मात्र ही - फिर चाहे वे जैसी भी भावनाएँ हों - शर्मसार महसूस करने के लिए काफी होता है।

भावनाएँ हमें किन मुसीबतों में डाल सकती हैं, ये इस बात पर निर्भर होता है कि हम अपनी भावनाओं को कैसे संभालते हैं। क्योंकि भावनाएँ तो बस होती हैं। इस लिहाज से देखें तो भावनाएँ भी वैसी ही हैं, जैसे हमारे हाथ या पैर। अगर आप किसी को लात मारेंगे या एक मुक्का जड़ देंगे, तो ये कहा जा सकता है कि आपके हाथ-पैर ने आपको मुसीबत में डाल दिया। लेकिन हाथ या पैर होने का अर्थ कोई गड़बड़ होना नहीं है। भावनाओं पर भी ठीक यही बात लागू होती है।

समझें कि अच्छे लोगों के अंदर भी बुरी भावनाएँ हो सकती हैं। अपने भावनात्मक पद-चिन्हों में बहुत से लोग जो दूसरी धारणा जोड़ लेते हैं, वह ये है कि कुछ भावनाएँ ऐसी होती हैं, जो 'अच्छे लोगों' को कभी महसूस नहीं होनी चाहिए: अच्छे लोग अपने प्रियजनों पर कभी गुस्सा नहीं करते, अच्छे लोग कभी नहीं रोते, वे कभी असफल नहीं होते और वे कभी किसी पर बोझ नहीं बनते। अगर आप एक अच्छे व्यक्ति हैं, तो आपके लिए एक अच्छी खबर ये है कि गुस्सा सबको आता है, कभी-कभी हर कोई रोना चाहता है, असफलता का सामना हर किसी को करना पड़ता है और हम सभी को दूसरों की जरूरत होती है।

आप जो महसूस कर रहे हैं, उससे आप हमेशा खुश नहीं होंगे। उदाहरण के लिए, आप मानते हैं कि अपने भाई के अंतिम-संस्कार में आपको दुःखी महसूस करना चाहिए, लेकिन आप देखते हैं कि आपको सिर्फ गुस्सा महसूस हो रहा है। इसी तरह आप जानते हैं कि आपको इस बात से उत्साहित होना चाहिए कि आखिरकार आपको अपनी मनचाही नौकरी मिल गई, लेकिन इसके बजाय आप

निरुत्साहित और रुआँसा महसूस कर रहे हैं। अब भले ही आपको अपनी ये भावनाएँ समझ में न आएँ लेकिन तथ्य यही है कि आप उन्हें महसूस कर रहे हैं। इसी तरह आप जानते हैं कि अपनी माँ को लेकर केवल अच्छी भावनाएँ रखना आपके लिए कहीं बेहतर और सुखद होगा, लेकिन फिर भी आप कभी-कभी उन्हें लेकर चिड़चिड़ापन, गुस्सा या शर्म महसूस करते हैं। जीवन में ऐसे मानसिक द्वंद का सामना हम सबको करना पड़ता है और इसका इस बात से कोई संबंध नहीं है कि हम एक अच्छे व्यक्ति हैं या नहीं।

कभी-कभी भावनाओं को नकार देना एक गहन मनोवैज्ञानिक जरूरत पूरी करता है: अत्यधिक चिंता, डर, हानि या आघात की स्थिति में अपनी भावनाओं से दूरी बनाना, दैनिक जीवन का संतुलन बनाकर रखने में मददगार साबित हो सकता है। तभी तो ये कहावत है कि 'किसी दीवार को तब तक न गिराएँ, जब तक आपको ये पता न हो कि उसे क्यों बनाया गया था।' इसके साथ ही एक सच्चाई ये भी है कि अपनी भावनाओं को स्वीकार न करने का प्रभाव आपके संवाद पर पड़ता है। इसीलिए बेहतर है कि अपनी भावनाओं को समझने की कोशिश करें। इसके लिए आप अपने किसी विश्वासपात्र दोस्त या थेरेपिस्ट की मदद भी ले सकते हैं। जब अपने अंदर पहले से ही मौजूद भावनाओं को महसूस और स्वीकार करना शुरू करेंगे और उनके अंतर्निहित कारणों से निपटना शुरू करेंगे, तो दूसरों के साथ आपका संवाद - जिनमें कठिन बातचीतें भी शामिल हैं - उल्लेखनीय रूप से आसान हो जाएगा।

ये जान लें कि आपकी भावनाएँ भी उतनी ही महत्वपूर्ण हैं, जितनी उनकी भावनाएँ। कुछ लोग अपनी ही भावनाओं को नहीं देख पाते क्योंकि समय के साथ कहीं न कहीं हम ये मान लेते हैं कि दूसरों की भावनाएँ हमारी भावनाओं से ज़्यादा महत्वपूर्ण हैं।

उदाहरण के लिए आप हमेशा से यह मानकर चल रहे थे कि जब उम्र के कारण आपके बुजुर्ग पिता की सेहत बिगड़ने लगेगी, तो वे आपके साथ आकर रहने लगेंगे। लेकिन अब जब वे आपके साथ आकर रहने लगे हैं, तो उनका लगातार नई-नई माँगें करना और बात-बात पर मीन-मेख निकालना आपको भारी पड़ने लगा है, ऊपर से उनकी दवाईयों का ध्यान रखना और बार-बार डॉक्टर के पास ले जाना तो है ही। इन सब चीज़ों के चलते आप थका हुआ और निराश महसूस करने

लगे हैं और अक्सर सोचते हैं कि आखिर आपका भाई कभी पिता की जिम्मेदारी उठाने की इच्छा क्यों नहीं दिखाता। इसके बावजूद आप इस बारे में अपने पिता या भाई से कुछ नहीं कहते। 'उन्हें संभालना मुश्किल तो है, लेकिन इतना भी मुश्किल नहीं है,' आप तर्क देते हैं। 'और इसके अलावा एक बात ये भी है कि मैं कुछ कह कर किसी को नाराज़ नहीं करना चाहता।'

आपकी गर्लफ्रेंड आपको फोन करके कहती है कि इस शुक्रवार को वह आपके साथ डिनर पर नहीं जा सकेगी। वह पूछती है कि क्या आप दोनों शुक्रवार के बजाय शनिवार को डिनर पर जा सकते हैं। वह बताती है कि उसकी एक दोस्त दूसरे शहर से यहाँ आई हुई है और वह शुक्रवार को उसके साथ फिल्म देखने जाना चाहती है। जवाब में आप कहते हैं, 'हाँ, तुम जैसा ठीक समझो।' आपने सहमति तो दे दी, लेकिन शनिवार को डिनर पर जाना मुश्किल है क्योंकि उस दिन आपकी योजना बेसबॉल मैच देखने की थी। लेकिन चूँकि आप बेसबॉल मैच देखने के बजाय अपनी गर्लफ्रेंड के साथ समय बिताना ज़्यादा पसंद करेंगे इसलिए आप अपना मैच का टिकट किसी और को दे देते हैं।

इन सभी स्थितियों में आपने दूसरों की भावनाओं को अपनी भावनाओं से ज़्यादा महत्त्व दिया। क्या ऐसा करना सार्थक है? क्या आपके पिता की हताशा और आपके भाई की मानसिक शांति, आपकी हताशा या मानसिक शांति से अधिक महत्वपूर्ण है? क्या आपकी गर्लफ्रेंड की अपनी दोस्त के साथ फिल्म देखने की इच्छा, बेसबॉल मैच देखने की आपकी इच्छा से ज़्यादा महत्वपूर्ण है? ऐसा क्यों है कि वे तो अपनी भावनाएँ और प्राथमिकताएँ व्यक्त कर देते हैं, लेकिन आप अपनी भावनाओं से अकेले निपटते हैं?

आपने दूसरों की भावनाओं का सम्मान करने – फिर चाहे इसका अर्थ अपनी भावनाओं का अनादर करना हो – का चुनाव क्यों किया, इसके पीछे कई कारण हो सकते हैं। हो सकता है कि आप अपने इस अंतर्निहित नियम का पालन कर रहे हों कि आपको दूसरों की खुशी को अपनी खुशी से ज़्यादा महत्त्व देना चाहिए। अगर आपके दोस्तों, प्रियजनों या सहकर्मियों की इच्छा पूरी नहीं हुई, तो उन्हें बुरा लगेगा और फिर आपको इसके परिणामों का सामना करना पड़ेगा। हो सकता है कि ये सच हो, लेकिन ये तो आपके साथ अन्याय हुआ। उनका गुस्सा, आपके गुस्से से बेहतर या बदतर नहीं है।

'किसी को नाराज न करने से, मेरी जिंदगी आसान रहती है,' आप सोचते है। 'जब कोई मुझसे नाराज हो जाता है तो मुझे कतई अच्छा नहीं लगता।' अगर आप सचमुच ऐसा सोचते हैं तो इसका अर्थ है कि आप अपनी भावनाओं और हितों को कम करके आंक रहे हैं। दोस्त, पड़ोसी और बॉस आपकी इस प्रवृत्ति को समझ जाएँगे और फिर वे आपको एक ऐसे व्यक्ति की तरह देखने लगेंगे, जिसके साथ चालाकी की जा सकती है। जब आप अपनी भावनाओं से ज़्यादा दूसरों की भावनाओं की चिंता करते हैं, तो आप दूसरों को ये संकेत देते हैं कि वे जब चाहें, आपकी भावनाओं की अनदेखी कर सकते हैं। और याद रखें: आपने अब तक ये मुद्दा इसलिए नहीं उठाया क्योंकि आप सामनेवाले के साथ अपने रिश्ते बिगाड़ना नहीं चाहते। लेकिन मुद्दा न उठाने के कारण आपके अंदर द्वेष की भावना बढ़ती जाएगी और धीरे-धीरे वह रिश्ता बिगड़ने लगेगा।

छोटे-छोटे लेबलों के पीछे छिपी भावनाएँ खोजें

नौकरी ढूँढ़ने की ब्रैड की कोशिशों को लेकर उसके और उसकी माँ के बीच अक्सर मतभेद होते थे। ब्रैड की माँ उसे लगातार फोन करके रिज़्यूम भेजने, इंटरव्यू देने और काम के लोगों से मेलजोल बढ़ाने के लिए कहती रहती थी। लेकिन ब्रैड को इस विषय पर बात करने में कोई दिलचस्पी नहीं थी इसलिए या तो वह अपनी माँ की बात को अनसुना कर देता या बातचीत का विषय ही बदल देता।

एक बार उसने अपनी एक दोस्त को ये समस्या बताई। दोस्त ने ब्रैड को सलाह दी कि अपनी माँ से दूरी बनाने के बजाय उसे उन्हें बता देना चाहिए कि वह कैसा महसूस कर रहा है। 'इससे भला क्या होगा?' ब्रैड ने पूछा। 'मुझे बहुत गुस्सा आता है। मेरी माँ मुझे सचमुच पागल कर देंगीं।' लेकिन ब्रैड के दोस्त ने अपनी बात पर जोर दिया और उसे इस बात पर विचार करने के लिए प्रोत्साहित किया कि वह गुस्से के अलावा और क्या महसूस करता है। ब्रैड ने अपनी दोस्त की बात मान ली। फिर उसने उसी दिन एक सूची बनाई, जिसमें उसने लिखा कि वह नौकरी ढूँढ़ने को लेकर, अपनी माँ को लेकर और खुद को लेकर कौन-कौन सी भावनाएँ महसूस करता है।

वह सचमुच स्तब्ध था। उसने पाया कि नौकरी ढूँढ़ने को लेकर वह उम्मीद छोड़ चुका है और निराश, भ्रमित व डरा हुआ महसूस करता है। नौकरी ढूँढ़ने की

कोशिश बंद करके वह दरअसल अपनी चिंता से बचने की कोशिश करता था। वहीं अपनी माँ को लेकर ब्रैड की भावनाएँ इससे कहीं अधिक जटिल थीं। एक ओर तो वह इस बात से बुरी तरह झुंझलाया रहता था कि उसकी माँ नौकरी ढूँढ़ने को लेकर उसके पीछे पड़ी रहती है। वहीं दूसरी ओर वह इसे अपनी माँ के प्रेम और परवाह के रूप में भी देखता था, जो उसके लिए सचमुच बहुत महत्वपूर्ण था।

अपने आपको लेकर ब्रैड अधिकांशत: शर्म महसूस करता था। उसका मानना था कि वह अपनी माँ की उम्मीदों पर पानी फेर रहा है और अपनी कॉलेज की पढ़ाई व अपनी क्षमताओं को व्यर्थ जाने दे रहा है। लेकिन शर्मिंदगी के साथ ही उसे थोड़ा गर्व भी महसूस हो रहा था। उसके कुछ दोस्तों को मैनेजमेंट ट्रेनिंग के क्षेत्र में नौकरियाँ मिल गई थीं, अगर ब्रैड चाहता तो वह भी ये रास्ता अपना सकता था। लेकिन वह इस क्षेत्र में काम करना नहीं चाहता था। वह इसके बजाय एक बेहतर क्षेत्र में ऐसी नौकरी ढूँढ़ने का दबाव झेलने के लिए तैयार था, जो उसके लिए अधिक उपयुक्त होती। इस दौरान वह अपना खर्च निकालने के लिए छोटे-मोटे काम करता था और उसने आज तक अपनी माँ से अपने खर्चे के लिए एक पाई तक नहीं ली थी।

ब्रैड की दोस्त ने उसे ये बताकर एक गहन अंतर्दृष्टि दी कि उसने गुस्से के अलावा और भी बहुत कुछ महसूस किया होगा। पहले जहाँ ब्रैड अपनी सिर्फ एक ही भावना को देख पा रहा था, अब वह उसमें भावनाओं के एक पूरे स्पेक्ट्रम को खोज पाने में सक्षम था।

कई स्थितियाँ ऐसी होती हैं, जिनमें हम अपनी किसी एक तीव्र भावना के चलते अन्य सभी भावनाओं की जटिलता को नहीं देख पाते। ब्रैड के मामले में वह एक तीव्र भावना थी गुस्सा। अन्य स्थितियों में, अन्य लोगों के लिए यही तीव्र भावना कुछ और भी हो सकती है।

जिन भावनाओं को खोजना मुश्किल होता है, उनके पूरे स्पेक्ट्रम से सिर्फ परिचित होना ही आपके लिए चीज़ों को आसान बना सकता है। आगे कुछ भावनाओं की एक आंशिक सूची प्रस्तुत की गई है। यूँ तो ये काफी जानी-पहचानी भावनाएँ हैं, लेकिन कभी-कभी इन्हें अपने अंदर देख पाना या दूसरों के सामने व्यक्त कर पाना मुश्किल होता है।

छिपी हुई भावनाओं को अन्य भावनाएँ के लिए अवरोध न बनने दें। एक अन्य आम पैटर्न है, ऐसी किसी भावना का होना, जिसके अस्तित्व का हमें पता तक नहीं होता, लेकिन फिर भी वह हमारे अनुभवों में हस्तक्षेप करती रहती है।

जमीला को अपने पति के प्रति प्रेम की भावना व्यक्त करने में मुश्किल होती थी। 'मैं जानती हूँ कि मैं उसे प्यार करती हूँ,' वह कहती है। 'वह एक अच्छा पति है, उदार स्वभाववाला है और मेरी इन सभी चीज़ों को बर्दाश्त करता रहता है। लेकिन मेरे लिए उसे ये बता पाना बड़ा मुश्किल होता है कि मैं उसे प्यार करती हूँ।' कुछ तो ऐसा था, जो जमीला की भावनाओं के लिए अवरोध का काम कर रहा था और उसे पता नहीं था कि वह क्या है।

शुरू-शुरू में जमीला खुद को दोषी ठहराती : 'शायद मुझमें ही कोई कमी है। एक अच्छी पत्नी के लिए अपने पति को ये बताना कतई मुश्किल नहीं होता कि वह उसकी परवाह करती है।' जब हम उसे कोच कर रहे थे, तो हमने जमीला से पूछा, क्या कभी उसने अपने पति के

उन भावनाओं का परिदृश्य जिन्हें खोजना कभी-कभी मुश्किल होता है

प्यार
स्नेही, परवाह करनेवाला, करीब, गर्वीला, जुनूनी

गुस्सा
कुंठित, क्षुब्ध, क्रोधित

आहत
निराश, हताश, जरूरतमंद, धोखा खानेवाला

शर्म
शर्मिंदा, दोषी, अपमानित, पछतावा, आत्म-घृणा

डर
चिंतित, भयभीत, परेशान, आसक्त, संदिग्ध

आत्मसंदेह
कमतर, अयोग्य, अकुशल, निरुत्साही

हर्ष
खुश, उत्साही, संपूर्ण, प्रफुल्लित, संतुष्ट

दुःख
उदास, विषादग्रस्त, खिन्न, हताश

ईर्ष्या
स्वार्थी, लोभी, त्रस्त, द्वेष, उत्कंठा

कृतज्ञता
प्रशंसनीय, आभारी, राहत, चिंतामुक्त, श्रद्धापूर्ण

अकेलापन
एकाकी, परित्यक्त, रिक्त, आकांक्षी

प्रति कोई अन्य भावनाएँ व्यक्त की है? हम खासतौर पर ये जानना चाहते थे कि क्या उसने कभी अपने पति के लिए गुस्सा या हताशा व्यक्त की है। 'आप समझ नहीं रहे हैं,' जमीला ने स्पष्ट किया। 'मैं ये सीखने की कोशिश कर रही हूँ कि मैं प्यार कैसे व्यक्त करूँ। जैसी स्थितियाँ हमारे सामने हैं, उनमें अगर सचमुच किसी को गुस्सा जताना चाहिए, तो वह है मेरा पति क्योंकि वह हमेशा मेरी इन सब चीज़ों को बर्दाश्त करता आया है।'

यह टिप्पणी सचमुच किसी खतरे की घंटी से कम नहीं है। किसी भी शादी या रिश्ते में हर कोई दूसरे पक्ष के प्रति थोड़ा-बहुत गुस्सा तो महसूस करता ही है। 'क्या तुम्हें कभी भी अपने पति के प्रति गुस्सा महसूस हुआ है?' हमने जमीला से पूछा। 'हाँ, कभी-कभी,' आखिरकार उसने स्वीकार किया। 'अगर तुम्हें सचमुच मौका मिले,' हमने उससे पूछा, 'और अगर तुम सचमुच अपनी भड़ास निकाल सको - जिसका तुम्हें कोई परिणाम न भुगतना पड़े, तो तुम अपने पति से क्या कहोगी?'

कुछ देर के टाल-मटोल के बाद जमीला ने आश्चर्यजनक रूप से बिलकुल साफ-साफ बोलना शुरू किया: 'मैं कहूँगी कि देखो मैं मानती हूँ कि मैं दुनिया की सबसे अच्छी पत्नी नहीं हूँ, लेकिन ये जो तुम हमेशा खुद को पीड़ित की तरह पेश करते हो, मैं उससे बुरी तरह तंग आ चुकी हूँ। मैं तुम्हारी छोटी-छोटी असुरक्षाओं और लगातार शिकायत करने से तंग आ चुकी हूँ, इसलिए तुम्हें इस बात पर हैरानी नहीं होनी चाहिए कि मौका मिलते ही मैं तुमसे दूर हो जाती हूँ। मैं भले ही परफेक्ट नहीं हूँ, लेकिन तुम भी कोई देवता नहीं हो! क्या तुमने कभी सोचा है कि ये जो तुम बार-बार मुझ पर भड़कते हो, उसका मुझ पर क्या असर पड़ता होगा?'

इसके बाद जमीला ने आगे कहा, 'बेशक, मैं अपने पति से सचमुच ये सब कभी नहीं कहूँगी और सच कहूँ, तो मुझे नहीं पता कि ऐसा करना उचित होगा या नहीं...' जबकि असल में इस बात से कोई फर्क नहीं पड़ता कि ये उचित, तर्कसंगत या न्यायसंगत होगा या नहीं। महत्वपूर्ण तो ये था कि ये विचार जमीला के मन में उठ रहे थे। आप समझ सकते हैं कि उसने अपने अंदर जो गुस्सा दबा रखा था, पति के प्रति प्यार व्यक्त करने की उसकी क्षमता पर उसके इस गुस्से का क्या प्रभाव पड़ता होगा या यूँ कहें कि किसी भी भावना को व्यक्त करने पर क्या प्रभाव पड़ता होगा। जमीला ने जिस गुस्से को खुद से भी छिपाकर रखा हुआ था, अब वह उसके रास्ते का अवरोध बन गया था। जमीला का ये तर्क उचित ही था कि 'अगर मैं इनमें

से कुछ चीज़ों को भी साझा कर सकूँ, तो अपने पति के लिए मैं जो प्यार महसूस करती हूँ, उसके साथ संतुलन बनाना मेरे लिए आसान हो जाएगा।'

आइए अब कुछ देर के लिए इस सवाल को किनारे रख देते हैं कि गुस्से जैसी नकारात्मक भावनाओं को व्यक्त करना चाहिए या नहीं? और अगर हाँ, तो कैसे? हम अगले हिस्से में इस उदाहरण की ओर वापस लौटेंगे कि अपनी भावनाओं के साथ सौदेबाज़ी कैसे की जाए।

आरोपों और आलोचनाओं के पीछे सक्रिय भावनाओं की खोज

मूँगफली कोई अखरोट नहीं है। व्हेल कोई मछली नहीं है। टमाटर कोई सब्जी नहीं है। और आरोप व आलोचना कोई भावना नहीं है।

आरोपों और आलोचनाओं का सच सामने लाएँ। जैसा कि हम देख चुके हैं, दूसरों के इरादों के बारे में कोई आरोप लगाने का जोखिम ये है कि इससे सामनेवाला अपना बचाव करने लगता है और उसे गलतफहमी हो सकती है। दूसरा जोखिम ये है कि आरोप अपने आपमें ही कुछ इस प्रकार के होते हैं कि हम उस असल भावना को देखने में नाकाम रहते हैं, जो उस आरोप को प्रेरित कर रही है।

एमिली के साथ उसकी दोस्त रोज़ के मामले में भी ठीक ऐसा ही हुआ था। 'रोज़ में ज़रा भी गर्मजोशी नहीं है,' एमिली कहती है। 'जब उसका तलाक हो रहा था, तो मैंने ही उसका साथ दिया था। जब भी वह अकेला महसूस करती तो मैं हमेशा उसे समय देती और उसके साथ बातचीत करती। मैं हमेशा उसके साथ खड़ी रही, लेकिन उसने कभी मुझे धन्यवाद तक नहीं दिया।' एमिली का दावा है कि अपनी इन भावनाओं को वह पहले ही रोज़ के साथ साझा कर चुकी है, लेकिन इससे भी कोई मदद नहीं मिली।

पर एमिली ने वास्तव में रोज़ से क्या कहा था? 'मैंने रोज़ को बताया कि मैं कैसा महसूस कर रही थी। मैंने उसे बहुत ईमानदारी से अपनी बात बताई थी। मैंने उससे कहा कि कभी-कभी वह बहुत ही आत्म-केंद्रित और बेपरवाह हो जाती है। और ये सुनते ही उसने मेरी इस बात को सही साबित करते हुए मुझ पर मौखिक हमला शुरू कर दिया। उसने मुझसे कहा कि मैं जरूरत से ज़्यादा संवेदनशील हो रही हूँ। दरअसल जब आप रोज़ जैसी किसी व्यक्ति के साथ अपनी भावनाएँ साझा करते हैं, तो आपके साथ ऐसा ही होता है। इसलिए उससे अपनी भावनाएँ साझा

हम अपनी भावनाओं को ये रूप दे देते हैं

आलोचना

'अगर तुम सचमुच मेरे अच्छे दोस्त होते, तो जरूरत पड़ने पर मेरे साथ खड़े होते।'

आरोप

'तुम मुझे चोट पहुँचाने की कोशिश क्यों कर रहे थे?'

चरित्र-चित्रण

'तुम बहुत ही बेपरवाह व्यक्ति हो।'

समस्या सुलझाना

'इसका जवाब ये है कि तुम मुझे अक्सर फोन करो।'

करने का कोई मतलब नहीं बनता।'

गौर कीजिए कि एमिली ने क्या कहा। उसने कहा, 'तुम आत्म-केंद्रित और बेपरवाह हो।' ये दोनों ही शब्द रोज़ की आलोचना करने के लिए थे। दोनों में से कोई भी शब्द इस बारे में कोई टिप्पणी नहीं करते कि एमिली खुद कैसा महसूस करती है। अपने बारे में हमारे इस अवलोकन से उत्साहित होकर एमिली अपनी भावनाओं पर और अधिक ध्यान केंद्रित करने में सक्षम हो गई: 'संभवत: मैं आहत महसूस कर रही हूँ और इस दोस्ती को लेकर भ्रमित हूँ। मुझे रोज़ पर गुस्सा आ रहा है और कहीं न कहीं मैं शर्मिंदा भी महसूस कर रही हूँ कि मैंने इस रिश्ते के लिए इतना कुछ किया, जिसकी स्पष्ट रूप से रोज़ को कोई परवाह नहीं थी। आखिर मैं इतनी मूर्ख कैसे हो सकती हूँ?'

दूसरों की आलोचना करने और अपनी भावनाओं पर टिप्पणी करने के बीच का फर्क देख पाना कभी-कभी मुश्किल होता है। जब हम आलोचना करते हैं, तो वह हमें भावनाओं जैसी महसूस होती हैं। आलोचना हमारे गुस्से, कुंठा या दुःख से प्रेरित होती है और जो इस आलोचना को झेल रहा होता है, उसे भी स्पष्ट समझ आ रहा होता है कि हम सचमुच कुछ महसूस कर रहे हैं। दुर्भाग्यवश वह पूरे यकीन से नहीं कह पाता कि हम क्या महसूस कर रहे हैं और इससे भी ज़्यादा महत्वपूर्ण ये कि उस व्यक्ति का ध्यान इस तथ्य पर केंद्रित होता है कि हम उसका आंकलन या आलोचना कर रहे हैं, उस पर आरोप मढ़ रहे हैं और उसे दोष दे रहे हैं, जो स्वाभाविक भी है।

'तुम बेपरवाह और आत्म-केंद्रित हो' और 'मैं आहत, भ्रमित और शर्मिंदा महसूस कर रही हूँ,' भले ही ये दोनों बातें समान लगती हों, लेकिन इनमें बड़ा अंतर है। गुस्से में मढ़े गए आरोपों और आलोचनाओं के पीछे छिपी भावनाओं की

पहचान करना, किसी बातचीत में प्रभावी ढंग से भावनाएँ शामिल करने का एक महत्वपूर्ण कदम है।

दोष देने की इच्छा को महत्वपूर्ण भावनाएँ खोजने के सुराग के रूप इस्तेमाल करें। जब हम लोगों को दोषारोपण के बजाय संयुक्त योगदान के बारे में बातचीत करने को प्रोत्साहित करते हैं, तो एक आम शिकायत होती है कि इस बातचीत के बाद वे असंतोष महसूस करते हैं। ये कुछ ऐसा है कि उनकी इच्छा तो स्वादिष्ट आइसक्रीम खाने की है, लेकिन उन्हें सिर्फ एक कटोरी वसा-रहित दही ही उपलब्ध होता है। परिणामस्वरूप वे यह निष्कर्ष निकाल लेते हैं कि योगदान के बारे में बात करना महत्वपूर्ण नहीं है और उन्हें दूसरों के पक्ष को दोष जरूर देना चाहिए।

हालाँकि यहाँ असंतोष इस बात को लेकर नहीं है कि वे दोष देने में नाकाम रहते हैं बल्कि इस बात को लेकर है कि वे अपनी भावनाएँ व्यक्त करने में नाकाम रहते हैं। दोष देने की इच्छा तब जागृत होती है, जब योगदान प्रणाली को भावनाओं के शून्य में खोजा जाता है। जब हम इससे ज़्यादा कुछ और नहीं कह पाते कि 'स्वीकार कर लो कि इसमें गलती तुम्हारी थी!' तो हमें इसे, इस बात के महत्वपूर्ण सुराग की तरह देखना चाहिए कि हम अव्यक्त भावनाओं के ढेर पर बैठे हैं। योगदान के बारे में बातचीत करते समय कभी-कभी जो अपूर्णता की भावना उभर आती है, वह दोष देने की प्रेरणा नहीं बननी चाहिए बल्कि छिपी हुई अन्य भावनाओं की खोज की प्रेरणा बननी चाहिए। एक बार जब वे भावनाएँ व्यक्त हो जाएँगी (जैसे – 'मेरा योगदान ये था और मुझे लगता है कि तुम्हारा योगदान ये था। इससे भी ज़्यादा महत्वपूर्ण ये कि अंततः मैंने खुद को परित्यक्त महसूस किया') तो दोष देने की इच्छा भी कमज़ोर पड़ जाएगी।

भावनाओं को पत्थर की लकीर न मानें : उनके साथ सौदेबाज़ी करें

भावनाएँ व्यक्त करने को लेकर हमारे एक सहकर्मी के दो नियम हैं। वह दूसरा नियम बताते हुए अपनी बात शुरू करता है: 'आप जो भी महसूस कर रहे हैं, वह सब बातचीत में शामिल करने का प्रयास करें।' अधिकांश लोग इस नियम से घबरा जाते हैं। बेशक हम खुद ये सोचते हैं कि ऐसी बहुत सी भावनाएँ हैं, जिन्हें व्यक्त न करना ही बेहतर है। इसके बाद आता है उसका पहला नियम: 'आप जो भी महसूस कर रहे हैं, उसे व्यक्त करने से पहले अपनी भावनाओं के साथ सौदेबाज़ी करें।'

अधिकांश लोग ये मान लेते हैं कि हमारी भावनाएँ स्थिर होती है और उनके साथ सौदेबाज़ी करना संभव नहीं होता और अगर उन्हें पूरी सच्चाई के साथ साझा करना है तो उन्हें 'जस का तस' साझा करना होगा। वास्तव में हमारी भावनाएँ हमारी धारणाओं पर आधारित होती हैं और हमारी धारणाओं (जैसा कि हमने पिछले तीन अध्यायों में देखा है) के साथ सौदेबाज़ी करना संभव है। जैसे-जैसे हम दुनिया को नए-नए तरीकों से देखते हैं, हमारी भावनाएँ भी उसी के अनुसार बदलने लगती हैं। इसीलिए भावनाएँ साझा करने से पहले खुद से सौदेबाज़ी करना महत्वपूर्ण होता है।

लेकिन अपनी भावनाओं के साथ सौदेबाज़ी करने का क्या अर्थ है? बुनियादी रूप से इसका अर्थ है, इस सच को पहचानना कि हमारी भावनाएँ, हमारे विचारों की प्रतिक्रिया के रूप में पैदा होती हैं। कल्पना कीजिए कि स्कूबा डाइविंग के दौरान अचानक आपको एक खतरनाक शार्क मछली तैरती नज़र आती है। आपके दिल की धड़कन तेज हो जाती है और आप गहरी चिंता से घिर जाते हैं। आप बुरी तरह डर जाते हैं, जो पूरी तरह तर्कसंगत है और इस स्थिति में ऐसी भावनाएँ महसूस करना स्वाभाविक भी है।

अब कल्पना कीजिए कि अपनी मरीन बायोलॉजी की ट्रेनिंग के चलते आप पहचान जाते हैं कि ये एक रीफ शार्क है, जो आपके जितने बड़े आकार के जीवों का शिकार नहीं करती। आपकी चिंता तत्काल गायब हो जाती है। बल्कि अब तो आप उस शार्क मछली के व्यवहार का अवलोकन करने को लेकर उत्साहित और उत्सुक महसूस करने लगते हैं। यहाँ शार्क में कोई बदलाव नहीं आया है बल्कि जो हो रहा है; उसे लेकर मात्र आपकी उस कथा में बदलाव आया है, जो आप खुद को सुनाते हैं। स्थिति कोई भी हो, हमारी भावनाएँ हमेशा हमारे विचारों का अनुसरण करती हैं।

इसका अर्थ है कि भावनाओं को बदलने के लिए अपनी सोच बदलनी जरूरी है। जैसा कि हमने 'क्या हुआ?'वाली बातचीत में देखा, हमारी सोच अक्सर जिस तरह विकृत होती है, उसका अनुमान लगाया जा सकता है। इससे हमें अपनी भावनाओं के साथ सौदेबाज़ी करने का एक मजबूत आधार मिल जाता है। सबसे पहले हमें अपनी कथा को परखने की जरूरत होती है। वह कथा क्या है, जो हम खुद को सुना रहे हैं और जो हमारी भावनाओं में तीव्रता ला रही है? हमारी कथा में किस चीज़ की कमी है? सामनेवाले की कथा क्या हो सकती है? वास्तव में

सामनेवाले की कथा के प्रति जागरूक होने से करीब-करीब हमेशा ही हमारी भावनाओं में बदलाव आता है।

इसके बाद हमें सामनेवाले के इरादों को लेकर अपनी धारणाओं का पता लगाने की जरूरत होती है। उनके इरादों के बारे में हमारी भावनाएँ किस हद तक हमारी किसी अपरीक्षित धारणा पर आधारित होती हैं? सामनेवाले ने वह कार्य अनजाने में किया होगा या फिर कई परस्पर विरोधी इरादों के साथ? उनके इरादों के बारे में हमारा नज़रिया हमारी भावनाओं को कैसे प्रभावित करता है? और हमारे अपने इरादों का क्या? वह क्या था, जो हमें प्रेरित कर रहा था? हमारे कार्यों ने सामनेवाले को कैसे प्रभावित किया होगा? क्या इससे हमारी भावनाएँ बदलती हैं?

अंत में हमें योगदान प्रणाली पर विचार करना चाहिए। क्या हम समस्या में अपने योगदान को देख पाने में सक्षम हैं? क्या हम सामनेवाले को दोष दिए बिना उसके योगदान का वर्णन करने में सक्षम हैं? क्या हम प्रत्येक व्यक्ति के योगदान के उन तरीकों से परिचित हैं, जिनसे एक ऐसा सुदृढ़ पैटर्न तैयार होता है, जो समस्या को और गंभीर बना देता है? इससे हमारी भावनाओं में किस तरह का बदलाव आता है?

हमें इन सवालों के निर्णायक जवाबों की जरूरत नहीं है। दरअसल जब तक हम सामनेवाले से खुलकर बातचीत नहीं कर लेते, तब तक हम केवल अनुमान ही लगा सकते हैं। लेकिन सवाल उठाना भी काफी है, उनसे जूझना, अपनी भावनाओं पर गौर करना और विभिन्न दृष्टिकोणों से उनकी पड़ताल करना भी काफी है। अगर हम विचारशील हैं, ईमानदार हैं, अगर हम सवालों को खुले नज़रिए और निष्पक्षता से लेते हैं, तो हमारी भावनाओं में बदलाव आने लगेगा। हो सकता है कि इस तरह हमारा गुस्सा भी थोड़ा कम हो जाए; हमारी पीड़ा की गहनता कम हो जाए; और हमें विश्वासघात, परित्याग, शर्म या चिंता जैसी भावनाओं का प्रबंधन करना थोड़ा आसान लगने लगे।

अब ज़रा जमीला और उसके पति के बीच की स्थितियों पर दोबारा विचार करें। हमारे सामने अपनी भड़ास निकालने से जमीला को अपने गुस्से की भावना को पहचानने में मदद मिली। लेकिन वह सिर्फ गुस्सा ही महसूस नहीं कर रही थी और न ही उसने खुद को एक पीड़ित और अपने पति को बुरा व्यक्ति माना था। जब उसने स्थिति पर अपने पति के दृष्टिकोण से विचार किया, जब उसने खुद से

पूछा कि उसके पति के इरादे क्या हो सकते हैं, जब उसने दोषारोपण के बजाय इस बात पर ध्यान केंद्रित किया कि स्थिति में दोनों का योगदान क्या था, तो उसकी भावनाओं के साथ-साथ स्थिति को लेकर उसके मन में बनी छवि और जटिल हो गई।

जमीला 'यह और वह वाला रुख' अपनाने और कुछ चीज़ों को अपने मन में रखने व उन्हें अपने पति से साझा करने में सक्षम थी। 'मैं जानती हूँ कि हमारे बीच जो भी समस्याएँ हैं, उनमें मेरा भी योगदान है,' उसने अपने पति से कहा। 'मुझे लगता है कि समस्याओं में तुम्हारे योगदान पर मैं जो गुस्सा और हताशा महसूस करती रही हूँ, उसके चलते मेरा ध्यान हमारी शक्तियों के बजाय हमारी समस्याओं की ओर अधिक केंद्रित रहा है। लेकिन जब मैं एक कदम पीछे हटकर चीज़ों पर गौर करती हूँ, तो मुझे एहसास होता है कि मैं तुम्हें बहुत प्यार करती हूँ और चाहती हूँ कि हमारे बीच सब कुछ ठीक हो जाए।' जमीला को एहसास हुआ कि भले ही धीरे-धीरे ही सही पर - अपनी गुस्से की भावना को व्यक्त करने की दिशा में काम करने से उसके लिए अपने पति के प्रति प्रेम की वह भावना व्यक्त करना आसान हो जाएगा, जिसके चलते उसने इस मसले पर पेशेवर मदद लेने की सोची थी।

भड़ास न निकालें : भावनाओं का वर्णन सावधानी से करें

अपनी भावनाओं को पहचानकर उन्हें समझने के बाद आपको तय करना होता है कि आप उनका प्रबंधन कैसे करेंगे। ऐसे मौके भी आएँगे, जब आपको लगेगा कि फिलहाल अपनी भावनाएँ साझा करना अनावश्यक या अनुपयोगी साबित होगा। दूसरी ओर कुछ ऐसे मौके भी होंगे, जब आपकी भावनाएँ ही बातचीत का केंद्र बन जाएँगी।

कई बार हम ये मान बैठते हैं कि भावुक होना और भावनाओं की स्पष्ट अभिव्यक्ति करना एक ही चीज़ है। जबकि ऐसा नहीं है। ये दोनों चीज़ें अलग-अलग हैं। आप भावुक हुए बिना भी अपनी भावनाओं की स्पष्ट अभिव्यक्ति कर सकते हैं। दूसरी ओर आप कुछ भी व्यक्त किए बिना बेहद भावुक भी हो सकते हैं। भावनाओं की स्पष्ट और कुशल अभिव्यक्ति के लिए विचारशीलता की जरूरत होती है। आपकी भावनाओं की अभिव्यक्ति के लिए आगे तीन दिशा-निर्देश दिए गए हैं, जो आपकी चिंता कम करने में मददगार सिद्ध होंगे व प्रभावी बातचीत की संभावना बढ़ा देंगे।

१. भावनाओं को वापस समस्या के दायरे के भीतर रखें

भावनाओं की कुशल अभिव्यक्ति का पहला चरण है, बस ये याद रखना कि भावनाएँ महत्वपूर्ण होती हैं। करीब-करीब हर कठिन बातचीत में तीव्र भावनाएँ शामिल होती हैं। यूँ तो भावनाओं का संदर्भ दिए बिना भी किसी भी समस्या को परिभाषित किया जा सकता है, लेकिन सच्चे अर्थों में इसे समस्या का समाधान नहीं कहा जा सकता। अगर भावनाएँ ही असली मुद्दा हैं, तो फिर उनके बारे में बात भी होनी चाहिए।

भावनाओं को व्यक्त करने के लिए उनका तर्कसंगत होना जरूरी नहीं है। आप जैसा महसूस कर रहे हैं, आपको वैसा महसूस नहीं करना चाहिए, ऐसा सोचने से यह तथ्य नहीं बदल जाता कि आप सचमुच वैसा महसूस कर रहे हैं। आपकी भावनाएँ, कम से कम क्षणिक रूप से आपसी रिश्ते का एक महत्वपूर्ण पहलू हैं। आप ये भावनाएँ व्यक्त करने से पहले यह स्वीकार कर सकते हैं कि आप उनके साथ सहज महसूस नहीं करते या पक्के तौर पर नहीं कह सकते कि वे कितनी अर्थपूर्ण हैं। लेकिन इसके बाद वे भावनाएँ व्यक्त जरूर करें। यहाँ आपका उद्देश्य सिर्फ ये है कि आपकी भावनाएँ सामने आएँ। इसके बाद आप ये तय कर सकते हैं कि आपको उनका क्या करना है।

२. अपनी भावनाओं को पूरे विस्तार से व्यक्त करें

आइए अब ब्रैड और उसकी माँ के बीच की उस बातचीत की ओर वापस लौटते हैं, जो ब्रैड के नौकरी ढूँढ़ने से जुड़ी हुई है। ये समझना आसान है कि सिर्फ अपनी गुस्से की भावना से अवगत होने पर ब्रैड अपनी भावनाएँ व्यक्त करने में संकोच क्यों करता है। उसे लगता है कि अगर वह अपनी माँ को स्पष्ट शब्दों में ये बता देगा कि वह उनसे कितना नाराज है, तो शायद बदले में उसकी माँ भी उससे ठीक यही बात कहेगी। ऐसे में उनकी बातचीत किसी नतीजे पर नहीं पहुँचेगी। बल्कि ज्यादा संभावना तो इस बात की है कि इसके बाद वे दोनों पहले से भी ज़्यादा गुस्सा महसूस करेंगे।

लेकिन अगर ऐसा हो कि ब्रैड अपनी बात रखने के लिए पूरा समय ले और विस्तार से बताए कि उसकी स्थिति क्या है और वह कैसा महसूस करता है, तब क्या? बजाय ये कहने के कि 'माँ, आप मुझे पागल कर देंगी!' ब्रैड ये कह सकता

है कि 'जब आप मुझसे पूछती हैं कि नौकरी की तलाश कैसी चल रही है, तो मैं एक साथ कई चीज़ें महसूस करता हूँ, जिनमें से पहली चीज़ है गुस्सा। इसीलिए मैंने आपसे कहा था कि आप मेरे सामने ये मसला उठाया ही मत कीजिए, लेकिन फिर भी आप नहीं मानीं। हालाँकि कहीं न कहीं मुझे इस बात की खुशी भी होती है कि चलो किसी को मेरी फिक्र तो है। साथ ही मैं इस बात को लेकर आश्वस्त भी महसूस करता हूँ कि सब ठीक हो जाएगा। मेरे लिए ये बात बहुत मायने रखती है कि आपको मेरी इतनी परवाह है।'

और जब उसकी माँ ये पूछती है कि वह नौकरी ढूँढ़ने के लिए और ज़्यादा हाथ-पैर क्यों नहीं मारता, तो बजाय ये कहने के कि 'मुझे परेशान मत करो,' ब्रैड ये कह सकता है कि 'मेरे लिए इस बारे में आपसे बात करना बड़ा ही मुश्किल अनुभव होता है। जब भी मैं इस बारे में सोचता हूँ, तो शर्मिंदा महसूस करने लगता हूँ कि शायद मैं अपनी सारी क्षमताओं को व्यर्थ जाने दे रहा हूँ और आपको निराश कर रहा हूँ।'

बातचीत द्वारा अपनी भावनाओं को पूरे विस्तार से सामने रखकर ब्रैड ने बातचीत की प्रकृति ही बदल दी। अब ये बातचीत दो लोगों के गुस्से की लड़ाई नहीं रह गई थी। ब्रैड इस चर्चा में गहनता और जटिलता ले आया था। साथ ही ब्रैड की बातों ने उसकी माँ को भी सोच-विचार करने पर मजबूर कर दिया। अब ब्रैड की माँ को समझ में आ जाना चाहिए कि वह क्या है, जो ब्रैड के व्यवहार को प्रेरित कर रहा है और वह खुद जो भी करती है, उसका ब्रैड पर क्या प्रभाव पड़ रहा है। उन दोनों के बीच की बातचीत ब्रैड की भावनाओं की अभिव्यक्ति के साथ ही खत्म नहीं होती बल्कि ये तो बस शुरुआत है। न ही अपनी भावनाओं को विस्तार से व्यक्त करने से उन दोनों की बातचीत 'आसान' हो जाएगी। लेकिन इससे उनकी बातचीत कम कलहपूर्ण जरूर हो जाएगी, साथ ही उनके बीच बेहतर आपसी समझ बनेगी, बेहतर जुड़ाव पैदा होगा और बातचीत के ऐसे विभिन्न पैटर्न्स का रास्ता खुलेगा, जो पारस्परिक रूप से अधिक सहायक होंगे।

३. मूल्यांकन न करें - बस साझा करें

हर किसी की भावनाओं का निपटारा करने से पहले उन्हें सामने आने का मौका देना, उन्हें सुनना और स्वीकार करना जरूरी होता है। जैसे अगर आपने

कहा, 'मुझे दुःख पहुँचा,' और जवाब में सामनेवाला कह दे कि 'तुम ओवररिएक्ट कर रहे हो,' तो एक-दूसरे को व समस्या को गहनता से समझने की प्रक्रिया स्वतः ही बाधित हो जाएगी। सामनेवाले की भावनाएँ जायज हैं या नहीं, इस बात का मूल्यांकन समय से पहले ही करने से सामनेवाले की अभिव्यक्ति कमजोर पड़ जाती है, जिसका नकारात्मक प्रभाव अंततः आप दोनों के आपसी संबंधों पर पड़ता है। आगे दिए गए दिशा-निर्देशों का पालन करके आप एक मूल्यांकन-मुक्त माहौल बना सकते हैं: विशुद्ध भावनाएँ साझा करें (बिना आलोचना, आरोप या दोषारोपण के); तय करें कि समस्या का समाधान बाद में करेंगे; और एकाधिकार न जमाएँ।

आलोचना, आरोप या दोषारोपण किए बिना अपनी भावनाएँ व्यक्त करें। लोग अक्सर कहते हैं, 'मैंने अपनी भावनाएँ व्यक्त कीं और परिणामस्वरूप झगड़ा हो गया। क्या आपको एमिली और रोज़ का किस्सा याद है? एमिली ने रोज़ को बताया कि उसे लगा, रोज़ बेपरवाह और आत्म-केंद्रित महिला है। क्योंकि रोज़ के तलाक के दौरान एमिली ने एक अच्छी दोस्त होने का फर्ज निभाया, लेकिन रोज ने इसके लिए कभी एमिली को धन्यवाद नहीं दिया। आश्चर्य नहीं कि एमिली की ये बात सुनकर रोज़ नाराज़ हो गई और उसने रक्षात्मक रवैया अपना लिया।

अंततः एमिली को एहसास हुआ कि उसने अपनी भावनाएँ व्यक्त करने के बजाय रोज़ की आलोचना की है। एमिली के अनुसार: 'इसके बाद मैंने रोज़ की आलोचना करने या उसका मूल्यांकन करने के बजाय बस उसे यह समझाया कि मुझे दुःख पहुँचा और अब मैं हमारी दोस्ती को लेकर दुविधा में हूँ। ये सुनने के बाद उसने दुःख जताया और इस बात के लिए मुझे बार-बार धन्यवाद दिया कि मैंने तलाक के दौरान उसकी कितनी मदद की। उसकी इस प्रतिक्रिया से मैं सचमुच हैरान रह गई।'

भावनाओं के बारे में सफलतापूर्वक बातचीत करने के लिए जरूरी है कि आप अपनी बातों को आलोचना, आरोप और दोषारोपण से दूर रखने को लेकर चौकस रहें और इसके बाद भावनाओं से जुड़ी अपनी टिप्पणी को सामने रखें। आप जिन शब्दों का उपयोग कर रहे हैं, उन पर गौर करना महत्वपूर्ण है ताकि यह सुनिश्चित किया जा सके कि आपके शब्दों से आपका मनचाहा अर्थ व्यक्त हो रहा है। उदाहरण के लिए ये टिप्पणी कि 'तुम कतई भरोसेमंद नहीं हो!' सामनेवाले के चरित्र की आलोचना है। इस टिप्पणी में इस बात का कोई उल्लेख नहीं है कि

टिप्पणी करनेवाला खुद क्या महसूस कर रहा है। इसलिए अगर इसकी प्रतिक्रिया स्वरूप सामनेवाला कहता है कि 'जी नहीं, ऐसा नहीं है!' तो हमें आश्चर्य नहीं होना चाहिए।

इसके विपरीत ये कथन कि 'मैं सचमुच हताश हूँ कि तुमने पत्र नहीं भेजा,' दोषारोपण को किनारे रखकर सिर्फ अंतर्निहित भावना पर ध्यान केंद्रित करता है। हालाँकि ऐसा नहीं है कि अपनी टिप्पणियों, कथनों या वाक्यों में ऐसे बदलाव लाने से आपकी सारी समस्याएँ खत्म हो जाएँगी, लेकिन इससे उत्पादक चर्चा होने की संभावना जरूर बढ़ जाएगी।

एक अन्य कठिनाई – जो कहीं अधिक सूक्ष्म पर इतनी ही आम है – तब पैदा होती है, जब हम विशुद्ध भावनाओंवाली किसी टिप्पणी को, दोषारोपण करनेवाली टिप्पणी के साथ जोड़ देते हैं। जैसे हम कहते हैं, 'तुमने मुझे कॉल नहीं किया, जबकि तुमने खुद कहा था कि तुम कॉल करोगे। इससे मुझे दुःख महसूस हुआ और ये तुम्हारी गलती है।' इस टिप्पणी में एक भावना – 'मुझे दुःख महसूस हुआ' – शामिल है, लेकिन साथ ही इसमें यह निष्कर्ष भी शामिल है कि इस भावना का कारण क्या है यानी मेरे दुःख के लिए कौन दोषी है। जब आप ऐसी टिप्पणी करते हैं, तो सामनेवाला आपकी भावना पर ध्यान केंद्रित करने के बजाय इस तथ्य पर ध्यान केंद्रित करता है कि आप उसे दोषी ठहरा रहे हैं। इसीलिए ऐसे में सबसे पहले विशुद्ध भावना को व्यक्त करना कहीं बेहतर होगा: 'जब तुम्हारा कॉल नहीं आया, तो मुझे दुःख महसूस हुआ' – इसके बाद ही आपको संयुक्त योगदान पर गौर करना चाहिए (न कि दोषारोपण पर)।

एकाधिकार न जमाएँ - हो सकता है कि दोनों पक्ष एक ही समय में तीव्र भावनाएँ महसूस करें। जैसे अगर आप अपने जीवनसाथी के साथ सुपरमार्केट में किराने की खरीदारी कर रहे हैं, तो ये संभावना कम ही है कि आप दोनों में से सिर्फ एक व्यक्ति ही शेल्फ से सामान उठाकर शॉपिंग कार्ट में रखेगा। बल्कि होगा ये कि आप दोनों ही अपनी-अपनी पसंदीदा चीज़ें उठाकर शॉपिंग कार्ट में रखेंगे। भावनाओं पर चर्चा के दौरान भी ठीक ऐसा ही होता है। आप अपनी बॉस से इस बात पर नाराज हो सकते हैं कि जब आप ऑफिस देर से पहुँचे तो उसने आपके साथ बुरा व्यवहार किया और वह इस बात से नाराज हो सकती है कि आपने समय पर मेमो पूरा नहीं किया। अगर आप किसी मसले को लेकर तीव्र भावनाएँ महसूस कर रहे हैं, तो पूरी

संभावना है कि सामनेवाला भी उतनी ही तीव्र भावनाएँ महसूस कर रहा होगा। और जिस तरह आपकी अनिश्चित भावनाएँ एक-दूसरे को खारिज नहीं करतीं, उसी तरह उनकी भावनाएँ आपको खारिज नहीं करती। ठीक यही बात उन पर भी लागू होती है। यहाँ महत्वपूर्ण ये है कि बातचीत खत्म हो, इससे पहले ही दोनों पक्ष अपनी-अपनी तीव्र और परस्पर विपरीत भावनाओं को बातचीत में शामिल करें।

एक आसान रिमाइंडर कहें, 'मैं... महसूस करता हूँ।' यह सचमुच हैरानी की बात है कि बहुत से लोग 'मैं... महसूस करता हूँ' जैसे आसान शब्द कहने के बजाय तमाम उलझने झेलने को वरीयता देते हैं। जबकि इन शब्दों का आपके श्रोता पर गहरा प्रभाव होता है।

'मैं... महसूस करता हूँ' से अपनी बात शुरू करना असाधारण रूप से फायदेमंद है। इससे भावनाओं पर ध्यान केंद्रित रहता है और ये स्पष्ट होता है कि आप सिर्फ अपने दृष्टिकोण से ही बोल रहे हैं। इससे आप दूसरों की आलोचना या मूल्यांकन करने या उन पर आरोप लगाने से बच जाते हैं। उदाहरण के लिए अपनी बात की शुरुआत इस वाक्य से करना कि 'तुम बच्चों के सामने मुझे कमतर आंकने पर क्यों तुले हुए हो?' सिर्फ एक बहस को ही जन्म देगा। ये सुनकर आपके जीवनसाथी को जरूर ये लगेगा कि आप परेशान हैं या गुस्से में हैं। लेकिन इस वाक्य के जरिए आपने कोई भावना व्यक्त नहीं की है - बल्कि सिर्फ अपने जीवनसाथी के इरादों की और बच्चे पालने के उनके कौशल की आलोचना की है। इसके बजाय आप अपनी बात इस वाक्य से शुरू करें, 'जब तुम बच्चे पालने को लेकर उनके सामने ही मुझसे असहमति जताते हो, तो 'मैं ठगा हुआ महसूस करती हूँ' और साथ ही मैं ये सोचकर भी चिंतित हो जाती हूँ कि इससे उन्हें कितना गलत संदेश जाएगा।' यह वाक्य सुनकर आपका जीवनसाथी आपसे इस बारे में बहस नहीं कर सकेगा कि आप कैसा महसूस कर रही हैं। इससे आपके जीवनसाथी द्वारा रक्षात्मक रवैया अपनाने की संभावना भी कम हो जाएगी। फिर वह न सिर्फ आपसे आपकी भावनाओं के बारे में चर्चा करने को तैयार होगा बल्कि एक-दूसरे के साथ मिलकर बच्चों को अनुशासित करने के तरीके विकसित करना भी आसान हो जाएगा।

स्वीकृति का महत्त्व

चीज़ों को सुलझाने की दिशा में आगे बढ़ने का पहला महत्वपूर्ण कदम है

अपनी भावनाओं का वर्णन करना। लेकिन इस तरह आगे बढ़ते हुए आप सीधे उस बिंदु तक नहीं पहुँच सकते, जहाँ समस्याएँ सुलझाई जा सकें। वहाँ तक पहुँचने से पहले ये जरूरी है कि हर पक्ष की भावनाओं को स्वीकृति मिले। स्वीकृति एक ऐसा चरण है, जिसे छोड़कर आगे नहीं बढ़ा जा सकता।

किसी भी भावनाओं को स्वीकार करने का अर्थ क्या है? दरअसल इसका अर्थ है सामनेवाले को ये बताना कि उन्होंने जो भी कहा, आप उससे प्रभावित हुए हैं और उनकी भावनाएँ आपके लिए मायने रखती हैं साथ ही आप उन भावनाओं को समझने की कोशिश कर रहे हैं। आप कह सकते हैं, 'ओह, मुझे अंदाज़ा भी नहीं था कि तुम्हें ऐसा महसूस हुआ,' या 'मुझे लग ही रहा था कि शायद तुम ऐसा महसूस कर रहे होगे और मुझे खुशी है कि तुमने मेरे साथ बड़ी सहजता से ये बात साझा की,' या फिर 'लगता है, ये तुम्हारे लिए सचमुच बहुत महत्वपूर्ण है।' उन्हें बताएँ कि उनका दृष्टिकोण समझना आपको जरूरी लगता है और इसी की कोशिश कर रहे हैं: 'मैं तुम्हें अपनी भावनाएँ बताऊँ, इससे पहले तुम मुझे बताओ कि तुम्हें ऐसा क्यों लगता है कि मैं तुम्हें नीचा दिखाता हूँ?'

भावनाओं में बहने का अपना एक आकर्षण होता है। हम चीज़ों को आगे बढ़ाना चाहते हैं और समस्या को हल करना चाहते हैं ताकि सब कुछ बेहतर हो सके। हम अक्सर भावनाओं को 'ठीक' करके उन्हें अपने रास्ते से अलग करना चाहते हैं: 'देखो, अगर तुम अकेला महसूस करती हो, तो मैं तुम्हारे साथ और अधिक समय बिताने की कोशिश करूँगा।' या फिर: 'तुमने सही कहा। अब मैं भला और क्या कह सकता हूँ?' हो सकता है कि इस तरह सामनेवाला आपकी भावनाओं पर अपनी सच्ची प्रतिक्रिया दे रहा हो और ये सचमुच अच्छी बात है कि वह आपसे अपनी प्रतिक्रिया साझा कर रहा है, लेकिन वह ऐसा कुछ ज़्यादा ही जल्दी कर रहा है।

इस शॉर्ट सर्किट से बचने के लिए आपसी बातचीत को वापस आपसी समझ बढ़ाने के उद्देश्य की दिशा में ले जाएँ: 'मैं ये नहीं कह रहा हूँ कि तुम्हारा इरादा मुझे दुःख पहुँचाने का था। मुझे नहीं पता कि तुमने सचमुच ऐसा किया या नहीं। मेरे लिए तो बस ये महत्वपूर्ण है कि तुम यह समझो कि जब तुमने ऑफिस में पूरे डिपार्टमेंट के सामने मेरे काम की आलोचना की, तो मुझे कैसा महसूस हुआ होगा।' समस्या सुलझाने की दिशा में आगे बढ़ने से पहले ये सुनिश्चित करना आपकी जिम्मेदारी

है कि सामनेवाले को इस बात का एहसास हो कि आपके लिए ये मसला कितना महत्वपूर्ण है; वह सचमुच आपकी भावनाएँ समझता हो और उसके लिए ये बात मायने रखती हो कि आपने उससे अपनी भावनाएँ साझा कीं। अगर वह ये नहीं समझ पा रहा है कि कोई चीज़ आपके लिए कितनी महत्वपूर्ण है और अगर आप उसे इस बात से अवगत नहीं कराते हैं, तो इसका अर्थ है कि आप खुद को ही निराश कर रहे हैं।

रिश्ता कोई भी हो, भावनाओं को स्वीकार करना महत्वपूर्ण होता है। यह खासतौर पर टकराव या संघर्षपूर्ण स्थितियों में और महत्वपूर्ण हो जाता है। एक मामले में तो सिर्फ भावनाएँ स्वीकार करने मात्र से ही नस्लीय तनाव के कारण ध्रुवीकरण के शिकार एक समुदाय को आमूलचूल बदलाव लाने में मदद मिली। पुलिस अधिकारियों और अल्पसंख्यक समुदाय के बीच हाल की घटनाओं की एक श्रृंखला पर चर्चा करने के लिए पुलिस अधिकारियों, राजनेताओं, व्यवसाईयों और गणमान्य नागरियों का एक समूह इकट्ठा हुआ। इस चर्चा के बाद जब एक अश्वेत किशोर से पूछा गया कि क्या वह इस चर्चा से लोगों की सोच बदलने में सफल रहा तो उसकी आँखों में आँसू आ गए और उसने कहा, 'आप समझे नहीं। मैं उनकी सोच बदलना नहीं चाहता। मैं तो बस अपनी कहानी साझा करना चाहता था। मैं ये सुनने नहीं आया था कि सब कुछ ठीक हो जाएगा या जो भी हुआ उसमें उनकी कोई गलती नहीं थी और न ही मैं इसलिए यहाँ आया था ताकि वे मुझसे कहें कि उनकी कहानियाँ भी उतनी ही भयावह हैं, जितनी मेरी। मैं बस अपनी कहानी साझा करना चाहता था, अपनी भावनाएँ बताना चाहता था। तो फिर मेरी आँखों में आँसू क्यों हैं? इसलिए क्योंकि अब मुझे पता है कि उन्हें मेरी इतनी परवाह तो है कि वे मुझे सुनने के लिए यहाँ तक आए।'

कभी-कभी भावनाएँ ही सब कुछ होती हैं

जल्द ही दुल्हन बनने जा रही जूली के पिता मैक्स ने जैसे ही उससे अपनी भावनाएँ - गर्व की और खो देने की भावनाएँ - साझा कीं, तो इस मामले से जुड़े सारे मुद्दे सुलझाना आसान हो गया कि जूली की शादी का खर्च कैसे और किन-किन चीज़ों पर करना है। दोनों बाप-बेटी के बीच की पिछली बातचीत में जो अंतर्निहित नकारात्मकता थी - अस्वीकृत महसूस करने की मैक्स की भावना और हर चीज़ अपने नियंत्रण में रखने की मैक्स की आदत को लेकर उसकी बेटी की

नाराज़गी की भावना – उस पर खुलकर बातचीत हुई। फिर यह नकारात्मकता जूली की शादी की तैयारियों से जुड़ी समस्याओं का समाधान ढूँढ़ने में बाधा नहीं बनीं। इस तरह दोनों बाप-बेटी के आपसी संबंध और मजबूत हो गए, जिसका आधार था, एक-दूसरे के सामने पूरी ईमानदारी से अपनी बात रखना और यह स्पष्ट कर देना कि दोनों एक-दूसरे के लिए क्या बनना चाहते हैं।

हालाँकि कभी-कभी ऐसा भी होता है, जब सिर्फ भावनाएँ ही सब कुछ नहीं होतीं। कभी-कभी वे बड़ी कठिन और परेशानी भरी होती हैं और इसके बावजूद आपको सामनेवाले के साथ मिलकर कोई काम पूरा करना होता है या बच्चों को पालना होता है। अपने आपसी संबंधों पर काम करने या आप जिस समस्या का सामना कर रहे हैं, उसे हल करने की प्रक्रिया बड़ी लंबी और कठिन होती है। फिर भी इस दौरान सामनेवाले के साथ अपनी भावनाओं और सामने खड़ी समस्या के बारे में प्रभावी संवाद करने में सक्षम होना महत्त्वपूर्ण होता है।

पहचान संबंधी बातचीत

6
अपनी पहचान को संतुलित रखें
खुद से पूछें कि दांव पर क्या लगा है

मैंने एक अन्य नौकरी का प्रस्ताव स्वीकार कर लिया है और अब बस मुझे इतना करना है कि जाकर अपने बॉस को बता दूँ कि मैं ये नौकरी छोड़कर जा रहा हूँ। मुझे किसी रेफरेंस या भविष्य के लिए किसी व्यावसायिक निवेश की जरूरत नहीं है और अब मेरे इस निर्णय को कोई नहीं बदल सकता। इसके बावजूद जब भी मैं अपने बॉस को जाकर बताने की सोचता हूँ, तो घबरा जाता हूँ।

– बेन, सॉफ्टवेयर कंपनी का वाइस प्रेसिडेंट

बाहर से देखने पर लगता है कि बेन के पास डरने या घबराने की कोई वजह नहीं है; सारे पत्ते उसके हाथ में हैं। इसके बावजूद उसकी नींद हराम हो रखी है।

बेन बताता है : 'मेरे पिता ने जीवनभर एक ही कंपनी में काम किया और उनकी इस वफादारी के लिए मेरे मन में बड़ा सम्मान है। मैंने अपने जीवन में हमेशा सही कदम उठाने की कोशिश की, जिसका एक बड़ा हिस्सा था, हमेशा अपने आसपास के लोगों – मेरे माता-पिता, मेरी पत्नी, मेरे बच्चे और मेरे सहकर्मियों – के साथ बने रहना। इसीलिए अपने बॉस से जाकर ये कहना कि मैं यह नौकरी छोड़ रहा हूँ, मेरे लिए सीधे तौर पर वफादारी का मुद्दा है। मेरा बॉस मेरा मार्गदर्शक भी रहा है और उसने हमेशा मेरी मदद की है। इसीलिए अब मेरे मन में कुछ ऐसे विचार आ रहे हैं: मैं हमेशा खुद को एक वफादार साथी के तौर पर देखता आया हूँ पर क्या मैं सचमुच एक वफादार साथी हूँ? या फिर मैं भी औरों की तरह बस एक लालची व्यक्ति हूँ, जो सही कीमत मिलने पर किसी को भी धोखा देने के लिए तैयार बैठा है?'

कठिन बातचीतें हमारी पहचान पर सवाल उठाती हैं

बेन की ये अवस्था इस महत्वपूर्ण पहलू पर प्रकाश डालती है कि आखिर कुछ

बातचीतें इतनी कठिन क्यों होती हैं। हम न सिर्फ इसलिए चिंतित होते हैं कि हमें किसी दूसरे व्यक्ति का सामना करना पड़ेगा बल्कि इसलिए भी चिंतित होते हैं कि हमें खुद का सामना करना पड़ेगा। ये बातचीत न सिर्फ हमारे आत्म-बोध - कि हम क्या हैं - को भंग कर सकती है बल्कि ये हमें इस बात का बोध भी करा सकती है कि हम खुद जो होने की आशा करते हैं, शायद हम वह नहीं हैं। ये बातचीत हमारी पहचान - यानी हमारी उस कथा को, जो हम अपने बारे में खुद को सुनाते हैं - पर सवाल उठाती है। और जब हमारी पहचान पर सवाल उठाया जाता है, तो ये हमारे लिए गहन रूप से परेशान करनेवाला अनुभव हो सकता है।

तीन प्रमुख पहचानें

दुनिया में जितने लोग हैं, संभवत: उतनी ही पहचानें भी हैं। लेकिन पहचान संबधी तीन मुद्दे आम नज़र आते हैं और कठिन बातचीतों के दौरान जो चीज़ हमें सबसे ज़्यादा चिंतित करती हैं, ये तीनों उसकी बुनियाद हैं: क्या मैं सक्षम हूँ? क्या मैं एक अच्छा इंसान हूँ? क्या मैं प्रेम के योग्य हूँ?

* **क्या मैं सक्षम हूँ?** 'मैं ये सोचकर चिंतित था कि मुझे अपने वेतन का मुद्दा उठाना चाहिए या नहीं? सहकर्मियों द्वारा उत्साह बढ़ाए जाने पर अंतत: मैंने यह मुद्दा उठा ही दिया। लेकिन मैं कुछ कह पाता, इससे पहले ही मेरे सुपरवाइजर ने कहा, 'मैं ये देखकर हैरान हूँ कि तुम इस बारे में चर्चा करना चाहते हो। सच तो ये है कि इस साल तुम्हारे प्रदर्शन से मुझे बड़ी निराशा हुई है।' ये सुनकर मैं अचानक इतना हताश गया कि मुझे मिचली सी आने लगी। शायद मैं खुद को जितना प्रतिभाशाली केमिस्ट मानता हूँ, उतना सच में नहीं हूँ।'
* **क्या मैं एक अच्छा इंसान हूँ?** 'उस रात मैं सैंड्रा से रिश्ता तोड़नेवाला था। मैं बात को घुमाफिराकर कहने की कोशिश कर रहा था और जैसे ही उसे एहसास हुआ कि मैं क्या कहना चाहता हूँ, उसने रोना शुरू कर दिया। मुझसे उसका रोना देखा नहीं जा रहा था। मेरे लिए जीवन में सबसे मुश्किल चीज़ रही है, उन लोगों को दु:ख पहुँचाना, जिनकी मैं परवाह करता हूँ; मैं भावनात्मक या आध्यात्मिक रूप से ऐसा व्यक्ति नहीं हूँ, जो दूसरों को दु:ख पहुँचाए। उस वक्त मैं जो महसूस कर रहा था, वह मुझसे बर्दाश्त नहीं हो रहा था। और

बस, फिर क्या! कुछ ही पलों बाद मैंने खुद को उससे ये कहते हुए पाया कि मैं उसे कितना प्यार करता हूँ और हमारे बीच सब कुछ ठीक हो जाएगा।'

* **क्या मैं प्रेम के योग्य हूँ?** 'मैंने अपने भाई से इस बारे में बातचीत की कि वह अपनी पत्नी से कैसा व्यवहार करता है। वह अपनी पत्नी को बात-बात पर चुप कराकर नीचा दिखाता था और मुझे पता था कि उसकी पत्नी को ये सब बहुत बुरा लगता है। मैं अपने भाई के सामने यह मुद्दा उठाते समय थोड़ा घबराया हुआ था और अपनी बात कहने के लिए मुझे शब्द नहीं मिल रहे थे। तभी अचानक वह चीखा, 'तुम होते कौन हो मुझसे ये सब कहनेवाले? आज तक जीवन में कभी किसी औरत के साथ तुम्हारा कोई ढंग का रिश्ता रहा है, जो अब तुम मुझे बताओगे कि मुझे अपनी पत्नी से कैसा व्यवहार करना चाहिए?' ये सुनने के बाद कुछ कहना तो दूर, मेरी तो मानो साँस ही अटक गई। फिर तो मैं बस तत्काल वहाँ से रफूचक्कर होना चाहता था।'

बातचीत शुरू करते समय हम खुद को जो भी मानकर चल रहे थे, अचानक उसी पर सवाल उठा दिया गया।

पहचान को झटका लगने से हमारा संतुलन बिगड़ सकता है

पहचान संबंधी बातचीत हमारे मन में हलचल मचा देती है: 'शायद मैं सचमुच औसत दर्जे का व्यक्ति हूँ,' 'आखिर मैं दूसरों को दुःख पहुँचानेवाला व्यक्ति कैसे हो सकता हूँ?' या 'मेरा भाई सच कहता है, आज तक मुझे किसी औरत ने प्रेम नहीं किया।' इन तीनों वाक्यों से हमारे बारे में कुछ ऐसा जाहिर हो रहा है, जिससे हमारे पैरों तले जमीन खिसक सकती है।

हो सकता है कि संतुलन बिगड़ने पर आप ऐसी आक्रामक प्रतिक्रिया दें, जिससे बातचीत कठिन होने के बजाय असंभव हो जाए। आपकी और आपके भविष्य की छवि, आपकी आक्रामक प्रतिक्रिया के साथ सीधे तौर पर जुड़ी होती है। जब उसे झटका लगता है तो असहनीय चिंता, गुस्सा या वहाँ से तत्काल दूर चले जाने की इच्छा पैदा हो सकती है। अचानक आपकी तंदुरुस्ती अवसाद में बदल सकती है, आशा निराशा में तब्दील हो सकती है और क्षमता डर में बदल सकती है। और इस दौरान आप स्पष्ट व प्रभावी संवाद करने जैसा संवेदनशील कार्य करने की कोशिश कर रहे होते हैं। आपका सुपरवाइजर आपको ये समझा रहा होता है कि

आपका प्रमोशन क्यों नहीं हो रहा है; जबकि आप अपनी पहचान को लगा झटका झेलने में व्यस्त होते हैं।

कोई त्वरित समाधान नहीं है

आप अपने आत्म-बोध पर लगनेवाले झटकों को हमेशा के लिए नहीं रोक सकते। पहचान संबंधी मुद्दों से जूझना ही जीवन है और आत्म विकास की प्रक्रिया में इनका सामना करना ही पड़ता है। भले ही आपके जीवन में कितना भी प्रेम हो, कितनी भी उपलब्धियाँ हों या भले ही आपने कितना भी कौशल विकसित कर लिया हो, आप इन चुनौतियों से बच नहीं सकते। जब आप कहती हैं कि आप एक और बच्चा नहीं चाहतीं और ये सुनकर आपके पति की आँखों में आँसू आ जाते हैं या जब आप टीम में भेदभाव का मुद्दा उठाते हैं और जवाब में आपका कोच कहता है, 'बचपना मत करो' तो ये दरअसल आपके आत्म-बोध की परीक्षा होती है कि इन संबंधों में या संसार में आपका क्या स्थान है।

हालाँकि पहचान संबंधी सभी चुनौतियाँ गंभीर नहीं होतीं पर कुछ चुनौतियाँ ऐसी हैं, जो सचमुच गंभीर होती हैं। आप खुद को जिस रूप में देखते हैं, उसके एक सुखद पहलू को कठिन बातचीत के चलते त्यागना पड़ सकता है। ये नुकसान अपने सबसे गहन रूप में कुछ ऐसा होता है, जिसके लिए शोक मनाने की जरूरत पड़ती है, ठीक वैसा जैसा किसी करीबी व्यक्ति की मृत्यु पर होता है। इसलिए ये दिखावा करने का कोई लाभ नहीं कि इसका कोई त्वरित समाधान उपलब्ध है या आप दोबारा कभी अपना संतुलन नहीं खोएँगे या कुछ आसान कदम उठाने पर महारत हासिल करके जीवन की सबसे कठिन चुनौतियों का सामना किया जा सकता है।

लेकिन आपके लिए एक अच्छी खबर भी है। आप पहचान संबंधी मुद्दों को पहचानने और उनका सामना करने की अपनी क्षमता बढ़ा सकते हैं। आप क्या है, इस बारे में पूरी ईमानदारी से स्पष्ट सोच-विचार करके बातचीत के दौरान अपनी चिंता का स्तर कम किया जा सकता है, जिसके परिणामस्वरूप आपकी नींव को और मजबूत किया जा सकता है।

असुरक्षित पहचान :
सब कुछ या कुछ भी नहीं वाली सोच

पहचानसंबंधी बातचीत का बेहतर प्रबंधन उन तरीकों को समझने के साथ शुरू होता है, जिनसे हम खुद को कमजोर बनाकर अपना संतुलन बिगाड़ लेते हैं। एक पहचान को असुरक्षित बनाने में योगदान देनेवाला सबसे बड़ा कारक है, 'सब कुछ या कुछ भी नहीं' वाली सोच : या तो मैं सक्षम हूँ या अक्षम, अच्छा हूँ या बुरा, प्रेम के योग्य हूँ या नहीं हूँ।

'सब कुछ या कुछ भी नहीं' वाली सोच का प्राथमिक जोखिम ये है कि इससे हमारी पहचान अस्थिर हो जाती है, जिसके चलते हम फीडबैक को लेकर अति-संवेदनशील हो जाते हैं। ऐसे में जब अपने बारे में नकारात्मक जानकारी से हमारा सामना होता है, तो 'सब कुछ या कुछ भी नहीं' वाली सोच के चलते हमारे पास उस जानकारी का प्रबंधन करने के सिर्फ दो ही तरीके उपलब्ध होते हैं और दोनों ही तरीके गंभीर समस्याएँ खड़ी करते हैं। या तो हम उस जानकारी को खारिज करने लगते हैं, जो हमारी आत्म-छवि से मेल नहीं खाती या फिर हम इसका ठीक उल्टा करते हैं: हम उस सूचना को इतना महत्वपूर्ण मान बैठते हैं कि खुद को अपंग महसूस करने लगते हैं। 'सब कुछ या कुछ भी नहीं' वाली पहचान बस उतनी ही मजबूत होती है, जितना कोई दो पैरोंवाला स्टूल।

नकारना

एक विशुद्ध सकारात्मक पहचान के साथ चिपके रहने से हमारे पास किसी नकारात्मक फीडबैक के लिए कोई जगह नहीं बचती। अगर मैं खुद को एक अति-सक्षम व्यक्ति के रूप में देखता हूँ, जो कभी गलतियाँ नहीं करता, तो ऐसा कोई भी फीडबैक मेरे लिए एक समस्या ही होगा, जो ये संकेत देता हो कि मैंने कोई गलती की है। ऐसे में अपनी पहचान को अखंड रखने का इकलौता तरीका यही है कि मैं उस फीडबैक को नकार दूँ - ताकि यह पता लगा सकूँ कि ये फीडबैक सच क्यों नहीं है, यह मायने क्यों नहीं रखता या मैंने जो किया, उसे असल में एक गलती क्यों नहीं कहा जा सकता।

ज़रा उस केमिस्ट को याद कीजिए जिसने अपना वेतन बढ़ाने की माँग की थी। उसके बॉस की प्रतिक्रिया ये थी कि 'मैं ये देखकर हैरान हूँ कि तुम इस बारे में चर्चा

करना चाहते हो। सच तो ये है कि इस साल तुम्हारे प्रदर्शन से मुझे बड़ी निराशा हुई है।' ये सुनने के बाद उस केमिस्ट को यह तय करना होगा कि उसे इस जानकारी को किस रूप में ग्रहण करना है और उसकी पहचान के बारे में ये जानकारी क्या कहती है। इस जानकारी को नकारनेवाली केमिस्ट की प्रतिक्रिया कुछ ऐसी होगी: 'मेरे बॉस को बिजनेस की समझ तो है पर केमिस्ट्री की नहीं। उसे नहीं पता कि यहाँ मेरा योगदान कितना महत्वपूर्ण है। काश उसमें इतनी समझ होती कि वह मेरी प्रतिभा को समझ पाता।'

नकारात्मक जानकारी को एक कठिन बातचीत से बाहर रखने की कोशिश करना कुछ ऐसा ही है, जैसे बिना भीगे तैरने की कोशिश करना। कठिन बातचीत के दौरान – और आम जिंदगी में भी – अपने बारे में किसी अप्रिय सूचना से सामना होने पर हम उसका विरोध करते हैं। नकारने या खारिज करने के लिए अच्छी-खासी मानसिक ऊर्जा की जरूरत होती है और हम खुद को जो कथा सुना रहे होते हैं, आज नहीं तो कल, वह अनुपयोगी जरूर साबित होगी। दरअसल हमें जिस बात के सच होने की उम्मीद होती है और जिस बात के सच होने का डर होता है, उन दोनों बातों के बीच का अंतर जितना बड़ा होगा, हमारा संतुलन बिगड़ना उतना ही आसान होता है।

अतिश्योक्ति

नकारने का विकल्प है अतिश्योक्ति। 'सब कुछ या कुछ भी नहीं' वाली सोच हो, तो नकारात्मक फीडबैक को ग्रहण करने के लिए हमें न सिर्फ अपनी आत्म-छवि को समायोजित करना पड़ता है बल्कि कई बार उसे पूरी तरह उलटना पड़ता है। अगर मैं पूरी तरह सक्षम नहीं हूँ, तो इसका अर्थ है कि मैं पूरी तरह अक्षम हूँ: 'शायद मैं उतना भी रचनात्मक और विशिष्ट नहीं हूँ, जितना मुझे लगता था। शायद मैं कभी कुछ नहीं बन सकूँगा। हो सकता है कि मुझे नौकरी से ही निकाल दिया जाए।'

हम खुद को सामनेवाले के फीडबैक के आधार पर परिभाषित करने लगते हैं। जब हम सामनेवाले के फीडबैक को इतने अतिश्योक्ति पूर्ण तरीके से लेते हैं, तो वास्तव में हम ऐसा व्यवहार कर रहे होते हैं, मानो सामनेवाले का फीडबैक ही हमारे बारे में वह एक मात्र जानकारी हो, जो हमारे पास उपलब्ध हो। हम नियंत्रण

खो देते हैं और फिर वे जो कहते हैं, हम खुद को उसी के आधार पर देखने लगते हैं। हम चाहे १०० फाइलें सही समय पर निपटा दें, लेकिन अगर १०१वीं फाइल देर से निपटाने के लिए कोई हमारी आलोचना कर दे, तो हम खुद से कहने लगते हैं, 'मुझसे कोई काम ठीक से नहीं होता।' फिर ये छोटी सी जानकारी हमारी पूरी पहचान पर हावी हो जाती है।

हो सकता है कि आपको ये उदारहण हास्यास्पद लगे, लेकिन कभी न कभी हम सब ऐसे विचारों से घिर जाते हैं और ऐसा सिर्फ नाटकीय या दर्दनाक घटनाओं के दौरान ही नहीं होता। रोज़मर्रा की जिंदगी में ऐसे कई मौके आते हैं, जब इस किस्म के विचार आपको परेशान कर देते हैं। जैसे आपने किसी रेस्त्रां में वेटर को टिप दी और अगर वह टिप लेते समय आपको अजीब सी नज़रों से देखे, तो आपको लगता है कि आपने कम टिप देकर अपना ओछापन दिखा दिया। इसी तरह अगर आपने जरूरत पड़ने पर अपने दोस्त की मदद नहीं की तो आपको लगता है कि आप स्वार्थी हैं। इसी तरह अगर आपका भाई शिकायत करता है कि आप उसके नन्हे बच्चों से मिलने नहीं आते, तो आपको लगता है कि आप एक अच्छे चाचा नहीं हैं। अब आपको समझ में आ गया होगा कि अतिश्योक्तिपूर्ण प्रतिक्रिया व्यक्ति को इतना कमजोर क्यों महसूस कराती है।

अपनी पहचान को संतुलित रखें

पहचान संबंधी बातचीत का प्रबंधन करने की अपनी क्षमता में सुधार लाने के लिए आपको दो कदम उठाने होंगे। पहला, आपको उन पहचान संबंधी मुद्दों से परिचित होना होगा, जो आपके लिए महत्वपूर्ण हैं ताकि अगर किसी बातचीत के दौरान उन मुद्दों से आपका सामना हो, तो आप फौरन उन्हें पहचान सकें। दूसरा, आपको किसी भी नई जानकारी को अपनी पहचान के साथ एक स्वस्थ ढंग से एकीकृत करना सीखना होगा – ये कदम उठाने के लिए आपको 'सब कुछ या कुछ भी नहीं' वाली सोच त्यागनी होगी।

पहला कदम : अपनी पहचान से संबंधित मुद्दों के प्रति जागरुक बनें

एक कठिन बातचीत के दौरान अक्सर हमें पता ही नहीं चलता कि इसमें हमारी पहचान की ओर इशारा किया जा सकता है। तब हमें ये एहसास होता है कि

हम चिंतित, भयभीत और अनिश्चित महसूस कर रहे हैं और कुशलतापूर्वक संवाद करने की हमारी क्षमता अचानक विलीन हो गई है। ऐसे में हम – जो आमतौर पर स्पष्ट संवाद करते हैं – अचानक हकलाने लगते हैं और हमें ऐसा लगता है मानो अपनी बात कहने के लिए हमारे पास शब्द कम पड़ गए हैं; हम – जो अक्सर सहानुभूति के साथ बातचीत करते हैं – अचानक सामनेवाले की बात काटने और बहस करने से खुद को रोक नहीं पाते; हम – जो आमतौर पर शांत रहते हैं – अचानक गुस्से से उबल पड़ते हैं। लेकिन हम यकीन से नहीं कह पाते कि आखिर हमारे साथ ऐसा क्यों हो रहा है। अपनी पहचान के साथ हमारा संबंध बहुत स्पष्ट नहीं होता। इसीलिए ये सोचना आसान है कि 'मैं तो बस अपने भाई से इस बारे में बातचीत कर रहा हूँ कि वह अपनी पत्नी से कैसा व्यवहार करता है। आखिर इसका मेरी पहचान से क्या संबंध है?'

जिस चीज़ से आपकी पहचान को झटका लगता है, हो सकता है कि उस चीज़ से किसी अन्य व्यक्ति की पहचान को कोई फर्क न पड़े। हम सबकी अपनी विशिष्ट संवेदनशीलता होती है। अपनी संवेदनशीलता को बेहतर ढंग से समझने के लिए आपको इस बात पर गौर करना होगा कि कठिन बातचीत के दौरान जो चीज़ें आपका संतुलन बिगाड़ देती हैं, क्या उनमें कोई पैटर्न उभर रहा है? फिर खुद से पूछे कि ऐसा क्यों है? आपकी पहचान का वह कौन सा पहलू है, जो आपको जोखिम में लगता है?

आपके लिए इसके क्या मायने हैं? आप जिस बात से डरते हैं, अगर वह सच हो जाए, तो आपको कैसा महसूस होगा?

इन सवालों का जवाब पाने के लिए आपको थोड़ा गहराई में जाना पड़ सकता है। अब ज़रा जिमी की कहानी पर विचार करें। जैसे-जैसे वह बड़ा हुआ, उसकी छवि एक ऐसे व्यक्ति की बन गई, जो भावनात्मक रूप से ज़रा अलग-थलग रहता है। पारिवारिक जीवन में होनेवाले भावनात्मक प्रहारों से बचाने के लिए उसकी इस छवि ने ढाल का काम किया। कोई कठिन परिस्थिति आने पर भले ही किसी का भी संतुलन बिगड़ जाए, लेकिन जिमी के साथ ऐसा नहीं होता था, वह हमेशा तर्कसंगत व्यवहार ही करता था।

लेकिन समय के साथ उसमें बदलाव आने लगा। उसे अपनी भावनाओं को स्वीकार करने व उन्हें दूसरों के साथ साझा करने का महत्त्व समझ में आने लगा।

जब उसने अपने दोस्तों और सहकर्मियों के साथ ऐसा करना शुरू किया, तो उसका जीवन और समृद्ध होने लगा। वह चाहता था कि अपने अंदर आए इस बदलाव का खुलासा अपने परिवार के सामने भी करे, लेकिन वह ऐसा करने से ज़रा घबराता था। वह अपने परिवार के लिए जैसा व्यक्ति था, उसके पैटर्न बहुत गहनता से जमे हुए थे। वे पैटर्न भले ही परफेक्ट नहीं थे पर उनमें एक सहजता थी और वे हर किसी के लिए जाने-पहचाने थे। जिमी को परिवार के साथ भावनात्मक दूरी बनाकर रखने की कीमत चुकानी पड़ रही थी, लेकिन यह कीमत जानी-पहचानी थी।

उसने अपने इन डरों को अपने एक दोस्त के साथ साझा किया। जिमी की बातें सुनने के बाद उस दोस्त ने उससे कुछ कठिन सवाल पूछे: 'तुम असल में किस चीज़ से डर रहे हो? आखिर ऐसा क्या हो जाएगा?' इस पर जिमी की पहली प्रतिक्रिया थी कि वह बस अपने परिवार के प्रति अपना दायित्व निभा रहा है। 'परिवार में कम से कम किसी को तो तर्कसंगत रहना होगा, वरना बड़ी मुश्किल हो जाएगी। अभी जो भी है, जैसा भी है, कम से कम किसी तरह ठीक-ठाक चल तो रहा है।'

जिमी की ये बात सच भी थी, लेकिन फिर भी वह अपने दोस्त के सवालों पर विचार करता रहा और उनके गहन जवाब खोजने की कोशिश करता रहा। अंतत: उसने अपना वह डर खोज लिया, जो उसे हमेशा लगता था कि उसके अंदर बैठा हुआ है: 'अगर उन्होंने मुझे खारिज कर दिया तो? अगर वे मुझ पर हँस पड़े तो? अगर उन्हें ये लगा कि 'आखिर जिमी को क्या हो गया है' तो क्या होगा?' जिमी जानता था कि अगर उसके माता-पिता ने नकारात्मक प्रतिक्रिया दी, तो इससे उसकी पहचान को एक गंभीर झटका लगेगा। जिमी इस बात को लेकर निश्चिंत नहीं था कि वह ये जोखिम उठाना चाहता है या नहीं।

लेकिन जिमी की ये कहानी पहचान से जुड़े सरोकारों के प्रति उसकी बढ़ती जागरूकता पर खत्म नहीं होती। उसने तय किया कि अब वह अपने परिवार के सामने भावनात्मक व्यवहार करने से बचने की ज़्यादा कोशिश नहीं करेगा। हालाँकि शुरुआत में ये सब उसके लिए आसान नहीं रहा। ऐसे कई मौके आए, जब पलभर के लिए माहौल ज़रा अजीब हो गया। परिवार के कुछ सदस्य जिमी के व्यवहार में आया बदलाव देखकर हैरान थे। लेकिन जिमी अपने निर्णय पर कायम रहा और समय के साथ परिवार के सदस्यों के साथ उसके रिश्ते पहले से कहीं अधिक सच्चे हो गए।

दूसरा कदमः अपनी पहचान को जटिल बनाएँ ('यह और वह वाला रुख' अपनाएँ)

एक बार जब आप अपनी पहचान के उन पहलुओं को जान लेते हैं, जो आपके लिए सबसे ज़्यादा महत्वपूर्ण हैं या सबसे ज़्यादा असुरक्षित नज़र आते हैं, उसके बाद आप अपनी आत्म-छवि को जटिल बनाना शुरू कर सकते हैं। इसका अर्थ है कि 'मैं परफेक्ट हूँ' और 'मैं किसी काम का नहीं हूँ' के बीच किसी एक विकल्प का चुनाव करने से दूर जाना। साथ ही इस बारे में जितना हो सके, उतनी स्पष्टता हासिल करना कि असल में आपकी सच्चाई क्या है। वास्तव में हर किसी की सच्चाई यही है कि उनके कुछ व्यवहार अच्छे होंगे और कुछ बुरे; कुछ इरादे भले होंगे, तो कुछ बुरे; कुछ चुनाव समझदारीभरे होंगे तो कुछ मूर्खतापूर्ण। आपकी सच्चाई भी ऐसी ही होगी।

बात चाहे सर्वश्रेष्ठ लोगों की हो या सबसे बदतर लोगों की, सब कुछ या कुछ भी नहीं वाली पहचान हर किसी के मामले में संसार को कुछ ज़्यादा ही सरल रूप में पेश करती है: 'मैं अपने बच्चों के लिए हमेशा उपलब्ध हूँ।' 'बात जब डेटिंग की हों, तो मेरे निर्णय हमेशा गलत ही होते हैं।' 'मैं हमेशा एक अच्छे श्रोता की तरह दूसरों की बात सुनता हूँ।' जबकि वास्तव में कोई भी व्यक्ति 'हमेशा' कुछ नहीं होता। हम सभी में कुछ खूबियाँ और कुछ कमियाँ होती हैं और हम निरंतर इस सवाल से जूझते रहते हैं कि जीवन में आनेवाली जटिल परिस्थितियों का सामना कैसे किया जाए। और हम हमेशा उतनी सक्षमता से या उतनी करूणापूर्ण प्रतिक्रिया नहीं देते, जितना हमें लगता है।

बेन का अपने बॉस को ये बताने से घबराना कि उसने एक अन्य कंपनी में नौकरी का प्रस्ताव स्वीकार कर लिया है इसका एक अच्छा उदाहरण है। क्या बेन एक वफादार व्यक्ति है या फिर एक बिकाऊ व्यक्ति? ये दोनों ही लेबल जरूरत से ज़्यादा सरल हैं और बेन द्वारा अपने जीवन में तमाम लोगों से की गई अनगिनत बातचीत की जटिलता को नहीं दर्शाते। उसने अपने परिवार के लिए कई बलिदान दिए हैं और साथ ही अपने बॉस के लिए भी। उसने सप्ताहांत में भी काम किया है, नौकरी के कई प्रस्ताव ठुकराए हैं और प्रतिभाशाली लोगों की नियुक्ति में कंपनी की मदद करने के लिए उसने कड़ी मेहनत की है। निश्चित ही बेन की वफादारी को दर्शानेवाली चीज़ों की सूची काफी लंबी है।

और बेन ये नौकरी इसलिए छोड़ रहा है क्योंकि दूसरी कंपनी ने उसे ज़्यादा

वेतन का प्रस्ताव दिया है। इसके चलते स्वाभाविक रूप से उसका बॉस परित्यक्त (Quitted) महसूस कर रहा है। लेकिन इसका अर्थ ये नहीं है कि बेन एक बुरा व्यक्ति है। न ही इसका अर्थ ये है कि बेन ने लालच के चलते ये विकल्प चुना है। वह अपने बच्चों को अच्छे कॉलेज में भेजना चाहता है; इस कंपनी में उसे सालों से कम वेतन दिया जा रहा था, लेकिन उसने आज तक कभी कोई शिकायत नहीं की।

तो बेन के मामले में निर्णायक बिंदु क्या है? दरअसल इस मामले का निर्णायक बिंदु ये है कि कोई निर्णायक बिंदु है ही नहीं। हो सकता है कि बेन अपने कुछ चुनावों और कार्यों को लेकर अच्छा महसूस करता हो, जबकि कुछ चुनावों को लेकर अस्पष्ट या खेद महसूस करता हो। जीवन अपने आपमें ही इतना जटिल होता है कि कोई भी समझदार व्यक्ति इसके अलावा और भला क्या महसूस करेगा? जटिलता को स्वीकार करनेवाली आत्म-छवि निश्चित ही अधिक स्वस्थ और मजबूत होती है; ये आपको आत्मविश्वास के साथ खड़े होने के लिए एक मजबूत आधार प्रदान करती है।

अपने बारे में स्वीकार करनेवाली तीन चीज़ें

आप जो भी हैं, बेशक उसके कुछ पहलू ऐसे जरूर होंगे, जिनके साथ आपको जीवनभर संघर्ष करना होगा। अपने अंदर झाँकने पर आपको जो कुछ भी दिखाई देता है, वह आपको हमेशा पसंद नहीं आता और आप पाएँगे कि अपने उन पहलुओं को स्वीकार करने के लिए गंभीर कदम उठाने की जरूरत होती है। पर जैसे-जैसे आप सब कुछ या कुछ भी नहीं वाली पहचान से दूरी बनाते हैं और आप क्या है, इसके बारे में एक जटिल दृष्टिकोण विकसित करने की दिशा में आगे बढ़ते हैं, वैसे-वैसे आप देखेंगे कि आपके लिए अपने उन पहलुओं को स्वीकार करना आसान हो जाएगा, जिन्होंने अतीत में आपके लिए मुसीबतें खड़ी की थीं।

तीन ऐसी विशेषताएँ हैं, जिन्हें कठिन बातचीत में अपने बारे में स्वीकार करने में सक्षम होना विशेष रूप से महत्वपूर्ण होता है। आप अपनी गलतियों को, अपने मिश्रित इरादों को और समस्या में अपने योगदान को जितनी आसानी से स्वीकार करेंगे, बातचीत के दौरान खुद उतना ही संतुलित महसूस करेंगे और अच्छी व उत्पादक बातचीत की संभावना उतनी ही ज़्यादा बढ़ जाएगी।

१) **आप गलतियाँ करेंगे।** अगर आप अपने सामने भी ये स्वीकार नहीं करेंगे कि आप भी कभी-कभी गलतियाँ करते हैं, तो जो भी हो रहा है, उसके बारे में सामनेवाले की कथा के वैध पहलुओं को समझना और स्वीकार करना आपके लिए और मुश्किल हो जाएगा।

अब ज़रा उस पर गौर करें, जो रीता और यशयाह के बीच जो हुआ। रीता बताती है, 'मेरे लिए भरोसेमंद होना मायने रखता है - यानी एक ऐसा व्यक्ति होना, जिसके साथ उसके दोस्त खुलकर बात करके अपना सुख-दुःख बाँट सकें। यही तो एक अच्छे दोस्त की निशानी है। मेरे सहकर्मी यशयाह ने मुझ पर भरोसा करते हुए मुझे अपना ये सीक्रेट बताया कि वह शराब की लत से जूझ रहा है। मैंने उससे वादा किया कि मैं इसे सीक्रेट ही रखूँगी। लेकिन मुझे पता था कि हमारी एक अन्य दोस्त अतीत में ऐसी ही समस्याओं से जूझ चुकी है इसलिए मैंने उससे यशयाद की इस समस्या के बारे में बात की ताकि उससे इस बारे में सलाह ले सकूँ।

'लेकिन यशयाह को पता लग गया। वह बुरी तरह भड़क गया। शुरू-शुरू में मैंने उसे समझाने की कोशिश भी की कि मैं सिर्फ उसकी मदद करने की कोशिश कर रही थी और इसमें मेरी वह दोस्त सचमुच काम आ सकती है। अंततः मुझे एहसास हुआ कि मैं इसलिए तर्क-वितर्क कर रही थी क्योंकि मैं ये स्वीकार नहीं कर पा रही थी कि मैंने यशयाह का भरोसा तोड़ा है। मैंने अपने वादे का मान नहीं रखा। एक बार जब मैंने ये स्वीकार कर लिया कि मुझसे गलती हो गई है, तो यशयाद और मेरे बीच किसी तरह फिर से सार्थक बातचीत की संभावना बनने लगी।'

जब आप खुद को सब कुछ या कुछ भी नहीं की कसौटी पर तोलते हैं, तो एक छोटी सी गलती भी इतनी बड़ी और भयावह लगने लगती है कि उसे स्वीकार करना करीब-करीब असंभव हो जाता है। अगर आप अपनी 'न कोई गलती, न कोई नाकामी' वाली पहचान बनाकर रखने में व्यस्त हैं, तो आप एक ऐसी सार्थक बातचीत नहीं कर सकेंगे, जिससे कुछ सीखा जा सके और अगर आप ऐसी कोई बातचीत नहीं करेंगे, तो संभव है कि आप बार-बार वही गलतियाँ दोहराते रहेंगे।

लोग अपनी गलतियों को स्वीकार करने से इसलिए भी हिचकिचाते हैं क्योंकि उन्हें डर होता है कि अगर वे ऐसा करेंगे, तो उन्हें कमजोर या अक्षम मान लिया जाएगा। जबकि आमतौर पर सक्षम लोग, जो अपने हाथों गलती होने की संभावना से कभी इंकार नहीं करते, उन्हें एक ऐसे व्यक्ति के रूप में देखा जाता है,

जो आत्मविश्वास से भरा हुआ है, निर्भीक है और जिसमें इतना 'बड़प्पन' है कि वह खुद को परफेक्ट साबित करने पर नहीं तुला हुआ है। जबकि जो लोग अपने हाथों कोई छोटी सी गलती होने की संभावना से भी इंकार कर देते हैं, उन्हें ऐसा व्यक्ति मान लिया जाता है, जिसमें आत्मविश्वास नहीं है और जो असुरक्षा की भावना से ग्रस्त है। वैसे भी, आप किसी को आसानी से मूर्ख नहीं बना सकते।

२) **आपके इरादे जटिल होते हैं।** कभी-कभी हम किसी आगामी बातचीत को लेकर ज़रा नर्वस होते हैं क्योंकि हम जानते हैं कि हमारा पिछला व्यवहार अच्छे इरादों से प्रेरित नहीं था।

अब ज़रा सैली और उसके बॉयफ्रेंड इवान की स्थिति पर विचार करें। सैली इवान से रिश्ता तोड़ना चाहती है, लेकिन उसे डर है कि अगर उसने ऐसा किया तो इवान उस पर ये आरोप लगाएगा कि अब तक वह अपने अकेलेपन का सामना करने के लिए इवान का इस्तेमाल कर रही थी। इससे पहले कि सैली ये दावा करे कि उसके इरादे नेक थे, उसे ईमानदारी से इस बात पर विचार करना चाहिए कि क्या सचमुच उसके इरादे नेक थे। हालाँकि संपूर्णता से देखें तो सैली ईवान को दुःख पहुँचाना नहीं चाहती थी और वह किसी दुर्भावना से ऐसा नहीं कर रही थी, लेकिन कहीं न कहीं उसके व्यवहार के पीछे थोड़ा स्वार्थ जरूर था।

अगर सैली अपनी प्रेरणाओं की जटिलता को लेकर खुद के साथ ईमानदारी बरतती है, तो बुरे इरादों का आरोप लगने पर भी संतुलन न खोने की उसकी संभावना बढ़ जाएगी। और फिर वह इन आरोपों पर अपनी ओर से सच्ची प्रतिक्रिया दे सकती है: 'जब मैं इस बारे में सोचती हूँ, तो तुम्हारी बात काफी हद तक अर्थपूर्ण लगती है। ये सच है कि मैं अकेलेपन से जूझ रही थी और तुम्हारा साथ पाकर मुझे इससे निपटने में बहुत मदद मिली। लेकिन मुझे नहीं लगता कि मैं सिर्फ़ इसी वजह से तुम्हारे साथ रहना चाहती थी। मुझे सचमुच उम्मीद थी कि हमारे बीच सब कुछ अच्छा होगा। मेरे साथ जो भी हो रहा था, उसके कई पहलू हैं।'

३. **समस्या में आपका भी योगदान है।** अपना संतुलन बनाकर रखने का तीसरा महत्वपूर्ण कदम है, समस्या में अपने योगदान का आंकलन करना और उसकी जिम्मेदारी लेना।

लेकिन ऐसा करना हमेशा आसान नहीं होता। वॉकर को हाल ही में पता चला कि उसकी बेटी एनी मेय एक ईटिंग डिसऑर्डर (खानपान संबंधी विकार) से जूझ

रही है। वॉकर के पास एनी के कॉलेज से फोन आया। उसे बताया गया कि उसकी बेटी यूनिवर्सिटी हेल्थ क्लीनिक में भर्ती हुई है। वॉकर ने एनी को फोन किया ताकि पूछ सके कि वह कैसी है, लेकिन इसके बावजूद उनके बीच सिर्फ यह सतही संवाद ही संभव हो सका कि 'हेलो बेटा, कैसी हो? तबियत कैसी है?' और 'चिंता की कोई बात नहीं है डैड, मैं जल्द ही ठीक हो जाऊँगी।'

वॉकर अपनी बेटी से सच्चा संवाद करना चाहता था, लेकिन वह घबरा रहा था। उसे लगता था कि एनी जिन समस्याओं से जूझ रही है, उसके पीछे कुछ हद तक बाप-बेटी का रिश्ता भी जिम्मेदार था। उसे संदेह था कि शायद एनी को ऐसा लगता है कि वह एक अच्छा पिता नहीं है और उसे डर था कि कहीं जिंदगी में पहली बार एनी उससे ये बात स्पष्ट शब्दो में कह न दे। वॉकर ये सोचकर ही घबरा जाता है।

वॉकर को ठीक-ठीक नहीं पता कि उसकी बेटी उसके बारे में क्या सोचती है इसलिए अब तक वह इस उम्मीद के सहारे जीता रहा कि वह एक अच्छा पिता है। वह अपने जीवन में इसके सिवाय और कुछ नहीं चाहता। लेकिन उसे संदेह है कि सच इससे कहीं अधिक जटिल होगा। आखिर, वह ज़्यादातर अपनी बेटी से दूर ही रहा है। उसने अपनी बेटी का उतना साथ भी नहीं दिया, जितना वह दे सकता था और उसने कई बार ऐनी से ऐसे वादे भी किए, जिन्हें वह पूरे नहीं कर पाया।

अब वॉकर के पास दो विकल्प थे। पहला, अपनी बेटी से बात करते समय वह किसी तरह इस मुद्दे से बचने की कोशिश करे और ये उम्मीद करे कि उसकी बेटी भी ये मुद्दा नहीं उठाएगी कि कैसे उनके रिश्ते को तकलीफदेह बनाने और एनी के ईटिंग डिसऑर्डर (खानपान संबंधी विकार) में वॉकर का भी योगदान है। दूसरा विकल्प ये था कि वह पहचान संबंधी अपने मुद्दों से निपटने की कोशिश करें और बाप-बेटी के बीच की आपसी समस्याओं में अपने योगदान को अपने मन में स्वीकार करे।

यह आसान नहीं था। बल्कि शायद ये वॉकर के लिए उसके जीवन का सबसे कठिन कार्य था। पर अगर वह खुद को और अपने कर्मों को जस का तस स्वीकार कर सका और अपने मन में व अपनी बेटी से बात करते समय उन कर्मों की जिम्मेदारी ले सका, तो संभवतः समय के साथ एनी से उसकी बातचीत अपेक्षाकृत आसान हो जाएगी। इससे भी ज़्यादा महत्वपूर्ण ये कि इससे वॉकर को एहसास

होगा कि अब उसे छिपने की जरूरत नहीं है। फिर जब भी एनी से उसकी बातचीत होगी, तो ये संभावना कम ही होगी कि एक अच्छे पिता के रूप में वॉकर की सब कुछ या कुछ भी नहीं वाली पहचान पर उनकी बातचीत प्रहार करती हुई सी लगे। फिर वह अपनी बेटी से कह सकता है, 'काश, मैं हमेशा तुम्हारे लिए उपलब्ध रहा होता। मुझे इस बात का बहुत दुःख है कि मैं ऐसा नहीं कर सका।' इसके बाद वह अपनी बेटी के करीब जाते समय डर के बजाय करुणा महसूस करेगा।

बातचीत के दौरान :
दोबारा संतुलन हासिल करना सीखें

एकिडो (एक जापानी मार्शल आर्ट) के संस्थापक ओ सेन्सेई को एक कुशल लड़के के साथ भिड़ते देख एक युवा छात्र ने उनसे कहा, 'आप कभी अपना संतुलन नहीं खोते। आखिर इसके पीछे क्या रहस्य है?'

'तुम गलत समझ रहे हो,' ओ सेन्सेई ने जवाब दिया।। 'मैं लगातार अपना संतुलन खो रहा होता हूँ। लेकिन मेरा हुनर ये है कि मैं दोबारा संतुलन हासिल करना जानता हूँ।'

कठिन बातचीतों में भी ऐसा ही होता है। अपने पहचान संबंधी मुद्दों पर काम करना सचमुच बेहद मददगार होता है। और फिर भी हर कठिन बातचीत आश्चर्यजनक ही होगी और कुछ इस तरह आपकी आत्म-छवि की परीक्षा लेगी कि आपने सोचा भी नहीं होगा। सवाल ये नहीं है कि इस दौरान आप झटका खाएँगे या नहीं। वो तो होना ही है। असली सवाल तो ये है कि झटका खाने के बाद आप वापस अपना संतुलन बनाकर बातचीत को उत्पादक दिशा की ओर ले जाने में सक्षम होंगे या नहीं।

कठिन बातचीत के दौरान और उससे पहले अपना संतुलन बनाकर रखने व उसे दोबारा हासिल करने में आपको इन चार चीज़ों से काफी मदद मिल सकती है: (१) सामनेवाले की प्रतिक्रिया को नियंत्रित करने की कोशिश न करें। (२) उनकी प्रतिक्रिया के लिए तैयार रहें। (३) एक स्पष्ट दृष्टिकोण विकसित करने के लिए भविष्य की कल्पना करें। (४) संतुलन खोने पर एक ब्रेक लें।

सामनेवाले की प्रतिक्रिया को नियंत्रित करने की कोशिश न करें

हो सकता है कि आप पहले से ही दुविधा में हों या शर्मिंदा महसूस कर रहे हों और सामनेवाले की संभावित बुरी प्रतिक्रिया के अतिरिक्त दबाव से बचना चाहते हों, खासकर ऐसी बातचीतों में, जिनमें पहचान संबंधी महत्वपूर्ण मुद्‌दे शामिल हों। 'जो भी हो,' आप सोचते हैं, 'मैं नहीं चाहता कि वे परेशान हो जाएँ और मैं खासतौर पर ये नहीं चाहता कि वे मेरी वजह से परेशान हो जाएँ।' आप पहले से ही अपने बारे में बुरा महसूस करते हैं; और सामनेवाली की एक बुरी प्रतिक्रिया आपके लिए चीज़ों को असहनीय बना देगी। परिणामस्वरूप सामनेवाले को किसी 'बुरी' प्रतिक्रिया का मौका दिए बिना बातचीत पूरी करना आपके प्रमुख उद्‌देश्यों में से एक बन जाता है।

ये चाहने में कोई बुराई नहीं है (बल्कि ये सही ही है) कि आपकी वजह से किसी को दुःख न पहुँचे या भले ही आप कोई बुरी खबर दे रहे हों पर फिर भी सामनेवाला आपको पसंद करे। इसके बावजूद बातचीत के दौरान इसी को अपना उद्‌देश्य बना लेना आपके लिए मुसीबत खड़ी कर सकता है। जिस तरह आप सामनेवाले व्यक्ति को बदल नहीं सकते, उसी तरह आप उनकी प्रतिक्रिया को भी नियंत्रित नहीं कर सकते - और आपको इसकी कोशिश भी नहीं करनी चाहिए।

जब आप अपने बच्चों को बताते हैं कि आपका और उनकी माँ का तलाक होने जा रहा है, तो इस बात की पूरी संभावना है कि वे परेशान हो जाएँगे। और भला क्यों न हों? चूँकि आप उनकी परवाह करते हैं इसलिए ये खबर बताते समय आप भी यही चाहेंगे कि उन्हें जितना कम दुःख पहुँचे, उतना बेहतर है। लेकिन इस सोच के पीछे कुछ हद तक आत्म-संरक्षण का भी एक तत्त्व होता है: 'मुझे उम्मीद है कि इस बारे में जानकर वे रोएँगे नहीं, गुस्सा नहीं होंगे, बहस नहीं करेंगे और मुझसे दूर नहीं जाएँगे।' आप ऐसा इसलिए भी सोचते हैं कि अगर ऐसा हुआ तो आपको बहुत बुरा महसूस होगा: 'शायद मैं एक बुरा पिता हूँ और संभवत: एक बुरा पति भी।' उनकी प्रतिक्रिया को नियंत्रित करने की कोशिश को - उस स्थिति में अपना योगदान स्वीकार करने से बचने के तरीके के रूप में भी देखा जा सकता है - परिणामस्वरूप आपकी पहचान पर तकलीफदेह प्रभाव पड़ता है।

सामनेवाले की प्रतिक्रिया को शांत करने या दबाने की कोशिश से चीज़ें बेहतर नहीं बल्कि और बदतर हो जाती हैं। जब आप अपने बच्चों को ये महसूस कराना

चाहते हैं कि ये तलाक इतना बुरा भी नहीं होगा या जब आप अपने कर्मचारी को ये समझाना चाहते हैं कि उसे नौकरी से निकाला जाना वास्तव में उसके लिए ऐसा काम ढूँढ़ने का अच्छा मौका है, जो उसके कौशल के लिए उपयुक्त हो, तो ये समझा जा सकता है कि आप ऐसा क्यों चाहते हैं। फिर भले ही दीर्घकालिक रूप से आपकी सहज-सकारात्मक भविष्यवाणी सच साबित हो जाए, लेकिन सामनेवाले की वर्तमान भावनाओं को खारिज करना विनाशकारी ही साबित होता है। हो सकता है कि आपका इरादा ये संदेश देने का हो, 'सब ठीक हो जाएगा,' लेकिन संभावना ये है कि सामनेवाला इस संदेश को कुछ इस तरह लेगा, 'मुझे समझ में नहीं आ रहा कि तुम्हें कैसा लग रहा है' या इससे भी बदतर 'तुम्हें इस वजह से परेशान होने की अनुमति नहीं है।'

जब आप कोई बुरी खबर देने जा रहे हों - या किसी भी प्रकार की कठिन बातचीत करनेवाले हों - तो सामनेवाले की प्रतिक्रिया को नियंत्रित करने की कोशिश के बजाय 'यह और वह वाला रुख' अपनाएँ। फिर आप इस उद्देश्य के साथ आगे बढ़ सकते हैं कि बच्चों को तलाक के बारे में बताएँ, उन्हें समझाएँ कि आप उनसे कितना प्रेम करते हैं और उनकी कितनी परवाह करते हैं। उन्हें बताएँ कि आपको सचमुच पूरा विश्वास है कि चीज़ें ठीक हो जाएँगी। उन्हें वह सब महसूस करने का मौका दें, जो वे महसूस कर रहे हैं और ये बताएँ कि उनकी ये भावनाएँ स्वाभाविक हैं। यदि वे ऐसा महसूस कर रहे हैं, तो इसमें कोई बुराई नहीं है। इससे आपको वह सब अपने नियंत्रण में रखने का मौका मिलेगा, जिसे आप सचमुच नियंत्रित कर सकते हैं यानी खुद को। साथ ही आपको ईमानदारी से प्रतिक्रिया देने का मौका भी मिलेगा।

ठीक यही बात ऑफिस में कोई बुरी खबर देने पर भी लागू होती है। जब आप अपने किसी कर्मचारी को नौकरी से निकालेंगे, तो पूरी संभावना है कि उसे बुरा लगेगा और वह परेशान हो जाएगा बल्कि यूँ कहें कि वह आपकी वजह से परेशान होगा। ऐसे में आपके और उसके बीच होनेवाली बातचीत की सफलता का आंकलन इस आधार पर न करें कि सामनेवाला परेशान हुआ या नहीं। परेशान होना उनका अधिकार है और उनकी प्रतिक्रिया उचित है। बेहतर होगा कि आप उसे वह बुरी खबर देने और उसके परिणाम में सिर्फ अपने हिस्से की जिम्मेदारी (न कि उससे ज़्यादा) लेने और ये जताने के उद्‌देश्य के साथ आगे बढ़ें कि वह जो भी महसूस कर रहा है, आपको उसकी परवाह है। इसके साथ ही इस स्थिति से निकलकर आगे

बढ़ने में मददगार बनने का उद्देश्य भी रखें।

ये सीखना कि आप दूसरे किसी व्यक्ति की प्रतिक्रिया को नियंत्रित नहीं कर सकते और ऐसा करने की कोशिश विनाशकारी साबित हो सकती है – अविश्वसनीय रूप से मुक्तिदायक होता है। इससे न सिर्फ सामनेवाले को वैसी प्रतिक्रिया देने का मौका मिलता है, जैसी प्रतिक्रिया देना उसकी जरूरत है बल्कि इससे आपका दबाव भी काफी कम हो जाता है। आपको उनकी प्रतिक्रिया के आधार पर अपने बारे में काफी कुछ सीखने को मिलेगा। और अगर आप सचमुच सीखने के लिए तैयार होंगे, तो उनकी प्रतिक्रिया को नियंत्रित करने की अपनी गहन आवश्यकता से खुद को मुक्त महसूस करेंगे।

उनकी प्रतिक्रिया के लिए तैयार रहें

सामनेवाले की प्रतिक्रिया को नियंत्रित करने की कोशिश करने के बजाय, उसके लिए खुद को तैयार करें। थोड़ा समय निकालें और उस बातचीत की कल्पना पहले ही कर लें। इस बात पर ध्यान केंद्रित करने के बजाय कि बातचीत कितनी बुरी होगी – जो आपकी प्रवृत्ति भी हो सकती है, जैसे देर रात इस बात को लेकर उधेड़-बुन में रहना कि सुबह होने पर आपको वह मुद्दा उठाना है या नहीं – ये सीखने पर ध्यान केंद्रित करें कि सामनेवाला कैसी प्रतिक्रिया दे सकता है। क्या संभावना ये है कि वह रो पड़ेगा? उदास हो जाएगा या दूर-दूर रहने लगेगा? दिखावा करेगा कि सब ठीक है? आपके ऊपर मौखिक हमला करेगा या आपको खारिज कर देगा?

और फिर इस बात पर विचार करें कि क्या इनमें से किसी प्रतिक्रिया में आपके लिए पहचान संबंधी कोई मुद्दा भी अंतर्निहित है। अगर हाँ, तो कल्पना करें कि वे जो प्रतिक्रिया देंगे, वह आपके लिए बहुत कठिन होगी और फिर खुद से पूछें, 'मेरे विचार से, इससे मेरे बारे में क्या पता चलता है?' अपने पहचान संबंधी मुद्दे या समस्या को हल करने के लिए पहले ही जुट जाएँ : 'क्या मेरे लिए किसी को रुलाना ठीक होगा? मैं कैसी प्रतिक्रिया दूँगा? अगर उन्होंने मेरे चरित्र पर हमला किया या मेरे इरादों को गलत बताया तो? तब मैं क्या प्रतिक्रिया दूँगा?' सामनेवाले की प्रतिक्रिया के लिए आप जितने तैयार होंगे, आपको उतनी ही कम हैरानी होगी। अगर आप पहले से ही उनकी संभावित प्रतिक्रिया के पहचान संबंधी निहितार्थों

पर विचार कर चुके होंगे, तो समय आने पर आपका संतुलन बिगड़ने की संभावना बहुत कम हो जाएगी।

कल्पना करें कि अभी इसमें तीन महीने या दस साल हैं

जब दुनिया अंधकारमय दिख रही हो और आप भ्रमित, निराश, अप्रिय या अयोग्य महसूस कर रहे हों, तब अपने आपको लेकर एक स्पष्ट दृष्टिकोण रखना काफी मुश्किल होता है। कभी-कभी खुद को भविष्य में रखकर देखने की कल्पना करना, वर्तमान में हो रही घटनाओं को लेकर बेहतर महसूस करने में आपकी मदद कर सकता है और आपको ये आश्वासन मिल सकता है कि अंतत: आप बेहतर महसूस करेंगे और हो सकता है कि एक दिन ऐसा आए, जब ये सब शायद इतना महत्वपूर्ण न लगे।

आपको ये विचार करके भी एक दिशा मिल सकती है कि भविष्य में जब आप पीछे मुड़कर देखेंगे, तो आपको क्या नज़र आएगा। अगर आज आप एक तकलीफदेह दौर से गुज़र रहे हैं, तो विचार करें कि आज से तीस साल बाद जब आप पीछे मुड़कर इस दौर पर नज़र डालेंगे, तो आपको कैसा महसूस होगा। आपके अनुसार आपने इस दौर से क्या सीख होगा? इस दौर की अपनी समस्याओं से आप कैसे निपटेंगे, इसे लेकर आप क्या महसूस करेंगे? आज से तीस साल बाद आप जो व्यक्ति होंगे, वह आपके इस वर्तमान रूप को क्या सलाह देगा, जो आज तकलीफें झेल रहा है?

एक ब्रेक लें

कभी-कभी आप पाएँगे कि आप समस्या को कुछ ज़्यादा ही करीब से देख रहे हैं और अपनी पहचान संबंधी आंतरिक उथल-पुथल के चलते इतने विचलित हैं कि प्रभावी बातचीत कर ही नहीं पा रहे हैं। आप ऐसी स्थिति में नहीं हैं, जहाँ आप और अधिक जानकारी ग्रहण कर सकें या अपने विचारों की गुत्थी सुलझा सकें। ऐसे मौकों पर ये दिखावा करना किसी के काम नहीं आता कि आप बातचीत में सचमुच दिलचस्पी ले रहे हैं।

आपने जो सुना, उसके बारे में विचार करने के लिए थोड़ा समय माँगें: 'मैं इस मामले में तुम्हारी प्रतिक्रिया से हैरान हूँ। तुमने जो कहा, उसके बारे में विचार

करने के लिए मुझे थोड़ा समय चाहिए।' सिर्फ दस मिनट का समय भी आपके लिए काफी मददगार सिद्ध हो सकता है। थोड़ा टहल लें। ज़रा ताजी हवा खाएँ। विकृतियों की जाँच करें। सामनेवाले ने आपके निर्णय की जो आलोचना की या अपने बारे में आपकी जो राय है, उसे खारिज करते हुए सामनेवाले ने जो अहंकारी रवैया जताया, उस पर शांति से विचार करने के लिए थोड़ा समय निकालें। नकारनेवाली प्रवृत्ति की जाँच करें। वे जो भी कह रहे हैं, वह किस लिहाज से सच है? अतिश्योक्तियों की जाँच करें। यहाँ सबसे बुरा क्या हो सकता है? और इस बातचीत को अपने पक्ष में मोड़ने के लिए आप क्या कर सकते हैं?

कुछ लोगों को ब्रेक लेना शर्मनाक लगता है। लेकिन जब तक आप अपना संतुलन फिर से हासिल नहीं कर लेते, तब तक के लिए बातचीत को स्थगित करना, आपको आगे चलकर ऐसी चीज़ों से बचा सकता है, जो शर्मिंदगी से भी कहीं बदतर होंगी।

उनकी पहचान भी उलझी हुई है

जब हम अपनी पहचान संबंधी बातचीत में उलझे होते हैं, तो ये याद रखना मुश्किल हो जाता है कि शायद सामने वाला भी अपनी पहचान संबंधी समस्याओं में उलझा हुआ होगा। जब वॉकर अपनी बेटी एनी से उसकी बीमारी के बारे में बात करेगा, तो निश्चित ही एनी पहचान संबंधी अपनी बातचीत में उलझी होगी। उसके साथ कुछ 'गड़बड़' चल रही है, ये सोचकर सिर्फ क्लीनिक पहुँचकर ही उसका सबसे बड़ा डर सच साबित हो सकता है - कि वह अपने जीवन में कभी भी इतनी काबिल नहीं बन सकेगी या इतना कुछ हासिल नहीं कर सकेगी कि अपने पिता को खुश कर सके।

वॉकर के लिए अपनी बेटी की मदद करने का एक कारगर तरीका ये है कि वह एनी को उसकी सब कुछ या कुछ भी नहीं वाली सोच से दूर ले जाए। वॉकर एनी को ये बताकर उसकी आत्म-छवि को संतुलित बनाने में मदद कर सकता है कि कभी न कभी हर किसी को मदद की जरूरत पड़ती है। वह एनी को उसके ऐसे सकारात्मक पहलुओं की याद दिला सकता है, जो वॉकर के लिए भी महत्वपूर्ण हों: वह एनी से कह सकता है, 'मुझे गर्व है कि तुमने अपने स्वास्थ्य के लिए सही समय पर मेडिकल सहायता लेना शुरू कर दिया।' वॉकर एनी को याद दिला सकता

है कि वह उससे बहुत प्यार करता है और इसलिए नहीं क्योंकि एनी स्कूल में हमेशा अच्छे ग्रेड्स लाती है बल्कि इसलिए क्योंकि वह उसकी बेटी है और चाहे जो हो जाए, ये चीज़ कभी नहीं बदलनेवाली।

पहचान संबंधी मुद्दों को खुलकर उठाना

कभी-कभी आपके पहचान संबंधी मुद्दे आपके लिए तो महत्वपूर्ण होंगे, लेकिन आप जिस व्यक्ति से बातचीत कर रहे हैं या जिस रिश्ते में हैं, उसके लिए वे समस्याएँ कोई खास प्रासंगिक नहीं होंगी। आपको अपने किसी सहकर्मी से ये कहने की जरूरत नहीं है कि उसे देखकर आपको अपना वह एक्स-बॉयफ्रेंड याद आ जाता है, जिसके साथ आपके यौन अनुभव काफी खराब रहे हैं। अपने जीवन के ऐसे मुद्दों के बारे में जागरूक होना आपके लिए उपयोगी हो सकता है, लेकिन उनके बारे में खुलकर बोलने से संभवत: आपकी बातचीत आगे नहीं बढ़ेगी। आप मन ही मन में समस्या की पहचान करके ये स्वीकार कर सकते हैं कि उस पर काम करके आपको खुद ही उसे हल करना है।

वहीं दूसरी ओर कुछ अवसर ऐसे भी होते हैं, जहाँ पहचान संबंधी बातचीत खुलकर करने से आपको सीधे मुद्दे की जड़ तक पहुँचने में मदद मिलती है: 'मुझे ऐसा लगता है कि ये पूरा मसला इस बात से जुड़ा है कि मैं एक अच्छा जीवनसाथी हूँ या नहीं। क्या तुम्हें भी ऐसा ही लगता है?' 'मुझे हमेशा इस बात का पछतावा रहेगा कि पिताजी के अंतिम संस्कार में मैंने कुछ नहीं कहा। इसीलिए माँ के अंतिम संस्कार में कुछ कहना मेरे लिए बहुत महत्वपूर्ण है।' 'मैं अपनी लेखन-शैली की आलोचना के प्रति बहुत संवेदनशील हूँ। मैं जानता हूँ कि लोगों से फीडबैक लेना जरूरी होता है, लेकिन चूँकि हम इन मेमोज़ पर काम कर रहे हैं इसलिए मुझे लगता है कि हम दोनों को ही इससे अवगत होना चाहिए।'

आपको ये जानकर आश्चर्य होगा कि कठिन बातचीत अक्सर दोनों पक्षों की प्रतिक्रियाओं में उलझकर रह जाती है। उन्हें वह बातचीत अपने बारे में जो कहती हुई प्रतीत होती है, वे उस पर निरंतर प्रतिक्रियाएँ देते हैं, जिससे पूरी बातचीत उन प्रतिक्रियाओं के लिए ही समर्पित होकर रह जाती है।

मदद माँगने का साहस बटोरें

कभी-कभी हमारे जीवन में इतनी कठिन परिस्थिति पैदा हो जाती है कि उसका सामना हम अकेले नहीं कर पाते। हर किसी के लिए ये परिस्थिति अलग-अलग होती है। किसी के लिए यह यौन अपराध जैसी कोई भयावह घटना हो सकती है, तो किसी के लिए युद्ध जैसी कोई विकराल आपदा। किसी के लिए यह कोई शारीरिक या मानसिक रोग हो सकता है तो किसी के लिए नशे की लत या फिर किसी प्रिय व्यक्ति को खो देना। या फिर ये कोई ऐसी चीज़ हो सकती है, जिससे शायद अधिकांश लोगों को कोई परेशानी न हो पर आपको हो।

हम कभी-कभी उन लोगों को साहसी मान लेते हैं, जो बिना कुछ बोले चुपचाप तकलीफ झेलते रहते हैं। लेकिन अगर तकलीफ लंबे समय तक बनी रहे या फिर मनचाही उपलब्धियाँ हासिल करने में बाधा बने, तो ऐसी तकलीफ को झेलना साहस नहीं बल्कि लापरवाही का परिचायक है। चाहे जो भी हो पर अगर आपने इससे पार पाने के लिए जरूरी कदम उठाए हैं और फिर भी कोई सकारात्मक परिणाम नहीं मिल रहे हैं, तो हम आपको मदद माँगने के लिए प्रोत्साहित करेंगे; दोस्तों से, सहकर्मियों से, परिवार से, पेशेवर लोगों से या ऐसे किसी भी व्यक्ति से, जो आपकी मदद करने में सक्षम हो।

ऐसा करना कई लोगों के लिए आसान नहीं होता। हमारी पहचान संबंधी बातचीत हमसे स्पष्ट कहती है कि किसी से मदद माँगना सही नहीं है - या ये शर्मनाक है क्योंकि इससे आपकी कमजोरी झलकती है और आप दूसरों के लिए बोझ बन जाते हैं।

ये विचार बड़े सशक्त होते हैं, लेकिन ज़रा खुद से पूछें: अगर कोई ऐसा व्यक्ति जिसे आप प्रेम करते हैं: जैसे आपकी बेटी, आपके चाचा या कोई सहकर्मी - अगर वह उस परिस्थिति से जूझ रहा होता, जिससे आप जूझ रहे हैं, तो क्या आपको लगता है कि उसके द्वारा किसी से मदद न माँगना सही होता? तो फिर आप खुद को एक अलग कसौटी पर क्यों तौल रहे हैं?

अगर आपकी पहचान का एक पहलू यह विश्वास है कि आपको मदद की जरूरत नहीं है, तो फिर मदद माँगना आपके लिए कभी आसान नहीं होगा। और जब आप सचमुच मदद माँगेंगे तो हर कोई आपकी मदद के लिए आगे भी नहीं

आएगा, जो आपके लिए वाकई तकलीफदेह होगा। लेकिन कई लोग ऐसे भी होंगे, जो सचमुच आकर आपकी मदद करेंगे। और जब आप उन पर विश्वास जताकर उनसे मदद माँगते हैं, तो दरअसल उन्हें यह अवसर दे रहे होते हैं कि वे अपने प्रियजन के लिए कुछ कर सकें। फिर एक दिन ऐसा भी आएगा, जब आपको उनका ये एहसान चुकाने का मौका मिलेगा।

सीखने की बातचीत करें

7
आपका उद्‌देश्य क्या है? मुद्‌दे कब उठाएँ और कब नहीं

आप हर वह कठिन बातचीत नहीं कर सकते, जिससे आपका सामना हो। जीवन बहुत छोटा है, जबकि ऐसी बातचीतों की सूची बहुत लंबी है। तो फिर ये कैसे तय किया जाए कि बातचीत कब करनी है, एक बार करनी है या पंद्रह बार? और आपने जिन मुद्‌दों को नहीं उठाने का निर्णय लिया है, उनसे कैसे मुक्त होंगे?

जब आधी रात को पड़ोसी के पालतू कुत्ते की आवाज से हमारी नींद में खलल पड़ता है, उस समय हमें ऐसे ही सवाल परेशान करते हैं। हमने इस किताब में अब तक ये जाना कि आप किन मुद्‌दों को उठा सकते हैं। आगे हम ये जानेंगे कि ऐसा कैसे किया जाए। लेकिन इस पर चर्चा शुरू करने से पहले, क्या हम इस बारे में कुछ कह सकते हैं कि ऐसा कब करना है?

मुद्‌दे उठाएँ या नहीं: कैसे तय करें?

मुद्‌दों को कब उठाना है और कब नहीं, अगर इस बारे में कुछ स्पष्ट नियम मौजूद होते तो ये हमारे लिए बहुत आसान हो जाता। जैसे 'डिनर टेबल पर कभी राजनीतिक चर्चा न करें,' 'जो भी हो, सुबह ८ बजे से पहले कोई मुद्‌दा न उठाएँ' और 'अपने बॉस से कभी असहमति न जताएँ'... ये सब स्पष्ट नियम हैं। लेकिन ये नियम बकवास भी हैं इसलिए कोई खास मददगार नहीं हैं।

अंततः सिर्फ आप ही ये तय कर सकते हैं कि आपको अपने पति, अपने एजेंट या अपने मैकेनिक के सामने कोई मुद्‌दा उठाना चाहिए या नहीं। क्योंकि हर परिस्थिति अलग होती है। ऐसे में एक समझदारीभरा निर्णय लेने के लिए ऐसा कोई सीधा सा नियम नहीं है, जो हम आपको बता दें। हाँ, हम आपको कुछ सवाल और कुछ सुझाव जरूर दे सकते हैं, जो यह तय करने में आपकी मदद कर सकते हैं कि किसी बातचीत की पहल कैसे की जाए।

मुझे कैसे पता चलेगा कि मैंने सही चुनाव किया है?

जब हम ये तय करने की कोशिश कर रहे होते हैं कि हमें कोई मुद्दा उठाना है या नहीं, तो हम अक्सर सोचते हैं, 'काश, मैं निर्णय लेने के मामले में और बेहतर होता। अगर मैं ज़रा और होशियारी दिखा पाता, तो ये मेरे लिए इतना मुश्किल नहीं होता।' हालाँकि सच तो ये है कि 'सही चुनाव' जैसा कुछ नहीं होता। कोई चुनाव करने से पहले ये पता लगाने का कोई तरीका नहीं है कि वह सही साबित होगा या नहीं। तो आपको क्या करना चाहिए, इसका कोई एक सही जवाब ढूँढ़ने में अपना कीमती समय बर्बाद न करें। यह मानक न सिर्फ निरर्थक है बल्कि ये आपको एक तरह से अपाहिज भी बना देता है।

इसके बजाय, जब भी आप कोई महत्वपूर्ण चुनाव कर रहे हों या कोई बड़ा निर्णय ले रहे हों तो अपना उद्देश्य ये रखें कि ऐसा करते समय आपको बिलकुल स्पष्ट ढंग से सोच-विचार करना है। इस मामले में हम बस इतना ही कर सकते हैं।

तीन बातचीतों पर काम करें

मामला चाहे कोई भी हो, तीनों बातचीतों पर जितना हो सके, उतना बेहतर ढंग से काम करें। अपनी भावनाओं पर, पहचान संबंधी प्रमुख समस्याओं पर और अपनी धारणाओं की संभावित विकृतियों पर बेहतर नियंत्रण बनाएँ। जिन चीज़ों को आप सचमुच जानते हैं (जैसे अपनी भावनाएँ, अपने अनुभव, अपनी कथा और अपनी पहचान संबंधी समस्याएँ) और जिन चीज़ों को आप ठीक से नहीं जानते (जैसे सामनेवाले के इरादे, दृष्टिकोण और भावनाएँ) उनके बारे में स्पष्ट सोच-विचार करें।

यह तरीका अपनाने से आपको संवाद की प्रक्रिया के प्रति और जागरुक होने के अलावा इस बारे में भी अंतर्दृष्टि मिलेगी कि वह क्या है, जो आपकी बातचीत को मुश्किल बना रहा है। कभी-कभी आपको ऐसी अंतर्दृष्टि मिलेगी, जो आपको एक स्पष्ट जवाब प्रदान करेगी: 'इस मुद्दे को उठाना महत्वपूर्ण है और मुझे पता है कि ये ज़रा अलग ढंग से कैसे किया जाए' या 'अब मुझे समझ में आ रहा है कि बातचीत करने से शायद कोई लाभ क्यों नहीं होगा।'

तीन किस्म की बातचीतें जो सार्थक नहीं होतीं

जब आप बातचीत करने या न करने पर विचार करेंगे, तो पाएँगे कि बातचीत की पहल करना अक्सर सार्थक होता है, लेकिन कुछ मौकों पर ये सार्थक सिद्ध नहीं होता। तो ये तय करते समय कि बातचीत की पहल करनी है या नहीं, आपके सामने ये तीन प्रमुख सवाल आते हैं।

क्या असली संघर्ष आपके अंदर चल रहा है?

कभी-कभी स्थिति की कठिनता का संबंध इस बात से होता है कि आपके अंदर क्या चल रहा है, न कि इस बात से कि आपके और सामनेवाले के बीच क्या चल रहा है। ऐसे में संवाद केंद्रित बातचीत बहुत ज़्यादा शिक्षाप्रद या उत्पादक नहीं होनेवाली, कम से कम तब तक, जब तक आप खुद के साथ लंबी बातचीत नहीं कर लेते।

अपनी पहचान संबंधी बातचीत के बारे में अंतर्दृष्टि प्राप्त करने पर कैरमेन को अपने पति के साथ चल रहे विवाद सुलझाने में काफी मदद मिली, जो बच्चों की विभिन्न गतिविधियों की जिम्मेदारी निभाने से जुड़ा हुआ था, जैसे कारपूल शिड्यूल, डॉक्टर के अपॉइंटमेंट्स और पिआनो सीखना :

> घर खर्च की जिम्मेदारी उठाने के लिए मैं फुल-टाइम नौकरी करती थी, जबकि टॉम बच्चों के साथ घर पर रहता था, इसके बावजूद शिड्यूलिंग और रोज़मर्रा के कामों के लिए अधिकांश भागदौड़ जैसी चीज़ें मैं ही करती थी। मुझे लगता था कि टॉम जिम्मेदारी नहीं उठा रहा है। मैं देख रही थी कि वह लगातार ये गलती कर रहा था; इसीलिए हर चीज़ मुझे ही सँभालनी पड़ती थी ताकि सब कुछ ठीक से चलता रहे।
>
> लेकिन जब मैंने अपनी पहचान संबंधी बातचीत शुरू की, तो मुझे समझ में आया कि कैसे मैं अपने बच्चों के जीवन के इस हिस्से को नियंत्रित कर रही थी - जिसका संबंध शायद इस बात से था कि फुल-टाइम नौकरी करने को लेकर मेरे मन में मिले-जुले भाव थे। मुझे अपनी नौकरी बहुत पसंद है। मैं काम में अच्छी हूँ और ठीक-ठाक पैसा कमा लेती हूँ। पर इसके बावजूद मैं अपराधबोध से ग्रसित हूँ और कभी-कभी तो मुझे इस बात से जलन भी होती

है कि मेरी नन्ही बेटी अक्सर अपनी समस्याओं के समाधान के लिए मुझसे पहले टॉम के पास जाती है।

एक बार जब कैरमेन को ये एहसास हो गया कि शिड्यूलिंग की जिम्मेदारी लेना, उसके लिए खुद को इस बात के लिए आश्वस्त करने का एक तरीका था कि वह अब भी एक अच्छी माँ है – यानी अपने बच्चों की भलाई के लिए उसकी उपस्थिति अब भी जरूरी है और वह इससे जुड़ी गतिविधियों में शामिल है – तो उसका वह आक्रोश खत्म हो गया, जो वह बहुत व्यस्त होने पर महसूस किया करती थी। जैसे 'मैंने दो जरूरी कदम उठाए, कुछ जिम्मेदारियाँ टॉम को सौंप दीं और इन जिम्मेदारियों के बारे में अपने सोचने का तरीका बदल लिया। टॉम जिन कार्यों को छोड़ देता था, उनके बजाय मैंने ऐसी चीज़ें चुनीं, जो बच्चों से जुड़ी गतिविधियों में शामिल रहने के लिए जरूरी थीं।'

क्या इस मुद्दे पर बातचीत करने के अलावा कोई और बेहतर समाधान भी है

जब आप अपनी भावनाओं की गुत्थी सुलझाते हैं या किसी परिस्थिति में अपने योगदान की पहचान करते हैं, तो हो सकता है कि ये स्पष्ट हो जाए कि जो बातचीत होनी है, वह संवाद के बारे में नहीं है बल्कि आपके व्यवहार में बदलाव के बारे में है। कभी-कभी कर्म करना शब्दों के उपयोग से बेहतर होता है।

उत्तरी मिजुरी स्थित अपने पारिवारिक फार्महाउस के बारे में वॉल्टर अपनी माँ के साथ कठिन बातचीतों की एक पूरी श्रृंखला का सामना कर चुका था। वह एक किस्सा बताता है :

> पिता की मृत्यु के बाद से ही मेरे भाई फार्महाउस के कामकाज में माँ का हाथ बँटाते रहे हैं। मैं जब भी अपनी माँ से बात करता हूँ, वे मुझसे बस यही पूछती हैं कि मैं घर वापस आकर अपने पारिवारिक व्यवसाय का हिस्सा कब बनूँगा – या कम से कम शहर के बुजुर्ग डॉक्टर डैनी की जगह कब लूँगा।
>
> मुझे सेंट लुईस में रहना पसंद हैं, जहाँ मैं बाल-रोग विशेषज्ञ के तौर पर सक्रिय हूँ और मेरा काम बहुत अच्छा चल रहा है। इसलिए मैं अपनी माँ के साथ इस बारे में स्पष्ट बातचीत करना चाहता था कि वे ये मुद्दा छोड़ दें और स्वीकार कर लें कि अब मैं वापस नहीं आनेवाला – कम से कम निकट भविष्य में तो बिलकुल नहीं।

पर जैसे ही मैंने तीनों बातचीतें निपटाईं, मुझे कुछ खास चीज़ें पता चलीं। मुझे एहसास हुआ कि जब भी मेरी माँ ये मुद्दा उठाती हैं, तो हताशा और आक्रोश महसूस करने के साथ-साथ, मुझे ये जानकर अच्छा भी लगता है कि वे अब भी मुझे इतना याद करती हैं। इसके अलावा मैं ये सोचकर आभारी भी महसूस करता हूँ कि मेरे पास हमेशा अपनी जड़ों की ओर वापस लौटने का विकल्प मौजूद है। मुझे ये सोचकर थोड़ा दुःख भी हुआ कि मेरे बच्चों को अपनी दादी के साथ घनिष्ठ संबंध विकसित करने का वैसा मौका नहीं मिल रहा है, जैसा मेरे भतीजे-भतीजियों को मिल रहा था। इसके अलावा उन्हें फार्महाउस की सुखद हरियाली के बीच बड़े होने का मौका भी नहीं मिल रहा था, जबकि इस तरह बड़े होना मेरे लिए एक अद्भुत अनुभव रहा है।

इस मामले में मुझे सबसे महत्वपूर्ण अंतर्दृष्टि तब मिली, जब मैंने ये कल्पना की कि मेरी माँ की धारणाएँ और भावनाएँ क्या होंगी। मुझे अचानक एहसास हुआ कि असल में मेरी माँ ये कहना चाह रही हैं कि उन्हें ये जानने का मौका ही नहीं मिलता कि मेरे जीवन में क्या चल रहा है - यानी उन्हें मेरे जीवन का हिस्सा बनकर रहने का मौका नहीं मिल रहा था। वे चाहती थीं कि मैं अपने परिवारसहित अपने पुराने शहर वापस लौट आऊँ ताकि वे हमारे साथ और जुड़ाव महसूस कर सकें। लेकिन जब मेरी माँ अपनी इन भावनाओं को ये पूछकर व्यक्त करतीं कि मैं वापस घर कब आ रहा हूँ? तो अक्सर प्रतिक्रिया स्वरूप मैं बात को टाल देता। इसके बाद मैं कई हफ्तों तक माँ को फोन तक नहीं करता, सिर्फ इसलिए क्योंकि मैं इस मुद्दे पर दोबारा बातचीत करने से बचना चाहता था। इस तरह अलग-थलग महसूस करने की उनकी भावनाओं में मैं खुद भी योगदान दे रहा था - जिसका परिणाम ये होता कि अगली बार जब भी उनसे बात होती, तो वे और गंभीरता से बताती कि उन्हें हमारी कितनी याद आती है और ये सिलसिला इसी तरह चलता रहता।

अपनी योगदान प्रणाली में सुधार लाने और अपनी भावनाओं की जटिलता को सुलझाने के बाद वॉल्टर को एहसास हुआ कि उसे अपनी माँ के साथ इस बारे में बातचीत करने की कोई जरूरत नहीं है कि वे बार-बार उसे हमेशा के लिए घर वापस आने को क्यों कहती हैं। उसे तो बस सबसे पहले अपनी ओर से समस्या में योगदान देना बंद करना था।

अब मैं माँ को ज़्यादा फोन करने लगा, अपने बच्चों की गतिविधियों के बारे में उन्हें छोटे-छोटे संदेश भेजने लगा। साथ ही मैंने उन्हें सेंट लुईस आने का आमंत्रण भी दिया और वह भी सिर्फ उनकी खुशी के लिए, न कि किसी पारिवारिक कार्यक्रम में शामिल होने या छुट्ट्री बिताने के लिए। अगली बार जब उन्होंने फिर से ये सवाल उठाया कि मैं सब कुछ छोड़कर वापस घर कब आ रहा हूँ, तो बात को टालने के बजाय मैंने उन्हें समझाया कि यहाँ मेरा काम बहुत अच्छा चल रहा है और मैं इससे बहुत संतुष्ट महसूस करता हूँ। मैंने उन्हें ये भी बताया कि उन सभी के साथ समय न बिता पाने का मुझे कितना खेद है और ये भी कि काश मेरी बेटियों को अपनी दादी के साथ और समय बिताने का मौका मिलता। ये सुनकर माँ ने तुरंत मेरी बेटियों को उनके चचेरे भाई-बहनों के साथ फार्महाउस में गर्मियों की छुट्टियाँ बिताने के लिए आमंत्रित किया। धीरे-धीरे उन्होंने ये सवाल पूछना कम कर दिया कि मैं सब कुछ छोड़कर फार्महाउसवाले पारिवारिक व्यवसाय का हिस्सा कब बनूँगा।

और आश्चर्य नहीं कि इस तरह वॉल्टर अपनी माँ के और करीब आ गया।

कभी-कभी कोई बातचीत संभव नहीं होती या फिर वह इस योग्य नहीं होती कि उसमें अपना कीमती समय बर्बाद किया जाए। लेकिन इसके बावजूद आप कुछ न कुछ करना चाहते हैं। जैसे कि एक बार ऑफिस जाते समय फ्रैन - जो एक सफल श्रमिक अधिकार प्रचारक है - की एक टोल कलेक्टर से तीखी बहस हो गई। दरअसल ५० सेंट्स का टोल देने के लिए फ्रैन हमेशा अपनी गाड़ी की दराज में २५-२५ सेंट्स के सिक्के रखती थी ताकि उसे ५० सेंट्स के सिक्के खोजने के लिए सड़क से नज़र न हटानी पड़े। इसी तरह अगर कभी वह १ डॉलर का नोट देकर टोल का भुगतान करती, तो उसकी कोशिश रहती कि बची हुई राशि भी २५-२५ सेंट्स के सिक्कों के रूप में वापस ले। और अगर कोई टोल कलेक्टर उसे निकेल या डाइम्स के रूप में बची हुई राशि वापस करता, तो वह उन्हें वापस देकर २५-२५ सेंट्स के सिक्के ही माँगती।

आमतौर पर टोल कलेक्टर्स को फ्रैन की इस माँग से कोई समस्या न होती, लेकिन उस दिन जो व्यक्ति टोल ले रहा था, वह भड़क उठा, 'आखिर तुम अमीर लोग खुद को समझते क्या हो? क्या तुम्हें इतनी सी बात भी समझ नहीं आती कि अगर मैं तुम्हें बची हुई राशि डाइम्स में दे रहा हूँ, तो इसके पीछे कोई कारण होगा?'

अचानक हुए इस मौखिक हमले से फ्रैन ज़रा घबरा गई, 'हाँ, मैं समझती हूँ। लेकिन मुझे लगा कि अगर तुम टोल कलेक्टर का काम कर रहे हो, तो तुम्हारे पास तो हर तरह के सिक्के होंगे और वह भी मुझसे ज्यादा।' जवाब में उस टोल कलेक्टर ने २५-२५ सेंट्स के दो सिक्के फ्रैन के मुँह पर मारते हुए कहा, 'तुम्हें रत्तीभर भी अंदाजा नहीं है कि मेरा काम कैसा है और न ही तुम्हें इसकी कोई परवाह है! तो अब जाओ यहाँ से!' ये सुनकर फ्रैन को कोई जवाब नहीं सूझा और वह गुस्से से तमतमाते हुए अपनी गाड़ी आगे बढ़ाकर वहाँ से निकल गई।

घर वापस आने के बाद इस घटना पर विचार करते हुए फ्रैन को एहसास हुआ कि दरअसल उसका अपना गुस्सा कुछ अप्रिय सच्चाईयों को नकारने के चलते उपजा था - वह निश्चित ही खुद को न जाने क्या समझ रही थी, तभी तो उसे लगता था कि बची हुई राशि हमेशा २५-२५ सेंट्स के सिक्कों के रूप में पाना उसका हक है, मानों उसकी ये माँग पूरी तरह न्यायसंगत हो; उसने कभी सोचा ही नहीं कि टोल कलेक्टर्स कितने मानसिक दबाव में काम करते हैं; और एक टोल कलेक्टर के दृष्टिकोण से वह सचमुच अमीर नज़र आ रही थी। फ्रैन खुद को जैसी इंसान के रूप में देखना पसंद करती थी, ये सब उसके उलट था। हालाँकि टोल कलेक्टर ने उसके साथ जो बुरा बर्ताव किया, उसके बारे में सोचकर फ्रैन को अब भी अच्छा नहीं लग रहा था। लेकिन दिनभर के बाद जब उसने इस घटना के बारे में ठंडे दिमाग से सोचा और खुद को उस टोल कलेक्टर की जगह रखकर देखा, तो उसे समझ में आया कि जब आपके सामने ढेर सारी कारों की लंबी लाइन लगी हो और आपको फटाफट उन सबको निपटाना हो, तो आप किस मानसिक दबाव से गुज़र रहे होते हैं।

इस घटना पर विचार करने का सकारात्मक पहलू ये था कि अब फ्रैन कोई गुस्सा महसूस नहीं कर रही थी और न ही ये कल्पना कर रही थी कि अगर अगली बार टोल बूथ पर उसका सामना उस व्यक्ति से हुआ तो वह क्या कहकर अपना बचाव करेगी। इसके अलावा अब वह अपने इस अनुभव को अपेक्षाकृत जटिल परिघटना के हिस्से के तौर पर देख रही थी। हालाँकि वह अब भी इस मामले में कुछ करना चाहती थी, लेकिन अब उसका दृष्टिकोण पहले से अलग था। इसलिए उसने अपनी बात सामने रखने लिए टर्नपाइक अथॉरिटी को एक पत्र लिखा। उसने लिखा कि वह टोल बूथ पर टोल कलेक्टर की कठिनाईयों को बढ़ाए बिना हमेशा २५-२५ सेंट्स के सिक्कों के रूप में ही बची हुई राशि प्राप्त करना चाहती है और

पूछा कि इसे सुनिश्चित करने के लिए क्या कदम उठाए जा सकते हैं। कुछ दिन बाद जब उसे अपने पत्र का जवाब मिला, तो ये उसके लिए किसी सुखद आश्चर्य से कम नहीं था। इस जवाबी पत्र में बताया गया कि टोल कलेक्टर्स को टोल बूथ पर एक निश्चित राशि ही सिक्कों के रूप में लाने की अनुमति थी और साथ ही एक निर्धारित समय से पहले टोल बूथ छोड़कर जाने की मनाही थी। टोल अथॉरिटी ने अपने पत्र में फ्रैन को ये मुद्दा उठाने के लिए धन्यवाद दिया और बताया कि कैसे उन्होंने फ्रैन के अनुरोध को पूरा करने का और अपने टोल कलेक्टर्स की दुविधा को कम करने का एक रचनात्मक तरीका खोज लिया है।

क्या आपके पास ऐसे उद्देश्य हैं जो सार्थक हों?

कल्पना कीजिए कि आप नासा प्रमुख से किसी विशिष्ट अंतरिक्ष मिशन के उद्देश्य के बारे में पूछते हैं और इसके जवाब में वह आपसे कह देता है कि 'हम्म... ये तो मुझे नहीं पता। हमने सोचा, क्यों न पहले किसी को अंतरिक्ष में भेज दिया जाए फिर तय किया जाए कि आगे क्या करना है।' ऐसा होना संभव नहीं है। लेकिन हम अपनी बातचीतें इसी तरह शुरू करते हैं। हम खुद को और सामनेवाले को बातचीत करता हुआ पाते हैं और दोनों में से कोई भी पूरे यकीन से नहीं कह सकता कि ये बातचीत करने का क्या मतलब है या इसका क्या सकारात्मक परिणाम निकल सकता है।

वहीं इसके अलावा अन्य मौकों पर हम बातचीत करने की कोशिश तब करते हैं, जब हमारे उद्देश्यों को गलत समझ लिया गया हो। ऐसी स्थिति में आप चाहे जो कहें या करें, उससे कोई फायदा नहीं होनेवाला (बल्कि हो सकता है कि इससे स्थिति और बदतर हो जाए,) क्योंकि आपने एक ऐसी मंजिल तय कर ली है, जिस तक पहुँचना असंभव है।

याद रखें, आप दूसरों को बदल नहीं सकते। कई बार बातचीत की पहल करने के पीछे हमारा उद्देश्य होता है सामनेवाले में बदलाव लाना। बदलाव की उम्मीद करने में कोई बुराई नहीं है। दूसरों को बदलने की ललक सार्वभौमिक है। हम चाहते हैं कि दूसरे लोग और अधिक स्नेही बनें, हमारी मेहनत की और अधिक सराहना करें, हमें अपनी निजता बनाए रखने दें, विभिन्न समारोहों में और अधिक सामाजिक व्यवहार करें, हमारे कॅरियर के चुनाव को या हमारे यौन–झुकाव को स्वीकार करें,

हमारे ईश्वर पर विश्वास करें या महत्वपूर्ण मुद्दों पर हमारे मतों को स्वीकार करें।

समस्या ये है कि हम उनसे ये सब नहीं करा सकते। हम किसी की सोच नहीं बदल सकते और न ही जबर्दस्ती करके उनका व्यवहार बदल सकते हैं। अगर हम सचमुच ये सब कर सकते, तो बहुत सी कठिन बातचीतें स्वत: ही विलीन हो जातीं। फिर हम कहते, 'तो तुम्हें इन-इन कारणों से मुझे और अधिक स्नेह करना चाहिए,' और इसके जवाब में सामनेवाला कहता, 'चूँकि अब तुमने मुझे ये कारण बता दिए हैं इसलिए अब मैं सचमुच तुमसे ज़्यादा स्नेह करता हूँ।'

लेकिन हम जानते हैं कि दुनिया में ऐसा कभी नहीं होता। बहस करने, तथ्य सामने रखने और मनाने की कोशिश करने से शायद ही कभी लोगों के दृष्टिकोण और व्यवहार में बदलाव आता हो। भला आप कब किसी के कहने से अपने मूल्यों और विश्वासों को बदलते हैं? या फिर आप किसे स्नेह करते हैं या अपने जीवन से क्या चाहते हैं, क्या ये सब आप किसी और के कहने से तय करते हैं? और जो व्यक्ति आपमें बदलाव लाने की कोशिश कर रहा है, अगर वह उन कारणों से ही अवगत न हो, जिनके चलते आपका नज़रिया उससे अलग है, तो भला इस बात की कितनी संभावना है कि आप खुद को उसके अनुसार बदलने के लिए राजी होंगे?

हम दूसरों को प्रभावित जरूर कर सकते हैं, लेकिन इस मामले में हमें खासतौर पर सावधान रहने की जरूरत होती है। विरोधाभास ये है कि किसी को बदलने की कोशिश करने से शायद ही कभी उसमें बदलाव आता हो। वहीं दूसरी ओर, ऐसी बातचीत जिसका उद्देश्य एक-दूसरे के साथ मिलकर कुछ सीखना हो, सचमुच बदलाव लाती है। पर क्यों? जब हम किसी को बदलने की कोशिश करते हैं, तो ये संभावना बढ़ जाती है कि हम उनसे बहस करेंगे, उनकी कथा की आलोचना करेंगे और उनकी बात को ठीक से नहीं सुनेंगे। इसके चलते संभव है कि कुछ नया सीखने के लिए अपना मन खुला रखने के बजाय वे अपना बचाव करने लगें। हाँ, अगर उन्हें लगता है कि हम उनकी बात ध्यान से सुन रहे हैं, उन्हें समझ रहे हैं और उनका सम्मान करते हैं, तो उनके अंदर बदलाव की संभावना बढ़ जाएगी। यानी अगर वे बदलने या न बदलने के लिए खुद को स्वतंत्र महसूस करते हैं, तो बदलाव की संभावना बढ़ जाती है।

दीर्घकालिक कीमत चुकाकर अल्पकालिक राहत पाने पर ध्यान केंद्रित न करें। एक अन्य आम गलती है, ऐसे कदम उठाना, जिनसे अल्पकालिक रूप से मनोवैज्ञानिक

तनाव कम हो, भले ही भविष्य में स्थिति और बदतर हो जाए।

जेनेट ने भी ऐसा ही किया, जिसके चलते उसे नकारात्मक परिणाम भुगतने पड़े। नॉन-प्रॉफिट फायनेंशियल मैनेजमेंट (गैर-लाभकारी वित्तीय प्रबंधन) के क्षेत्र में बीस साल तक काम करने के बाद उसने कभी नहीं सोचा था कि एक बोर्ड मेंबर उसकी क्षमता पर सवाल उठाकर उसे रोने पर मजबूर कर देगा। लेकिन जेनेट के साथ ऐसा ही हुआ। बजट के आँकड़े प्रस्तुत करने पर उसे हर बार मौखिक हमले झेलने पड़े। आखिरकार एक दिन वह तंग आ गई और उसने तय किया कि वह सिल्वी नामक उस महिला बोर्ड मेंबर से सीधे शब्दों में पूछेगी कि आखिर उसकी समस्या क्या है। लेकिन ऐसा करना जेनेट के लिए बुरा ही साबित हुआ। जेनेट बताती है:

> हालाँकि मैंने जो भी कहा, उनमें से अधिकांश बातें बिलकुल सही थीं, लेकिन – समस्या में अपने योगदान की जिम्मेदारी लेते हुए – अब जब मैं पीछे मुड़कर देखती हूँ, तो मुझे लगता है कि असल में मैं उसे बस एक बार फटकार लगाना चाहती थी। मैं उसे उतना ही छोटा और तुच्छ महसूस कराना चाहती थी, जितना मैंने महसूस किया था। और मैं उसे एहसास दिलाना चाहती थी वह मेरे साथ बुरा बर्ताव नहीं कर सकती।
>
> आखिरकार मैंने ठीक ऐसा ही किया। और ये करके मीटिंग से बाहर निकलते समय मैंने बहुत अच्छा महसूस किया... लेकिन सिर्फ १५ मिनट तक ही। फिर मुझे अपनी कही हुई कुछ बातों पर पछतावा होने लगा। साथ ही मुझे एहसास हुआ कि हमारे बीच के विरोध को इस तरह बढ़ाकर मैंने स्थिति को और बदतर बना दिया है। सच तो ये था कि वह मेरे साथ बुरा व्यवहार कर सकती थी और मैंने ये संभावना बढ़ा दी कि वह आगे भी ऐसा कर सके।

अगर किसी व्यक्ति को और उसके व्यवहार को बदलना, उस पर अपनी भड़ास निकालना या उसे फटकार लगाना ही आपकी बातचीत का उद्देश्य है, तो संभव है कि आपका डर सच हो जाए और इसके नकारात्मक परिणाम सामने आएँ। अगर आप किसी से ये कहते हैं कि तुम असंवेदनशील हो, भरोसे के लायक नहीं हो या तुम्हें स्वीकार नहीं किया जा सकता, तो संभव है कि आपके आपसी संबंधों में दरार आ जाए। हो सकता है कि ये सब सुनकर सामनेवाले को ठेस लगे, वह अपना बचाव करने लगे या फिर आप अपनी नौकरी से हाथ धो बैठें।

लेकिन इसका ये अर्थ नहीं है कि बोर्ड मेंबर का दुर्व्यवहार झेलने के अलावा

जेनेट के पास और कोई चारा ही नहीं है। अगर जेनेट अपने उद्देश्य को ज़रा बदल ले, तो वह सिल्वी के साथ एक रचनात्मक बातचीत कर सकती है। अगर जेनेट अपने मन में ये जानने की सच्ची जिज्ञासा जगा ले कि सिल्वी उसके साथ ऐसा व्यवहार क्यों करती है, तो ये बातचीत सचमुच सार्थक सिद्ध हो सकती है। जेनेट इसे सिल्वी की कथा जानने, अपनी कथा साझा करने और फिर ये तय करने के अवसर के रूप में देख सकती है कि आगे से वे दोनों एक-दूसर के साथ मिलकर कैसे काम कर सकती हैं। क्या जेनेट ऐसा ही कर रही है? सिल्वी के व्यवहार का जेनेट पर जो प्रभाव पड़ रहा है, क्या सिल्वी उससे अवगत है? क्या सिल्वी ने पहले भी अपने कर्मचारियों से ऐसा ही व्यवहार करके मनचाहे परिणाम हासिल किए हैं? सिल्वी से बेहतर प्रतिक्रिया पाने के बाद जेनेट उसे क्या सलाह दे सकती है?

अगर जेनेट सिल्वी के साथ बातचीत करते समय जिज्ञासावाला रवैया अपना लेती है, तो ये संभावना कम ही है कि इससे नकारात्मक प्रतिक्रिया को उकसावा मिलेगा या आपसी संबंधों में दरार आएगी। जब जेनेट सिल्वी के साथ मिलकर ये पता लगाने की कोशिश करेगी कि उनके बीच चीज़ें इतनी नकारात्मक क्यों हैं, तो ये एक तरह से उसके लिए आपसी संबंधों में निवेश करने जैसा होगा।

अपने उद्देश्य में थोड़ा बदलाव लाने के लिए खुद से सौदेबाज़ी करने से बातचीत के जोखिमपूर्ण बनने की संभावना कम हो जाती है और एक रचनात्मक परिणाम प्राप्त होने की संभावना बढ़ जाती है।

हिट-एंड-रन न करें। अक्सर जब हमें कोई महत्वपूर्ण बात कहनी होती है, तो हम उसे तत्काल कह देते हैं क्योंकि जब तक वह बात हमारे मन में रहती है, हम हताश महसूस करते हैं। हालाँकि अधिकांश लोग इतने विचारशील होते हैं कि किसी बात को कहने की टाइमिंग के मामले में गलती नहीं करते। जैसे अगर कोई हमें बताता है कि वह अभी-अभी डॉक्टर से मिलकर आया है और आखिरकार उस ऑपरेशन के लिए तैयार है, जिसे वह अब तक टाल रहा था, तो बहुत कम ही लोग ऐसे होंगे, जो इसके जवाब में कहेंगे, 'ओह, चलो अच्छी बात है। और हाँ, तुम पर अब भी मेरा ५०० डॉलर का उधार बकाया है।'

हालाँकि टाइमिंग के मामले में हम एक और गलती अक्सर करते हैं। इसे आप 'हिट-एंड-रन' कह सकते हैं। आपका एक कर्मचारी देर से ऑफिस आता है। आप काफी दिनों से इस बारे में उससे बातचीत करने की सोच रहे हैं। तो एक

दिन आप जाकर उससे कहते हैं, 'आज तुम्हें फिर देर हो गई?' और बस, इससे आगे आप उससे कुछ और नहीं कहते। या इसी तरह आप सप्ताहांत में अपने बेटे से मिलने जाते हैं, उसके गैरेज में बियर की खाली बोतलें पड़ी देखते हैं और कहते हैं, 'ओह, तो तुम अब भी खूब पी रहे हो।'

इन टिप्पणियों का उद्देश्य है मदद करना। आप उम्मीद करते हैं कि आपका कर्मचारी या आपका बेटा आपकी टिप्पणी के पीछे छिपे संदेश को समझेगा। लेकिन ऐसी टिप्पणियाँ करके आप खुद भले ही थोड़ा बेहतर महसूस करें (कि 'चलो कम से कम मैंने कुछ तो कहा') लेकिन इससे सामनेवाला अपना बचाव करने के लिए रक्षात्मक मुद्रा अपना लेता है और हताश महसूस करने लगता है। ऐसे में वह बदलाव आने की संभावना कम ही है, जिसकी आप उम्मीद कर रहे थे।

एक कारगर नियम ये है कि अगर आप बात करनेवाले हैं, तो सच में बात करें। और अगर आप सचमुच बात करनेवाले हैं, तो ये बातचीत यूँ ही चलते-फिरते नहीं हो सकती। आपको बातचीत का एक समय तय करना होगा। आपको स्पष्ट शब्दों में बताना होगा कि आपको इस महत्वपूर्ण बातचीत के लिए १० मिनट चाहिए या एक घंटा। असली बातचीत करने के लिए ३० सेकेंड काफी नहीं होते और असली बातचीत के अलावा और कोई चीज़ ऐसी नहीं है, जो मददगार साबित हो। अगर आप सिर्फ हिट-एंड-रन से ज़्यादा और कुछ नहीं कर सकते, तो बेहतर होगा कि उस मुद्दे को उठाएँ ही नहीं।

मुक्त होना

इस किताब में जो तरीका बताया गया है, उससे आपको कई आश्चर्यजनक परिणाम हासिल करने में सहायता मिल सकती है। ये तरीका उपयोग कर आप इस बारे में बेहतर निर्णय ले सकेंगे कि मुद्दे को किस समय उठाना निरर्थक सिद्ध होगा, कम से कम तब तक, जब तक आप अपनी समस्याओं को हल नहीं कर लेते या अपना योगदान बदलने की सच्ची कोशिश नहीं कर लेते। और जब आप बातचीत का विकल्प चुनेंगे, तो धीरे-धीरे अपने रास्ते में खुद रोड़े डालना बंद कर देंगे - यानी वे गलतियाँ नहीं करेंगे, जो अब तक आपके लिए समस्याएँ खड़ी करती रही हैं। समय के साथ ऐसे मामलों से जुड़ी आपकी चिंता कम हो जाएगी और आप अपने सबसे महत्वपूर्ण संबंधों में और गहनता ला सकेंगे।

लेकिन ये तरीका भी कोई जादू की छड़ी नहीं है। कभी-कभी - हमारे सर्वश्रेष्ठ प्रयासों के बावजूद - कोई चीज़ कारगर साबित नहीं होती। आप आपस में सब कुछ ठीक करने के लिए या आपसी संबंधों में भावनात्मक निवेश के लिए सामनेवाले से जबर्दस्ती नहीं कर सकते। भले ही आप अपने बेटे को कितना भी समझा लें कि जब वह आपको फोन नहीं करता, तो आप कितने परेशान हो जाते हैं - पर हो सकता है कि वह फिर भी आपको फोन न करें। इसी तरह हो सकता है कि आपका बॉस हमेशा की तरह आगे भी अपना आपा खो बैठे। या हो सकता है कि आपकी माँ कभी ये बात समझ न सकें कि जब आप युवा थे, तो खुद को कितना अकेला महसूस करते थे।

कभी-कभी आप अपने उद्देश्यों व संभावित रणनीतियों पर विचार करते हैं और फिर तय करते हैं कि बातचीत न करना ही बेहतर होगा। आपसी संबंधों से जुड़ी समस्याओं को अपने मन का बोझ बना लेना बहुत ही तकलीफदेह होता है और आपको मानसिक रूप से थका देता है। इसलिए बेहतर यही है कि जीवन में आगे बढ़ जाएँ। यानी अपने मन के बोझ से खुद को मुक्त करें। क्योंकि आप ऐसा करने में सचमुच सक्षम हैं।

हालाँकि कुछ मौके ऐसे होते हैं, जहाँ ये करना आसान नहीं होता। भले ही आपको लगता हो कि समस्या के बारे में बातचीत न करना ही बेहतर विकल्प है, लेकिन फिर भी किसी न किसी कारण से स्थिति ऐसी बन जाती है, जिस पर आपका बस नहीं चलता। साथ ही आपके मन में जो कथा चल रही होती है, उसका अपना एक भावनात्मक ज़ोर भी होता है; जब भी आप समस्या के बारे में सोचते हैं, तो आपके मन में भावनाओं का तूफान सा आ जाता है। आप तय कर लेते हैं कि इसे पीछे छोड़कर जीवन में आगे बढ़ जाएँगे, लेकिन आपकी भावनाओं ने आपको जकड़ रखा होता है और वे आपको आगे नहीं बढ़ने देतीं।

कुछ लोग कहते हैं कि जो चीज़ मन पर बोझ बनी बैठी हो, खुद को उससे मुक्त करना अपने आपमें एक चुनाव होता है। जबकि कुछ लोग ये मानते हैं कि ऐसा करना सिर्फ तभी संभव होता है, जब स्थितियाँ आपके पक्ष में हों - यानी जब पश्चाताप कर लिया गया हो या जब आपको एक नया रिश्ता बनाने के लिए कोई और मिल गया हो या जब आपको माफी मिल गई हो। पर मन के बोझ से मुक्त होने के लिए असल में क्या करना होगा? क्या अपनी हथेली खोलकर उँगलियों

के रास्ते अपनी सारी कड़वाहट, झुंझलाहट, दुःख और शर्म को बाहर निकाला जा सकता है?

हम ये नहीं कहेंगे कि हमें इसका जवाब मालूम है। हम हर उस व्यक्ति पर संदेह करते हैं, जिसे लगता है कि ऐसा करने का कोई आसान फार्मूला है। संभवत: ऐसा करने का हम सबका तरीका अलग-अलग होता है।

हाँ, हम ये जरूर जानते हैं कि आमतौर पर मन के बोझ से मुक्त होने में समय लगता है और ऐसा करना कतई आसान नहीं होता। दरअसल उस बिंदु की खोज आसान नहीं है, जहाँ पहुँचकर आप अपने उस दुःख या शर्म से मुक्ति पा लें, जो आप अपने अनुभवों के कारण महसूस करते हैं। एक ऐसा बिंदु जहाँ आप अपने मन में अपनी कथा को अलग ढंग से कह सकें - जहाँ आप पीड़ित या खलनायक की भूमिका को त्याग सकें और खुद को व सामनेवाले को ऐसी भूमिका दे सकें, जो इससे कहीं अधिक जटिल और मुक्तिदायक हो। एक ऐसा बिंदु, जहाँ आप खुद को उसी रूप में स्वीकार कर सकें, जो आप पहले थे या जो आप अभी हैं।

अगर कोई आपसे कहता है कि अब तक आपको फलाँ चीज़ या फलाँ इंसान से उबर जाना चाहिए था, तो उसकी बात पर विश्वास न करें। ये मान बैठना कि किसी चीज़ से उबरने की कोई उचित समयसीमा होती है, खुद को उस चीज़ में अटकाकर रखने का ही एक तरीका है। लेकिन साथ ही आपको ये भी मानकर नहीं बैठना है कि उस चीज़ से मुक्ति पाकर जीवन में आगे बढ़ना आपके हाथ में नहीं है या ऐसा करने में आपको बहुत समय लगेगा। क्योंकि इस मामले में आप ऐसा बहुत कुछ कर सकते हैं, जिससे आपको सकारात्मक परिणाम मिलें।

मुक्तिदायक धारणाएँ अपनाना

इसकी शुरुआत करने का एक बढ़िया तरीका है, पहचान संबंधी बातचीत करना। यानी कुछ आम धारणाओं को चुनौती देना, जो मुक्ति पाने और अपने चुनावों को लेकर सहज महसूस करने के रास्ते में बाधा बनती हैं। ऐसी ही चार मुक्तिदायक धारणाएँ कुछ इस प्रकार हैं:

चीज़ों को बेहतर बनाना मेरी जिम्मेदारी नहीं है; मेरी जिम्मेदारी सिर्फ ये है कि मैं अपना सर्वश्रेष्ठ दूँ। केरेना के लिए क्लोज़र पाने की कुंजी थी, इस कल्पना से मुक्ति पाना कि चीज़ें बेहतर हो सकती हैं:

मैं रिश्तों के मामले में पहले भी असफल हो चुकी हूँ इसलिए मैं बड़े दिल से चाहती थी कि ये रिश्ता सफल हो। लेकिन मेरे लिए सिर्फ इसे सफल होते देखना ही काफी नहीं था। कहीं न कहीं मैंने तय कर लिया था कि मैं इस रिश्ते को हर हाल में सफल बनाकर रहूँगी और ये करना मेरी जिम्मेदारी है। इसलिए मैंने सब कुछ किया, हर तरीका आज़माया। जबकि शायद मुझे पहले ही इस रिश्ते को तोड़ देना चाहिए था। लेकिन इस विचार से मुक्त होना मेरे लिए बड़ा मुश्किल था कि अगर मैं एक बेहतर इंसान होती या अगर मैंने सही समय पर सही बातें कही होतीं या रिश्ते को चलाने के लिए और कोशिशें की होतीं, तो शायद मेरे और पॉल के बीच सब कुछ ठीक रहता।

केरेना के मामले में अपराधबोध और दुःख से मुक्ति पाने की प्रक्रिया का एक हिस्सा था, इस बात को स्वीकार करना कि आपकी भी कुछ सीमाएँ हैं – आप हमेशा किसी रिश्ते को और अधिक सहज, सुखद, अंतरंग या टिकाऊ नहीं बना सकते। ज्यादा से ज्यादा आप बस कोशिश कर सकते हैं।

उनकी भी अपनी कुछ सीमाएँ हैं। कभी–कभी आप सामनेवाले को अपना दृष्टिकोण बताते हैं या अपनी भावनाएँ उनके सामने रखते हैं या फिर उन्हें इस बात से अवगत कराते हैं कि वे आप पर क्या प्रभाव डाल रहे हैं और इसके जवाब में वे कहते हैं कि वे आपकी बात समझ रहे हैं और इस तरह आप दोनों अपने–अपने व्यवहार में बदलाव लाने के लिए सहमत हो जाते हैं। लेकिन इसके बाद वे फिर से कुछ ऐसा करते हैं, जिससे आपको चिढ़ होती हैं और फिर आप सोचते हैं, 'उसे अच्छी तरह पता है कि मुझे ये सब कतई पसंद नहीं हैं। लेकिन फिर भी वह ऐसा कर रहा है। आखिर क्यों? क्या मैं उसके लिए कोई खास मायने नहीं रखता? क्या वह बस मुझे परेशान करने की कोशिश कर रहा है? आखिर मुझे इससे क्या नतीजा निकालना चाहिए?'

आप इससे एक नतीजा जरूर निकाल सकते हैं कि वे परफेक्ट नहीं हैं, ठीक वैसे ही जैसे आप परफेक्ट नहीं है। भले ही आप कितने भी स्पष्ट शब्दों में बता चुके हों कि उनकी शराब की आदत से आप कितने आहत हैं या उनके भूलने की आदत से आप कितने परेशान हैं या कोई प्रतिक्रिया न देने की उनकी आदत से आप कितने दुःखी है। इसके बावजूद हो सकता है उनके अंदर खुद को बदलने की क्षमता न हो, कम से कम फिलहाल के लिए।

बड़ी बहन होने के चलते धौंस जमाना एलिसन का स्वभाव रहा है, जिसे वह चाहकर भी रातों-रात बदल नहीं सकती। एक समय के बाद उसके छोटे भाई के लिए अपनी बहन को जस का तस स्वीकार करना, उसके साथ बार-बार झगड़ा करने से कहीं अधिक आसान होगा। वह उन पहचान संबंधी समस्याओं पर काम कर सकता है, जिनके चलते एलिसन और उसके बीच झगड़ा होता है। साथ ही उसे अपनी बहन की जो विशेषताएँ पसंद हैं, उनके लिए वह उसे प्रेम करना जारी रख सकता है।

यह संघर्ष मुझे परिभाषित नहीं करता। मुक्ति पाने के रास्ते में एक बड़ी बाधा तब आती है, जब हम संघर्ष को आत्म-छवि से जोड़कर देखने लगते हैं। अपने मन में हम खुद को अक्सर सबसे कम प्रिय बेटे, लंबे समय से तकलीफें झेल रही पत्नी या किसी उत्पीड़ित समूह का हिस्सा मानकर चलते हैं। हम खुद को दूसरों के साथ अपने संघर्षों के संदर्भ में परिभाषित करते हैं।

पिछले चार वर्षों में रॉब की कंपनी की लीडरशिप कई महत्वपूर्ण रणनीतिक सवालों पर बंटी हुई थी। रॉब खुद 'पराजित हो रहे' गुट का हिस्सा था और उसकी पेशेवर पहचान ये थी कि वह उन कुछेक लोगों में से एक है, जो अब भी डटे हुए थे और कंपनी के मैनेजमेंट से लोहा ले रहे थे। फिर अचानक एक दिन उसकी कंपनी का एक अन्य कंपनी में विलय हो जाता है और संगठन का नियंत्रण रॉब के गुट को दे दिया जाता है। अब रॉब बहुत संतुष्ट महसूस करता है, लेकिन साथ ही वह थोड़ा बेचैन भी है। चूँकि अब वह विपक्ष की भूमिका में नहीं है इसलिए अब उसके लिए ये समझना मुश्किल हो रहा है कि उसे खुद को किस रूप में देखना चाहिए। संभवत: उसकी आत्म-छवि इस संघर्ष के साथ कुछ ज़्यादा ही गहनता से जुड़ी हुई थी।

ऐसी चीज़ें नस्लीय संघर्ष में एक महत्वपूर्ण भूमिका निभाती हैं। एक समुदाय के रूप में हमारी आत्म-छवि को अक्सर इस संदर्भ में परिभाषित किया जाता है कि हम क्या नहीं हैं, हम किसके खिलाफ हैं और हमने किन कठिनाईयों का सामना किया है। दुःख की बात ये है कि हम सुलह की संभावना से भी खतरा महसूस करने लगते हैं क्योंकि इससे न सिर्फ हमारी भूमिका बल्कि हमारी सामुदायिक पहचान भी छिन सकती है।

इस प्रकार की परिस्थितियों को संभालना बड़ा मुश्किल होता है क्योंकि हम

अपनी आत्म-छवि को तब तक त्यागना नहीं चाहते, जब तक कि उसकी जगह लेने के लिए कोई बेहतर चीज़ न हो। अगर आप खुद को किसी संघर्ष में डूबा हुआ पाते हैं, अगर आप अपनी पहचान को उस लड़ाई से बंधा हुआ पाते हैं, तो एक कदम पीछे हटकर ये याद करने की कोशिश करें कि आप क्यों लड़ रहे हैं। आप सत्य और न्याय के लिए लड़ रहे हैं, न कि इसलिए क्योंकि आपको जिंदा रहने के लिए इस संघर्ष की जरूरत है।

मुक्त होने का ये अर्थ नहीं है कि अब मुझे कोई परवाह नहीं है। अक्सर हम खुद को चीज़ों से मुक्त होने में असमर्थ पाते हैं क्योंकि हमें ये डर होता है कि अगर हमने ऐसा किया, तो इसका अर्थ ये होगा कि अब हमें उन चीज़ों की कोई परवाह ही नहीं है। जैसे अगर आपके और आपकी बहन के बीच मतभेद नहीं होते, तो आप ये जताने के लिए क्या करते कि वह आपके लिए बहुत मायने रखती है या आपको ये एहसास कैसे होता कि आप भी उसके जीवन में समान महत्त्व रखते हैं? क्या किसी चीज़ से मुक्त होना और फिर भी उसकी परवाह करना सचमुच संभव है?

किसी और की तुलना में, डेविड इस मुद्दे के साथ कहीं अधिक गहनता से जूझ चुका है:

> जब मेरे भाई की हत्या हुई, तो मैंने सोचा भी नहीं था कि मैं उस व्यक्ति को कभी माफ कर सकूँगा, जिसने मेरे भाई को गोली मारी - और वह भी पोकर खेलने के दौरान ड्रिंक पीने जैसे बेवकूफाना मुद्दे पर। मुझे ये भी स्वीकार करना होगा कि मैं अपने भाई के वहाँ मौजूद होने से भी नाराज था।
>
> मैं अपने भाई की हत्या के मुकदमे की अदालती कार्रवाही देखने तक नहीं गया। सालों तक ये स्थिति रही कि जब भी मुझे अपने भाई का खयाल आता, मैं गुस्से, दुःख और उसकी अन्यायपूर्ण मौत की भावना से भर उठता। मैं अपने मन में कल्पना करता कि मैं उससे बातचीत कर रहा हूँ, जिसमें मैं उसे न सिर्फ ये बताता कि मैं कितना दुःखी हूँ बल्कि ये भी कहता कि उसकी मूर्खता के लिए और इस तरह मुझे छोड़कर जाने के लिए मैं उससे कितना नाराज़ हूँ।
>
> पर हाल ही में मुझे पता चला कि माफ करने में कितनी शक्ति होती है। अंततः मैंने उन दोनों को माफ कर दिया - अपने भाई को भी और उस व्यक्ति को भी, जिसने मेरे भाई की हत्या की। हालाँकि इस तरह अपने क्रोध, क्षोभ और आक्रोश से मुक्त होने का अर्थ ये नहीं है कि मैंने भाई के प्रति अपने प्रेम

और उसे खोने की सच्चाई से भी खुद को मुक्त कर लिया है। सच तो ये है कि अब मैं इस घटना को लेकर कुछ नहीं कर सकता और अंततः मैंने इस बात को स्वीकार कर लिया है। मैं अपने भाई को इस तरह खोने से कभी उबर नहीं पाऊँगा। मैं अब भी अपने मन में उससे बातें करता हूँ। लेकिन अब ये बातचीत पहले जितनी कठिन नहीं होती। कई अन्य किस्म की भावनाओं के कोलाहल से मुक्त होकर, अब मैं अपने भाई को पूरे दिल से याद कर सकता हूँ।

डेविड की कहानी हमें दिखाती है कि क्रोध से मुक्ति पाने में सक्षम होने और फिर भी प्रेम और स्मृतियों को मन में संजोकर रखने की शक्ति क्या होती है। डेविड के भाई के साथ जो भी हुआ, वह उसे कभी नहीं भूल सकता और न ही भूलना चाहता है। डेविड के लिए भले ही ये अनुभव कितना भी पीड़ादायक रहा हो, लेकिन इससे उसे ऐसा बहुत कुछ सीखने को भी मिला, जिसे वह अपने बच्चों और अन्य लोगों से अपने रिश्तों पर लागू करता है। इसके अलावा, मुक्त होकर और माफ करके उसका वह भावनात्मक बोझ भी कम हुआ, जिसे वह इस त्रासदी के बाद से ही ढोता आ रहा था।

डेविड की तुलना में कहीं अधिक साधारण परिस्थितियों में भी, किसी बातचीत में गुंथी हुई भावनाओं व पहचान संबंधी समस्याओं से मुक्त होना आपके लिए बेहद चुनौतीपूर्ण साबित हो सकता है। कठिन बातचीतें हमारे अस्तित्व के मूल में संचालित होती है - जहाँ हमारी आत्म-छवि और आत्म-सम्मान के साथ, वे लोग व सिद्धांत आर-पार होते हैं, जिनकी हमें सबसे ज़्यादा परवाह होती है। मुक्त होने का संबंध मूलतः इस बात से है कि जब कठिन बातचीत न करनी हो, तो इस स्थिति से पूरे कौशल और शिष्टता के साथ कैसे निपटा जाए।

बेशक, कठिन बातचीत करने के मामले में आप जितने बेहतर होते जाएँगे, वे चीज़ें उतनी ही कम होती जाएँगी, जिनसे आपको मुक्त होना है। खुद को बेहतर बनाने की एक मुख्य कुंजी ये है कि आपके पास सार्थक उद्देश्य हों।

जब आप मुद्दा उठाते हैं: तीन ऐसे उद्देश्य जो सचमुच कारगर हैं

हम उन उद्देश्यों के बारे में चर्चा कर चुके हैं, जो आपको मुसीबत में डाल सकते हैं। तो अब उन उद्देश्यों की बात करते हैं, जो सचमुच सार्थक हैं। इसका

उच्चतम मानक है, आपसी समझ के लिए काम करना। जरूरी नहीं कि इसमें आपसी सहमति भी हो, लेकिन अपनी हर कथा की बेहतर समझ जरूर होनी चाहिए ताकि आप इस बारे में उचित निर्णय ले सकें (अकेले या एक-दूसरे के साथ मिलकर) कि आपको आगे क्या करना है।

जब भी आपको लगे कि फलाँ मुद्दे पर बातचीत करना कठिन होगा, तो आगे दिए गए तीन उद्देश्यों को अपनी चेतना के केंद्र में रखकर आगे बढ़ें।

१. उनकी कथा के बारे में जानना

सामनेवाले के दृष्टिकोण को जानने का प्रयास करना हमें 'तीन बातचीतों' की दिशा में ले जाता है। ऐसा क्या है, जिसे वे तो देख पा रहे हैं पर हम उसे देखने से चूक गए हैं या उस तक हमारी पहुँच नहीं है? अतीत के वे कौन से अनुभव हैं, जो उन्हें अब भी प्रभावित कर रहे हैं। उन्होंने जो किया, वह करने के पीछे उनका तर्क क्या है? उनके इरादे क्या थे? हमारे कार्यों ने उन्हें कैसे प्रभावित किया? उनके अनुसार समस्या में हम क्या योगदान दे रहे हैं? वे क्या महसूस कर रहे हैं? उनके लिए इस परिस्थिति के क्या मायने हैं? ये उनकी पहचान को कैसे प्रभावित करता है? दाँव पर क्या लगा हुआ है?

२. अपने विचार और भावनाएँ व्यक्त करना

आपका लक्ष्य होना चाहिए कि आप अपने विचारों और भावनाओं की संतुष्टिपूर्ण अभिव्यक्ति कर सकें। आप उम्मीद करते हैं कि आप जो कह रहे हैं, सामनेवाला उसे समझेगा और संभवत: उससे प्रभावित भी होगा, लेकिन आप दावे के साथ नहीं कह सकते कि ऐसा जरूर होगा। हाँ, आप इतना जरूर कर सकते हैं कि ये बता दें कि अपने मतों, इरादों, योगदान, भावनाओं और पहचान संबंधी समस्याओं के बारे में क्या-क्या कहना आपके लिए सचमुच महत्वपूर्ण है। आप उनके साथ अपनी कथा साझा कर सकते हैं।

३. एक-दूसरे के साथ मिलकर समस्या का समाधान करना

आपको और सामनेवाले को जो कुछ भी पता चला है, उसे देखते हुए वह क्या हो सकता है, जो आगे इस परिस्थिति को बेहतर बना सके? क्या आप

एक-दूसरे के साथ मिलकर ऐसे रचनात्मक तरीके ढूँढ़ सकते हैं, जिनसे दोनों की जरूरतें पूरी हो जाएँ। और अगर किसी बिंदु पर आकर आपकी जरूरतों के बीच परस्पर टकराव होता है, तो क्या आप निष्पक्ष और व्यावहारिक तरीके से उस टकराव का खात्मा सुनिश्चित करने के लिए समान मानकों का उपयोग कर सकते हैं?

रवैया और उद्देश्य साथ-साथ चलते हैं

ये तीनों उद्देश्य इस तथ्य को समायोजित करते हैं कि आप और सामनेवाला दुनिया को अलग-अलग ढंग से देखते हैं कि जो भी हो रहा है, उसे लेकर आप दोनों ही तीव्र भावनाएँ महसूस करते हैं और आप दोनों की अपनी-अपनी पहचान संबंधी समस्याएँ हैं, जिन पर आपको काम करना है। संक्षेप में कहें, तो आप दोनों की अपनी-अपनी कथाएँ हैं। आपको ऐसे उद्देश्यों की जरूरत है, जो इस वास्तविकता के साथ तालमेल बिठा सकें।

ये उद्देश्य वास्तव में सीखनेवाले रवैये से ही निकलते हैं। इन उद्देश्यों के लिए तीनों बातचीतों पर काम करना होता है और अपना आंतरिक झुकाव निश्चितता से जिज्ञासा की ओर, बहस से अन्वेषण की ओर, सरलता से जटिलता की ओर, 'या तो यह या फिर वह' से 'यह और वह' की ओर लाना होता है। हो सकता है कि ये उद्देश्य आपको सरल - यहाँ तक कि सरलतावादी नज़र आते हों। लेकिन असल में उनमें इतनी सच्चाई और खरापन होता है कि उन्हें पूरा करने में आनेवाली कठिनाई और बातचीत के आपके तरीके को बदलकर रख देने की उनकी शक्ति इसके पीछे छिप जाती है।

इन्हीं उद्देश्यों को ध्यान में रखकर, सीखनेवाले रवैए के साथ काम करते हुए, आगे इस किताब में विस्तार से बताया गया है कि शुरू से लेकर अंत तक सीखनेवाली बातचीत कैसे की जाए।

8
शुरुआत करना : तीसरी कथा से शुरू करें

एक कठिन बातचीत के शुरुआती क्षण अक्सर सबसे तनावपूर्ण होते हैं। हो सकता है कि पहले कुछ क्षणों में ही हमें पता चल जाए कि सामनेवाला चीज़ों को बहुत अलग नज़रिए से देखता है या फिर हम जो चाहते हैं, संभवत: वह हमें नहीं मिलनेवाला। हो सकता है कि सामनेवाला भड़क जाए या परेशान हो जाए या फिर शायद हमें इस बात का एहसास करा दे कि वह हमसे बात ही नहीं करना चाहता – जो कि हमारे लिए कोई अच्छी खबर नहीं है।

कठिन बातचीत की शुरुआत भले ही जोखिमभरी हो, लेकिन यह आपके लिए एक अवसर भी है। क्योंकि यही वह समय है, जब आप स्थिति का फायदा उठाते हुए बातचीत की दिशा बदल सकते हैं। हालाँकि इस बात की भी पूरी संभावना है कि आप कठिन बातचीत की शुरुआत कुछ इस तरह कर दें कि सब गड़बड़ हो जाए; हम सबसे कभी न कभी ये गड़बड़ हो चुकी है। लेकिन जरूरी नहीं है कि हमेशा ऐसा ही हो। आप शुरुआत में जो कुछ भी कहते हैं, वह आपको समझ और समस्या के समाधान की दिशा में ले जा सकता है। एक कठिन बातचीत की शुरुआत आपको जो अवसर प्रदान करती है, उसका फायदा उठाने की कई तकनीकें हैं, जिन्हें आप आसानी से सीख सकते हैं। साथ ही ऐसे कुछ सरल सिद्धांत भी हैं, जिनकी मदद से आप ये जान सकते हैं कि आप आमतौर पर जिन तरीकों को उपयोग में लाते हैं, वे विफल क्यों साबित हो जाते हैं।

तो एक कठिन बातचीत की शुरुआत कैसे की जाए, ये जानने से पहले आइए ये समझ लेते हैं कि आपको इसकी शुरुआत कैसे नहीं करनी है।

कठिन बातचीत शुरू करने के हमारे आम तरीके कारगर क्यों नहीं होते

अगर हमें कोई बातचीत करनी है, तो किसी न किसी तरह उसकी शुरुआत तो

करनी ही पड़ेगी। इसलिए ज़रा उस स्वीमिंग कोच की सलाह याद कीजिए, जिसने आपको बचपन में तैरना सिखाया था: 'आँखें बंद करो, गहरी साँस लो और कूद जाओ:'

> अगर तुम पिता जी की वसीयत को चुनौती दोगे, तो हमारा परिवार टूट जाएगा।
>
> तुमने हमारे सुपरवाइजर के सामने जो भी कहा, वह मुझे बहुत बुरा लगा।
>
> आपका बेटा नेथन कक्षा में परेशान कर देता है, वह अशांति फैलाता है और बेकार की बहस करता है। आप तो कह रहे थे कि वह घर पर बिलकुल ठीक से रहता है, पर कुछ तो है, जिससे परेशान होकर वह ऐसा व्यवहार कर रहा है।

जब तक हमें एहसास हो पाता है, तब तक हम इस प्रकार की स्थितियों से घिर चुके होते हैं। सामनेवाला आहत हो चुका होता है या भड़क जाता है। हम बचाव की मुद्रा में आ जाते हैं, हमारी तैयारी किसी काम नहीं आती और फिर हम सोचते हैं कि आखिर हमने ये बातचीत शुरू ही क्यों की।

तो आखिर गड़बड़ कहाँ हुई?

हम अपनी कथा के सीमित दायरे में ही शुरुआत कर देते हैं

जब हम अचानक ही किसी बातचीत में कूद पड़ते हैं, तो अक्सर अपनी कथा के सीमित दायरे में ही उस बातचीत की शुरुआत कर देते हैं। यानी हम अपने दृष्टिकोण से समस्या का वर्णन करते हैं। ऐसा करके हम उन्हीं प्रतिक्रियाओं को उकसावा देते हैं, जिससे बचने की उम्मीद कर रहे होते हैं। हम ठीक उसी बिंदु से शुरुआत कर देते हैं, जिसे सामनेवाला समस्या के कारण के रूप में देखता है। अगर सामनेवाला सचमुच हमारी कथा से सहमत होता, तो हमें ये बातचीत करने की जरूरत ही न पड़ती। हमारी कथा भावनात्मक आवेग को जन्म देकर सामनेवाले को ये चुनौती देती है कि वह या तो अपना बचाव करे या फिर पलटवार करे।

हम शुरू से ही सामनेवाले की पहचान संबंधी बातचीत को उकसावा देते हैं

हमारी कथा हमेशा (हालाँकि अक्सर अंजाने में) उसके सामने ये दर्शाती है

कि हम उसकी आलोचना कर रहे हैं - कि वह कैसा व्यक्ति है - और साथ ही ये तथ्य भी सामने रखती है कि घटनाओं का जो हमारा संस्करण है, उसमें समस्या का असली कारण कोई और नहीं बल्कि सामनेवाला ही है। हमारा शुरुआती वाक्य ही ये स्थिति पैदा कर सकता है। ज़रा आगे दी गई पंक्तियों पर एक नज़र डालें:

शुरुआती पंक्तियाँ	उनमें निहित संदेश
अगर तुम पिता जी की वसीयत को चुनौती दोगे, तो हमारा परिवार टूट जाएगा।	तुम स्वार्थी और अकृतज्ञ हो और तुम्हें परिवार की कोई परवाह नहीं है।
तुमने हमारे सुपरवाइजर के सामने जो भी कहा, वह मुझे बहुत बुरा लगा।	या तो तुमने मुझे धोखा दिया है - या फिर तुम बहुत ही मूर्ख व्यक्ति हो।
आपका बेटा नेथन कक्षा में परेशान कर देता है, वह अशांति फैलाता है और बेकार की बहस करता है। आप तो कह रहे थे कि वह घर पर बिलकुल ठीक से रहता है, पर कुछ तो है, जिससे परेशान होकर वह ऐसा व्यवहार कर रहा है।	शायद आपका बेटा इतना उपद्रवी इसलिए है क्योंकि आप एक बुरे अभिभावक हैं, जिसने अपने घर में घटिया माहौल बना रखा है? आखिर आप क्या छिपा रहे हैं?

हम बातचीत शुरू करने के ऐसे तरीकों की कल्पना भी कर सकते हैं, जो इससे भी कहीं ज़्यादा बदतर हों। लेकिन इन उदाहरणों को देखकर ये समझना मुश्किल नहीं है कि इनसे सामनेवाला बचाव की मुद्रा में क्यों आ जाता है। अगर हम शुरुआत से ही सामनेवाले की पहचान संबंधी बातचीत को उकसावा देंगे और हमारे एजेंडा में उसकी कथा के लिए कोई जगह नहीं होगी, तो ये स्वाभाविक ही है कि वह हमारे संस्करण को खारिज करके अपना संस्करण सामने रखना चाहेगा: 'मैं परिवार को तोड़ने की कोशिश नहीं कर रहा हूँ, मैं जो कर रहा हूँ, पिताजी की इच्छा पूरी करने के लिए कर रहा हूँ।' या 'नेथन समस्याएँ खड़ी करनेवाला बच्चा नहीं है। जिन लोगों को सचमुच बच्चे संभालना आता है, वे उसे हमेशा बड़े ही प्यारे बच्चे की तरह देखते हैं।'

सामनेवाले की कथा को जगह न देकर हम अपने व उसके संस्करण के बीच - अपनी व उसकी भावनाओं के बीच - एक स्पष्ट टकराव पैदा कर देते हैं।

सवाल ये है कि इसके बजाय और क्या किया जा सकता है? इसी सवाल का जवाब देने के लिए आगे दो शक्तिशाली दिशा-निर्देश दिए गए हैं, जिनका पालन करके सही दिशा में बातचीत की शुरुआत की जा सकती है:

(१) बातचीत को 'तीसरी कथा' के साथ शुरू करें और

(२) सामनेवाले को साथ मिलकर समस्याओं का पता लगाने का आमंत्रण दें।

पहला कदम : तीसरी कथा के साथ शुरू करें

हर कठिन बातचीत में आपकी कथा और सामनेवाले की कथा के अलावा एक तीसरी कथा भी शामिल होती है, जो अदृश्य होती है। यह वह कथा है, जो एक उत्सुक अवलोकनकर्ता बताएगा यानी एक ऐसा व्यक्ति, जिसका इस मामले में कुछ भी दांव पर नहीं लगा है। उदाहरण के लिए शहर की सड़कों पर साइकिलों को प्राथमिकता दी जाए या कारों को, इस टकराव में तीसरी कथा वह होगी, जो सिटी प्लानर्स बताएँगे। वे साइकिल और कार, दोनों पक्षों की चिंताओं को समझ सकते हैं और ये देख सकते हैं कि दोनों पक्ष एक-दूसरे से इतने हताश क्यों हैं। इसी तरह जब किसी शादीशुदा रिश्ते में तनाव बढ़ता है, तो तीसरी कथा वह हो सकती है, जो एक मैरिज काउंसलर सामने रखेगा। इसी तरह दो दोस्तों के बीच के विवाद में तीसरी कथा उस व्यक्ति की हो सकती है, जो दोनों पक्षों का दोस्त हो क्योंकि वह स्पष्ट रूप से देख सकता है कि दोनों पक्षों की चिंताएँ जायज हैं और उन्हें दूर किया जाना चाहिए।

किसी मध्यस्थ की तरह सोचें

सिटी प्लानर, मैरिज काउंसलर और दोनों पक्षों का दोस्त, इन सभी के पास एक तटस्थ अवलोकनकर्ता या मध्यस्थ का दृष्टिकोण होता है। मध्यस्थ वह तीसरा पक्ष होता है, जो लोगों की समस्याओं का समाधान ढूँढ़ने में उनकी मदद करता है। हालाँकि न्यायाधीशों या पंचों के विपरीत एक मध्यस्थ के पास समाधान थोपने की शक्ति नहीं होती; वह तो बस दोनों पक्षों की मदद कर सकता है ताकि वे आपस में अधिक प्रभावशाली ढंग से संवाद कर सकें और आगे बढ़ने के संभावित रास्तों का पता लगा सकें।

एक मध्यस्थ का सबसे उपयोगी औज़ार होता है, इस अदृश्य तीसरी कथा को

पहचानने की क्षमता। जिसका अर्थ है, दोनों पक्षों के सामने समस्या का वर्णन कुछ इस तरह करना, जो दोनों को एक साथ सच्चा लगे। वास्तव में समस्या का ऐसा वर्णन करना तो बड़ा आसान होता है, जिससे सिर्फ एक पक्ष सहमत हो - अपनी कथा के सीमित दायरे में शुरुआत करके हम सब यही तो कर रहे होते हैं। लेकिन असली कौशल है, अलग-अलग कथाओंवाले दो लोगों को - जो भी हो रहा है उसके - समान वर्णन से सहमत कराने में सक्षम होना।

लेकिन मध्यस्थों के पास कोई जादू की छड़ी नहीं होती है, जिसकी मदद से वे ऐसा कर पाएँ। वे तो एक फॉर्मूले पर (और निरंतर अभ्यास पर) निर्भर होते हैं और इस फॉर्मूले को कोई भी सीख सकता है। तीसरी कथा से शुरुआत करने के लिए ये जरूरी नहीं है कि आप तीसरा पक्ष ही हों और तटस्थ हों। इस तरह आप अपनी बातचीत को शुरू कर सकते हैं।

न सही न गलत, न बेहतर न बदतर - बस अलग

अपनी कथा और सामनेवाले की कथा के बीच के अंतर का वर्णन कैसे किया जाए, ये सीखना ही असली कुंजी है। आप चाहे जो सोचते या महसूस करते हों, लेकिन इस बात से तो सहमत होंगे ही, तो आपका और सामनेवाले का नज़रिया अलग-अलग है। आइए, एक उदाहरण पर विचार करें।

जेसन की कथा। जेसन की रूममेट जिल डिनर के बाद गंदे बर्तनों को कई दिनों तक यूँ ही सिंक में पड़ा रहने देती है। जेसन को इस बात पर बहुत गुस्सा आता है, जिसका अर्थ ये हुआ कि आमतौर पर वह खुद ही वे बर्तन धोकर रखता है क्योंकि उसे गंदे बर्तन सिंक में पड़े देखना सहन नहीं होता। जेसन पहले भी इस मुद्दे को जिल के सामने उठा चुका है: 'क्या यहाँ हर काम मुझे ही करना पड़ेगा? तुम इस तरह गंदे बर्तनों को कई दिनों तक सिंक में क्यों पड़ा रहने देती हो? इससे बीमारी फैल सकती है।'

जाहिर है, जेसन अपनी कथा के सीमित दायरे में रहकर बात कर रहा है। इस मुद्दे पर बातचीत की ऐसी शुरुआत से जिल का उत्साह नहीं बढ़नेवाला और संभव है कि प्रतिक्रिया स्वरूप वह या तो अपना बचाव करेगी या जेसन पर पलटवार करने लगेगी। ये स्थिति तब भी बनेगी, अगर जेसन चतुराई दिखाते हुए बातचीत की शुरुआत कुछ इस तरह करेगा, 'जिल तुम्हें बर्तन साफ करने में जो समस्या होती है,

हमें उस पर बातचीत करनी होगी।' जेसन चतुराईपूर्ण ढंग से बातचीत शुरू करे या नहीं, यह कथा तो उसी की है।

जिल की कथा। अगर जिल इस मुद्दे को उठाएगी, तो वह बातचीत की शुरुआत अलग ढंग से करेगी, 'जेसन, असल में हमें इस बारे में बात करनी होगी कि तुम बर्तन धोने के मामले में हमेशा मेरे पीछे क्यों पड़े रहते हो? मुझे इससे बड़ी चिढ़ होती है। कल रात को तो मैं अपना डिनर खत्म कर पाती, इससे पहले ही तुमने डिनर टेबल की सफाई शुरू कर दी थी। तुम्हें थोड़ा शांति से काम लेना चाहिए।' जाहिर है कि ये कथा जिल के अनुकूल तो है, लेकिन जेसन के नहीं।

तीसरी कथा। तीसरी कथा इस मुद्दे के वर्णन में से आलोचना को हटा देगी और इसे जेसन और जिल के बीच के मतभेद के रूप में सामने रखेगी। यह कथा कुछ इस प्रकार होगी: 'बर्तन कब साफ होंगे, इस बारे में जेसन और जिल की प्राथमिकताएँ अलग-अलग हैं। इसके साथ ही उचित ढंग से सफाई करना क्या है या जुनूनी ढंग से सफाई करना क्या है, इस बारे में दोनों के मानदंड भी अलग-अलग हैं। दोनों एक-दूसरे के दृष्टिकोण से नाखुश हैं।' एक मध्यस्थ या अवलोकनकर्ता दोस्त इस मुद्दे का वर्णन संभवत: इसी तरह करेगा। अपने नज़रियों के बीच के इस अंतर से जेसन और जिल दोनों ही सहमत हो सकते हैं।

स्पष्ट है कि दोनों के बीच अंतर तो है और तीसरी कथा में इसे लेकर आलोचना का भाव नहीं है और न ही ये कहा जा रहा है कि कौन सही है या संसार में किसके नज़रिए को आम स्वीकार्यता हासिल है। तीसरी कथा, सिर्फ दोनों के बीच का अंतर स्पष्ट करती है। यही वह चीज़ है, जो दोनों पक्षों को, मुद्दे का तीसरा वर्णन स्वीकार करने के लिए राजी कर लेती है क्योंकि दोनों को ही लगता है कि उनकी कथा को इस पूरी बातचीत के एक जायज हिस्से के रूप में स्वीकार किया गया है।

एक बार तीसरी कथा ढूँढ़ने के बाद आप खुद भी उसी से शुरुआत कर सकते हैं। इसलिए जेसन कह सकता है: 'जिल, ऐसा लगता है कि बर्तनों को कब धो देना चाहिए, इस बारे में हम दोनों की प्राथमिकताएँ और सोच बहुत अलग हैं। क्या हम इस बारे में बात कर सकते हैं?' बातचीत का ये आमंत्रण जेसन अपने नज़रिए से समझौता किए बिना भी दे सकता है (जल्द ही वह जिल की कथा के बारे में पूछेगा और अपनी कथा का वर्णन भी करेगा) और जिल बचाव की मुद्रा में आए

बिना उसके लिए राज़ी हो सकती है।

यहाँ महत्वपूर्ण ये है कि सामनेवाले की कथा को शामिल करते हुए इस तरह बातचीत की पहल करने के लिए आपका ये जानना जरूरी नहीं है कि उसकी कथा क्या है। आपको सिर्फ इतना करना है कि आप सामनेवाले की कथा का अस्तित्व स्वीकार कर लें। संभवत: उसके नज़रिए के कई पहलू ऐसे हैं, जिन्हें आप नहीं समझते और बातचीत करने की आपकी इच्छा का एक कारण ये भी है कि आप उसके नज़रिए के बारे में और जानना चाहते हैं। आप तीसरी कथा से बातचीत की शुरुआत ये कहकर कर सकते हैं, 'मुझे लगता है कि मैं और तुम इस स्थिति को अलग-अलग नज़रिए से देखते हैं। मैं इसे कैसे देख रहा हूँ, ये मैं तुमसे साझा करना चाहूँगा और तुम इसे कैसे देख रही हो, इसके बारे में और जानना भी चाहूँगा।'

शुरुआती पंक्तियाँ

अपनी कथा के सीमित दायरे में: अगर तुम पिताजी की वसीयत को चुनौती दोगे, तो हमारा परिवार टूट जाएगा।

तीसरी कथा से: मैं पिताजी की वसीयत के बारे में बात करना चाहता हूँ। जाहिर है कि पिताजी की मंशा क्या थी और हममें से हर किसी के लिए क्या उचित है, इसके बारे में मेरी और तुम्हारी समझ बिलकुल अलग-अलग है। मैं जानना चाहता था कि तुम चीज़ों को इस तरह क्यों देखते हों और साथ ही अपना नज़रिया और भावनाएँ साझा करना चाहता था। इसके अलावा मेरे मन में इस बात को लेकर प्रबल भावनाएँ और डर है कि हमारे परिवार के लिए अदालती लड़ाई के क्या मायने होंगे; मुझे लगता है कि तुम्हें भी यही चिंता होगी।

अपनी कथा के सीमित दायरे में: तुमने हमारे सुपरवाइजर के सामने जो भी कहा, वह मुझे बहुत बुरा लगा।

तीसरी कथा से: आज सुबह मीटिंग में जो हुआ, मैं उसके बारे में तुमसे बात करना चाहता था। तुम्हारी एक बात मुझे बहुत बुरी लगी थी। मैं तुम्हें बताना चाहता था कि मुझे कौन सी बात परेशान कर रही थी। साथ ही मैं इस स्थिति के बारे में तुम्हारा नज़रिया भी जानना चाहता था।

अपनी कथा के सीमित दायरे में: आपका बेटा नेथन कक्षा में परेशान कर देता है, वह अशांति फैलाता है और बेकार की बहस करता है। आप तो कह रहे थे कि वह घर पर बिलकुल ठीक से रहता है, पर कुछ तो है, जिससे परेशान होकर वह ऐसा व्यवहार कर रहा है।

तीसरी कथा से: कक्षा में नेथन के व्यवहार को लेकर मेरी जो चिंता है, मैं उसे आपसे साझा करना चाहती थी और साथ ही जानना चाहती थी कि वह चीज़ क्या हो सकती है, जो उसके इस व्यवहार में योगदान दे रही है। मैं जानती हूँ कि इसे लेकर मेरी और आपकी सोच अलग-अलग है। मुझे लगता है कि जब एक बच्चे को स्कूल में समस्या होती है, तो आमतौर पर इसके पीछे घर की कोई चीज़ होती है, जो उसे परेशान कर रही होती है। मैं जानती हूँ कि आपको लगता है कि आपके बेटे के मामले में ऐसा नहीं है। पर शायद हम दोनों मिलकर ये पता लगा सकते हैं कि वह क्या है, जो नेथन को ऐसा व्यवहार करने के लिए प्रेरित कर रहा है और हम उससे कैसे निपट सकते हैं।

दोनों नज़रियों को शामिल करने और समस्याओं का मिलकर पता लगाने का आमंत्रण देने के लिए अधिकांश बातचीतों को तीसरी कथा के साथ शुरू किया जा सकता है। ज़रा उन शुरुआती पंक्तियों पर विचार करें, जिनका उल्लेख पहले किया गया था और देखें कि अगर उनकी शुरुआत तीसरी कथा के साथ की जाए, तो वे कैसी लगेंगी :

अपनी कथा के दायरे से बाहर आने का मतलब अपने नज़रिए से समझौता करना नहीं है। इस तरह बातचीत शुरू करते समय आपका उद्देश्य होगा, सामनेवाले को समस्या का मिलकर पता लगाने का आमंत्रण देना। जब आप मिलकर पता लगाएँगे, तो आपको एक-दूसरे का नज़रिया बेहतर ढंग से समझने का समय मिलेगा। फिर आपको जो भी पता चलेगा और आपने जो भी साझा किया होगा, आप उसी के आधार पर अपना नज़रिया समायोजित करेंगे।

आपकी पुश्तैनी संपत्ति का बंटवारा कैसे होना चाहिए, इस बारे में आप दोनों के अलग-अलग नज़रिए के पीछे क्या है और मौजूदा टकराव के बारे में आप दोनों क्या सोचते हैं, इस पर अपने भाई से बातचीत करने के बाद शायद इस बारे में आपका नज़रिया बदल जाए कि क्या उचित होगा और क्या नहीं। इसी तरह हो

सकता है कि आपके भाई के नज़रिए में भी बदलाव आए और शायद आप दोनों ये समस्या सुलझाने का एक ऐसा तरीका ढूंढ़ लें, जो आप दोनों को ही उचित और निष्पक्ष लगे।

या फिर हो सकता है कि आप अब भी एक-दूसरे से असहमत हों। आप चाहते हैं कि पुश्तैनी संपत्ति का बंटवारा तीनों संतानों के बीच बराबर-बराबर हो। जबकि आपके भाई का कहना है कि आपके पिता अपनी संपत्ति को अपने सात पोते-पोतियों के बीच बराबर-बराबर बांटना चाहते थे - आपका भाई ऐसा इसलिए कह रहा है क्योंकि उसके तीन बेटे हैं, जबकि आपकी सिर्फ एक बेटी है। अगर पिता की संपत्ति का बंटवारा पोते-पोतियों के हिसाब से होगा, तो स्वाभाविक है कि आपके भाई को ज़्यादा संपत्ति मिलेगी। अब भले ही आप इस विवाद के मूल हिस्से से असहमत हों पर आपके पास ये व्यक्त करने का मौका जरूर है कि ये विवाद आपके लिए कितना दुखद, चिंताजनक और परेशान करनेवाला है। साथ ही आपके पास इस बात को गहराई से समझने का मौका भी है कि आपका भाई इस मुद्दे पर ये नज़रिया क्यों रखता है।

आपसी टकराव के चलते अपने पारिवारिक रिश्तों को तबाह होने से बचाने के साथ-साथ आप अपने मतभेदों से निपटने की प्रक्रिया का पता भी लगा सकते हैं। संवाद का रास्ता खुला रखकर और मामले से जुड़े सभी नज़रियों व भावनाओं को समझकर आप सामनेवाले को ये महत्वपूर्ण संदेश देते हैं कि भले ही हमारे बीच असहमति हो पर फिर भी हमें एक-दूसरे की परवाह है... हम एक-दूसरे के साथ संवाद बनाए रखेंगे, फिर भले ही हमें आखिरी निर्णय लेने के लिए अपने उन सवालों के साथ किसी तीसरे व्यक्ति या कोर्ट तक जाना पड़े, जिन्हें लेकर हम एक-दूसरे से सहमत नहीं हैं। अगर और कुछ नहीं, तो इस तरह आपको रिश्तों की महत्ता और आपसी असहमति को एक-दूसरे से अलग रखने में मदद मिलेगी।

जब बातचीत की शुरुआत सामनेवाला करे, तब भी आप तीसरी कथा की ओर बढ़ सकते हैं

बेशक, आपको ये मौका हमेशा नहीं मिलेगा कि आप अपनी सुविधा के अनुसार बातचीत की शुरुआत कर सकें। कभी-कभी कठिन बातचीत बस आपके मत्थे पड़ जाती है - कभी आपके ऑफिस में तो कभी आपके घर पर - फिर भले

ही आप उसके लिए तैयार हों या नहीं।

जब आप कठिन बातचीत की पहल न कर रहे हों, तब भी तीसरी कथा के दिशा-निर्देशों का पालन कर सकते हैं। बस आपको ये करना है कि सामनेवाला जो कुछ भी कहे, आप उसे तीसरी कथा के वर्णन के उसके हिस्से की तरह इस्तेमाल करें। चूँकि तीसरी कथा में उसकी कथा भी शामिल है इसलिए उसके नज़रिए से बातचीत की शुरुआत करने का मतलब ये नहीं होगा कि आप भटक गए हैं।

जैसे अगर जिल जेसन के पास आकर कहती है, 'हमें इस बारे में बात करनी होगी कि तुम हमेशा जिस तरह बर्तन धोने को लेकर पीछे पड़े रहे हो, उससे तुम हमारा डिनर करना मुश्किल बना देते हो।' हो सकता है कि ये सुनकर जेसन भी अपनी कहानी के सीमित दायरे में रहकर प्रतिक्रिया देना चाहे: 'क्या? यहाँ समस्या मैं नहीं तुम हो। मैंने आज तक तुमसे बड़ा कामचोर नहीं देखा!' लेकिन अगर जेसन ऐसा करेगा है, तो उनकी ये बातचीत तत्काल पटरी से उतर जाएगी।

इसके बजाय, जेसन जिल की इन शुरुआती पंक्तियों को तीसरी कथा के उसके हिस्से के रूप में देख सकता है। वह कह सकता है, 'लगता है, बर्तन धोने के मामले में तुम मुझसे काफी नाखुश हो। तुम जिस तरह गंदे बर्तनों को सिंक में पड़ा रहने देती हो, उससे मुझे भी समस्या है। तो इसका मतलब हुआ कि इस बारे में हम दोनों की ही प्राथमिकताएँ और धारणाएँ अलग हैं। इसलिए अगर हम दोनों इसके बारे में एक-दूसरे से बातचीत कर लें, तो बेहतर रहेगा...।'

जेसन ने न सिर्फ जिल की कथा को बातचीत के एक महत्वपूर्ण हिस्से के रूप में स्वीकार किया बल्कि समस्या को समझने की प्रक्रिया के हिस्से के तौर पर अपनी कथा को भी शामिल कर लिया। और ऐसा करके वह बहस के बजाय आपसी समझ को बातचीत का उद्‌देश्य बनाने में सफल रहा।

दूसरा कदम : एक आमंत्रण दें

एक अच्छी शुरुआत करने का दूसरा कदम है, सामनेवाले को एक सीधा सा आमंत्रण देना: 'मैंने जिस तरह समस्या का वर्णन किया है, उसे हम दोनों ही स्वीकार कर सकते हैं। अब मैं ये प्रस्ताव रखता हूँ कि हमारा उद्‌देश्य आपसी समझ बनाना और समस्या का समाधान करना हो। अब तुम तय करो कि क्या तुम्हारे लिए ये सार्थक होगा। साथ ही मैं तुम्हें बातचीत में शामिल होने का आमंत्रण भी देता हूँ।'

अपने उद्देश्यों का वर्णन करें

सामनेवाला आपका आमंत्रण स्वीकार करे, इसके लिए उसे ये पता होना जरूरी है कि इस तरह वह क्या करने के लिए सहमत हो रहा है। इस बातचीत को उसके लिए कम रहस्यमयी और कम खतरनाक बनाने के लिए आप उसे पहले से ही बता दें कि इसके पीछे आपका उद्देश्य उसके नज़रिए को समझना, अपना नज़रिया साझा करना और इस बारे में बातचीत करना है कि साथ मिलकर आगे कैसे बढ़ा जाए। जब उसे ये पता होगा कि इस बातचीत में उसके नज़रिए को भी जगह मिलेगी और इसके जरिए उसके अंदर बदलाव लाने की कोशिश नहीं की जा रही है, तो उसके द्वारा आपका आमंत्रण स्वीकार करने की संभावना बढ़ जाएगी।

आमंत्रित करें, थोपें नहीं

बेशक, एक आमंत्रण को अस्वीकार भी किया जा सकता है। दोनों पक्षों में से कोई भी बातचीत में हिस्सा लेने के लिए सामनेवाले से जबर्दस्ती नहीं कर सकता। अगर आप अपने इस कार्य को 'बातचीत के लिए समस्याओं का वर्णन और उद्देश्यों का निर्धारण करने' के तौर पर देखते हैं, तो अच्छी पंक्तियों से बातचीत की शुरुआत करने के बावजूद आपको प्रतिरोध का सामना करना पड़ सकता है क्योंकि अब तीसरी कथा का आपका संस्करण यही है। इसलिए आपको इस बात को लेकर खुला रवैया रखना चाहिए कि सामनेवाला आपके प्रस्ताव में संशोधन कर सकता है।

इसके बजाय अपनी बाचतीत का लक्ष्य ये रखें: 'एक संभावित वर्णन और उद्देश्य का प्रस्ताव रखना और उस पर चर्चा करना।' दूसरे शब्दों में कहें, तो समस्या का वर्णन करना और उद्देश्यों का निर्धारण करना अपने आपमें एक संयुक्त कार्य है।

पता लगाने के लिए सामनेवाले को अपना साझेदार बना लें

अगर आप सामनेवाले को समस्या का प्रबंधन करने में एक आकर्षक भूमिका निभाने का प्रस्ताव देते हैं, तो उसके द्वारा आपका आमंत्रण स्वीकार करने की संभावना बढ़ जाएगी। आपको उसे 'समस्या' के तौर पर देखने या उसकी भूमिका का नकारात्मक वर्णन करने के प्रलोभन से बचना होगा क्योंकि इससे उसकी पहचान

संबंधी बातचीत को उकसावा मिलेगा और बातचीत बीच में ही बंद हो जाएगी। जैसे किसी अटके हुए अनुबंध के बारे में बातचीत करते समय आपके ये कहने में कोई बुराई नहीं है कि 'मैं देख सकता हूँ कि वेतन कितना होना चाहिए, इस बारे में हमारे विचार एक-दूसरे से अलग हैं।' लेकिन अगर इसके बाद आपकी अगली पंक्ति ये है कि 'और चूँकि आप इस क्षेत्र में नए हैं इसलिए मैं आपको बता सकता हूँ कि आमतौर पर ऐसे मसले कैसे निपटाए जाते हैं,' तो इसका अर्थ ये हुआ कि आप उसे एक नौसिखिया समझ रहे हैं। अगर आप ऐसा करते हैं, तो आपका जहाज डूबना तय है।

अगर आपका आमंत्रण स्वीकार करने के लिए ये जरूरी है कि सामनेवाला खुद को एक बचकाना, कठोर, अक्षम, जोड़-तोड़ करनेवाला या किसी भी लिहाज से घृणित व्यक्ति स्वीकार करे, तो इस बात की संभावना कम ही है कि वह आपका आमंत्रण स्वीकार करेगा। जबकि अगर आप कहते हैं, 'क्या तुम ये समझने में मेरी मदद कर सकते हो कि...' तो इसका मतलब हुआ कि आप उसे सलाहकार की भूमिका दे रहे हैं। इसी तरह 'आओ, अब ये तय कर लेते हैं कि हम कैसे...' कहकर आप उसे साझेदार बनने के लिए आमंत्रित कर रहे होते हैं। इसी तरह 'मैं सोच रहा था कि क्या ये संभव है कि...' कहकर आप उसके सामने एक चुनौती रख रहे हैं, जो दरअसल उसके लिए एक नायक की संभावित भूमिका निभाने का आमंत्रण है।

आप सामनेवाले को जिस भूमिका का प्रस्ताव दे रहे हैं, वह सच्ची होनी चाहिए। लेकिन इस बहकावे में न आएँ कि आपकी कथा का मूल चित्रण - जिसमें सामनेवाला एक खलनायक है - उसे कोई और भूमिका देने से कहीं अधिक सच्चा है। सामनेवाले को कोई और आकर्षक भूमिका देने के लिए आपका ये समझना जरूरी है कि जो भी हो रहा है, अगर आपको उसकी सच्ची तस्वीर देखनी है - और सच्ची प्रगति करनी है - तो आपको निश्चित तौर पर सामनेवाले के मदद की जरूरत पड़ेगी।

सामनेवाले व्यक्ति को एक सकारात्मक भूमिका में प्रस्तुत करने के लिए कभी-कभी अपने आंतरिक संघर्ष को साझा करना, सबसे सच्चा कदम उठाने जैसा सिद्ध हो सकता है। आप कुछ ऐसा कह सकते हैं, 'जो भी हो रहा है, उसे लेकर मेरे मन में ये कथा चल रही है कि तुम मेरे प्रति बेपरवाह हो। पर कहीं न कहीं मैं ये भी

जानता हूँ कि तुम्हारे बारे में ऐसा सोचना उचित नहीं है और इसीलिए मैं चाहता हूँ कि तुम चीज़ों को बेहतर परिप्रेक्ष्य में रखने में मेरी मदद करो। मैं चाहता हूँ कि तुम ये समझने में मेरी मदद करो कि इस मामले में तुम्हारा क्या नज़रिया है।' सामनेवाले से अपनी बात इस तरह कहने से न सिर्फ सच्चापन झलकेगा बल्कि इस तरह आप उसे 'एक ऐसे व्यक्ति' की भूमिका का प्रस्ताव दे रहे होंगे, जो 'मुझे फिर से सब कुछ सही परिप्रेक्ष्य में देखने में सहायक हो सकती है।'

लगातार कोशिश करते रहें

अपनी ओर से लगातार कोशिश करना, इस सलाह के विपरीत नहीं है कि 'सामनेवाले को आमंत्रित करें, थोपें नहीं।' हो सकता है कि आप जो प्रस्ताव दे रहे हैं, उसे सामनेवाले को समझाने के लिए आपको थोड़ी मेहनत करनी पड़े।

रूथ अपने पूर्व-पति ब्रायन से इस बारे में बातचीत करना चाहती है कि वह उनकी बेटी लेक्सी के साथ कब समय बिता सकता है। इससे पहले जब भी इस बारे में उनके बीच बातचीत हुई है, तो उसका परिणाम झगड़े के रूप में ही सामने आया है। इसलिए इस बार रूथ बातचीत की शुरुआत तीसरी कथा से करती है और कुछ उपयोगी उद्देश्यों का प्रस्ताव रखती है। इसके बावजूद ब्रायन को समझाने के लिए उसे थोड़ी मेहनत करनी पड़ती है:

रूथ: ब्रायन लगता है कि हम दोनों के बीच अब तक ये बात स्पष्ट नहीं हो पाई है कि तुम तयशुदा समय पर लेक्सी से मिलने के लिए उपलब्ध रहोगे या नहीं।

ब्रायन: हाँ-हाँ मैं जानता हूँ। आय एम सॉरी, ठीक है? मेरी दुकान में अचानक एक समस्या आ गई थी और मैं उसे निपटाने में उलझ गया था।

रूथ: मैं समझती हूँ, कभी-कभी ये सब होता रहता है। लेकिन मैं सिर्फ आज की बात नहीं कर रही हूँ। पिछले कुछ महीनों में कई बार ऐसा हुआ, जब मुझे लगा कि हमने लेक्सी से तुम्हारी मुलाकात का प्लान बना लिया है और बाद में पता चला कि तुम उसे बस एक टेंटेटिव प्लान (संभावित योजना) की तरह ले रहे थे। तुम्हें लगा कि प्लान ये है कि अगर तुम्हारे पास खाली समय हुआ, तो तुम अपनी बेटी से मिलने आ जाओगे।

ब्रायन: मैंने यही तो कहा था कि अगर खाली समय रहा, तो मैं लेक्सी से मिलने आऊँगा।

रूथ: और मुझे लगा कि हमने एक निश्चित प्लान बनाया है – कि चाहे जो भी हो, तुम लेक्सी से मिलने जरूर आओगे। तो इसका मतलब है कि हम दोनों एक-दूसरे की बात समझ ही नहीं पाए। मैं चाहूँगी कि हम अपने बीच की इस गलतफहमी को दूर कर लें क्योंकि जब भी हमारे बीच कोई गलतफहमी होती है, तो उसका नुकसान हमारी बेटी को उठाना पड़ता है और वह बेचारी परेशान हो जाती है। तो क्या हमें इस समस्या को दूर करने के लिए एक-दूसरे से थोड़ी बातचीत करनी चाहिए?

ब्रायन: हाँ बिलकुल। मैं नहीं चाहता कि लेक्सी को किसी भी वजह से परेशान होना पड़े...।

गौर करें कि रूथ ने शुरुआत में जिन उद्देश्यों की बात की या समस्या को जो वर्णन किया, ब्रायन ने उसे स्वीकार नहीं किया या फिर शायद वह उसे समझ ही नहीं पाया। उसे तो लग रहा था कि तयशुदा समय पर न आने के लिए रूथ उस पर चिल्लाएगी और इसलिए ब्रायन ने वैसी ही प्रतिक्रिया भी दी। लेकिन रूथ न केवल लगातार कोशिश करती रही बल्कि उसने ब्रायन की प्रतिक्रिया को लेकर खुला रवैया भी रखा।

कुछ विशिष्ट प्रकार की बातचीतें

तीसरी कथा से बातचीत की शुरुआत करने की आम सलाह के अलावा हम आपको शुरुआत करने के बारे में और विशिष्ट व स्पष्ट सलाह भी दे सकते हैं, जो इस बात पर निर्भर होगी कि आप किस प्रकार की कठिन बातचीत की उम्मीद कर रहे हैं।

बुरी खबर देना

जैसा कि हमने अध्याय-२ में कहा था, बुरी खबर देना भी एक बातचीत जैसा ही होना चाहिए और आमतौर पर बुरी खबर को पहले ही सामने रख देना सबसे अच्छा होता है। सामनेवाला खुद ही उस बुरी खबर का अंदाजा लगा ले, इसके लिए उसके साथ छल न करें – उदाहरण के लिए जब आपका मतलब ये हो कि

'मैं ये रिश्ता खत्म करना चाहता हूँ,' तो सामनेवाले से ये न कहें कि 'तो तुम इस रिश्ते के बारे में क्या सोचती हो?' और अगर आपने तय कर लिया है कि अंततः ये रिश्ता खत्म ही करना है, तो फिर उन 'समस्याओं' के बारे में घंटों बातें न करें, जो इस रिश्ते में आपको हो रही हैं।

अगर आप अपने माता-पिता को ये खबर दे रहे हैं कि इस बार क्रिसमस में आप अपने परिवार के साथ घर नहीं आ पाएँगे, तो हो सकता है कि आप कहें, 'हम इस बारे में कई बार बात कर चुके हैं कि छुट्टियों में हमारा आपके पास आना, आप दोनों के लिए कितना अहम है और ये भी कि ऐसा करना हमारे लिए आर्थिक और भावनात्मक रूप से कितना मुश्किल है। मैंने आपको फोन किया क्योंकि जुआन और मैंने इसके बारे में काफी बातचीत की और हमने तय किया कि हम इस बार बच्चों के साथ क्रिसमस यहीं मनाएँगे। ये एक बहुत ही मुश्किल निर्णय था और आपको निराश करके मुझे बहुत बुरा लग रहा है। मैं आपको ये बात जल्द से जल्द बता देना चाहता था और अगर आप चाहें, तो मैं इस बारे में भी बातचीत करना चाहूँगा कि इस निर्णय के पीछे हमारी क्या सोच थी और इस पर आपकी प्रतिक्रिया क्या है।'

इसका मतलब ये नहीं है कि अगर आपके पास सामनेवाले के लिए अच्छी और बुरी खबर दोनों हैं, तो बातचीत की शुरुआत बुरी खबर से करना जरूरी है। बल्कि इस बात को लेकर स्पष्ट रहें कि आपके पास दोनों हैं। आप सामनेवाले से निश्चित ही ये चर्चा कर सकते हैं कि शुरुआत कहाँ से करनी है या फिर अगर आपके पास इसका कोई तार्किक क्रम है, तो आप उसे भी साझा कर सकते हैं।

अनुरोध करना

कुछ कठिन बातचीतें ऐसी होती हैं, जो कुछ पाने की हमारी इच्छा पर केंद्रित होती हैं। इसका एक आम उदाहरण है, अपने वेतन में बढ़ोत्तरी की माँग करना। तो इसकी शुरुआत कैसे की जाए?

'मैं सोच रहा था कि क्या हम इस बारे में बात करें कि...?' अनुरोध करने के बारे में एक सीधी सी सलाह ये है कि इसे एक माँग की तरह सामने न रखें। बल्कि सामनेवाले को साथ मिलकर ये पता लगाने का आमंत्रण दें कि वेतन बढ़ाने की माँग करना उचित होगा या नहीं, सार्थक होगा या नहीं। इसका अर्थ ये नहीं है कि आप

इसे लेकर अनिश्चित महसूस कर रहे हैं बल्कि इसका अर्थ ये है कि आप सच्चाई से दूर नहीं हैं। आपके बॉस के पास, आपके बारे में और आपके सहकर्मियों के बारे में वह जानकारी है, जो आपके पास नहीं है। हो सकता है कि ये सुनकर आपको लगे कि बाल की खाल निकाली जा रही है, लेकिन जब तक आप अपने बॉस के साथ मिलकर इस मुद्दे के बारे में सोच-विचार नहीं कर लेते, तब तक ये पता नहीं लगा सकते कि आप सचमुच वेतन में बढ़ोत्तरी के पात्र हैं या नहीं।

कहीं न कहीं आप ये समझते भी हैं, तभी तो बेतन बढ़ाने की माँग करना आपको चिंताग्रस्त बना रहा है। 'मुझे लगता है कि मैं वेतन में बढ़ोत्तरी की पात्रता रखता हूँ' के बजाय ये सोचें कि 'मैं ये जानना चाहता हूँ कि वेतनवृद्धि की माँग करना कैसा रहेगा? जहाँ तक मेरी जानकारी है, मैं इसका पात्र हूँ। (इसके पीछे मेरा तर्क ये है कि...) तो आपका इस बारे में क्या सोचना है?' अपनी बात को शुरू करने के तरीके में ये छोटा सा बदलाव न सिर्फ आपका तनाव कम कर देगा बल्कि बातचीत को सहजता से आगे भी बढ़ाएगा। अंत में, हो सकता है आपको पता चले कि आप वेतनवृद्धि पाने की पात्रता नहीं रखते या फिर आप अपनी उम्मीद से कहीं अधिक वेतनवृद्धि के पात्र हैं।

दोबारा बातचीत करने से गड़बड़ होना

देखिए, कभी-कभी सामनेवाले के लिए कुछ मुद्दे इतने संवेदनशील होते हैं - संभवत: अतीत के अनुभवों के कारण - कि जैसे ही आप मुद्दा उठाते हैं, सामनेवाला उस पर नकारात्मक प्रतिक्रिया देता है। जैसे आपका बेटा अपने ग्रेड्स के बारे में बात करना नहीं चाहता या आपकी पत्नी वित्तीय मसलों पर बात करना नहीं चाहती। इसी तरह जब आप अपने विभाग में नस्लीय भेदभाव पर सवाल उठाते हैं, आपके सहकर्मी चिढ़ जाते हैं। तो अगर किसी मुद्दे पर बातचीत करने से अतीत में गड़बड़ हो चुकी है और फिर से वही मुद्दा उठाते ही आपको एक 'दोष निकालनेवाला' व्यक्ति मान लिया जाता है, तो ऐसे में आप भला और अधिक रचनात्मक बातचीत की शुरुआत कैसे करेंगे?

ये चर्चा करें कि इसके बारे में बातचीत कैसे की जाए। सबसे आसान तरीका है, ये चर्चा करना कि इसके बारे में बातचीत कैसे की जाए। 'जब भी हम इस मुद्दे पर बातचीत की कोशिश करते हैं, तो अक्सर ऐसा ही होता है' - इसे समस्या की तरह

देखें और फिर इसका वर्णन तीसरी कथा से करें: 'मैं जानता हूँ कि इससे पहले जब भी मैंने ये सवाल उठाया कि 'प्रमोशन किसे मिल रहा है और इस प्रक्रिया में नस्ल की क्या भूमिका है,' तो लोग या तो चिढ़ गए या उन्हें लगा कि उन्हें दोषी ठहराया जा रहा है। जबकि मेरा इरादा किसी को दोषी ठहराना या असहज करना नहीं है। लेकिन मुझे ये भी लगता है कि इस बारे में चर्चा करना जरूरी है। 'मैं सोच रहा था कि क्या हम इस बारे में चर्चा करें कि इस मुद्दे पर बातचीत करते समय हम दोनों कैसी प्रतिक्रिया देते हैं और क्या इस मुद्दे को सुलझाने का इससे बेहतर कोई और तरीका भी है?'

या फिर कल्पना करें कि आपकी एक दोस्त है, जिसने अपने कंधों पर इतने सारे कार्य निपटाने की जिम्मेदारी उठा रखी हैं कि इससे उसके स्वास्थ्य पर नकारात्मक प्रभाव पड़ रहा है। लेकिन वह ऐसा नहीं मानती और आप जब भी ये मुद्दा उठाते हैं, तो वह रक्षात्मक रवैया अपनाकर अपना बचाव करने लगती है। इसीलिए इस मुद्दे को ये कहकर उठाना कि 'इस बारे में चर्चा कैसे की जाए,' कुछ ऐसा लगेगा कि 'मुझे अच्छी तरह पता हैं कि तुम्हें अपने शिड्यूल के बारे में बातचीत करना पसंद नहीं है, कम से कम उस तरह नहीं, जिस तरह मैं बात करता हूँ। पर मेरी समस्या ये है कि मुझे चिंता होती है और ऐसा क्यों है, ये मैं तुमसे कुछ इस तरह साझा करना चाहता हूँ, जिससे तुम्हें मदद मिले। मुझे नहीं पता कि मैं ऐसा कैसे करूँ और मैं सोच रहा था कि क्या इस मसले पर तुम्हारे पास मेरे लिए कोई सलाह है?'

हालाँकि इसके बाद भी आपकी दोस्त कह सकती है कि तुम मेरे मामले में दखल मत दो। लेकिन ये भी संभव है कि उसकी प्रतिक्रिया कुछ ऐसी हो: 'पता है, कहीं न कहीं मैं तुमसे सहमत हूँ। लेकिन इस मामले को लेकर हर तरफ से इतने सारे लोग मेरे पीछे पड़े हुए हैं कि मैं चाहती हूँ कि कम से कम कोई तो ऐसा हो, जो बिना कोई सलाह-मशवरा दिए बस मेरा साथ दे। तो जब तक मैं सोच-विचार करके ये तय नहीं कर लेती कि मुझे किन-किन जिम्मेदारियों से छुटकारा पाना है, तब तक तुम एक ऐसे व्यक्ति बने रहो, जो मेरी बातें सुनने के लिए तैयार हो। तुम मेरा मतलब समझ रहे हो ना?'

आगे बढ़ने का रास्ता : तीसरी कथा, सामनेवाले की कथा, आपकी कथा

तीसरी कथा से शुरू करके आप सुरक्षित रूप से इस विशाल पर्वत के आधार तक पहुँच सकते हैं। पर इसके बाद आपको इस पर चढ़ाई भी करनी है। एक बार समस्या का वर्णन सामने आने और अपने उद्देश्य स्पष्ट होने के बाद आपको हर नज़रिए से तीन बातचीतों को खंगालना होगा। सामनेवाला अपने विचार और भावनाएँ साझा करेगा। इसी तरह आप भी अपनी कथा में वापस कदम रखेंगे और अपने विचार व भावनाएँ साझा करेंगे।

किस बारे में बात करें: तीन बातचीतें

जब आप एक-दूसरे से अपनी कथा साझा करेंगे, तो तीनों बातचीतें आपको आगे बढ़ने का एक उपयोगी रास्ता दिखाएँगी। आप दोनों अतीत के उन अनुभवों के बारे में बात कर सकते हैं, जिनके चलते आप वर्तमान परिस्थिति को अपने मौजूदा नज़रिए से देख रहे हैं: 'मुझे लगता है कि मैंने इतनी तीखी प्रतिक्रिया इसलिए दी क्योंकि पिछली बार जब हमें एक वेंडर से भुगतान नहीं मिला था, तो स्थिति बद से बदतर होती चली गई थी।'

आप सामनेवाले के इरादों के बारे में पूछ सकते हैं और ये साझा कर सकते हैं कि उसके व्यवहार का आपके ऊपर कैसा प्रभाव पड़ा : 'मैं नहीं जानता कि तुम्हें इसका एहसास है या नहीं, लेकिन जब तुमने मुझे कॉल नहीं किया, तो मैं बहुत चिंतित हो उठा था।' वह जैसा महसूस कर

किस बारे में बात करें

पता लगाएँ कि हर कथा के पीछे की सोच क्या है

'यहाँ मेरी जो भी प्रतिक्रियाएँ हैं, उनका पिछली नौकरी के मेरे अनुभवों से गहरा संबंध है।'

ये साझा करें कि आपके ऊपर कैसा प्रभाव पड़ा है

'मुझे नहीं पता कि तुमने इरादतन ऐसा किया या नहीं, पर मैं उस समय बहुत असहज महसूस कर रहा था, जब तुमने...'

अपने योगदान की जिम्मेदारी लें

'मैंने ऐसी बहुत सी चीज़ें की हैं, जिनके चलते ये स्थिति और कठिन हो गई है...'

भावनाओं का वर्णन करें

'मुझे ये विषय उठाने में बेचैनी का अनुभव हो रहा है, लेकिन हम इसके बारे में बात करें, ये मेरे लिए बहुत महत्वपूर्ण है।'

पहचान संबंधी मुद्दों पर चिंतन करें

'मुझे लगता है कि मुझे इस विषय में इतनी दिलचस्पी इसलिए है क्योंकि मुझे खुद को एक ऐसे व्यक्ति के रूप में देखना पसंद नहीं है जो...'

रहा है, आप उसे लेकर सहानुभूति जता सकते हैं: 'अगर मैं तुम्हारी जगह होता, तो इस समय बुरी तरह हताश महसूस कर रहा होता।' या फिर उसके साथ ये साझा करें कि आपकी पहचान संबंधी बातचीत में क्या हो रहा है: 'मुझे लगता है कि ये मेरे लिए इतना मुश्किल इसलिए है क्योंकि निष्पक्षता मेरे लिए बहुत मायने रखती है। मुझे ये बात सचमुच परेशान कर रही है कि मैंने इस स्थिति को जिस तरह लिया, वह शायद तुम्हारे प्रति कतई निष्पक्ष या न्यायसंगत नहीं था।' अंतत: आप क्या साझा करने का चुनाव करते हैं, ये इस बात पर निर्भर करेगा कि बातचीत का संदर्भ क्या है, आपके आपसी संबंधी कैसे हैं और आपको क्या उचित व सहायक लगता है।

कैसे बात करें: सुनना, अभिव्यक्ति करना और समस्याएँ सुलझाना

तीनों बातचीतें इस बारे में उपयोगी रास्ता दिखाती हैं कि किस बारे में बात की जाए; जबकि अगले कुछ अध्यायों में इस बारे में गहनता से बताया जाएगा कि इस बारे में बात कैसे की जाए।

अपनी कथा के सीमित दायरे से सामनेवाले की कथा को देखने में सक्षम होने के लिए आपको पूछताछ करने, सुनने और स्वीकार करने से जुड़े कुछ विशिष्ट कौशलों की जरूरत पड़ेगी। अपनी कथा को पूरी स्पष्टता के साथ जोरदार ढंग से सामने रखने के लिए जरूरी है कि आप खुद को ऐसा करने का हकदार मानते हों। साथ ही अपने बारे में आपको बिलकुल भी सटीक होना होगा। अध्याय-९ एवं १० इन्हीं चुनौतियों की गहराई में जाते हैं और प्रभावशीलता के लिए दिशा-निर्देश देते हैं। बेशक तीसरी कथा से, सामनेवाले की कथा और अपनी कथा की दिशा में आगे बढ़ना आसान नहीं होगा। एक सच्ची बातचीत एक संवादात्मक प्रक्रिया है - जहाँ आपको लगातार सुनना होता है, अपने विचार साझा करने होते हैं, सवाल पूछने होते हैं और जब बातचीत पटरी से उतरने लगे, तो उसे वापस पटरी पर लाने के लिए सौदेबाज़ी करनी होती है। अध्याय-११ इस बारे में दिशा-निर्देश देता है कि संवादात्मक प्रक्रिया का प्रबंधन कैसे करें और समस्याएँ सुलझाने की ओर कैसे बढ़ें। अंतत: अध्याय-१२ जैक और माइकल की हमारी मूल कथा की ओर वापस लौटता है और इस बारे में एक विस्तृत उदाहरण प्रस्तुत करता है कि व्यावहारिक जीवन में ये कैसे कारगर होगा।

9

सीखना:
ध्यान से सुनें

एंड्र्यू कुछ दिनों के लिए अपने अंकल डग के घर आया था। एक दिन जब डग फोन पर बात कर रहा था, तो नन्हा एंड्र्यू अपने अंकल के पास आया और उसकी टी-शर्ट का कोना खींचते हुए बोला, 'डग अंकल, मैं बाहर जाना चाहता हूँ।'

'अभी नहीं एंड्र्यू, मैं फोन पर बात कर रहा हूँ,' डग ने जवाब दिया।

एंड्र्यू अपनी बात पर डटा रहा: 'पर डग अंकल, मुझे बाहर जाना है!'

'अभी नहीं एंड्र्यू!' डग ने फिर वही प्रतिक्रिया दी।

अगले कुछ क्षणों तक यही चलता रहा, फिर डग ने एक अलग तरीका अपनाया: 'एंड्र्यू, तुम बाहर जाने के लिए सचमुच बड़े बेचैन हो, है ना?'

'हाँ,' एंड्र्यू ने जवाब दिया। इसके बाद वह और कुछ कहे बिना घर से बाहर निकल गया और अकेले ही खेलने लगा। इससे स्पष्ट हुआ कि एंड्र्यू बस ये चाहता था कि डग अंकल को उसकी बात समझ आ जाए। वह बस ये चाहता था कि उसकी बात सुन ली जाए।

एंड्र्यू की ये कहानी हम सबके जीवन का सच दर्शाती है: हम सबकी गहरी इच्छा होती है कि हमें सुना जाए और साथ ही हम ये भी जानना चाहते हैं कि क्या अन्य लोग इतनी परवाह करते हैं कि हमें सुनें।

कुछ लोगों को लगता है कि वे एक अच्छे श्रोता हैं। जबकि कुछ लोगों को पता होता है कि वे अच्छे श्रोता नहीं हैं, पर उन्हें इसकी कोई परवाह नहीं होती। अगर आप इन दोनों में से किसी भी समूह में आते हैं, तो हो सकता है, आपको लगे कि आप ये अध्याय पढ़े बिना ही आगे बढ़ सकते हैं। पर ऐसा न करें। ध्यान

से सुनना, एक कठिन बातचीत में आपके सबसे बड़े कौशलों में से एक सिद्ध हो सकता है। इससे न सिर्फ आपको सामनेवाले को समझने में मदद मिलती है बल्कि सामनेवाले के लिए भी आपको समझना आसान हो जाता है।

सुनना बातचीत को पूरी तरह बदल देता है

करीब एक साल पहले ग्रेटा की माँ को डायबिटीज हो गई। डॉक्टर ने उन्हें सख्त हिदायत दी कि समय पर दवाएँ लें, खाने-पीने में परहेज करें और नियमित रूप से व्यायाम करें। ग्रेटा इस बात को लेकर चिंतित है कि उसकी माँ डॉक्टर की हिदायत का ठीक से पालन नहीं कर रही है, लेकिन अब तक ग्रेटा अपनी माँ को इसके लिए प्रोत्साहित करने में सफल नहीं हो पाई है। ऐसे में माँ-बेटी के बीच अक्सर कुछ ऐसी बातचीत आम हो गई है:

ग्रेटा: माँ आपको रोज व्यायाम करना चाहिए। मुझे डर है, आप समझ नहीं रही हैं कि व्यायाम करना आपके लिए कितना जरूरी है।

माँ: ग्रेटा, तुम मुझे इस बारे में परेशान करना बंद कर दो। तुम समझ ही नहीं रही हो, मैं अपनी ओर से पूरी कोशिश कर रही हूँ।

ग्रेटा: मैं सब समझती हूँ माँ। मैं जानती हूँ कि कसरत करना थोड़ा मुश्किल होता है, लेकिन मैं चाहती हूँ कि आप स्वस्थ रहें और भविष्य में अपने नाती-पोतों के साथ खेल सकें।

माँ: ग्रेटा, मुझे ये बातचीत बिलकुल पसंद नहीं है। ये व्यायाम और परहेज मेरे लिए बहुत मुश्किल है।

ग्रेटा: मैं जानती हूँ कि ये मुश्किल है। व्यायाम करना किसी के लिए मजेद्रार नहीं होता। बस एक-दो सप्ताह की बात है, फिर ये आपको आसान लगने लगेगा। इसके बाद आप खुद व्यायाम करने की राह देखेंगी। हम किसी ऐसे व्यायाम के बारे में पता कर सकते हैं, जिसे करके आपको सचमुच अच्छा लगे।

माँ: (रूँधे गले से) तुम्हें नहीं पता... ये मेरे लिए बहुत तनावभरा है। अब मैं इसके बारे में बात नहीं कर सकती। बस हो गया!

आश्चर्य नहीं कि इस तरह की बातचीत से ग्रेटा हताश, शक्तिहीन और दुःखी महसूस करने लगती है। ग्रेटा सोचती है कि आखिर वह और अधिक स्पष्टता से

अपनी बात कैसे कहे और अपनी माँ के अंदर बदलाव लाने के लिए उन्हें कैसे मनाए।

लेकिन ग्रेटा की समस्या स्पष्ट नहीं है। वास्तव में उसके रवैये में जिज्ञासा की कमी है। अगली बार इस विषय पर बातचीत करते समय ग्रेटा अपना उद्देश्य बदल लेती है। अब वह अपनी माँ को बदलाव के लिए मनाने के बजाय उनके नज़रिए के बारे में और अधिक जानने की कोशिश करती है। इसके लिए वह खुद को माँ की बात सुनने, उनसे सवाल पूछने और उनकी भावनाओं को स्वीकार करने तक ही सीमित रखती है:

ग्रेटा: मैं जानती हूँ कि आपको अपनी डायबिटीज या व्यायाम के बारे में बात करना पसंद नहीं है।

माँ: हाँ! मुझे ये बिलकुल पसंद नहीं है। क्योंकि इस बातचीत से मुझे बड़ी परेशानी होती है।

ग्रेटा: अच्छा माँ, यहाँ परेशानी होने से आपका क्या मतलब है? आपको क्या परेशानी होती है?

माँ: मुझे इस पूरी चीज़ से परेशानी होती है? तुम्हें क्या लगता है, ये सब मेरे लिए सिर्फ एक मज़ाक है?

ग्रेटा: नहीं माँ। मैं जानती हूँ कि ये सब अपके लिए बड़ा मुश्किल है। पर मुझे ठीक से नहीं पता कि आप इसके बारे में क्या सोचती है, आपके लिए इसके क्या मायने हैं और आप इसे लेकर कैसा महसूस करती हैं।

माँ: मैं तुम्हें बताती हूँ। आज अगर तुम्हारे पिता जिंदा होते, तो ये सब बिलकुल अलग होता। जब कभी मैं बीमार पड़ जाती थी, तो वे मेरा बहुत खयाल रखते थे। वे डॉक्टर की जटिल हिदायतों का बड़ी अच्छी तरह पालन कराते और सब कुछ खुद ही सँभाल लेते थे। इसीलिए जब भी मैं बीमार पड़ती हूँ, तो मुझे उनकी बहुत याद आती है।

ग्रेटा: लगता है, पिताजी के बिना आप बहुत अकेला महसूस करती हैं।

माँ: हालाँकि आज भी मेरी कई सहेलियाँ हैं, तुम भी मेरा बहुत ध्यान रखती हो, लेकिन तुम्हारे पिता जिस तरह मुझे संभालते थे, ये सब उससे बहुत अलग

है। मुझे भी लगता है कि मैं बहुत अकेला महसूस करती हूँ, लेकिन मुझे इसके बारे में बात करना कतई पसंद नहीं है। मैं किसी भी तरह से तुम बच्चों पर बोझ नहीं बनना चाहती।

ग्रेटा: आपको लगता है कि अगर आप हमें ये बताएँगी कि आप अकेला महसूस करती हैं, तो ये बात हमारे लिए एक बोझ बन जाएगी और हम परेशान होंगे?

माँ: मैं बस ये नहीं चाहती कि तुम लोगों को वह सब झेलना पड़े, जो मेरी माँ को झेलना पड़ा था। तुम्हें तो पता ही होगा कि तुम्हारी नानी की मौत डायबिटीज के चलते ही हुई थी।

ग्रेटा: ओह! मुझे ये बात पता नहीं थी।

माँ: इसीलिए जब भी कोई मुझे याद दिलाता है कि मुझे डायबिटीज है, तो मेरे मन में अचानक एक डर सा बैठ जाता है क्योंकि इसी बीमारी ने तुम्हारी नानी की जान ली थी। मेरे लिए इस बीमारी को स्वीकार करना बड़ा मुश्किल है। मैं जानती हूँ कि उस जमाने की बात अलग थी और आज की दवाएँ पहले से कहीं ज़्यादा आधुनिक और प्रभावी हैं और इसलिए मुझे डॉक्टर की हर हिदायत माननी चाहिए, लेकिन जब मैं ऐसा करती हूँ, तो खुद को एक बीमार बूढ़ी औरत जैसा महसूस करने लगती हूँ।

ग्रेटा: तो डॉक्टर की हर हिदायत मानना आपको ऐसा लगता है, मानों आपने उस बात को स्वीकार कर लिया, जिसे आप अभी तक पूरी तरह स्वीकार नहीं कर पाईं हैं?

माँ: मैं जानती हूँ, मेरी ये बात बड़ी ही तर्कहीन है। मैं ये नहीं कह रही हूँ कि इसके पीछे कोई तर्क है (रूँधे गले से) पर ये मेरे लिए बड़ा भयावह और तकलीफदेह है।

ग्रेटा: मैं जानती हूँ माँ, ये आपके लिए सचमुच भयावह और तकलीफदेह है।

माँ: एक बात और, मुझे नहीं पता कि मुझे क्या करना चाहिए; व्यायाम, खान-पान में परहेज वगैरह सब कैसे सँभाला जाए। आप एक चीज़ करें, तो उससे दूसरी चीज़ प्रभावित होने लगती है और आपको हर चीज़ पर नज़र रखनी पड़ती है। ये सब बड़ा कठिन है और डॉक्टर ने भी जिस तरह इसके

बारे में बताया, वह भी कोई खास मददगार नहीं रहा। मुझे नहीं पता कि मुझे क्या करना चाहिए। अगर तुम्हारे पिता होते, तो उन्हें सब पता होता।

ग्रेटा: शायद मैं इसमें आपकी कुछ मदद कर सकूँ।

माँ: ग्रेटा, मैं तुम पर बोझ नहीं बनना चाहती।

ग्रेटा: मैं आपकी मदद करना चाहती हूँ माँ। सच कहूँ, तो ऐसा करके मुझे बेहतर महसूस होगा और मैं खुद को इतना शक्तिहीन महसूस नहीं करूँगी।

माँ: अगर तुम सचमुच ऐसा कर सको, तो मेरे मन से एक बड़ा बोझ उतर जाएगा...।

ग्रेटा इस बात से बड़ी हैरान और खुश थी कि जब उसने अपनी माँ को सचमुच सुनना शुरू किया, तो उनके बीच की बातचीत कितनी बेहतर हो गई। अब वह समस्या को अपनी माँ के नज़रिए से देख रही थी, जो वास्तव में उसकी कल्पना से कहीं अधिक गहरी थी। साथ ही अब वह अपनी माँ की मदद उस तरह कर सकती थी, जिस तरह उसकी माँ चाहती थी। संभवत: सामनेवाले को सचमुच सुनने का ये सबसे स्पष्ट लाभ है कि आपको सामनेवाले के बारे में नई जानकारी पता चलती है। साथ ही इसका एक दूसरा लाभ भी है, जो इससे भी ज़्यादा आश्चर्यजनक है।

जब आप सामनेवाले की सुनते हैं, तो उसे आपकी सुनने में मदद मिलती है

विडंबना ये है कि जब ग्रेटा ने अपनी माँ को व्यायाम करने के लिए मनाना बंद कर दिया और उन्हें सुनना व समझना शुरू किया, तो उसका वह उद्देश्य पूरा हो गया, जो इससे पहले लाख कोशिशों के बाद भी पूरा नहीं हो रहा था। यह अचानक नहीं हुआ। कठिन बातचीत करनेवालों से हमें जो शिकायत सबसे ज़्यादा सुनने को मिलती है, वह ये है कि सामनेवाला उनकी सुनता ही नहीं है। और इस पर हमारी यही सलाह होती है कि 'अगर ऐसा है, तो फिर आपको उस व्यक्ति के साथ और समय बिताने की जरूरत है।'

जब सामनेवाला आपकी न सुन रहा हो, तो हो सकता है आपको लगे कि ऐसा इसलिए है क्योंकि वह अड़ियल प्रवृत्ति का है या उसे आपकी बात समझ में नहीं आ रही है (अगर उसे आपकी बात समझ में आ रही होती तो ये भी समझ में आ जाता कि उसे क्यों सुनना चाहिए) ऐसे में हो सकता है कि आप अपनी बात

को दोहराने की कोशिश करें, अपनी बात कहने के नए तरीके आजमाएँ या ज़्यादा तेज आवाज में बात करने लगें वगैरह।

सतही तौर पर आपको ये तरीके कारगर नज़र आएँगे पर वास्तव में ये कारगर नहीं हैं। क्योंकि अधिकांश मामलों में न सुनने के पीछे की वजह सामनेवाले की अड़ियल प्रवृत्ति नहीं होती। वास्तव में वह आपकी इसलिए नहीं सुन रहा होता क्योंकि उसे लगता है कि आप उसकी नहीं सुन रहे हैं। दूसरे शब्दों में कहें, तो जिस वजह से आप उसकी नहीं सुन रहे, वह भी उसी वजह से आपकी नहीं सुन रहा है: उसे लगता है कि आप सुस्त या अड़ियल हैं। इसलिए वह अपनी बात को दोहराने की कोशिश करता है, अपनी बात कहने के नए तरीके आज़माता है या ज़्यादा तेज आवाज में बात करने लगता है वगैरह।

अगर उसके सुनने की राह में बाधा ये है कि उसे लगता है कि आप उसकी सुन नहीं रहे हैं, तो इस बाधा को हटाने के लिए उसे ये महसूस कराना होगा कि उसकी बात सुनी जा रही है - यानी वह जो कहना चाहता है, उसे सुनने के लिए पूरी कोशिश करनी होगी और सबसे महत्वपूर्ण, ये दर्शाना होगा कि वह जो भी कह रहा है और जैसा महसूस कर रहा है, आप उसे समझते हैं।

अगर आपको इस बात पर विश्वास नहीं है, तो बस एक बार इसे आज़माकर देखें। अपने आसपास के सबसे अड़ियल व्यक्ति के पास जाएँ - जो कभी आपकी कोई बात न सुनता हो, जो आपके साथ होनेवाली हर बातचीत में अपनी बात को बार-बार दोहराता रहता हो - और उसकी सुनें। खासतौर पर हताशा, गर्व या भय जैसी उनकी भावनाओं को सुनें और स्वीकार करें। आप देखेंगे कि आपके ऐसा करने पर वह अंततः एक बेहतर श्रोता बन जाएगा।

जिज्ञासा का रुख : ध्यान से कैसे सुनें

अपनी माँ के साथ दूसरी बातचीत में ग्रेटा ने क्या अलग किया? उसने सवाल पूछे। ग्रेटा की माँ ने जो भी कहा, उसने खुद उसकी संक्षिप्त व्याख्या की ताकि यह सुनिश्चित कर सके कि उसने अपनी माँ की बात समझ ली है और माँ को भी पता चल जाए कि उसकी बेटी ने उसकी बात समझ ली है। इसके साथ ही ग्रेटा ने अपनी माँ की बातों के पीछे छिपी भावनाओं को भी सुना और उन्हें स्वीकार भी किया।

ये सब अच्छी तरह सुनने के लिए बहुत महत्वपूर्ण है लेकिन सिर्फ इतना ही काफी नहीं है। ग्रेटा ने जो सबसे अच्छा कदम उठाया, वह ये कि अपने आंतरिक रुख को 'मैं समझती हूँ,' से 'समझने में मेरी मदद करें' की ओर ले गई।' इसके बाद सब कुछ स्वत: ही होता चला गया।

शब्दों पर नहीं, सच्चेपन पर ध्यान दें

तमाम वर्कशॉप्स और किताबों में ये बताया जाता है कि एक अच्छा श्रोता बनने के लिए आपको क्या करना चाहिए। आमतौर पर उन सभी की सलाह समान होती है – सवाल पूछें, सामनेवाले ने जो कहा, उसकी संक्षिप्त व्याख्या करें, उसके विचारों को स्वीकार करें, ध्यान से बैठें और उसकी आँखों में देखें। ये सारी सलाहें अच्छी हैं। ऐसी वर्कशॉप्स या किताबों से सीखकर आप अपने नए कौशल को आजमाने के लिए उत्साहित होते हैं, लेकिन जब आपके दोस्त और सहकर्मी ये शिकायत करते हैं कि आपका तरीका बनावटी और मशीनी लग रहा है, तो आप हताश हो जाते हैं। वे आपसे कहते हैं कि 'अपनी अच्छा श्रोता कैसे बनें वाली सलाहें मुझ पर मत आजमाओ।'

असल में, समस्या ये है: आपको सिर्फ ये सिखाया जाता है कि आपको क्या कहना है और कैसे बैठना है, जबकि वास्तव में अच्छा श्रोता होने के मूल में 'सच्चापन' होता है। लोग सिर्फ आपके शब्दों और आपकी शारीरिक मुद्रा पर ही नहीं बल्कि उस पर भी गौर करते हैं, जो आपके अंदर चल रहा होता है। अगर आपका 'रुख' सच्चा नहीं है, तो फिर शब्द मायने नहीं रखते। सामनेवाले को करीब-करीब हमेशा ही ये एहसास हो जाता है कि आप सचमुच उसकी परवाह करते हैं या नहीं और आप सच्ची जिज्ञासा दिखा रहे हैं या नहीं। अगर आपके इरादे ही झूठे हैं, तो फिर आप अपने शब्दों का चुनाव कितनी भी सावधानी से करें या कैसी भी शारीरिक मुद्रा बना लें, उससे कोई फर्क नहीं पड़नेवाला। पर अगर आपके इरादे नेक हैं, तो अनाड़ियों जैसे शब्दों का उपयोग करने के बावजूद भी कोई आपको रोक नहीं पाएगा।

सुनना सिर्फ तभी सशक्त और प्रभावी साबित होता है, जब उसमें सच्चापन हो। सच्चेपन का अर्थ है कि आप सामनेवाले की बात इसलिए सुन रहे हैं क्योंकि आप सचमुच उसके प्रति जिज्ञासा का भाव रखते हैं और उसकी परवाह करते हैं,

न कि इसलिए क्योंकि सुनना आपका काम है। ऐसे में महत्वपूर्ण सिर्फ ये होता है कि क्या आप सचमुच जिज्ञासा का भाव रखते हैं? क्या आप सचमुच परवाह करते हैं?

आपके मन में बैठा टिप्पणीकार :
अपने अंदर की आवाज के प्रति और जागरूक बनें

आप खुद को सुनकर ये बता सकते हैं कि आपके अंदर क्या चल रहा है। अपने अंदर की अवाज को पहचानना और उस पर ध्यान देना – यानी आप जो सोच रहे हैं पर कह नहीं रहे हैं – सच्चेपन के साथ सुनने के रास्ते की सबसे बड़ी बाधा पार करने का पहला महत्वपूर्ण कदम है। अगर इस आवाज पर ध्यान न दिया जाए, तो ये अच्छी तरह सुनना अवरूद्ध कर सकती है; और वह भी इस हद तक कि फिर आप अपने अंदर की आवाज सुनने में ही इतने मशगूल रहते हैं कि सामनेवाले की बात को आधा-अधूरा ही सुन पाते हैं।

थोड़ा समय निकालकर, अपने मन में बैठे टिप्पणीकार का पता लगाएँ। ये कुछ ऐसी बात कह रहा होगा, 'हम्म, ये अंदर की आवाज की अवधारणा बड़ी दिलचस्प है' या फिर 'आखिर इस किताब के लेखक कहना क्या चाहते हैं? मेरे अंदर तो कोई आवाज नहीं है।' (यही है वह आवाज।)

इसे बंद नहीं बल्कि तेज करें

शायद आपको आश्चर्य होगा पर हमारी सलाह यही है कि अपने अंदर की इस आवाज को न तो बंद करें और न धीमा करें। आप ऐसा कर भी नहीं सकते। हमारा आग्रह है कि आप ठीक इसका उल्टा करें – अपने अंदर की आवाज को चालू करें, कम से कम कुछ देर के लिए, और जानें कि ये क्या कह रही है। दूसरे शब्दों में कहें, तो अपने अंदर की आवाज सुनें। जब आप अपने अंदर चल रहे विचारों के प्रति पूरी तरह सचेत होते हैं, सिर्फ तभी आप उनका प्रबंधन करते हुए सामनेवाले व्यक्ति पर ध्यान केंद्रित कर सकते हैं।

हो सकता है कि किसी को सुनते समय आपके मन में अनगिनत विचार और भावनाएँ उठें, लेकिन अब आप इनके पैटर्न से परिचित हैं: तीनों बातचीतों में आपके अंदर की आवाज की बकबक चलती रहेगी।' 'क्या हुआ?'वाली बातचीत

में आप खुद को कुछ ऐसी बातें सोचते हुए पाएँगे, 'मैं बिलकुल सही हूँ,' 'मेरा इरादा तुम्हें ठेस पहुँचाने का नहीं था,' और 'इसमें मेरी कोई गलती नहीं है।' साथ ही आप कई भावनाओं को भी देखेंगे, ('मुझे विश्वास नहीं हो रहा कि वह मेरे बारे में ऐसा सोचती है! मुझे सचमुच बहुत गुस्सा आ रहा है!') और पहचान संबंधी समस्याएँ ('क्या मैंने सचमुच इतनी मूर्खता दिखाई? नहीं, ऐसा नहीं हो सकता।') या आप बस अपनी कल्पनाओं में उलझे हुए होंगे, जो काफी आम है (पता नहीं, ससुरालवालों ने खाने के लिए पर्याप्त नॉन-वेज रखा हैं या नहीं।) या अपनी प्रतिक्रिया तय करना शुरू कर रहे होंगे (जब मेरी बारी आएगी, तो मैं ये चार बातें सबके सामने रखूँगा)।

कोई आश्चर्य नहीं कि आप जिस व्यक्ति को सुन रहे हैं, उसे लग रहा है कि आप उस पर पूरा ध्यान नहीं दे रहे हैं।

अपने अंदर की आवाज का प्रबंधन करना

तो फिर सामनेवाले पर अपना पूरा ध्यान केंद्रित करने के लिए और अपने मन में बैठे टिप्पणीकार की बड़बड़ के बावजूद जिज्ञासा का भाव बनाकर रखने के लिए आपको क्या करना होगा? इसके लिए आप दो कदम उठा सकते हैं। पहला, देखें कि क्या आप अपने अंदर सच्ची जिज्ञासा पैदा कर सकते हैं? देखें कि क्या आप अपने अंदर की आवाज को सीखने की दिशा में ले जा सकते हैं? अगर ये तरीका कारगर न हो, जैसा कि कभी-कभी होता ही है, तो हो सकता है कि सामनेवाले को सुनने की कोशिश करने से पहले आपको अपने अंदर की आवाज को व्यक्त करना पड़े।

जिज्ञासा की दिशा में जाने का रास्ता बनाएँ। ये सोचना गलत होगा कि आपके अंदर की आवाज में बदलाव नहीं आ सकता। अगर आपकी जिज्ञासा में कमी आ रही है तो आप इसे बढ़ा भी सकते हैं। खुद को याद दिलाएँ कि सामनेवाले के संसार को समझने का कार्य हमेशा ही हमारी उम्मीद से कहीं अधिक मुश्किल होता है। खुद को याद दिलाएँ कि अगर आपको लगता है कि सामनेवाला कैसा महसूस कर रहा है या क्या कहने की कोशिश कर रहा है, ये आपको पहले से ही पता है, तो ये आपके भ्रम के अलावा और कुछ नहीं है। क्या आपको कोई ऐसी घटना याद है, जहाँ आपको लगा हो कि आप बिलकुल सही हैं और फिर अचानक एक मामूली

सा नया तथ्य पता चला हो, जिसके बाद सब बदल गया हो? वास्तव में हमेशा ही ऐसा बहुत कुछ होता है, जो हमें पता नहीं होता। खुद को जीवन की कथाओं की उन जटिलताओं, अंतर्विरोधों, बारीकियों और गहनता की याद दिलाएँ, जिनसे मिलकर आप दोनों के जीवन की कथाएँ बनी हैं।

ऑड्री की छह साल की बेटी जोसी ने आधी रात को उसे नींद से जगा दिया। नन्हीं जोसी घबराई हुई थी क्योंकि उसी दिन उसने अपनी माँ के साथ एक फिल्म देखी थी, जिसमें एक पिल्ले की माँ उसे छोड़कर भाग जाती है और फिर कभी वापस नहीं आती। ऑड्री को लगा कि जोसी इसलिए घबराई हुई है क्योंकि उसे डर है कि कहीं उसकी माँ भी उसे छोड़कर न चली जाए। इसलिए उसने अपनी नन्हीं बेटी को समझाया, 'मैं तुम्हें अकेले छोड़कर कहीं नहीं जाऊँगी।'

लेकिन फिर बाद में पता चला कि जोसी की घबराहट के पीछे ये वजह नहीं थी। वह तो अपने नए पालतू कछुए को लेकर चिंतित थी। वह फिल्म देखकर जोसी को एहसास हुआ कि वह कछुआ भी किसी की माँ होगी और उसका बच्चा अपनी माँ को वापस पाने के लिए तड़प रहा होगा। हालाँकि जोसी का कछुआ खुद एक बच्चा ही था, लेकिन जोसी को इस बात का एहसास नहीं था और वह बेचारी डर और अपराधबोध से ग्रस्त हो गई थी। वहीं ऑड्री अपनी बेटी की बात सुनने के बजाय अपने अंदर की आवाज सुनने के चक्कर में पड़ गई थी। उसके अंदर की आवाज कह रही थी, 'मैं जानती हूँ कि इसके पीछे क्या है,' और यही उसकी जिज्ञासा का अंत था।

अपनी जिज्ञासा को फिर से जगाने का एक और तरीका है, बातचीत के दौरान अपने उद्देश्य पर ध्यान केंद्रित रखना। फिर चाहे आपका उद्देश्य सामनेवाले को मनाना हो, उससे कोई काम कराना हो या उससे जीतना हो, आपके अंदर की आवाज उन उद्देश्यों के हिसाब से ही बोलेगी, जैसे 'तुम इसे कर क्यों नहीं डालते - ये तो स्पष्ट है कि यही सबसे अच्छा कदम होगा।' वहीं अगर आपका मुख्य उद्देश्य सामनेवाले को समझना है, तो यह आपके अंदर की आवाज को उसी से संबंधित सवाल पूछने के लिए प्रेरित करेगा, जैसे - 'ये मेरे लिए सार्थक हो, इसके लिए मुझे और क्या-क्या जानना जरूरी है?' या फिर 'मैं सोच रहा था कि मैं दुनिया को इस नज़रिए से कैसे देखूँ कि ये बात मुझे सार्थक लगने लगे?'

सुने मत : बोलें। कभी-कभी आप देखेंगे कि आपके अंदर की आवाज इतनी

सशक्त है कि उसका मुकाबला नहीं किया जा सकता। आप जिज्ञासा की दिशा में जाने का रास्ता बनाने की कोशिश करते हैं, लेकिन फिर भी सफल नहीं हो पाते। ऐसे में चाहे आप दुःख, आक्रोश और विश्वासघात जैसी भावनाओं से ग्रस्त हों या फिर आनंद और प्रेम में डूबे हुए हों, संभावना यही है कि आपके लिए सुनना असंभव होगा।

जब डेलायला को पता चला कि पिछले ६ महीनों से उसकी रूममेट के तौर पर रह रही हेदर बाइसेक्शुअल (उभयलिंगी) है तो फिर 'सुनना' उसे अपनी क्षमता से बाहर लगने लगा। जब हेदर ने अपनी बात उसके सामने रखी तो डेलायला भ्रमित, शर्मिंदा और थोड़ा नाराज महसूस कर रही थी। ऐसे में सुनने का ढोंग करने के बजाय डेलायला को इसका ठीक उल्टा करने की जरूरत है। बातचीत में सच्चा बने रहने के लिए उसे सबसे पहले इस बात को लेकर ईमानदारी बरतनी होगी कि वह खुद क्या सोच रही है और क्या महसूस कर रही है: 'मुझे खुशी है कि तुमने मुझ पर इतना भरोसा किया कि मुझे ये बात बता सको और मैं सचमुच तुम्हें सुनना चाहती हूँ। लेकिन साथ ही ये मेरे लिए बहुत ही परेशान करनेवाली चीज़ है। मुझे अजीब लग रहा है और मैं इस बात को लेकर दुविधा में हूँ कि जब भी मैं तुम्हारे आसपास रहूँ, तो मुझे कैसा व्यवहार करना चाहिए और मैं इस बात को लेकर घबराई हुई हूँ कि आखिर इसका मतलब क्या है।'

अब इसके बाद डेलायला और हेदर को एक कठिन बातचीत करनी है। दोनों को अपनी तीव्र भावनाओं का प्रबंधन करके उन्हें एक-दूसरे से साझा तो करना है, लेकिन सेक्शुअलिटी के बारे में उनके विचार एक-दूसरे से बहुत अलग हैं। अब जब वे अपनी दोस्ती और रूममेट के तौर पर साथ रहने से जुड़ी इस स्थिति पर बातचीत करेंगी, तो दोनों के पास सामनेवाले को सुनने की क्षमता होना बहुत महत्वपूर्ण होगा। कभी-कभी सामनेवाले की बात सुनने में सक्षम होने के लिए उन्हें पहले खुद भी बोलना होगा।

अगर कभी आप खुद को ऐसी किसी स्थिति में पाते हैं, तो सामनेवाले को बताएँ कि आप उसे सुनना तो चाहते हैं और आपको इस बात की परवाह भी है कि वह क्या कहना चाहता है, लेकिन फिलहाल आप उसे सुन नहीं सकते। आमतौर पर अपने मनोभावों का संकेत देने के लिए इतना कहना काफी होगा, 'मैं सचमुच हैरान हूँ। मुझे लगता है कि मैं इससे सहमत नहीं हूँ, लेकिन ज़रा विस्तार से बताओ कि

तुम इसे कैसे देखते हो' या 'मुझे स्वीकार करना होगा कि तुम जो भी कहना चाहते हो, मैं उसे सुनना तो चाहता हूँ, लेकिन साथ ही मैं फिलहाल थोड़ा रक्षात्मक भी महसूस कर रहा हूँ।' ये बात सामने रखने के बाद आप वापस उसे सुनना शुरू कर सकते हैं क्योंकि अब आपको पता है कि आपने उसे मतभेद का संकेत दे दिया है और ये जता दिया है कि कुछ देर बाद आप वापस अपने विचारों पर बात करेंगे।

हो सकता है कि कुछ मामलों में आप ये निर्णय लें कि आप न तो सामनेवाले को सुनेंगे और न ही खुद कुछ कहेंगे। शायद इसलिए क्योंकि आप बहुत परेशान या भ्रमित महसूस कर रहे हों या शायद आपके लिए कोई और काम निपटाना ज़्यादा महत्वपूर्ण हो। सामनेवाले पर आधा-अधूरा ध्यान देने के बजाय ये कहना कहीं बेहतर है कि 'ये मेरे लिए महत्वपूर्ण है, मैं समय निकालकर इसके बारे में बात करना चाहूँगा, लेकिन फिलहाल मैं ऐसा नहीं कर सकता।'

अपने अंदर की आवाज का प्रबंधन करना आसान नहीं होता, खासकर शुरुआत में। लेकिन एक अच्छा श्रोता होने के मूल में यही है।

तीन कौशल : पूछताछ करना, संक्षिप्त व्याख्या करना और स्वीकार करना

हालाँकि 'आपके मन का रुख' ही अच्छी तरह सुनने की कुंजी होता है, लेकिन साथ ही हम आपको कुछ ऐसी विशिष्ट तकनीकें और तरीके भी दे सकते हैं, जो लोगों को मददगार लगते हैं। जिज्ञासा के रुख के अलावा, तीन अन्य प्राथमिक कौशल भी हैं, जिन्हें अच्छे श्रोता उपयोग करते हैं: पूछताछ करना, संक्षिप्त व्याख्या करना और स्वीकार करना। आगे बताया गया है कि इन तीनों कौशलों के मामले में आपको क्या करना चाहिए और क्या नहीं।

जानने के लिए पूछताछ करें

जैसा कि शीर्षक से ही स्पष्ट है: जानने के लिए पूछताछ करें। और सिर्फ जानने के लिए ही। आप कोई सवाल क्यों पूछ रहे हैं, इस पर विचार करके आप स्वत: ही समझ सकते हैं कि उसे पूछने से बातचीत को आगे बढ़ाने में मदद मिलेगी या नुकसान होगा। इसका एकमात्र सही जवाब यही है: 'जानने के लिए।'

टिप्पणियों को सवालों का रूप देकर व्यक्त न करें

हम सब बचपन में यात्रा करते समय अक्सर कर्कश अंदाज में पूछते थे, 'पहुँच गए क्या?' जबकि हमें पता होता था कि अभी नहीं पहुँचे हैं और हमारे माता-पिता को भी मालूम होता था कि हमें पता है कि अभी नहीं पहुँचे हैं। इसलिए वे भी हमें उतने ही कर्कश अंदाज में जवाब देते थे। वास्तव में हमारी बात का मतलब ये होता था कि 'मैं बेचैन हो रहा हूँ' या 'काश हम अब तक पहुँच गए होते' या 'मेरे लिए ये यात्रा बहुत लंबी है।' अगर 'पहुँच गए क्या?' के बजाय हम इन तीनों में से कोई बात कहते, तो निश्चित ही हमें अपने माता-पिता से कहीं बेहतर प्रतिक्रिया मिलती।

ये पूछताछ से जुड़े एक महत्वपूर्ण नियम को दर्शाता है: अगर आपके पास कोई सवाल नहीं है, तो सवाल न पूछें। सवालों का रूप देकर टीका-टिप्पणी न करें। क्योंकि ऐसा करने से दुविधा और कड़वाहट पैदा होती है और ऐसे सवालों को लोग अनिवार्य रूप से व्यंग और नीचतापूर्ण टिप्पणी के रूप में लेते हैं। सवालों के रूप में की गई टिप्पणियों के कुछ उदाहरण इस प्रकार हैं:

> 'फ्रिज का दरवाजा बंद कर दो' या 'जब तुम फ्रिज खुला छोड़ देते हो, तो मैं परेशान हो जाता हूँ' कहने के बजाय ये पूछना: 'तो क्या अब तुम फ्रिज को इस तरह खुला छोड़ दोगे?'
>
> 'मुझे ऐसा लगता है, जैसे मेरी अनदेखी की जा रही है' या 'मैं चाहूँगी कि तुम मुझ पर थोड़ा और ध्यान दो' कहने के बजाय ये पूछना: 'क्या तुम मुझ पर एक बार ध्यान तक नहीं दे सकते?'
>
> 'मुझे घबराहट हो रही है' या 'जब नियंत्रण मेरे हाथ में न हो, तो मेरे लिए शांत महसूस करना मुश्किल होता है' कहने के बजाय ये पूछना: 'क्या इतनी तेज़ गाड़ी चलाना जरूरी है?'

गौर करें कि सवालों के रूप में की गई टिप्पणियों के ये उदाहरण या तो भावनाओं से संबंधित हैं या फिर अनुरोध से। इससे आपको आश्चर्य भी नहीं होना चाहिए। हममें से बहुत से लोगों के लिए सीधे तौर पर अपनी भावनाएँ साझा करना या अनुरोध करना काफी मुश्किल होता है। क्योंकि इससे आप असुरक्षित या कमजोर महसूस करने लगते हैं। हो सकता है कि हम जो भी कहना चाहते हैं, उसे एक मौखिक हमले - एक व्यंगात्मक सवाल - का रूप देकर हम खुद को

सुरक्षित महसूस करते हों। लेकिन ये सुरक्षा एक भ्रम है और इससे हमें फायदा कम, नुकसान ज़्यादा होता है। 'क्या तुम मुझ पर एक बार ध्यान तक नहीं दे सकते?' के बजाय ये कहने से आपके बीच बातचीत शुरू होने की संभावना बढ़ जाएगी कि 'मैं चाहूँगी कि तुम मुझ पर थोड़ा और ध्यान दो।'

पर क्यों? क्योंकि जब आप सवाल के रूप में टिप्पणी करते हैं, तो उसमें निहित भावना या अनुरोध के बजाय सामनेवाला उसे व्यंग्य और मौखिक हमले के रूप में देखता है। आप अकेला महसूस करते हैं, इसके बजाय सामनेवाला इसे ऐसे लेता है कि आप उसे एक विचारहीन व्यक्ति मान रहे हैं। यानी बात के पीछे का असल संदेश सामनेवाले तक पहुँच ही नहीं पाता क्योंकि मौखिक हमले से खुद को बचाने के चक्कर में उनका ध्यान भटक जाता है। फिर ये संभावना बढ़ जाती है कि सामनेवाला आपके ही अंदाज में प्रतिक्रिया दे: 'अच्छा, ठीक है! मैं तुम पर एक बार तो ध्यान दे ही सकता हूँ।' और इसके बाद ये बातचीत बद से बदतर होती चली जाएगी।

जिरह करने के लिए सवालों का उपयोग न करें

दूसरी गलती, जो हमारे लिए मुसीबतें खड़ी करती है, वह है, सामनेवाले के तर्क को खोखला करने के लिए सवालों का उपयोग करना।

> 'लगता है, तुम ये मानकर बैठे हुए हो कि ये सब मेरी गलती है। लेकिन तुम इस बात से तो इंकार नहीं करोगे कि तुमने मुझसे कहीं ज़्यादा गलतियाँ की हैं, सही कहा न मैंने?'

> 'अगर ये सच है कि तुमने बिक्री के लिए वह सब किया, जो तुम कर सकते थे, तो फिर ये बताओ कि तुम्हारे हार मानते ही केट ने इतनी जल्दी बिक्री कैसे कर ली?'

ये सवाल शुरू से ही गलत है। ये खुद कुछ जानने के बजाय सामनेवाले से यह बात स्वीकार कराने की इच्छा से उभरे सवाल हैं कि वह गलत है।

इन सवालों में अंतर्निहित विचारों का रचनात्मक उपयोग करने के लिए, इनमें निहित टिप्पणियों को अलग कर दें और फिर इन्हें व्यक्त करें - लेकिन तथ्यों के रूप में नहीं। इन्हें सच के रूप में सामने रखने के बजाय, एक ओपन-एंडेड सवाल

या धारणा के रूप में साझा करें और फिर सामनेवाले से उसकी प्रतिक्रिया माँगें। ये मानने के बजाय कि यह एक ऐसा तर्क है, जिसे सामनेवाले ने अनदेखा कर दिया है, ये मानकर चलें कि उसने इस पर विचार किया होगा और एक अलग कथा बताने के पीछे उनके अपने कुछ कारण होंगे। उदाहरण के लिए आप कह सकते हैं, 'मैं समझता हूँ कि तुम्हें लगता है कि तुमने बिक्री के लिए वह सब किया, जो तुम कर सकते थे। लेकिन मुझे तुम्हारा ये दावा इसलिए उचित नहीं लग रहा क्योंकि जैसे ही तुमने हार मानी, केट ने तत्काल वह बिक्री कर ली। तो इसके बारे में तुम्हारा क्या सोचना है?'

ओपन-एंडेड सवाल पूछें

ये ऐसे सवाल होते हैं, जो सामनेवाले को जवाब देने के लिए विस्तृत गुंजाइश देते हैं। ऐसे सवाल 'हाँ/ना'वाले सवालों की अपेक्षा सामनेवाले से कहीं ज़्यादा जानकारी निकलवा लेते हैं, जैसे कि 'तुम ऐसा करने की कोशिश कर रहे थे या फिर वैसा?' के बजाय पूछें, 'तुम क्या करने की कोशिश कर रहे थे?' इससे आपको सीधा जवाब मिलता है और सामनेवाले का ध्यान भी नहीं भटकता क्योंकि उसे आपके विचार को अपने दिमाग में संसाधित करने की जरूरत नहीं पड़ती। इससे उसे अपनी प्रतिक्रिया उस दिशा में ले जाने में मदद मिलती है, जो उसके लिए महत्वपूर्ण है। वास्तव में अधिकांश ओपन-एंडेड सवाल, 'मुझे कुछ और बताओ' या 'इसे बेहतर ढंग से समझने में मेरी मदद करो...' का ही दूसरा संस्करण होते हैं।

अधिक ठोस जानकारी माँगें

सामनेवाले ने जो निष्कर्ष निकाला है, उसके पीछे क्या है और आगे जाने को लेकर उसकी सोच क्या है, इस बारे में अपनी जानकारी और समझ बढ़ाने के लिए पूछें कि इसके पीछे का तर्क क्या है और इसे लेकर उसकी दूरदृष्टि क्या कहती है: 'तुम्हारे ऐसा कहने के पीछे क्या कारण है?' 'क्या तुम मुझे एक उदाहरण देकर बता सकते हो?' 'और ये कैसा लगेगा?' 'ये कारगर कैसे होगा?' 'इस परिकल्पना का परीक्षण करने के लिए हम क्या कर सकते हैं?'

अब ज़रा उस स्थिति पर विचार करें, जो रॉस और उसके बॉस की मुलाकात के दौरान बनी। दरअसल रॉस को एक पेशेवर सेमिनार का आमंत्रण मिला था। वह

उस सेमिनार में हिस्सा लेना चाहता था क्योंकि इससे उसे एक प्रोडक्टर मैनेजर के अपने काम में मदद मिलती। इसलिए उसे लगा कि सेमिनार में शामिल होने के लिए बॉस से छुट्टी माँगना और सेमिनार की फीस की बात करना उसके लिए बाएँ हाथ का खेल होगा।

लेकिन वह गलत था। उसके और बॉस के बीच की बातचीत कुछ ऐसी रही:

बॉस: तुम्हारे इस सेमिनार की फीस कंपनी भरे, इस पर सिर्फ विचार करने के लिए भी मुझे इस बारे में और साक्ष्य चाहिए कि तुम यहाँ लंबे समय तक काम करने के लिए समर्पित हो और फिलहाल मुझे ऐसा कोई साक्ष्य नज़र नहीं आता।

रॉस: क्या? मैं कंपनी के प्रति पूरी तरह समर्पित हूँ बॉस। मैंने पहले भी आपको ये बात बताई थी। इस सेमिनार में हिस्सा लेने के पीछे का इकलौता उद्देश्य यही है कि मैं यहाँ अपना काम और अच्छी तरह करके कंपनी के लिए बेहतर परिणाम हासिल कर सकूँ।

बॉस: मैं इसे ऐसे नहीं देखता। मुझे तो लगता है कि तुम इस नौकरी को एक सीढ़ी की तरह देखते हो, जिसे पार करके तुम कहीं और जाना चाहते हो।

रॉस: अब मैं आपसे और क्या कह सकता हूँ? मुझे तो इस कंपनी के लिए काम करना बहुत पसंद है और मेरी योजना यहाँ लंबे समय तक रहने की है। मैं यहाँ जो काम करता हूँ, उसके लिए ये सेमिनार बहुत मददगार साबित हो सकता है...।

ये समझना मुश्किल नहीं है कि ये बातचीत इतनी अनुत्पादक क्यों है। 'ऐसा है' और 'ऐसा नहीं है' के अलावा यहाँ एक-दूसरे को कोई जानकारी नहीं दी जा रही है। संक्षेप में कहें, तो वास्तव में रॉस का बॉस ये कह रहा है कि 'मुझे नहीं लगता कि तुम अपमे काम के प्रति समर्पित हो। लेकिन मैं तुम्हें ये नहीं बताऊँगा कि मुझे ऐसा क्यों लगता है।' और दुर्भाग्य से रॉस ने पूछा भी नहीं कि आप मेरे बारे में ऐसे विचार क्यों रखते हैं।

इसके बाद थोड़ी कोचिंग लेकर रॉस ने दोबारा यही मुद्दा उठाया, लेकिन इस बार उसने और अधिक ठोस जानकारी माँगी:

रॉस: मुझे बताइए कि आप समर्पण को कैसे आँकते हैं और आपने मुझमें ऐसा

क्या देखा, जिसके चलते आपको लगता है कि मैं कंपनी और अपने काम के प्रति उतना समर्पित नहीं हूँ, जितना आप चाहते हैं?

बॉस: इसके पीछे कई कारण हैं। एक कारण तो ये है कि तुम यहाँ के सामाजिक आयोजनों के प्रति कभी कोई रुचि नहीं दिखाते। मेरा अनुभव कहता है कि ये समर्पण को आँकने का अच्छा संकेतक है। जो लोग इस काम में लंबे समय तक सक्रिय रहना चाहते हैं, वे जानते हैं कि अपने सहकर्मियों के साथ अच्छे संबंध बनाना व निभाना कितना महत्वपूर्ण होता है और इसीलिए वे यथासंभव अधिक से अधिक सामाजिक आयोजनों में शामिल होते हैं।

रॉस: मैं सचमुच हैरान हूँ। मुझे लगा कि आप समर्पण का आंकलन, ऑफिस में देर तक काम करने और ढेर सारे असाइनमेंट्स को अच्छी तरह पूरा करने के आधार पर करते हैं।

बॉस: वह सब भी बहुत महत्वपूर्ण है। लेकिन कभी-कभी लोग यह नौकरी छोड़कर किसी दूसरी नौकरी के लिए अपना रिकॉर्ड बेहतर बनाने के उद्देश्य से भी ऐसा करते हैं। मेरा अनुभव कहता है कि सामाजिक आयोजनों में शामिल होना लंबे समय तक कंपनी में रहने की इच्छा से सीधे तौर पर जुड़ा हुआ है...।

अंततः रॉस और उसके बॉस की बातचीत सही दिशा में आगे बढ़ रही थी। जब उनकी बातचीत पूरी हुई, तो इस बारे में उनकी समझ पहले से कहीं अधिक गहरी हो चुकी थी कि वे दोनों कंपनी के प्रति रॉस की प्रतिबद्धता को लेकर अलग-अलग निष्कर्ष तक क्यों पहुँचे थे, जो रॉस के लिए एक महत्वपूर्ण जानकारी थी।

तीनों बातचीतों के बारे में सवाल पूछें

तीनों बातचीतें जिज्ञासा जगाने के लिए एक ठोस आधार प्रदान करती हैं।

* क्या तुम इस बारे में थोड़ा और बता सकते हो कि तुम चीज़ों को कैसे देखते हो?
* तुम्हारे पास ऐसी क्या जानकारी हो सकती है, जो मेरे पास नहीं है?
* तुम इसे अलग ढंग से कैसे देखते हो?

- मेरे कार्यों का तुम पर क्या प्रभाव पड़ा?
- क्या तुम ज़रा खुलकर बता सकते हो कि तुम्हें ऐसा क्यों लगता है कि ये मेरी गलती है?
- क्या तुम मेरे किसी कार्य पर प्रतिक्रिया दे रहे थे?
- तुम इस सबके बारे में कैसा महसूस करते हो?
- मुझे थोड़ा खुलकर बताओ कि तुम्हारे लिए ये महत्वपूर्ण क्यों है?
- अगर ऐसा हुआ, तो तुम्हारे लिए इसके क्या मायने होंगे?

अगर सामनेवाले का जवाब पूरी तरह स्पष्ट नहीं है तो अपनी ओर से कोशिश जारी रखें। अगर जरूरत पड़े, तो बता दें कि आपको उसकी फलाँ बात अस्पष्ट लग रही है और फिर उससे स्पष्टीकरण माँगे: 'ठीक है, तो तुम्हारा विचार ये है कि केट बिक्री इसलिए कर पाई क्योंकि उसे सर्विस कॉन्टैक्ट में कम कीमत पर बिक्री करने की छूट दी गई थी। स्पष्ट है कि इससे क्या फर्क पड़ा। लेकिन अभी भी मुझे ये स्पष्ट रूप से समझ में नहीं आ रहा कि बिक्री के दौरान तुमने कम कीमत का प्रस्ताव क्यों नहीं दिया या फिर तुम्हें ऐसा प्रस्ताव देने की अनुमति क्यों नहीं मिली? क्या तुम इसके बारे में खुलकर बता सकते हो?'

सामनेवाले को ये महसूस कराएँ कि अगर वह जवाब नहीं देता है, तब भी सुरक्षित है

सबसे कुशलतापूर्वक पूछे गए सवाल भी कभी-कभी सामनेवाले को अपना बचाव करने के लिए मजबूर कर देते हैं। आप सामनेवाले के प्रति सच्ची परवाह करने और सचमुच जानकारी लेने के चलते उससे कोई सवाल पूछते हैं, इसके बावजूद वह प्रतिक्रियास्वरूप चुप्पी साध लेता है, अपना बचाव करता है, आप पर पलटवार करता है, आपके ऊपर बुरे इरादे रखने का आरोप लगाता है या बातचीत का विषय ही बदल देता है।

ऐसे में एक प्रतिक्रिया ये हो सकती है कि आप सामनेवाले से कहें कि आप सिर्फ उसकी मदद करने की कोशिश कर रहे हैं और उसे अपना बचाव करने की कोई जरूरत नहीं है। इसके बाद उससे जवाब पाने के लिए कोशिश करना जारी रखें। लेकिन इससे सामनेवाले को लग सकता है कि आप उसे नियंत्रित करने की कोशिश कर रहे हैं, जिससे वह और प्रतिरोध करेगा। इसलिए अपने सवाल को एक माँग

के बजाय एक स्पष्ट आमंत्रण के रूप में सामने रखें। इन दोनों के बीच फर्क ये है कि एक आमंत्रण को बिना किसी नुकसान के अस्वीकार भी किया जा सकता है। इससे सामनेवाले को सुरक्षा का एहसास होता है, खासकर अगर वह प्रतिक्रिया देने से इंकार कर चुका हो। ऐसे में आपकी प्रतिक्रिया इसे सहज बना देती है और साथ ही दोनों पक्षों के बीच आपसी विश्वास भी बन जाता है।

आप चाहे अपने बॉस से बात कर रहे हों या फिर अपनी आठ साल की नन्हीं बेटी से, जब उनके पास आपके सवाल का जवाब देने या न देने का विकल्प होता है, तो इस बात की संभावना बढ़ जाती है कि वे प्रतिक्रिया देंगे और पूरी ईमानदारी से देंगे। अगर वे अभी जवाब नहीं देते हैं, तो हो सकता है कि उस पर थोड़ा सोच-विचार करके बाद जवाब दें। जब वे इस बात को लेकर आश्वस्त होते हैं कि ये उनका अपना चुनाव है, तो ये बात स्पष्टता से रेखांकित होती है कि आप उनकी परवाह करते हैं और आपके इरादे नेक हैं। इससे वे आपके सवाल पर सोच-विचार करने के लिए खुद को मुक्त महसूस करते हैं।

स्पष्टता के लिए संक्षिप्त व्याख्या करें

संक्षिप्त व्याख्या करना एक अच्छे श्रोता की पहचान है। यहाँ संक्षिप्त व्याख्या करने का अर्थ है, बातचीत के दौरान सामनेवाला जो कहता है, उसे सुनकर आपने जो भी समझा, उसे अपने शब्दों में व्यक्त करना। इस संक्षिप्त व्याख्या के दो महत्वपूर्ण लाभ हैं।

अपनी समझ को परखने का मौका

सबसे पहले, संक्षिप्त व्याख्या करने से आपको अपनी समझ को परखने का मौका मिलता है। अगर कोई विशेष गलतफहमी बनी रहे, तो कठिन बातचीत और कठिन हो जाती है और ऐसी गलतफहमियाँ होना आम बात है। संक्षिप्त व्याख्या करने से सामनेवाले को ये कहने का मौका मिलता है कि 'नहीं, मेरा ये मतलब नहीं था। मैं तो ये कह रहा था कि...'

यह जताना कि आपने सामनेवाले की बात सुन ली है

दूसरा, संक्षिप्त व्याख्या से सामनेवाले को पता चलता है कि उसकी बात सुन

ली गई है। बातचीत के दौरान जब लोग अपनी बात को दोहराते हैं, तो आमतौर इसकी वजह यही होती है कि उन्हें आपकी ओर से ऐसा कोई संकेत नहीं मिला होता कि आपने उनकी बात सुन ली है। अगर सामनेवाला बार-बार एक ही चीज़ दोहरा रहा है, तो इसे और अधिक संक्षिप्त व्याख्या करने के संकेत की तरह देखें। एक बार जब उसे यह महसूस हो जाएगा कि उसे सुन लिया गया है, तो उसके द्वारा आपकी बात सुनने की संभावना भी बढ़ जाएगी। फिर सामनेवाला अपने अंदर की आवाज में उलझा नहीं रहेगा और आप जो कुछ भी कहेंगे, उस पर ध्यान केंद्रित कर सकेगा।

रेचेल और रॉन का ही उदाहरण लें, जो पति-पत्नी हैं और अक्सर इस बारे में बहस करते हैं कि उन्हें शब्बत (यहूदियों का एक साप्ताहिक धर्म-संस्कार) का और इस दौरान यात्रा को प्रतिबंधित करनेवाले पारंपरिक नियमों का पालन कितनी सख़्ती से करना है।

रॉन: मैंने क्रिस से कहा था कि मैं कल उसके पास पहुँच जाऊँगा।

रेचेल: रॉन, कल शनिवार है। तुम अच्छी तरह जानते हो कि शब्बत के दिन यात्रा करना मना होता है। इसके अलावा हमें सुबह-सुबह मंदिर भी जाना है।

रॉन: मैं जानता हूँ, लेकिन मैंने क्रिस से वादा किया था। उसके पास सिर्फ यही एक दिन खाली था।

रेचेल: सपरिवार मंदिर जाकर पूजा करना हमारे लिए जरूरी है रॉन। तुम उसके पास रविवार को क्यों नहीं जा सकते?

रॉन: रविवार को क्रिस उपलब्ध नहीं रहेगा क्योंकि रविवार को उसे चर्च जाना होता है।

रेचेल: ओह, तो उसके धार्मिक संस्कार, हमारे धार्मिक संस्कारों से ज़्यादा महत्वपूर्ण हैं?

इस बातचीत में क्रिस और रेचल, दोनों को ही ऐसा नहीं लग रहा कि उनकी बात ठीक से सुनी जा रही है। अगर उन्हें इस दुश्चक्र को तोड़ना है, तो दोनों में से किसी एक को सामनेवाले की बात सुनने और फिर उसकी संक्षिप्त व्याख्या करने का निर्णय लेना होगा। चलिए मान लेते हैं कि रॉन ऐसा करने का निर्णय लेता है। अब उनकी बातचीत कुछ ऐसी होगी:

रॉन: मैंने क्रिस से कहा था कि मैं कल तक उसके पास पहुँच जाऊँगा।

रेचेल: रॉन, कल शनिवार है। तुम अच्छी तरह जानते हो कि शब्बत के दिन यात्रा करना मना होता है। इसके अलावा हमें सुबह-सुबह मंदिर भी जाना है।

रॉन: लगता है, मेरा कोई प्लान बनाना, तुम्हारे लिए बड़ा हताशाभरा होता है।

रेचेल: बिलकुल होता है। मैं तो मानकर बैठी थी कि कल हम सब मंदिर जाएँगे।

रॉन: तो समस्या का एक पहलू ये है कि मैंने तुमसे चर्चा किए बिना ही क्रिस के पास जाने का प्लान बना लिया?

रेचेल: नहीं, असल में बात ये है कि हमेशा मुझे ही मंदिर जाने की जिद करनी पड़ती है, जो मुझे कतई पसंद नहीं है।

रॉन: तो तुम्हें लगता है कि मैं तुम्हें इस बात के लिए जिम्मेदार ठहराता हूँ कि हमारा धार्मिक जीवन कैसा है?

रेचेल: हाँ। मुझे शब्बत का पालन करानेवाली पुलिस जैसा महसूस करना कतई पसंद नहीं है। इसके अलावा मुझे ये डर भी रहता है कि इससे हमारे बच्चों तक क्या संदेश जाएगा।

रॉन: तो तुम्हें लगता है कि अगर हमारे बच्चे मुझे शब्बत के नियम तोड़ते देखेंगे, तो फिर वे इस धार्मिक-संस्कार को गंभीरता से नहीं लेंगे?

रेचेल: हाँ, एक पहलू ये भी है पर इसके अलावा और भी कई चीज़ें हैं। जैसे तुम्हारे बिना मंदिर जाने पर मुझे अकेलापन महसूस होता है। और मैं इसलिए तुम्हें मंदिर जाने को कह रही हूँ क्योंकि तुम्हें भी ये पसंद है, न कि इसलिए क्योंकि मैं जबर्दस्ती तुम्हें मंदिर भेजना चाहती हूँ।

रॉन: मैं समझ सकता हूँ कि तुम्हें अकेलापन क्यों लगता है। और ये सच है कि मैं खुद मंदिर जाना चाहता हूँ। मुझे लगता है कि जब मंदिर जाने के लिए मुझ पर दबाव डाला जाता है, तो मैं प्रतिरोध करने लगता हूँ क्योंकि मुझे ये पसंद नहीं कि कोई और मुझे बताए कि मुझे क्या करना है और क्या नहीं। इसके अलावा कभी-कभी मुझे लगता है कि मैं अन्य चीज़ें करके धार्मिक-कानून की भावना का पालन ही कर रहा होता हूँ।

रेचेल (संदेहपूर्ण लहजे से): मतलब?

रॉन: जैसे क्रिस की मदद करना। दरअसल उसकी शादीशुदा जिंदगी ठीक नहीं चल रही है और इसीलिए मैं उसके साथ थोड़ा समय बिताना चाहता था। ऐसा करके मुझे लगता है कि मैं अपने समुदाय के लोगों के साथ जुड़ रहा हूँ, जो वास्तव में मंदिर में पूजा करने का ही दूसरा पहलू है। और मैं चाहता हूँ कि हमारे बच्चे भी देखें कि लोगों की परवाह करना भी एक धार्मिक कार्य ही है। शायद हमें उनसे इसके बारे में बातचीत भी करनी चाहिए।

रेचेल: ठीक है, इससे भी मदद मिल सकती है...।

रॉन: लेकिन शायद इससे सपरिवार मंदिर जाकर पूजा करना संभव नहीं होगा और परिवार के लिए धार्मिक जिम्मेदारी निभाने का बोझ भी तुम्हारे कंधों पर ही आ जाएगा। इस पर तुम्हारा क्या कहना है, क्या तुम खुलकर बता सकती हो...?

इस बार रेचेल और रॉन एक जटिल और भावनात्मक तीव्रतावाले मुद्दे पर सही दिशा की ओर अग्रसर हैं। रॉन द्वारा संक्षिप्त वर्णन करने से रेचेल को पता चला कि रॉन उसे समझने की कोशिश कर रहा है और साथ ही वह उसकी भावनाओं की परवाह भी करता है। इस तरह रॉन अपनी बात दोहराना बंद कर देता है और रेचेल सुनना शुरू कर देती है।

सामनेवाले की भावनाओं को स्वीकार करें

ध्यान दें कि रेचेल जो कह रही थी, रॉन उसकी प्रतिक्रिया के रूप में संक्षिप्त वर्णन नहीं कर रहा था बल्कि वह उन बातों की प्रतिक्रिया के रूप में संक्षिप्त वर्णन कर रहा था, जो रेचेल नहीं कह रही थी कि वह हताश महसूस करती है। यह एक बुनियादी नियम है: भावनाएँ स्वीकार्यता पाने के लिए तरसती हैं। मुक्त कणों की तरह ही, भावनाएँ भी स्वीकार्यता की तलाश में बातचीत के चारों ओर घूमती रहती हैं। जब तक उन्हें स्वीकार्यता नहीं मिलती, वे संतुष्ट नहीं होतीं। इसके अलावा कोई और चीज़ उन्हें संतुष्ट नहीं कर पाती। भावनाओं को जो स्वीकार्यता चाहिए, जब तक वह उन्हें नहीं मिल जाती, तब तक वे बातचीत में परेशानी का कारण बनती रहती हैं – ठीक उस बच्चे की तरह, जो दूसरों का ध्यान आकर्षित करने के लिए बेताब रहता है, फिर चाहे वह सकारात्मक हो या नकारात्मक। और ये स्वीकार्यता

देकर आप वास्तव में सामनेवाले को और आपसी संबंधों को कुछ ऐसा दे देते हैं, जो बहुत ही कीमती है। कुछ ऐसा, जो उसे सिर्फ आपसे मिल सकता है।

अदृश्य सवालों का जवाब दें

स्वीकार्यता इतनी महत्वपूर्ण क्यों होती है? क्योंकि भावनाओं की हर अभिव्यक्ति के साथ कुछ अदृश्य सवाल भी होते हैं: 'क्या मेरी भावनाएँ ठीक हैं?' 'क्या तुम उन्हें समझते हो?' 'क्या तुम उनकी परवाह करते हो?' 'क्या तुम मेरी परवाह करते हो?' ये सारे सवाल महत्वपूर्ण हैं और जब तक हमें इनके जवाब पता न हों, तब तक बातचीत को आगे बढ़ाने में दिक्कत होती है। सामनेवाले की भावनाओं को स्वीकार करने का समय निकालना, यह स्पष्ट कर देता है कि इनमें से हर सवाल का जवाब 'हाँ' है।

स्वीकार कैसे करें

स्वीकार करना यानी कुछ और नहीं बल्कि ऐसा कोई भी संकेत पहचानना है कि सामनेवाला जो भी कह रहा है, आपको उसका भावनात्मक पहलू समझने में मुश्किल हो रही है। जैसे अगर सामनेवाला आपसे कहता है, 'मुझे इस सच्चाई ने दुविधा में डाल दिया है कि तुमने मुझसे झूठ बोला' तो इसकी प्रतिक्रिया के रूप में आप उससे इन तीनों में से कोई एक बात कह सकते हैं:

खैर, दोबारा ऐसा नहीं होगा।

मुझे स्पष्ट कर देना चाहिए कि मैंने कोई झूठ नहीं बोला है।

शायद तुम इस मामले में ओवररिएक्ट कर रहे हो।

ये तीनों ही प्रतिक्रियाएँ सहज और स्वाभाविक हैं। इनमें से पहली दोनों प्रतिक्रियाएँ वास्तव में जो कहा जा रहा है, उसके मूल पर की गई प्रतिक्रियाएँ हैं; लेकिन तीसरी प्रतिक्रिया भावना की आलोचना कर रही है। लेकिन इन तीनों में से कोई भी प्रतिक्रिया भावना को सीधे तौर पर स्वीकार नहीं कर रही और न ही अदृश्य सवालों का जवाब दे रही है। इसके विपरीत आगे दी गई प्रतिक्रियाओं में से किसी को भी स्वीकार्यता के रूप में देखा जा सकता है।

लगता है, तुम इस बात से बहुत परेशान हो।

लगता है, ये तुम्हारे लिए सचमुच महत्वपूर्ण है।

अगर मैं तुम्हारी जगह होता, तो शायद मैं भी दुविधा में होता।

आपके कहने के लिए कोई एक चीज़ ऐसी नहीं है, जो परफेक्ट हो। बल्कि हो सकता है कि आपको कुछ कहने की जरूरत ही न पड़े। कभी-कभी आप सिर्फ अपना सिर हिलाकर या आँखों से इशारा करके भी सामनेवाले के प्रति स्वीकार्यता जता सकते हैं।

अपनी बातों को एक क्रम में सामने रखना मायने रखता है: समस्या सुलझाने से पहले उसे स्वीकार करें

अंततः समस्या सुलझाने से पहले लोग उसे स्वीकार करना चाहते हैं। 'अब हम इस मामले में क्या करेंगे?' 'तुमने ऐसा क्यों किया?' 'ये जो भी हुआ है, उसे लेकर तुम क्या सफाई दोगे?' ऐसे सवाल महत्वपूर्ण होते हैं। लेकिन अपनी बातों को एक क्रम में सामने रखना मायने रखता है। लोग कहें या न कहें, लेकिन 'क्या हुआ'वाली बातचीत करने से पहले वे चाहते हैं कि उनकी भावनाओं को कुछ हद तक ही सही, पर स्वीकार किया जाए।

कठिन बातचीत के दौरान हम अक्सर समस्या को स्वीकार किए बिना सीधे उसे सुलझाने की ओर कूद पड़ते हैं। इसके पीछे हमारे इरादे तो नेक होते हैं, लेकिन ऐसा करने का नुकसान काफी बड़ा होता है। जैसे आपका पति कहता है, 'तुम अपने काम में कुछ ज़्यादा ही व्यस्त हो गई हो, जिसके चलते हमें एक-दूसरे के साथ समय बिताने का मौका ही नहीं मिलता।' आपको एहसास होता है कि वह बिलकुल सही कह रहा है और इसलिए आप जवाब में कहती हैं, 'खैर, अगले महीने काम का बोझ काफी कम होगा। मैं कोशिश करूँगी कि हर रोज शाम छह बजे तक घर आ जाऊँ।' लेकिन ये सुनकर आपका पति संतुष्ट दिखाई नहीं देता और फिर आपको लगता है कि भला आप इससे ज़्यादा और क्या कह सकती थीं।

लेकिन आपके पति की ये शिकायत गणित के किसी सवाल जितनी कठिन नहीं है। हो सकता है कि आपको लग रहा हो कि आपने समस्या 'सुलझा' दी है, लेकिन अभी तक आपके पति को उसके अदृश्य सवालों का जवाब नहीं मिला है। इसीलिए 'पिछले कुछ महीने काफी मुश्किल रहे, है ना?' या 'ऐसा लगता है, जैसे तुम परित्यक्त महसूस कर रहे हो,' कहना ज़्यादा उचित होगा। समस्या सुलझाना

जरूरी है, लेकिन इसके लिए आपको थोड़ा इंतजार करना होगा।

स्वीकार करने का मतलब सहमत होना नहीं है

स्वीकार्यता को लेकर जताई जानेवाली सबसे आम चिंता ये है: अगर मैं सामनेवाले की बात से सहमत नहीं हुआ तो? यह चिंता महत्वपूर्ण भी है। यहाँ भावनाओंवाली बातचीत और 'क्या हुआ?' बातचीत के बीच फर्क करना जरूरी है। सामनेबाले की बात का जो भी सार निकलता है, भले ही आप उससे सहमत न हों, लेकिन इसके बावजूद आप यह तो स्वीकार कर ही सकते हैं कि उसकी भावनाएँ महत्वपूर्ण हैं।

उदाहरण के लिए एक सुपरवाइजर अपने एक कर्मचारी को एक अन्य विभाग में ट्रान्सफर कर देता है। कर्मचारी सुपरवाइजर के केबिन में अपनी शिकायत लेकर आता है। ध्यान दें कि सुपरवाइजर कैसे उस कर्मचारी के निष्कर्ष से सहमत हुए बिना उसकी भावनाएँ स्वीकार करता है।

कर्मचारी: मैं आपके लिए कितनी मेहनत से काम करता आया हूँ और अब आप मुझे कहीं और भेज रहे हैं? ये उचित नहीं है! मैंने हमेशा टीम के वफादार सदस्य की तरह काम किया है पर अब मेरा क्या होगा?

सुपरवाइजर: लगता है, तुम बहुत आहत हो और तुम्हें ऐसा महसूस हो रहा है कि तुम्हारे साथ धोखा हुआ है। मैं समझ सकता हूँ कि तुम इतने परेशान क्यों लग रहे हो।

कर्मचारी: यानी आप मेरी इस बात से सहमत हैं कि ये उचित नहीं है?

सुपरवाइजर: मैं ये कह रहा हूँ कि मैं देख सकता हूँ कि तुम कितना आहत महसूस कर रहे हो और मेरे लिए तुम्हें ऐसे देखना तकलीफदेह है। साथ ही मैं ये भी समझता हूँ कि तुम्हें ये अनुचित क्यों लग रहा है और ऐसा क्यों लग रहा है कि तुम्हारी वफादारी के बावजूद मैंने तुम्हें धोखा दिया। इसीलिए तो तुम्हें दूसरे विभाग में ट्रान्सफर करना मेरे लिए काफी मुश्किल निर्णय था। अपने इस निर्णय को कारगर बनाने के लिए मैंने काफी संघर्ष किया है। मुझे ये जानकर तकलीफ हुई कि ये इस तरह सामने आया है। लेकिन फिर भी मुझे लगता है कि ये निर्णय बिलकुल सही है और कुल मिलाकर मुझे नहीं लगता

है कि ये अनुचित है। और ऐसा क्यों है, हम इसके बारे में बात कर सकते हैं।

विभिन्न पहलुओं के बीच इस तरह भेद करने के लिए सोच-विचार की जरूरत होती है, लेकिन इससे काफी मदद भी मिलती है। अक्सर हम ये मान बैठते हैं कि या तो हमें सामनेवाले से सहमत होना होगा या फिर असहमति जतानी होगी। जबकि जो भी कहा जा रहा है, हम उसके सार से असहमति जताते हुए भावना की तीव्रता और महत्ता को स्वीकार भी कर सकते हैं।

अंतिम विचार : सहानुभूति एक सफर है न कि मंजिल

सामनेवाले को समझने का सबसे गहन रूप है सहानुभूति। इसके लिए सामनेवाले के बाहरी रूप का अवलोकन करने के बजाय, ये कल्पना करनी होती है कि अगर मैं उसकी जगह होता तो मुझे अंदर से कैसा लगता? अगर मेरे अनुभव उसके जैसे होते, अगर मैं भी उसी पृष्ठभूमि से आया होता, जिससे वह आया है और अगर मैं दुनिया को उसकी नज़रों से देख रहा होता, तो मुझे कैसा लगता।

सहानुभूति की भावना रखनेवाले श्रोता के रूप में आप एक निश्चित दिशा में सफर कर रहे हैं, लेकिन इस सफर की कोई मंजिल नहीं है। आप कहीं 'पहुँच' नहीं रहे हैं। आप कभी ये नहीं कह पाएँगे कि 'मैं सचमुच तुम्हें समझता हूँ।' क्योंकि हम सब बड़े जटिल होते हैं और खुद को दूसरे व्यक्ति के स्थान पर रखकर देखने की हमारी क्षमता बहुत सीमित होती है। लेकिन एक लिहाज से ये अच्छी बात है। मनोवैज्ञानिक मानते हैं कि हम सबको ये जानने में बड़ी दिलचस्पी होती है कि सामनेवाला हमसे सहानुभूति रखता है - वह ये जानने के लिए संघर्ष करने को तैयार है कि हम कैसा महसूस कर रहे हैं और साथ ही हमारी नज़रों से दुनिया देखने को भी तैयार है - और हम इस बात पर आसानी से विश्वास नहीं करते कि सामनेवाला हमारे लिए ये सब पहले ही कर चुका है। जैसा कि हमने पहले भी कहा था, अच्छी तरह सुनने का अर्थ है, गहन संवाद। और जब आप सामनेवाले को समझने के लिए संघर्ष करते हैं, तो इससे उसे बहुत ही सकारात्मक संदेश जाता है।

10

अभिव्यक्ति:
स्पष्टता व दृढ़ता के साथ अपनी बात करें

तीसरी कहानी से शुरुआत करना बातचीत शुरू करने का एक उत्पादक तरीका है। अगला महत्वपूर्ण कदम है, ये जानने की सच्ची इच्छा के साथ सामनेवाले की कथा सुनना कि वह क्या सोच रहा है और क्या महसूस कर रहा है। लेकिन बात सामनेवाले को समझने पर ही खत्म नहीं हो जाती; ये भी जरूरी है कि वह आपकी कथा सुने। आपकी अभिव्यक्ति भी जरूरी है।

सिर्फ अच्छा वक्ता होना काफी नहीं है

एक कठिन बातचीत में खुद को अच्छी तरह व्यक्त करने का इस बात से कोई संबंध नहीं है कि आपका शब्द-भंडार कितना बड़ा है या आप कितने वाकपटु और हाजिर-जवाब हैं। विंस्टन चर्चिल और मार्टिन लूथर किंग जूनियर महान वक्ता थे, लेकिन कठिन बातचीतों में उनका अच्छा वक्ता होना कोई खास सहायत साबित नहीं होता था।

एक कठिन बातचीत में आपका मुख्य कार्य सामनेवाले को मनाना, प्रभावित करना, पछाड़ना, उससे छल करना या उसका दिल जीतना नहीं होता बल्कि ये व्यक्त करना होता है कि आपने क्या देखा, आप इसे इस तरह क्यों देखते हैं, आप कैसा महसूस करते हैं और संभवत: ये भी कि आप कौन हैं। कठिन बातचीत के मामले में वाकपटुता और हाजिर-जवाबी की अपेक्षा आत्म-ज्ञान और ये विश्वास आपको कहीं आगे ले जा सकता है कि आप जो साझा करना चाहते हैं, वह सचमुच महत्वपूर्ण है।

इस अध्याय के पहले भाग में हम 'हकदार होने' के मुद्दे पर चर्चा करेंगे। स्पष्टता और दृढ़ता के साथ संवाद करने के लिए जरूरी है कि आपको सचमुच ये विश्वास हो कि आप जो व्यक्त करना चाहते हैं, वह सचमुच व्यक्त करने योग्य है

– यानी यह दृढ़ विश्वास कि आपके विचार और भावनाएँ भी उतनी ही महत्वपूर्ण हैं, जितनी बाकी लोगों की। इस अध्याय के दूसरे भाग में हम देखेंगे कि ये पता कैसे लगाया जाए कि आपको क्या व्यक्त करना है और आप उसे सबसे अच्छी तरह कैसे व्यक्त कर सकते हैं। इस भाग में हम अभिव्यक्ति से जुड़ी कई आम, लेकिन महत्वपूर्ण गलतियों, उनसे बचने के तरीकों और स्वयं को अच्छी तरह व्यक्त करने के तरीकों को भी परखेंगे।

आपको हक है (जी हाँ, आपको)

जॉन – जो कानून के दूसरे वर्ष का छात्र है – अपनी आनेवाली क्लर्कशिप से जुड़ी कई चिंताओं पर चर्चा करने के लिए एक सम्मानित जज से मिलने की तैयारी कर रहा था। वह जज कभी-कभी तीखा बोलने व बहस करने के लिए कुख्यात था और जॉन ये सोचकर घबरा रहा था कि कहीं जज के केबिन में कदम रखते ही उसका सारा आत्मविश्वास हवा न हो जाए।

जॉन के पसंदीदा प्रोफेसर ने उसे सलाह दी: 'मैंने अपने जीवन में जब भी ये देखा कि मैं अपने से ऊँची हैसियत रखनेवाले किसी व्यक्ति के चलते दबाव में हूँ या वह मुझसे दुर्व्यवहार कर रहा है, तो हमेशा एक बात याद रखी – 'ईश्वर के सामने हम सब बराबर हैं।'

न ज़्यादा, न ही कम

हमारा आध्यात्मिक झुकाव जैसा भी हो, लेकिन हम सबको इस संदेश से लाभ हो सकता है: चाहे हम कोई भी हों, चाहे हम स्वयं को एक उच्चवर्गीय या पराक्रमी व्यक्ति के रूप में देखते हों या फिर कितना भी निम्नवर्गीय और अयोग्य महसूस करते हों, हम सबके साथ गरिमापूर्ण और सम्माननीय व्यवहार किया जाना चाहिए। मेरे विचार और भावनाएँ उतनी ही वैध, मूल्यवान और महत्वपूर्ण हैं, जितनी किसी और की – न ज़्यादा, न ही कम। कुछ लोग इस बात को अच्छी तरह समझते हैं। लेकिन कुछ लोग ऐसे होते हैं, जिनके लिए ये एक नई बात होती है।

ब्रेस्ट कैंसर से ग्रस्त होने के बाद कवयित्री और सामाजिक कार्यकर्ता ऑड्री लॉर्डे ने अपनी किताब 'सिस्टर आउटसाइडर' के एक निबंध में अभिव्यक्ति और हक के सवाल पर विचार करते हुए लिखा:

मुझे विश्वास हो गया है... कि मेरे लिए जो भी सबसे महत्वपूर्ण, है, मुझे उसे हर हाल में बोलना है, एक मौखिक अभिव्यक्ति देनी है, किसी से साझा करना है, फिर भले ही ऐसा करने में यह जोखिम हो कि मेरी बात को गलत समझ लिया जाएगा या उस पर आघात किया जाएगा..।

अपनी नश्वरता के बारे में और जीवन में अपनी इच्छाओं के बारे में - फिर चाहे मेरा जीवन कितना भी छोटा हो - जबरन और अनिवार्य रूप से जागरूक होने के चलते अब मेरी सारी प्राथमिकताएँ और तमाम भूल-चूक बिलकुल स्पष्ट हो गईं हैं। जिस चीज़ पर मुझे सबसे ज़्यादा पछतावा है, वह है मेरी चुप्पी... आज नहीं तो कल मुझे मरना ही था, फिर चाहे मैंने अपनी बात खुलकर बोली होती या चुप्पी साधे रखी होती। मेरी चुप्पी ने मेरी कोई रक्षा नहीं की। आपकी चुप्पी भी आपकी रक्षा नहीं करेगी...।

हम ये सीख सकते हैं कि जब हम डरे हुए हों, उस समय बोलना कैसे हैं और काम कैसे करना है। ठीक वैसे ही जैसे हमने ये सीख लिया है कि थका हुआ होने के बावजूद काम कैसे करना है और बोलना कैसे है। हमारा समाजीकरण कुछ इस तरह हुआ है कि भाषा और परिभाषा की अपनी नैसर्गिक जरूरत से ज़्यादा हम अपने डर को महत्त्व देते हैं। जब हम चुप्पी साधकर निडर महसूस करने की प्रतीक्षा करते हैं, तो उस चुप्पी के बोझ से हमारा दम घुटने लगता है।

लॉर्डे देख सकती हैं कि खुद को व्यक्त करने में कितना जोखिम होता है। लेकिन वे ये भी देख सकती हैं कि अभिव्यक्ति करने के बजाय चुप्पी साध लेना कहीं ज़्यादा महँगा सौदा है। अपने हक की पहचान करने से आपको बातचीत के दौरान न सिर्फ अपने सच्चे विचारों को सामने लाने में मदद मिलती है बल्कि जब आप भयभीत या शक्तिहीन महसूस करते हैं, उस समय डटे रहने के लिए जरूरी साहस बटोरना भी आसान हो जाता है।

खुद अपना नुकसान करने से बचें

कभी-कभी हम इन दो धारणाओं के बीच उलझा हुआ महसूस करते हैं: पहली कि हमें डटे रहना चाहिए और दूसरी कि हम इस योग्य नहीं है कि हमारी बात सुनी जाए या हम इसके हकदार नहीं हैं। ऐसे में संभव है कि हमारा अचेतन मन एक कुटिल - और भ्रामक - 'समाधान' पेश करे। जैसे हम अपनी ओर से कोशिश

करते हैं पर अक्षम रूप से ताकि अंत में नाकाम हो जाएँ। हम इंतजार करते रहते हैं और तब तक नहीं बोलते, जब तक हमारी चिंताओं से निपटने के लिए पर्याप्त समय ही न बचे। हम बड़ी आसानी से वह सब भूल जाते हैं, जो हम बोलनेवाले थे। अचानक वे सारे बिंदु गुम हो जाते हैं, जिन्हें हम सबके सामने रखनेवाले थे। और बस! हमारे सारे हित सध जाते हैं। हम ये सोचकर अच्छा महसूस कर लेते हैं कि हमने कोशिश तो की और इस बात से एक गुप्त संतुष्टि महसूस करते हैं कि हम सफल नहीं हुए। यह वास्तव में खुद अपना ही नुकसान करने की कला है।

अगर आप भी अक्सर ऐसा ही करते हैं, तो आपको इस बात पर ध्यान देने की जरूरत है कि आप कब अपने विरोधाभासी विचारों और भावनाओं से घिरा हुआ महसूस कर रहे हैं। जब भी आप दुविधा या विरक्ति की संदिग्ध भावना महसूस करें, तो खुद को रोकने के लिए एक ऐसे विशाल साइन बोर्ड की कल्पना करें, जिस पर बड़े-बड़े अक्षरों में 'स्टॉप' लिखा हुआ हो। क्योंकि ऐसे में आगे बढ़ने से पहले ये जरूरी है कि आप अपनी पहचान संबंधी बातचीत करें। आपको बोलने का हक क्यों नहीं हैं? आपके अतीत से आ रही वह किसकी आवाज़ है, जो आपसे कह रही है कि आपको बोलने का हक नहीं है? ये महसूस करने के लिए आपको किस चीज़ की जरूरत है कि बोलना आपका हक है?

खुद को व्यक्त करने में नाकाम होना आपको रिश्तों से दूर रखता है

मैसाचुसेट्स स्थित मार्था वाइनयार्ड द्वीप जानेवाली नाव का टिकट भी अन्य परिवहन टिकटों जैसा ही होता है। बीच में छिद्रयुक्त इस टिकट पर भी यही चेतावनी दर्ज होती है: 'कटा हुआ टिकट मान्य नहीं होगा।'

कठिन बातचीत करते समय हमें भी इसी जोखिम का सामना करना पड़ता है। जब हम ये साझा करने में नाकाम रहते हैं कि हमारे लिए सबसे महत्वपूर्ण क्या है, तो हम दूसरों से कट जाते हैं और अपने आपसी रिश्तों को नुकसान पहुँचा देते हैं।

वास्तव में हम में से अधिकांश लोग ऐसे व्यक्ति के साथ ही रहना पसंद करेंगे, जो साफ-साफ अपने मन की कहता हो। एंजेला ने अपनी सगाई सिर्फ इसीलिए तोड़ दी क्योंकि उसका मंगेतर 'बेहद विनम्र' व्यक्ति था। वह कभी अपनी पसंद को प्राथमिकता नहीं देता था, कभी बहस नहीं करता था, कभी आवाज ऊँची नहीं करता था और कभी किसी चीज़ की माँग भी नहीं करता था। उसकी विनम्रता के

लिए एंजेला के मन में सराहना का भाव तो था, लेकिन फिर भी उसे लगता था कि उसके इस 'बेहद विनम्र' मंगेतर में कुछ तो कमी है: अहम् की कमी।

अगर आप कभी-कभी अकेला या मायूस महसूस करते हैं पर ये बात कभी अपने करीबियों से साझा नहीं करते, तो आप दरअसल उन्हें अपने एक पहलू को जानने का मौका देने से इंकार कर रहे हैं। आपको लगता है कि अगर उन्हें पता चल गया कि आप कैसा महसूस करते हैं या क्या सोचते हैं, तो फिर वे आपका उतना सम्मान नहीं करेंगे, आपको उतना पसंद नहीं करेंगे या आपकी उतनी सराहना नहीं करेंगे, जितनी आज करते हैं। लेकिन सिर्फ अपने इस परफेक्ट रूप को पेश करना बड़ा मुश्किल होता है। कभी-कभी अपनी पहचान के कुछ पहलुओं को छिपाने के चक्कर में हम अपनी पूरी पहचान ही छिपा लेते हैं। और इस तरह हम एक ऐसा मुखौटा पहनकर सबके सामने आते हैं, जो बेजान और अलग-थलग नज़र आता है।

खुद को व्यक्त करना मुश्किल और कष्टकारी लग सकता है, लेकिन इससे आपके आपसी रिश्ते को बदलाव का और पहले से ज़्यादा मजबूत होने का मौका मिलता है। केली - जो अमेरिका की मूल निवासी है - समस्याग्रस्त किशारों के लिए चलाए जा रहे शिक्षण कार्यक्रम में अपने सहकर्मियों से कोई खास निकटता महसूस नहीं करती थी। इसका एक कारण ये था कि वे सब श्वेत नस्ल के थे। केली को लगता था कि ये श्वेत लोग उसे समझ नहीं पाएँगे; साथ ही केली को उनका व्यवहार अक्सर असंवेदनशील भी लगता था।

लेकिन एक दिन उसने थोड़ा जोखिम उठाकर अपने इन सहकर्मियों से अपने जीवन के कुछ किस्से साझा किए। उसने बताया कि कैसे लोगों ने उसे कई बार अपशब्द कहे, जब वह छोटी थी तो कैसे उसका मखौल उड़ाया जाता था और कैसे वह कई सालों तक एक 'सामान्य लड़की' होने के लिए तरसती रही। इन खुलासों के बाद अपने सहकर्मियों के साथ उसके संबंध बिलकुल बदल गए। अब वे सब केली के प्रति गहन सराहना का भाव रखने लगे। केली के चलते वे सब भी अपने-अपने जीवन के ऐसे किस्से साझा करने के लिए प्रेरित हुए, जब उन्होंने खुद को अलग-थलग या अटपटा महसूस किया। अगर केली ने अपनी कथा साझा नहीं की होती, तो वह अपने सहकर्मियों को वह रूढ़वादी धारणा तोड़ने के मौके से वंचित कर देती, जिससे वह खुद ग्रस्त थी कि 'श्वेत लोग हम मूल निवासियों को

नहीं समझते और उन्हें हमारी कोई परवाह नहीं है।' और साथ ही वह उन्हें ये मौका भी नहीं देती - शायद पहली बार - कि वे उसे समझ सकें और उसकी परवाह कर सकें।

एक रिश्ता तब फलता-फूलता और मजबूत होता है, जब दोनों पक्ष खुद की और सामनेवाले की सच्चाई का अनुभव करते हैं। ऐसे रिश्ते आपकी आत्मा के लिए अधिक सहज (आप जैसे हैं, वैसे रहना कहीं अधिक सुकून भरा होता है) और अधिक पोषक होते हैं। (मेरे बॉस मेरी कुछ कमजोरियों से अच्छी तरह परिचित हैं, लेकिन फिर भी उन्हें लगता है कि मैं एक अच्छा कर्मचारी हूँ।)

खुद को हकदार और प्रोत्साहित महसूस करें पर बाध्य नहीं

आपको अपनी अभिव्यक्ति करने का हक है। अगर आप इस बात पर पूरी गहनता से विश्वास नहीं करते, तो इसका अर्थ है कि अभी आपको इस पर और काम करने की जरूरत है।

लेकिन हक होने का अर्थ ये नहीं है कि आप बाध्य हैं। क्योंकि हकदार के बजाय खुद को बाध्य मानकर आप दरअसल खुद को परेशान करने का एक और तरीका ईजाद कर रहे होते हैं : 'मुझे वह कह देना चाहिए जो मेरे मन में है पर मुझे डर लग रहा है। वाकई मेरे बस का कुछ नहीं है!' खुद को व्यक्त करना अक्सर बेहद मुश्किल होता है। इसलिए ऐसा करने का साहस बटोरना एक आजीवन चलनेवाली प्रक्रिया है। अगर आप अपनी इच्छा अनुसार ऐसा नहीं कर पा रहे हैं, तो आपको इस पर थोड़ा काम करने की जरूरत है, न कि इसके लिए खुद को कोसने की।

सबसे महत्वपूर्ण पहलू की बात करें

खुद को व्यक्त करने का पहला कदम है, अपनी इस भावना का पता लगाना कि बोलना मेरा हक है; अगला कदम है, ये पता लगाना कि आप वास्तव में क्या कहना चाहते हैं।

जो बात सबसे ज़्यादा मायने रखती हो उसी से शुरुआत करें

अपनी कथा की शुरुआत करने का सबसे अच्छा तरीका है, उस पहलू को सबसे पहले सामने रखना, जो आपके हिसाब से सबसे महत्वपूर्ण पहलू हो: 'मेरे

लिए इसका संबंध असल में इस बात से है कि... मुझे ऐसा लगता है कि... मेरे लिए जो बात महत्वपूर्ण है, वह ये है कि...'

जो आपके लिए महत्वपूर्ण हो, उसे साझा करना सबसे व्यावहारिक कदम है, इसके बावजूद यही वह सलाह है, जिसे हम अक्सर अनदेखा कर देते हैं। ज़रा चार्ली की कहानी पर विचार कीजिए। चार्ली चार भाईयों में सबसे बड़ा था। वह अपने सबसे छोटे भाई गेज से अपने रिश्ते सुधारना चाहता था। गेज १६ साल का था और डिसलेक्सिया रोग से ग्रस्त था। इस रोग के साथ जीना गेज के लिए खासतौर पर मुश्किल था क्योंकि उसके तीनों बड़े भाईयों ने हाईस्कूल में टॉप किया था और तीनों ही स्कॉलरशिप पाकर कॉलेज गए थे। जबकि गेज को स्कूल में बड़ी मुश्किल होती थी, वह अक्सर उल्टी-सीधी हरकतें करता था, यहाँ तक कि बेहतर महसूस करने के चक्कर में उसने शराब पीना भी शुरू कर दिया था।

चार्ली सलाह-मशवरा देकर अपने छोटे भाई की मदद करना चाहता था। वह चाहता था गेज उसके अनुभवों का लाभ उठाए। 'तुम्हें डिटेब टीम में जरूर शामिल होना चाहिए। उस टीम का कोच बेहतरीन है और साथ ही इससे तुम्हें किसी अच्छे कॉलेज में दाखिला लेने में मदद भी मिलेगी। और गेज, तुम्हें ज़्यादा नहीं पीना चाहिए। ये तुम्हारे लिए बहुत बुरा साबित हो सकता है।' लेकिन चार्ली जो भी कहता, गेज हमेशा उसे आलोचना की तरह लेता और असुरक्षित महसूस करने लगता। इसका परिणाम ये हुआ कि दोनों भाईयों के बीच दूरी और बढ़ने लगी।

जब हमने चार्ली से पूछा कि तुम्हारे लिए ये रिश्ता इतना महत्त्व क्यों रखता है, तो कहानी ने एक नया ही मोड़ ले लिया। चार्ली के मन में गेज के लिए सराहना का भाव था क्योंकि वह मानता था कि गेज सफल होने के लिए कड़ी मेहनत करनेवाला व्यक्ति है। उसे इस बात का बड़ा दुःख था कि जब वे दोनों छोटे थे, तब उसने गेज के साथ अच्छा व्यवहार नहीं किया। और अंततः ये स्पष्ट हुआ कि चार्ली बड़ी गहनता से ये महसूस करना चाहता था कि वह एक अच्छा भाई है, जो अपने छोटे भाई से प्रेम करता है और बदले में उसका भाई भी उसे प्रेम करता है। जब चार्ली ने बातों-बातों में इस सच्चाई का खुलासा किया, तो वह भावुक होकर रो पड़ा।

अंततः जब चार्ली ने इन बातों को गेज के साथ साझा किया, तो वह उसके गले लग गया। चार्ली को गेज की जरूरत थी और गेज को एक अच्छा भाई बनने के लिए चार्ली के मदद की जरूरत थी। यह उनके रिश्ते के लिए एक महत्वपूर्ण मोड़

साबित हुआ।

इससे पहले चार्ली अपनी बातों को जिस तरह गेज के सामने रख रहा था, उनके पीछे के असली अर्थ को गेज सिर्फ तभी समझ सकता था, अगर वह एक माइंड रीडर होता। क्योंकि तब चार्ली जो भी कह रहा था, उसमें इस मामले का सबसे महत्वपूर्ण पहलू शामिल ही नहीं था। न ही उसमें उन भावनाओं की गहनता का कोई संकेत था, जो दाँव पर लगी हुई थीं। बल्कि वह तो गेज को बिलकुल अलग ही संदेश दे रहा था : 'तुम एक नाकाम व्यक्ति हो, जिसे मेरी मदद की जरूरत है और इतने मूर्ख भी हो कि खुद अपनी ओर मुझसे मदद नहीं माँग रहे हो।'

दुर्भाग्य से अधिकांश कठिन बातचीतों में ऐसा ही होता है। हम सबसे कम महत्वपूर्ण बातें कहते हैं, उन बातों को बार-बार दोहरते रहते हैं और फिर ये सोचकर हैरान होते हैं कि आखिर सामनेवाले को उस बात का एहसास क्यों नहीं हो रहा, जो हमारे मन में है और उसे ये समझ क्यों नहीं आ रहा कि हम वास्तव में कैसा महसूस कर रहे हैं।

जब भी आप एक कठिन बातचीत करें तो खुद से पूछें, 'क्या मैंने सचमुच वही कहा, जो मेरे लिए इस मामले का सबसे महत्वपूर्ण पहलू है? क्या मैंने ये साझा किया कि दाँव पर क्या लगा हुआ है?' अगर नहीं, तो खुद से पूछें, क्यों और फिर देखें कि क्या आप इन बातों को कहने का साहस बटोर सकते हैं।

आपकी बात का जो मतलब हो, वही कहें : सामनेवाले को अनुमान लगाने के लिए मजबूर न करें

जो चीज़ें हमारे लिए महत्त्व रखती हैं, हम अक्सर उन्हें साझा करने से बचने के लिए सीधे तौर पर बताने के बजाय बातचीत के निहितार्थों का रूप दे देते हैं।

बातचीत के निहितार्थों पर निर्भर न रहें। इस किताब की प्रस्तावना को याद करें, जहाँ हमने इस दुविधा पर चर्चा की थी कि बातचीत की जाए या उससे बचा जाए। इस दुविधा से निपटने का एक आम तरीका है बातचीत के निहितार्थों के माध्यम से संवाद करना। खासकर जब आप इस बात को लेकर निश्चिंत न हों कि आपको सचमुच अपनी बात कहने का हक है या नहीं। यानी सामनेवाले को अपना संदेश सीधे तौर पर देने के बजाय आप इसके लिए चुटकुलों, सवालों, टिप्पणियों और अपनी भाव-भंगिमा का उपयोग करते हैं।

अपनी बात को सीधे शब्दों में कहने के बजाय, इस तरह अप्रत्यक्ष ढंग से कहना ऐसा लगता है, मानों यह बातचीत करने या उससे बचने के बीच की कोई चीज़ हो। यह एक ऐसा तरीका है, जिसमें आप इन दोनों में से कोई कार्य नहीं कर रहे होते या फिर दोनों ही कार्य एक साथ कर रहे होते हैं। बस समस्या ये है कि आप दोनों ही कार्यों को बुरी तरह कर रहे होते हैं। इस तरह आप असल में उन सभी समस्याओं को उकसावा दे देते हैं, जिनके बारे में आप ये सोचकर चिंतित थे कि अगर मैंने ये मसला उठाया, तो फलाँ समस्याएँ पैदा हो सकती हैं। ऊपर से आपको वह लाभ भी नहीं मिलता, जो अपनी बात को स्पष्ट शब्दों में कहने पर मिल सकता था।

कल्पना कीजिए कि आप और आपका पति आमतौर पर अपना शनिवार नींद पूरी करते हुए, घर के आसपास टहलते हुए, अपने पालतू कुत्ते को घुमाते हुए या रोज़मर्रा के छोटे-मोटे काम निपटाते हुए बिताते हैं। लेकिन हाल ही में आपके पति को गोल्फ खेलने का शौक लग गया है और अब वह हर शनिवार को सुबह देर तक गोल्फ खेलता है। आपके लिए शनिवार की दिनचर्या कभी भी ज़्यादा महत्वपूर्ण नहीं रही - क्योंकि ऐसा तो नहीं था कि आप शनिवार को एक ऐसे दिन के रूप में देखती रही हों, जब आप अपने पति के साथ अंतरंग समय बिताती हैं - लेकिन अब पति के गोल्फ के शौक के कारण शनिवार की दिनचर्या बिलकुल बदल गई है, जो आपको रह-रहकर याद आती रहती है। सप्ताह के बाकी दिनों में आप दोनों एक-दूसरे के साथ अकेले ज़्यादा समय नहीं बिता पाते, जिसका परिणाम ये है कि अब आपको पति के इस नए शौक से चिढ़ हो रही है।

अब ऐसे में आपसी टकराव से बचने के लिए आप चुप रह सकती हैं, लेकिन जैसा कि हमने पहले भी देखा है, चुप रहने के बावजूद आपकी नाखुशी किसी न किसी तरह बाहर आ ही जाएगी। या फिर हो सकता है कि आप इस बात को अप्रत्यक्ष तरीके से उठाएँ: 'हनी, इस वीकेंड में हमें घर के बहुत से छोटे-मोटे काम निपटाने हैं।' 'क्या गोल्फ तुम्हारे लिए इतना महत्वपूर्ण हो गया है कि हमेशा खेलना जरूरी है?' 'हनी, आजकल तुम कुछ ज़्यादा ही गोल्फ खेल रहे हो!'

इनमें से कोई भी टिप्पणी वह बात सामने नहीं रखती है, जो आप सचमुच कहना चाहती हैं, जो ये है कि 'मैं तुम्हारे साथ और ज़्यादा समय बिताना चाहती हूँ।' आइए अब इन टिप्पणियों और इनके निहितार्थों पर विचार करके देखते हैं कि

इनके जरिए क्या कहा जा रहा है:

'हनी, इस वीकेंड में हमें घर के बहुत से छोटे-मोटे काम निपटाने हैं।' ये टिप्पणी कई मायनों में अक्षम साबित होती है। सबसे पहली बात तो ये कि घर के काम असल मसला नहीं हैं। घर के काम निपटाना और एक-दूसरे के साथ अंतरंग समय बिताना दो अलग-अलग चीज़ें हैं। दूसरा, अगर घर के काम निपटाना ही असल मसला होता, तब भी ये टिप्पणी करने का अर्थ होता कि आपने सिर्फ 'सच' साझा किया है। इस पर आपके पति की प्रतिक्रिया ये भी हो सकती है कि 'घर में कोई ज्यादा काम तो है नहीं इसलिए हम इस पर तब चर्चा करेंगे, जब मैं गोल्फ खेलकर वापस आ जाऊँगा।'

'क्या गोल्फ तुम्हारे लिए इतना महत्वपूर्ण हो गया है कि हमेशा खेलना जरूरी है?' ये दरअसल सवाल का रूप देकर टिप्पणी करने का उत्कृष्ट उदाहरण है। स्पष्ट है कि टिप्पणी का अर्थ उसके निहितार्थों के जरिए बताया जा रहा है। बस ये ठीक से स्पष्ट नहीं है कि असल में इसका अर्थ है क्या। सवाल पूछते समय आपके स्वर में गुस्सा या हताशा तो झलक रही थी। लेकिन ये स्पष्ट नहीं है कि गुस्से का कारण क्या है या आपके पति को इस मामले में क्या करना चाहिए। क्या आप इस बात से गुस्से में हैं कि आपका पति घर के कामों में मदद करने या सामुदायिक सेवा में हिस्सा लेने के बजाय एक व्यर्थ का खेल खेलने में लगा रहता है? या क्या आप इस वजह से गुस्से में हैं कि वह आपको अपने साथ गोल्फ कोर्स क्यों नहीं ले जाता? या फिर आप इसलिए गुस्से में हैं क्योंकि आपको एक-दूसरे के साथ पर्याप्त समय बिताने का मौका नहीं मिल रहा है? आखिर उसे कैसे पता चलेगा कि आपके गुस्से के पीछे क्या है?

'हनी, आजकल तुम कुछ ज़्यादा ही गोल्फ खेल रहे हो!' यह टिप्पणी एक राय या मत है, जिसे एक तथ्य के रूप में प्रस्तुत किया जा रहा है। इसे सुनकर आपका पति सोच में पड़ जाएगा, 'कुछ ज़्यादा ही गोल्फ का क्या मतलब है?' 'कितना गोल्फ खेलना, ज़्यादा खेलना कहलाता है?' 'और कितना गोल्फ खेलना उचित होगा?' 'अगर मैं ज़्यादा गोल्फ खेल भी रहा हूँ तो क्या हुआ?' भले ही उसे इन सवालों का जवाब पता हो, तब भी उसे आपकी ओर से वह संदेश नहीं मिला, जो आप उस तक पहुँचाना चाहती थीं। 'आजकल

तुम कुछ ज़्यादा ही गोल्फ खेल रहे हो' और 'मैं तुम्हारे साथ और ज़्यादा समय बिताना चाहती हूँ,' इन दोनों बातों के बीच बहुत फर्क है।

ऐसा न हो, इसके लिए सबसे पहले आपको ये समझना होगा कि आप असल में क्या सोच रही हैं और क्या महसूस कर रही हैं, इसके बाद उसे सीधे शब्दों में सामने रखें: 'मैं तुम्हारे साथ और ज़्यादा समय बिताना चाहती हूँ और शनिवार की सुबह उन चुनिंदा मौकों में से एक होती थी, जब हम एक-दूसरे के साथ अंतरंग समय बिताते थे। इसीलिए गोल्फ में तुम्हारी बढ़ती दिलचस्पी देखकर मुझे खीझ होती है।'

कभी-कभी आपको लगेगा कि काश आपको इतने स्पष्ट शब्दों में अपनी बात न कहनी पड़ती। आप चाहते हैं कि सामनेवाले को पहले से ही ये एहसास होता कि कोई समस्या है और वह इसे लेकर कुछ करता। ये एक आम और सहज कल्पना है – हमारे आदर्श जीवनसाथी या सहकर्मी को हमारे मन की बात जानने में सक्षम होना चाहिए और हमारे बिना कुछ कहे ही उसे हमारी जरूरत पूरी करनी चाहिए। दुर्भाग्य से असल जिंदगी में ऐसे लोग नहीं होते। हो सकता है कि समय के साथ हम इस बात से बेहतर ढंग से परिचित हो जाएँ कि हममें से प्रत्येक व्यक्ति कैसे सोचता है और क्या महसूस करता है, लेकिन हम कभी परफेक्ट नहीं हो सकते। इस बात से निराश होना कि फलाँ व्यक्ति हमारे मन की बात स्वत: ही नहीं जान पाया – यह कुछ और नहीं बल्कि समस्या में हमारा योगदान है।

जरूरत से ज़्यादा नरमी बरतने से बचें। निहितार्थों के जरिए संवाद करने का एक आम और अक्सर विनाशकारी साबित होनेवाला तरीका है, ज़रूरत से ज़्यादा नरमी बरतना – जिसे हार्वर्ड बिजनेस स्कूल के प्रोफेसर क्रिस आर्गिरिस 'ईजिंग इन' का नाम देते हैं। ईजिंग इन यानी जब आप किसी बात को संकेतों और प्रमुख सवालों के जरिए अप्रत्यक्ष रूप से व्यक्त कर उसे नरम बनाने की कोशिश करते हैं। प्रदर्शन समीक्षाओं में यह सब बहुत आम है: 'तो तुम्हें क्या लगता है, तुम्हारा प्रदर्शन कैसा रहा?' 'क्या तुम्हें लगता है कि तुम्हारा प्रदर्शन तुम्हारी क्षमता के अनुसार ही रहा?' 'मेरी समस्या भी तुम्हारे जैसी ही है, लेकिन शायद बेहतर होता, अगर... तुम तो इससे सहमत हो, है ना?'

जरूरत से ज़्यादा नरमी बरतना तीन संदेश देता है: 'मेरा भी एक दृष्टिकोण है,' 'इस पर सीधे तौर पर चर्चा करना बहुत शर्मिंदगी भरा है,' और 'मैं आपके

साथ सीधी बात नहीं करूँगा।' आश्चर्य नहीं कि ऐसे संदेश दोनों पक्षों की चिंता बढ़ा देते हैं। फिर सामनेवाला और गंभीरता से अपना बचाव करने लगता है। जो पक्ष संदेश प्राप्त करता है, वह हमेशा उस संदेश को ग्रहण करने से पहले, अपनी कल्पना शक्ति का उपयोग करके उसे अपने लिए और बदतर बना लेता है।

एक बेहतर तरीका ये है कि आप अपने विचारों को साफ-साफ शब्दों में सामने रखते हुए विषय को स्पष्ट और चर्चा योग्य बनाएँ - साथ ही पूरी ईमानदारी से ये संकेत भी दे दें कि आप जानना चाहते हैं कि क्या सामनेवाला स्थिति को अलग ढंग से देखता है और अगर हाँ, तो कैसे: 'जितना मैं जानता हूँ, उसके हिसाब से मुझे लगता है कि तुम और बेहतर प्रदर्शन कर सकते थे। हालाँकि, जो भी हुआ, तुमने उसे मुझसे कहीं ज़्यादा करीब से देखा है। तो तुम इसे अलग ढंग से कैसे देखते हो?' फिर अगर आप उसके जवाब से असहमत हों, तो इस बारे में स्पष्ट शब्दो में बात कर सकते हैं कि अपने अलग-अलग विचारों को कैसे परखा जाए, उनके बीच सामंजस्य कैसे बनाया जाए या उनसे निपटा कैसे जाए।

अपनी कथा का सरलीकरण न करें: 'यह और वह वाला रुख' अपनाएँ

हम सब जानते हैं कि दूसरों को अपनी बात समझाने के लिए उसे स्पष्ट और आसान बनाना जरूरी होता है। ठीक है, इसमें कुछ गलत भी नहीं है। बस समस्या ये है: हमारे मन में जो कुछ भी चल रहा होता है, वह अक्सर जटिल विचारों, भावनाओं, धारणाओं और संवेदनाओं का एक घालमेल होता है। इसीलिए जब हम अपनी बात को सरल बनाने की कोशिश करते हैं, तो अक्सर वह अधूरी ही रह जाती है।

कल्पना कीजिए कि आपको अपने किसी सहकर्मी से एक मेमो मिलता है, जिसे देखकर आप दुविधा में पड़ जाते हैं। आप सोचते हैं, 'ये मेमो अविश्वसनीय रचनात्मकता दर्शा रहा है, लेकिन साथ ही ये इतनी बुरी तरह संयोजित किया गया है कि मेरा मूड खराब हो गया।' अब अपनी बात को स्पष्ट रखने की कोशिश में आप उस सहकर्मी से जाकर कहते हैं, 'तुम्हारा मेमो इतनी बुरी तरह संयोजित किया गया है कि उसे देखकर मेरा मूड खराब हो गया' या इससे भी बदतर 'तुम्हारा मेमो देखकर सचमुच मेरा मूड खराब हो गया।'

जरूरत से ज़्यादा सरलीकरण करने से बचने के लिए 'यह और वह वाला रुख'

अपनाएँ। यह रुख मानता है कि प्रत्येक संवेदना, भावना और धारणा पर बातचीत करना जरूरी है। फिर चाहे वह संवेदना व भावना आपकी हो या सामनेवाले की। इसके साथ ही ये बात उन विभिन्न संवेदनाओं, भावनाओं और धारणाओं पर भी लागू होती है, जो फिलहाल आपके अंदर चल रही हैं। आप जो सोचते या महसूस करते हैं, इस मामले में ये उनके दो अलग-अलग पहलुओं को जोड़ता है। और ये भले ही जटिल हो पर साथ ही स्पष्ट और सटीक भी है। इस रुखवाली टिप्पणियाँ कुछ इस प्रकार की होती हैं :

> मुझे लगता है कि तुम एक प्रतिभाशाली और तेज दिमागवाले व्यक्ति हो और मुझे ये भी लगता है कि तुम उतनी मेहनत नहीं कर रहे हो, जितनी तुम्हें करनी चाहिए।
>
> मुझे ये देखकर बुरा लगता है कि तुम्हारे लिए चीज़ें कितनी मुश्किल रही है और साथ ही मैं तुमसे निराश भी हूँ।
>
> मुझे इस बात के लिए खुद पर गुस्सा आ रहा है कि मैं ये नहीं देख पाया कि तुम कितना अकेला महसूस कर रही थीं और उस समय मैं खुद भी कई समस्याओं का सामना कर रहा था।
>
> मैं इस बात से काफी खुशी व राहत महसूस कर रही हूँ कि आखिरकार मैंने तलाक ले लिया - ये एक सही निर्णय था और मुझे कभी-कभी उसकी याद भी आती है।

'यह और वह वाला रुख' कठिन बातचीत शुरू करने में आनेवाली एक आम बाधा - दूसरों द्वारा गलत समझे जाने का डर - को पार करने में भी उपयोगी है: आपको लगता है कि एक नए ग्राहक को प्रभावित करने के लिए अपनी टीम को भेजना सबसे बेहतर होगा, लेकिन आपको डर है कि लोग इसे एक स्वार्थी कदम की तरह देखेंगे - कि आप इससे सिर्फ सम्मान और बोनस पाने के लिए जुड़े हुए हैं। अगर आपको इस बात का डर है, तो इसे अपने तर्क के साथ सामने रखें: 'मैं इस मामले में जो विचार रखता हूँ, मुझे लगता है कि उन्हें आपके सामने रखा जाना चाहिए, लेकिन मैं थोड़ा नर्वस भी हूँ क्योंकि मुझे डर है कि मेरा ये कदम आप लोगों को स्वार्थी लग सकता है। इसलिए अगर मेरे इस विचार में आप लोगों को कुछ भी अनुचित लगे, तो तत्काल बताएँ और हम उस पर चर्चा करेंगे।' या किसी और स्थिति में, 'मेरे मन में तीव्र प्रतिक्रिया उठ रही है, जिसे मैं आप लोगों के साथ

साझा करना चाहता हूँ। बस मेरी चिंता ये है कि अगर मैं अपनी बात को स्पष्ट ढंग से नहीं रख पाया या अपनी भावनाओं पर नियंत्रण नहीं रख पाया तो ये मेरे लिए बड़ी शर्मिंदगी की बात होगी। उम्मीद है कि अगर ऐसा हुआ तो आप मेरा साथ देंगे ताकि मैं इसे संक्षेप में आप सबके सामने रख सकूँ।'

स्पष्टता के साथ अपनी कथा बताना : तीन दिशा–निर्देश

जाहिर है कि आप खुद को जिस तरह व्यक्त करते हैं, उससे बड़ा फर्क पड़ता है। आप जो कुछ भी कहना चाहते हैं, उसे कैसे कहते हैं, कुछ हद तक इसी से तय होता है कि अन्य लोग उस पर कैसी प्रतिक्रिया देंगे और वह बातचीत कैसी रहेगी। तो जब भी आप कोई महत्वपूर्ण बात साझा करने का निर्णय लें, तो ऐसे साझा करें कि सामनेवाले के द्वारा उसे समझने और उत्पादक प्रतिक्रिया देने की संभावना ज़्यादा से ज़्यादा रहे। यहाँ स्पष्टता ही कुंजी है।

१) अपने निष्कर्षों को सत्य के रूप में प्रस्तुत न करें

भले ही आप कितने भी उम्दा कौशल के साथ संवाद करें, कठिन बातचीत के कुछ पहलू हमेशा कठिन ही रहेंगे, जैसे अपनी कोमलता या कमजोरी की भावना को साझा करना, बुरी खबर देना और अन्य लोग आपको कैसे देखते हैं, इसके बारे में कोई तकलीफदेह बात पता चलना। लेकिन अपनी कथा को सत्य के रूप में पेश करना – जिससे कड़वाहट और रक्षात्मकता की भावना पैदा होती है और जो बहस को जन्म देती है – एक ऐसी तबाही है, जिससे किसी भी तरह बचा जाना चाहिए।

ये गलती होना बड़ा आसान है और ये वैचारिक दोष पर आधारित होती है: हम अक्सर अपनी धारणाओं, मतों या आंकलन को तथ्यों के रूप में अनुभव करते हैं। जैसे जब आप अपनी पसंदीदा फिल्म, खाने या खिलाड़ी के बारे में बहस करें, तो अपने आंकलन को सत्य के तौर पर साझा करने में कोई बुराई नहीं है। लेकिन कठिन बातचीत में ये नहीं चलता। तथ्य, तथ्य होते हैं। बाकी सब, बाकी सब ही है। और आपको इन दोनों के बीच के फर्क को लेकर बहुत सतर्क रहने की जरूरत है।

अगर आप और आपके दोस्त इस बारे में एक–दूसरे से सहमत नहीं हैं कि बच्चों को अनुशासित करने के लिए उनकी पिटाई की जानी चाहिए या नहीं और

अगर ऐसे में आप अपने विचार – 'बच्चों की पिटाई करना सरासर गलत है' – को सत्य की तरह प्रस्तुत करेंगे, तो इससे सिर्फ आपसी टकराव ही बढ़ेगा। यह टिप्पणी माहौल को और तनावपूर्ण बना देगी। ये भी हो सकता है कि आपके दोस्त इसे एक आरोप की तरह लें। फिर इस चर्चा में आपके विचारों को शामिल करने के बजाय आपके दोस्त ये भी कह सकते हैं कि 'आखिर तुम होते कौन हो ये बतानेवाले कि क्या सही है और क्या गलत?'

बेहतर होता, अगर आप इनमें से कोई वाक्य बोलते: 'मुझे लगता है कि बच्चों की पिटाई करना गलत है,' 'मैंने इस विषय पर कुछ किताबें पढ़ी हैं, जिनमें कहा गया है कि बच्चों की पिटाई उनके लिए बहुत हानिकारक साबित होती है,' 'बचपन में मुझे भी पीटा गया था और जब मैं किसी बच्चे की पिटाई होते देखता हूँ, तो डरा हुआ और दुःखी महसूस करने लगता हूँ,' या फिर 'ये तो कहना मुश्किल है कि मुझे ऐसा क्यों लगता है, पर मैं बड़ी दृढ़ता से ये मानता हूँ कि बच्चों को पीटना गलत है।' ये सभी बातें आपके विचारों, आपकी भावनाओं और विषय से जुड़े तथ्यों के बीच स्पष्ट रूप से फर्क करती है।

'आकर्षक,' 'बदसूरत,' 'अच्छा,' और 'बुरा,' जैसे कुछ शब्दों में आंकलन या आलोचना का भाव साफ झलकता है। लेकिन आपको 'अनुचित,' 'चाहिए,' या 'पेशेवर' जैसे शब्दों को लेकर भी ज़रा सावधान रहना चाहिए। क्योंकि भले ही इन शब्दों में आंकलन या आलोचना का भाव अपेक्षाकृत कम स्पष्ट होता है, लेकिन फिर भी ये शब्द सामनेवाले को ऐसी प्रतिक्रिया देने के लिए उकसा सकते हैं कि 'तुम होते कौन हो मुझे ये बतानेवाले?' अगर आप ये कहना चाहते हैं कि फलाँ चीज़ 'अनुचित' है, तो अपनी बात की शुरुआत इस तरह करें, 'मेरा विचार ये है कि...' और अगर आप इन शब्दों के इस्तेमाल से पूरी तरह बच सकते हैं, तो ये सबसे बेहतर रहेगा।

ये कोई तर्क नहीं है कि सच जैसा कुछ नहीं होता और सभी विचार या मत समान रूप से मान्य होते हैं। यह तो बस मतों और तथ्यों में स्पष्ट फर्क करता है और आपको सावधानीपपूर्वक चर्चा करने की अनुमति देता है, जिससे रक्षात्मकता या व्यर्थ की लड़ाई के बजाय आपस में बेहतर समझ बनती है और निर्णय भी बेहतर हो जाते हैं।

२) यह बताएँ कि आपके निष्कर्षों का आधार क्या है

तो स्पष्टता की ओर पहला कदम है, अपने निष्कर्षों और मतों को, सच के तौर पर नहीं बल्कि अपने निष्कर्षों और मतों के तौर पर ही साझा करना। और दूसरा कदम है, ये साझा करना कि आपके निष्कर्षों का आधार क्या है - यानी अपने पास मौजूद जानकारी साझा करना और ये भी बताना कि आपने उस जानकारी से क्या अर्थ निकाला।

जैसा कि हमने अध्याय-२ में देखा है, हम अक्सर अपने निष्कर्षों का आदान-प्रदान करते रहते हैं और ये समझने की कोशिश नहीं करते कि हमारे इन विचारों का आधार क्या है। आपके पास अपने बारे में ऐसी जानकारी होती है, जो सामनेवाले की पहुँच से बाहर होती है। ऐसी जानकारी महत्वपूर्ण होती है; इसलिए उसे साझा करने पर विचार करें। इसके साथ ही आपके जीवन के अनुभव भी आप-की सोच और भावनाओं को प्रभावित कर रहे होते हैं। जब आप ये किस्से बताते हैं, तो इससे आपके विचारों को एक दृढ़ आधार मिलता है और सामनेवाले की नज़रों में उनकी वैधता बढ़ जाती है।

मान लीजिए आपके और आपकी पत्नी के बीच इस बारे में बहस हो रही है कि आपको अपनी बेटी कैरल को प्राइवेट स्कूल में भेजना चाहिए या नहीं। आपकी पत्नी कहती है, 'मुझे सच में लगता है कि इस साल हमें कैरल का दाखिला प्राइवेट स्कूल में करा देना चाहिए। ये बिलकुल सही उम्र है प्राइवेट स्कूल में दाखिला लेने के लिए और मुझे पता है कि हम पैसे का इंतजाम भी कर लेंगे।' जवाब में आप कहते हैं, 'मुझे लगता है कि पब्लिक स्कूल में उसकी पढ़ाई बढ़िया चल रही है। मेरा मानना है कि हमें उसे वहीं रखना चाहिए।'

अब अगर इस बात को सचमुच सही दिशा में ले जाना है, तो आप दोनों को एक-दूसरे से ये साझा करना होगा कि आपके इन निष्कर्षों का आधार क्या है: इसके बारे में वह कौन सी विशिष्ट जानकारी है, जो आपके पास है? आप इस बारे में जिस तरह सोच-विचार कर रहे हैं, उस पर आपके अतीत के कौन से अनुभवों का प्रभाव है? आपको प्राइवेट स्कूल को लेकर अपने निजी अनुभव साझा करने होंगे - यानी ऐसे स्कूल में दाखिले लेने के शुरुआती महीनों में आपने जो डर महसूस किया हो या ये बात कि लाख कोशिशों के बावजूद भी आप कभी उस माहौल से तालमेल नहीं बिठा पाए या फिर ये कि आप इस बात के लिए खुद

को कितना दोषी महसूस करते थे कि सालों तक आपके प्राइवेट स्कूल की मोटी फीस भरने के कारण आपके माता-पिता एक कार नहीं खरीद सके। अपने निर्णय के बारे में चर्चा करते समय अपनी इस कथा को पूरी तीव्रता और विस्तार के साथ सुनाएँ। क्योंकि अगर आपकी पत्नी आपके इन अनुभवों से अनजान होगी, तो इस विषय पर आपकी भावनाओं या आपके तर्कों को समझ नहीं पाएँगी।

३) 'हमेशा' और 'कभी नहीं' जैसे शब्दों का उपयोग कर बात को बढ़ा-चढ़कर न कहें: सामनेवाले के लिए बदलने की गुंजाइश बनाकर रखें

अपनी बात को बढ़ा-चढ़ाकर कहते हुए हताशा व्यक्त करना बड़ा आसान होता है: 'तुम हमेशा मेरे पहनावे की आलोचना क्यों करते रहते हो?' 'तुम्हारे मुँह से कभी सराहना या प्रोत्साहन का एक शब्द भी सुनने को नहीं मिलता। तुम जब भी मुँह खोलते हो, कुछ न कुछ बुरा ही बोलते हो!'

'हमेशा' और 'कभी नहीं' ऐसे शब्द हैं, जो आपकी हताशा को बड़े प्रभावी ढंग से व्यक्त करते हैं, लेकिन इनकी दो गंभीर कमियाँ भी हैं। पहली, ये बात शायद ही सच हो कि फलाँ व्यक्ति हमेशा आलोचना ही करता है या उसने कभी कोई सकारात्मक बात नहीं कही है। ऐसे शब्द उपयोग करने से सामनेवाला आपके दावे पर सवाल उठा सकता है, 'यह सच नहीं है। ज़रा याद करो, पिछले साल जब तुमने इंटरऑफिस न्यू आइडिया कॉम्पीटिशन में अवॉर्ड जीता था तो क्या मैंने तुम्हारे बारे में कई अच्छी बातें नहीं कही थीं?' - यह ऐसी प्रतिक्रिया है, जिसे पाकर आपकी झुंझलाहट बढ़ना तय है।

'हमेशा' और 'कभी नहीं' ऐसे शब्द हैं, जो सामनेवाले के लिए ये चीज़ आसान बनाने के बजाय और मुश्किल बना देते हैं कि वह अपने व्यवहार में बदलाव लाने की सोच सके। बल्कि 'हमेशा' और 'कभी नहीं' ये संकेत देते हैं कि बदलाव लाना मुश्किल या फिर असंभव होगा। इन शब्दों में ये संदेश निहित है, 'आखिर तुम्हारी समस्या क्या है, जो तुम हमेशा मेरे पहनावे के पीछे पड़े रहते हो?' या 'स्पष्ट है कि तुम एक सामान्य व्यक्ति जैसा व्यवहार करने में सक्षम नहीं हो।'

इसीलिए बेहतर तरीका ये है कि आप इसे ऐसे लें (फिर चाहे आपके लिए ये मानना कितना भी मुश्किल हो) मानों सामनेवाला इस बात से बिलकुल अनजान हो कि वह आपके साथ जो हरकतें करता है, उनका आप पर क्या प्रभाव पड़ता है

और एक अच्छा व्यक्ति होने के नाते वह निश्चित रूप से अपने व्यवहार में बदलाव लाना चाहेगा, बस उसे एक बार पता चल जाए कि उसकी हरकतों का क्या प्रभाव पड़ता है। आप उसके व्यवहार पर कुछ ऐसी प्रतिक्रिया दे सकते हैं: 'जब तुमने कहा कि मेरा सूट देखकर तुम्हें पुराने सिकुड़े हुए पर्दे याद आ गए, तो मुझे दुःख हुआ। अपने पहनावे की ऐसी आलोचना सुनकर लगता है, मानों मेरी पसंद और समझ का मखौल उड़ाकर मुझे अक्षम महसूस कराया जा रहा हो।' अगर आप ये संकेत दे सकें कि इसके बजाय आप उसके मुँह से क्या सुनना पसंद करेंगे, तो और बेहतर रहेगा: 'काश मुझे ऐसा महसूस होता कि तुम मुझ पर भरोसा करते हो। अगर तुम सिर्फ इतना भी कह देते कि 'ये रंग तुम पर अच्छा लग रहा है,' तो मुझे बड़ी खुशी होती। या फिर ऐसी ही कोई और सकारात्मक बात कह देते, तो वह भी मेरे लिए काफी होती।'

यहाँ अपनी भावनाओं को कुछ इस तरह व्यक्त करना ही असली कुंजी है, जो सामनेवाले को व्यवहार के नए तरीकों पर विचार करने के लिए आमंत्रित व प्रोत्साहित करे, बजाय ये संकेत देने के कि वह एक नीच व्यक्ति है और इससे भी बदतर ये कि वह इसे लेकर कुछ नहीं कर सकता।

सामनेवाले की मदद करें ताकि वह आपको समझ सके

किसी और की कथा में कदम रखना आसान नहीं होता। ऐसा करना तब और मुश्किल हो जाता है, जब मामला भावनात्मक तीव्रतावाला हो या फिर जब आपके विचार एक अलग पीढ़ीवाले हों या मौलिक रूप से अलग कॉरपोरेट संस्कृति से संबंधित हों। सामनेवाले को समझने के लिए आपको उसकी मदद की जरूरत पड़ेगी। इसी तरह आपको समझने के लिए उसे भी आपकी मदद चाहिए होगी।

अपने बच्चों को बेबीसिटर के साथ छोड़कर अगर आप चिंतित महसूस कर रही हों और ऐसे में आपका पति आकर कहे, 'तुम्हें ये सीखना चाहिए कि शांति से काम कैसे लिया जाता है!' तो अपनी चिंता को व्यक्त करने के लिए ऐसे शब्दों का उपयोग करें, जो उसकी समझ में आते हों : 'मेरी ये चिंता वैसी ही है, जैसी हवाई यात्रा करने को लेकर तुम्हारा डर। तुम्हें पता है न कि हवाई जहाज के टेकऑफ के समय जब मैं तुमसे शांत रहने को कहती हूँ, तो इससे कोई फर्क नहीं पड़ता बल्कि तुम्हारा डर और बढ़ जाता है? इस मामले में मेरी चिंता भी कुछ ऐसी ही है।'

और ये भी याद रखें कि अलग-अलग लोग, अलग-अलग गति से और अलग-अलग तरीके से जानकारी ग्रहण करते हैं। उदाहरण के लिए कुछ लोग चीज़ों को दृश्यों के जरिए ज़्यादा अच्छी तरह समझ पाते हैं। उनके लिए आप विजुअल मेटाफर्स (दृश्य रूपकों) का उपयोग कर सकते हैं, तस्वीरों के संदर्भ में बात कर सकते हैं या अगर आप अपनी बात किसी व्यावसायिक स्थान पर कह रहे हैं, तो चार्ट्स का सहारा ले सकते हैं। इसी तरह कुछ लोग पहले पूरी समस्या को अच्छी तरह समझ लेना चाहते हैं और जब तक ऐसा न हो, तब तक वे आपकी किसी और बात को नहीं सुनते। वहीं कुछ लोग चाहते हैं कि उन्हें पहले ही समस्या का सारा विवरण उपलब्ध करा दिया जाए। आपको इन सभी अंतरों पर ध्यान देना है।

सामनेवाले से वापस संक्षिप्त व्याख्या करने को कहें

सामनेवाले की बात की संक्षिप्त व्याख्या करने से आपको अपनी समझ को परखने में मदद मिलती है और उसे ये जानने में मदद मिलती है कि आपने उसकी बात अच्छी तरह सुन ली है। आप उससे भी ठीक ऐसा ही करने के लिए कह सकते हैं: 'अब ज़रा ये देख लेते हैं कि मैंने अपनी बात पूरी स्पष्टता से सामने रखी है या नहीं। तुमने अब तक मुझसे जो भी सुना, क्या तुम मेरे लिए उसकी संक्षिप्त व्याख्या कर सकते हो?'

सामनेवाले से पूछें कि वह इसे अलग ढंग से कैसे देखता है - और क्यों

अपनी कथा को स्पष्ट रूप से बताना, इस प्रक्रिया का पहला कदम है कि सामनेवाला आपको समझे। लेकिन इस मामले में तुरंत सफलता की उम्मीद न करें। सच्ची आपसी समझ बनाने के लिए आप दोनों को ही ऐसा करना होगा। अगर सामनेवाला आपकी कथा से हैरान है या अगर आपको लगता है कि आपकी कथा सुनने के बाद भी वह आपकी बात नहीं मानेगा, तो अपनी कथा को जबरन विस्तार देने या एक अलग तरीके से बताने के बजाय सामनेवाले से ही पूछ लें कि वह इसे कैसे देखता है। खासतौर पर उससे ये पूछें कि वह इसे अलग ढंग से कैसे देखता है।

सामनेवाले से यह पूछना एक आम प्रवृत्ति है कि वह आपकी कथा से सहमत है या नहीं: 'तुम्हें ये अर्थपूर्ण तो लग रही है ना?' जबकि उससे ये पूछना कहीं

अधिक सहायक सिद्ध हो सकता है कि वह इसे अलग ढंग से कैसे देखता है। अगर आप उससे पूछेंगे कि वह सहमत है या नहीं, तो हो सकता है उसे अपनी शंकाओं और आपत्तियों को आपके सामने रखने में ज़रा संकोच महसूस हो। हो सकता है कि वह इस बात को लेकर निश्चिंत न हो कि आप सचमुच उसे सुनना चाहते हैं या नहीं। जब आप उससे पूछते हैं कि 'तुम्हें ये अर्थपूर्ण तो लग रही है ना?' और जवाब में वह कहता है, 'हाँ, मुझे तो ऐसा ही लग रहा है' तब आपको ये पता नहीं होता कि कहीं वह ये तो नहीं सोच रहा कि 'हाँ, तुम्हारे जैसे सीमित और विकृत नज़रिए से देखेंगे, तो ऐसा ही लगेगा।' इसीलिए जब आप उससे साफ-साफ पूछेंगे कि वह इसे अलग ढंग से कैसे देखता है तो उसकी सच्ची प्रतिक्रिया मिलने की संभावना बढ़ जाएगी। इसके बाद आप असली बातचीत शुरू कर सकते हैं।

. . .

दृढ़ अभिव्यक्ति करने का रहस्य है, ये समझ जाना कि अपने मामले में आप स्वयं ही सर्वोच्च हैं। आप क्या सोचते हैं, कैसा महसूस करते हैं और यहाँ क्यों आए हैं, इसके विशेषज्ञ आप खुद ही हैं। अगर आप कोई बात सोचते हैं, उसे महसूस करते हैं, तो उसे कहना आपका हक है और कोई दूसरा व्यक्ति वैध रूप से आपका खंडन नहीं कर सकता। आप सिर्फ तभी मुसीबत मोल लेते हैं, जब आप उन मामलों के बारे में कोई दावा करते हैं, जिनमें आप स्वयं सर्वोच्च न हों - जैसे कौन सही है किसका क्या इरादा था, असल में क्या हुआ था वगैरह। अगर आप अपने अनुभवों की सीमा में रहते हुए खुलकर बोलेंगे तो आपकी बातों में स्वत: ही स्पष्टता आ जाएगी। तो बस, अपनी बात करें, फिर आप पूरी दृढ़ता से बोल सकेंगे।

11
समस्याएँ सुलझाना : अगुवाई करें

हो सकता है कि आप जिस व्यक्ति से बातचीत कर रहे हैं, उसने ये किताब पढ़ रखी हो और उसे पता हो कि 'सीखने की बातचीत' कैसे करनी चाहिए, लेकिन फिर भी आपको इस बात पर निर्भर नहीं रहना चाहिए।

ज़्यादा संभावना तो यही है कि आप उसके साथ आपसी समझ बनानेवाली बातें करेंगे और वह इसकी कि आप दोनों में से कौन सही है। आप योगदान की बात करेंगे, जबकि वह दोषारोपण पर ही अटका रहेगा। आप उसकी भावनाओं को समझने और स्वीकार करने के लिए अपनी ओर से पूरी कोशिश करेंगे और बदले में वह आपको बीच में टोकेगा, आपकी आलोचना करेगा और आप पर मौखिक हमला करेगा। आप यह सुनिश्चित करने की कोशिश में हैं कि सामनेवाले के साथ आपका संवाद बेहतर हो जाए; जबकि उसकी कोशिश ये है कि आप दोनों के बीच कभी कोई रचनात्मक संवाद संभव ही न हो। शायद वह अब भी इस बात को लेकर चिंतित हो कि उसे दोषी ठहराया जा सकता है या फिर हो सकता है कि आप जिस शब्दावली का उपयोग कर रहे हैं, उसे उसकी समझ ही न हो। या शायद उसे अभी तक आप पर भरोसा ही न हुआ हो। ये भी हो सकता है कि वह आपके इस नए व्यवहार पर विश्वास न कर पा रहा हो – क्योंकि पिछली बार इसी बातचीत के दौरान आपका व्यवहार बिलकुल अलग था।

तो अब क्या किया जाए?

बातचीत की अगुवाई करने का कौशल

अगर आपको सचमुच अपनी बातचीत सही दिशा में ले जानी है, तो इसके लिए आपको उसकी अगुवाई करनी होगी। बातचीत के दौरान आप कुछ ऐसे शक्तिशाली 'कदम' भी उठा सकते हैं – जैसे रीफ्रेम करना, सुनना और आपसी

सहक्रिया को एक नाम देना – जो बातचीत को पटरी पर रखने में मदद करेंगे, फिर चाहे सामनेवाले का रवैया सहयोगी हो या नहीं।

जब सामनेवाला विनाशकारी दिशा में जाता है, तो रिफ्रेम करके बातचीत को वापस पटरी पर लाया जा सकता है। इससे आपको उन कथनों को मददगार बनाने में मदद मिलती है, जो असल में मददगार नहीं हैं। इसी तरह सुनना आपको न सिर्फ सामनेवाले की दुनिया में ले जाता है बल्कि बातचीत को रचनात्मक बनाकर रखने के लिए ये आपका सबसे शक्तिशाली 'कदम' भी साबित होता है। वहीं आपसी सहक्रिया को एक नाम देना तब काफी उपयोगी सिद्ध होता है, जब आपको बातचीत के किसी चिंताजनक पहलू से निपटना हो। ये रणनीति तब खासतौर पर कारगर होती है, जब सामनेवाला बातचीत पर हावी हो रहा हो और आपकी अगुवाई में आगे बढ़ने को तैयार होता न दिख रहा हो।

रीफ्रेम करें

रीफ्रेम करने का मतलब होता है, सामनेवाले की बात के सार को ऐसी अवधारणाओं में तब्दील करना, जो अपेक्षाकृत अधिक सहायक हों – खासतौर पर 'तीन बातचीतों के तंत्र' की अवधारणाओं में। ये कुछ ऐसा है, जहाँ आप एक रास्ते पर हैं और सामनेवाले को अपने साथ जुड़ने के लिए आमंत्रित कर रहे हैं और आप ही उसे रास्ता भी दिखा रहे हैं।

आइए एक बार फिर अध्याय-४ के मिगुएल और सिडनी के बीच की स्थितियों पर नज़र डालते हैं। शायद आपको याद होगा कि सिडनी ब्राजील में चल रहे एक प्रोजेक्ट में इंजीनियरों की टीम का नेतृत्व कर रही थी। शुरुआत में उसके नेतृत्व का विरोध करने के बाद मिगुएल सिडनी का सबसे प्रबल समर्थक बन गया। दुर्भाग्य से, सिडनी के प्रति मिगुएल का ये उत्साह जाहिर तौर पर रूमानी दिलचस्पी में बदल गया। मिगुएल उसके पीछे-पीछे घूमता, ये जताता कि उसे सिडनी के साथ समय बिताना कितना पसंद है और साथ ही टहलने के लिए सिडनी को अकेले समंदर किनारे बुलाता।

फिर जब सिडनी ने दोषारोपण से अपना ध्यान हटाया, तब उसे समझ में आया कि संभवत: वह खुद मिगुएल को मिक्स्ड सिग्नल दे रही थी। उसे एहसास हुआ कि मिगुएल की हरकतों पर अपनी असहजता सीधे तौर पर जाहिर न करके, वह खुद

इस स्थिति को गंभीर बनाने में योगदान दे रही थी। इसके बाद सिडनी ने तय किया कि वह मिगुएल के सामने ये मुद्दा उठाएगी। उसे पता था कि इस बातचीत को सफलतापूर्वक करने के लिए उसे मिगुएल की बातों को लगातार रिफ्रेम करते हुए, दोषारोपण के बजाय योगदान पर ध्यान केंद्रित करना होगा। सिडनी और मिगुएल की इस बातचीत का सारांश कुछ इस प्रकार है:

सिडनी: मुझे तुमसे इस बारे में पहले ही बात कर लेनी चाहिए थी, यही कारण है कि अब हमारा बात करना बहुत जरूरी हो गया है।

मिगुएल: बिलकुल! अगर तुम असहज महसूस कर रही हो, तो तुम्हें मुझे साफ-साफ बता देना चाहिए! आखिर तुम इसीलिए तो असहज महसूस कर रही हो। एक टीम लीडर होने के नाते तुम्हें पता होना चाहिए कि ऐसी स्थितियों को बेहतर ढंग से कैसे संभाला जाता है।

सिडनी: मुझे बात करनी चाहिए थी या नहीं, वो अलग मसला है। असली मसला ये है कि मैंने बात नहीं की। अब मुझे समझ में आ रहा है कि तुम्हारे सामने इस मुद्दे को न उठाकर, मैंने समस्या को और गंभीर बना लिया। इस स्थिति के लिए हम दोनों में से कौन दोषी है, इस बात पर ध्यान केंद्रित करने के बजाय मेरी कोशिश ये समझना है कि आखिर ये स्थिति बनी ही क्यों। मुझे लगता है कि हम दोनों ने ही कुछ ऐसी चीज़ें कीं – या जो करना चाहिए था वह नहीं किया – जिनके चलते ये स्थिति और बदतर हो गई।

मिगुएल: मुझे तो लगता है कि ये सब इसलिए हुआ क्योंकि तुम अमेरिकी हो। अमेरिकी महिलाएँ ऐसे मामलों में जरूरत से ज़्यादा संवेदनशील होती हैं और जहाँ कोई समस्या नहीं होती, वे वहाँ भी समस्याएँ खड़ी कर देती हैं।

सिडनी: अगर हम इस बारे में बहस करेंगे कि अमेरिकी महिलाएँ जरूरत से ज़्यादा संवेदनशील होती हैं या नहीं, तो शायद पूरा दिन इसी बहस में निकल जाएगा। यहाँ जो बात महत्वपूर्ण है, वह ये है कि इस मामले को लेकर मेरा और तुम्हारा नज़रिया सांस्कृतिक रूप से बहुत अलग है। इसीलिए मुझे तुम्हारी टिप्पणियाँ सुनकर लगता था, मानों तुम मुझे कोई संकेत दे रहे हो और मैं असहज महसूस करने लगती थी। जबकि तुम्हें लगता था कि हमारे बीच जो भी संवाद हो रहा है, वह एक कामकाजी रिश्ते के दायरे में ही हो रहा है। क्या मैं सही कह रही हूँ?

मिगुएल: हाँ, बिलकुल। मैंने जो भी किया, वह मेरे लिए सामान्य बात थी। इसमें कोई बड़ी बात थी ही नहीं।

सिडनी: क्या 'सामान्य' से तुम्हारा मतलब ये है कि एक कामकाजी रिश्ते में दो लोगों के बीच ये सब होना सामान्य बात है? या फिर तुम्हारा मतलब ये है कि आपस में कामकाजी संबंध रखनेवाले दो लोगों द्वारा अपने रिश्ते को किसी और मुकाम पर ले जाना एक सामान्य बात है?

मिगुएल: ये दोनों ही सामान्य बातें हैं। हम एक-दूसरे की टांग खींच सकते हैं। मैं तुम्हें बता सकता हूँ कि मैं तुम्हें कितना पसंद करता हूँ और अगर तुम्हें मुझमें दिलचस्पी नहीं है, तो तुम मेरी बात को अनदेखा कर सकती हो। और अगर तुम्हें दिलचस्पी है, तो विनम्रता से अपनी प्रतिक्रिया दे सकती हो। दरअसल समस्या ये है कि तुम ओवररिएक्ट कर रही हो। तुम्हें ये मुद्दा पहले ही उठाना चाहिए था।

सिडनी: जैसा कि मैंने शुरू में ही कहा, मैं इस बात पर तुमसे सहमत हूँ कि अगर मैंने ये मुद्दा पहले ही उठाया होता, तो हम कुछ चीज़ों से बच सकते थे। मुझे लगता है कि मैं इस बात से हताश महसूस कर रही थी कि मैं इसे अनदेखा करने की कोशिश कर रही हूँ, जबकि तुम डटे हुए थे। जैसे मैं लगातार तुम्हारे इन आमंत्रणों को टाल रही थी कि हमें जाकर एक-दूसरे के साथ एक-एक ड्रिंक पीना चाहिए या समंदर किनारे एक-दूसरे के साथ टहलना चाहिए।

मिगुएल: पता है, कभी-कभी मुझे भी महसूस होता था कि कुछ तो गड़बड़ है। शायद मुझे भी तुमसे पूछ लेना चाहिए था कि सब ठीक तो है ना या कहीं मैंने तुम्हें किसी बात से नाराज तो नहीं कर दिया। और शायद हमें पहले ही इस बारे में बात कर लेनी चाहिए थी कि हम दोनों एक-दूसरे से क्या उम्मीद कर रहे हैं...।

अपने इस आखिरी कथन के साथ आखिरकार मिगुएल को योगदान देने और दोषारोपण करने के बीच का फर्क समझ में आने लगा। साथ ही अब वह इतना सहज भी महसूस करने लगा कि स्थिति में अपने योगदान को स्वीकार कर सके। लेकिन यहाँ तक आने के लिए सिडनी को उसे लगातार दोषारोपण से हटाकर योगदान की ओर केंद्रित करना पड़ा।

आप किसी भी बात को रीफ्रेम कर सकते हैं

रीफ्रेम करना हर मोर्चे पर कारगर होता है; सामनेवाला चाहे जो भी कहे, आप उसकी हर बात को रीफ्रेम करके 'सीखनेवाली बातचीत' की दिशा में ले जा सकते हैं। ज़रा इन उदाहरणों पर विचार करें:

आप इन्हें रीफ्रेम कर सकते हैं

सच	☞ विभिन्न कथाएँ
आरोप	☞ इरादे और प्रभाव
दोषारोपण	☞ योगदान
आलोचना, चरित्र पर उंगली उठाना	☞ भावनाएँ
आखिर आपकी समस्या क्या है	☞ सामनेवाले के साथ क्या चल रहा है

सामनेवाला कहता है: मैं सही हूँ और इसमें कोई दोराय है ही नहीं!

आप रीफ्रेम करते हैं: मैं सुनिश्चित करना चाहता हूँ कि मैं तुम्हारे नज़रिए को समझ रहा हूँ। तुम निश्चित ही इसे लेकर बड़ी प्रबल राय रखते हो। मैं इसे लेकर अपना नज़रिया भी साझा करना चाहूँगा।

सामनेवाला कहता है: तुमने जानबूझकर मुझे दुःख पहुँचाया!

आप रीफ्रेम करते हैं: मैं देख सकता हूँ कि मैंने जो किया, तुम उसे लेकर सचमुच गुस्से में हो और यकीन मानों, ये मेरे लिए भी परेशान करनेवाली बात है। मेरा इरादा तुम्हें दुःख पहुँचाने का नहीं था। क्या तुम खुलकर बता सकते हो, तुम्हें कैसा महसूस हुआ?

सामनेवाला कहता है: ये सब तुम्हारी गलती है!

आप रीफ्रेम करते हैं: हाँ, मुझे पूरा विश्वास है कि इस समस्या में मेरा भी योगदान था; मुझे लगता है, हम दोनों का ही योगदान था। लेकिन इस स्थिति के लिए हम दोनों में से कौन दोषी है, इस बात पर ध्यान केंद्रित करने के बजाय मेरी कोशिश ये समझना है कि आखिर ये स्थिति बनी ही क्यों - और ये भी कि इस स्थिति के निर्माण में हम दोनों ने क्या-क्या योगदान दिया।

सामनेवाला कहता है: मैंने आज तक तुमसे ज़्यादा घटिया व्यक्ति नहीं देखा!

आप रीफ्रेम करते हैं: लगता है, तुम सचमुच बहुत बुरा महसूस कर रहे हो।

सामनेवाला कहता है: मैं कोई बुरा पड़ोसी नहीं हूँ!

आप रीफ्रेम करते हैं: अरे, मुझे भी नहीं लगता कि तुम बुरे पड़ोसी हो। और मुझे उम्मीद है कि तुम भी मुझे एक घटिया पड़ोसी नहीं मानते। हाँ, मुझे ये जरूरी लगता है कि हम दोनों इस बारे में एक-दूसरे से असहमत हैं कि हमें इस मसले से कैसे निपटना चाहिए। मेरा मानना है कि अच्छे पड़ोसियों के बीच ऐसी असहमतियाँ सामान्य बात है। अब सवाल ये है कि क्या हम अपनी-अपनी चिंताओं को दूर करने के लिए मिलकर कदम उठा सकते हैं?

बेशक सिर्फ एक वाक्य बोलने भर से आपका काम नहीं होगा, लेकिन इन उदाहरणों से आपको ये अंदाज़ा तो हो ही गया होगा कि आपको इसकी शुरुआत कैसे करनी है। सिडनी की तरह आपको भी लगातार डटे रहना होगा और बातचीत को उत्पादक बनाकर रखने और पटरी से उतरने से बचाने के लिए सामनेवाले की बातों को लगातार रीफ्रेम करना होगा।

'यह और वह वाला रुख'

रीफ्रेमिंग के लिए आप जो अगला 'कदम' उठा सकते हैं, वह है, 'या तो/या फिर' को छोड़कर 'यह और वह' की ओर जाना। अगर सामनेवाला अपनी सोच व भावनाओं और आपकी सोच व भावनाओं के बीच किसी एक के चुनाव की बात करता है, तो आप उसके इस चुनाव को 'यह और वह वाला रुख' अपनाकर खारिज कर सकते हैं।

पिछले अध्याय में हमने 'मैं और मैं' के संदर्भ में 'यह और वह वाले रुख' पर नज़र डाली थी। पर वास्तव में संवादात्मक बातचीत के मामले में 'तुम और मैं' का संदर्भ महत्वपूर्ण होता है। यहाँ 'तुम और मैं' का 'और' हमारे अंदर नहीं बल्कि हमारे बीच है। यह कहता है, 'तुम्हें जो कहना है, मैं उसे सुन व समझ सकता हूँ 'और' मुझे जो कहना है, उसे तुम सुन व समझ सकते हो।'

स्टेसी को अपनी असली माँ को ढूँढ़ने में 'तुम और मैं' के संदर्भवाला रुख उपयोगी लगा। स्टेसी की दत्तक माँ जॉयस ने तर्क दिया कि स्टेसी की ये तलाश निश्चित तौर पर निष्फल और दर्दनाक सिद्ध होगी। अपनी दत्तक माँ के साथ बहस से बचने के लिए स्टेसी ने दोनों कथाओं को स्वीकार किया व इसके लिए उसने 'और' का उपयोग किया: 'हो सकता है कि आप सही हों। हो सकता है कि मेरी सारी कोशिशें बेकार चली जाएँ और ये भी हो सकता है कि अगर मैं अपनी असली

माँ को ढूँढ़ भी लूँ, तब भी हताश महसूस करूँ। शायद वे मुझसे मिलना ही न चाहें 'और' फिर भी, उन्हें ढूँढ़ने की कोशिश करना मेरे लिए मायने रखना है, क्योंकि...'

जब जॉयस ने उससे कहा, 'हमने तुम्हें पाल-पोसकर बड़ा किया, इतना प्यार दिया, तो फिर अब तुम्हें ऐसा क्या चाहिए, जो सिर्फ तुम्हारी असली माँ ही दे सकती है? इसकी प्रतिक्रिया में स्टेसी ने 'मैं और मैं' एवं 'तुम और मैं' दोनों संदर्भों का उपयोग किया। अगर ये आपको ज़रा जटिल लग रहा है, तो ऐसा इसलिए क्योंकि ये सचमुच थोड़ा जटिल है और इसीलिए स्टेसी की प्रतिक्रिया बहुत ही रचनात्मक और प्रभावी भी साबित हुई: 'लगता है, मेरी ये तलाश आपके लिए बड़ी तकलीफदेह है। आप दुनिया की सबसे अच्छी माँ हैं और आप इकलौती माँ हैं, जो भविष्य में भी मेरे साथ रहेगी। ये बात कभी नहीं बदल सकती। सच कहूँ, तो ये सब मेरे लिए भी बहुत तकलीफदेह है। क्योंकि आपको इस तरह आहत देखना मेरे लिए बड़ा दुखद है - कभी-कभी मुझे लगता है, जैसे मैं बड़ी ही स्वार्थी और कृतघ्न हूँ पर साथ ही मेरे मन में कुछ सवाल भी हैं, जिनका जवाब ढूँढ़ना मेरे लिए बहुत जरूरी है। मैं उम्मीद करती हूँ कि हम आपस में इस बारे में बातचीत करते रहेंगे कि हम दोनों के लिए इसका अर्थ क्या है 'और' साथ ही मेरी तलाश भी जारी रहेगी।' इस तरह अपनी दत्तक माँ की चिंताओं के महत्त्व और उनकी शक्ति को खारिज किए बिना भी स्टेसी अपनी बात को स्पष्टता से सामने रख सकी।

सुनने के लिए हर समय सही समय होता है

भले ही आप रीफ्रेमिंग करने में कितने भी निपुण हो जाएँ, लेकिन संवाद का प्रबंधन करने से जुड़ा सबसे महत्वपूर्ण नियम ये है कि जब तक सामनेवाले को ये महसूस नहीं हो जाता कि उसे भी सुना और समझा जा रहा है, तब तक आप बातचीत को और अधिक सकारात्मक दिशा नहीं दे सकते। और सामनेवाले को ऐसा तब तक महसूस नहीं होगा, जब तक आप सचमुच उसे सुनना शुरू नहीं कर देते। जब सामनेवाला अत्यधिक भावुक हो जाए, तो उसे सुने और उसकी बात को स्वीकार करें। जब वह कहे कि कथा का जो संस्करण वह सुना रहा है, वही एकमात्र ऐसा संस्करण है, जिसका वाकई कोई मतलब बनता है, तो उसकी इस बात की संक्षिप्त व्याख्या करें और उससे पूछें कि आखिर उसे ऐसा क्यों लगता है। अगर वह आपके ऊपर आरोप लगाता है, तो अपना बचाव करने से पहले, उसका नज़रिया समझने की कोशिश करें। जब भी आप स्तब्ध महसूस करें या इस बात को

लेकर निश्चिंत न हों कि अब आगे कैसे बढ़ना है, तो याद रखें कि सुनने के लिए हर समय सही समय होता है।

सुनने को लेकर दृढ़ रवैया रखें

हम अक्सर ये मानकर चलते हैं कि सुननेवाला बातचीत के दौरान बस एक निष्क्रिय भूमिका निभा रहा होता है, जबकि जरूरी नहीं कि ऐसा ही हो। आप बातचीत को मनचाही दिशा देने के लिए भी सुनने का उपयोग कर सकते हैं।

अब ज़रा हरप्रीत और उसकी पत्नी मोनिशा के बीच फोन पर हुई बातचीत पर विचार करें। मोनिशा एक बड़ी दवा कंपनी की सेल्स रिप्रेजेन्टेटिव है और अपने काम के सिलसिले में उसे लगातार यात्राएँ करनी पड़ती हैं, जिसके चलते उसका बहुत सा समय बाहर ही बीतता है। इस बातचीत में 'दूरी' उनके रिश्ते के एक तनावपूर्ण मुद्दे पर प्रकाश डालती है।

मोनिशा: ओके, अब मुझे सो जाना चाहिए। कल सुबह मुझे एक महत्वपूर्ण प्रेजेन्टेशन देनी है।

हरप्रीत: तो तुम गुरुवार को वापस आ रही हो?

मोनिशा: हाँ, गुरुवार शाम तक। मैं संभवत: शाम सात बजे के आसपास घर पहुँच जाऊँगी।

हरप्रीत: ठीक है, सो जाओ... (पलभर की चुप्पी के बाद) आई लव यू।

मोनिशा: गुड नाइट। गुरुवार को मिलते हैं।

हरप्रीत फोन रखते हुए बड़ा ही आहत और हताश महसूस करता है। उसकी शिकायत है, 'मोनिशा कभी मुझसे आई लव यू नहीं कहती। जब भी मैं ये मुद्दा उठाता हूँ, तो उसका जवाब कुछ ऐसा होता है, 'तुम जानते हो, मैं तुमसे प्यार करती हूँ, तो फिर बार-बार कहने की क्या जरूरत है?'

स्पष्ट है कि हरप्रीत के लिए ये मुद्दा महत्वपूर्ण है। इस लिहाज से ये स्वाभाविक ही है कि मोनिशा के सामने उसे दृढ़तापूर्वक ये मुद्दा उठाना चाहिए। बहुत से लोगों को लगता है कि दृढ़ रवैये का अर्थ है अपने विचारों को स्पष्टता से सामने रखना - दूसरे शब्दों में कहें, तो हरप्रीत को बस अपनी बात दोहराते रहना

चाहिए। लेकिन असल में ये तरीका कारगर नहीं रहता।

आपको दृढ़ रवैया रखने के लिए एक तरीका ढूँढ़ना होगा, साथ ही ये भी याद रखना होगा कि आप दो-तरफा बातचीत कर रहे हैं। एक कठिन बातचीत में दृढ़ता का अर्थ ये है कि अपने विचार सामने रखने में आप जितनी अटल दिलचस्पी रखते हैं, उतनी ही अटल दिलचस्पी सामनेवाले की बात सुनने में भी रखें।

'तीन बातचीतों के तंत्र' के माध्यम से सोच-विचार करने के बाद हरप्रीत के अंदर ये जानने की उत्सुकता जागी कि मोनिशा ने ऐसी प्रतिक्रिया क्यों दी। अगली बार जब मोनिशा से उसकी बात हुई, तो हरप्रीत ने तय किया कि इस बार मुख्य रूप से उसका उद्देश्य होगा - सुनना, सवाल पूछना और ये समझने की कोशिश करना कि इस मुद्दे को लेकर मोनिशा का अनुभव कैसा रहा है।

हरप्रीत: जब मैं तुमसे आई लव यू कहता हूँ, तो तुम्हारे मन में क्या चल रहा होता है?

मोनिशा: यही कि 'ओके, तो अब हरप्रीत मुझसे भी बदले में आई लव यू सुनने का इंतजार कर रहा है।' फिर मेरा मन नहीं करता कि मैं तुम्हें आई लव यू बोलूँ क्योंकि मुझे ऐसा लगता है, जैसे मुझ पर दबाव बनाया जा रहा है। वैसे भी, तुम जानते हो कि मैं तुमसे प्यार करती हूँ।

हरप्रीत: कभी-कभी तो मुझे इस बात पर विश्वास होता है कि तुम्हें सचमुच मुझसे प्यार है। लेकिन कभी-कभी मेरा ये विश्वास थोड़ा कम हो जाता है। जब तुम कहती हो कि मुझे पता तो है कि तुम मुझसे प्यार करती हो, तब तुम्हें क्या लगता है, मुझे कैसे पता चलेगा?

मोनिशा: आखिर मैं अब भी तुम्हारे साथ हूँ! नहीं?

हरप्रीत: ये तो बड़ा ही सतही मानक है, प्यार को परखने का! मेरे माता-पिता के बीच प्यार खत्म होने के बाद भी वे कई साल तक एक-दूसरे के साथ रहे। शायद इसीलिए मैं कभी-कभी इस मामले में नर्वस महसूस करने लगता हूँ।

मोनिशा: हम्म। जबकि मेरा अनुभव बिलकुल उल्टा रहा है। मेरे माता-पिता एक-दूसरे के दीवाने थे और हम लोगों के सामने भी एक-दूसरे से हमेशा ऐसी ही भावुकता भरी हास्यास्पद बातें कहते रहते थे। मुझे ये सब बड़ा शर्मिंदगी भरा लगता था। मुझे तो ऐसा लगता है कि अगर आप सचमुच एक-दूसरे से

प्यार करते हैं, तो आपको हर समय ये बात दोहराने की जरूरत नहीं है। आप बस दर्शा भी सकते थे।

हरप्रीत: दर्शा सकते हैं? पर कैसे?

मोनिशा: पता नहीं। शायद एक-दूसरे के प्रति संवेदनशील और उदार रवैया रखकर। जैसे पिछली बार जब तुम्हारी माँ बीमार हुई थीं, तो मैं सप्ताहांत में सब छोड़कर फीनिक्स आ गई थी। मैंने ऐसा इसलिए किया क्योंकि मुझे एहसास था कि ये सब तुम्हारे लिए कितना मुश्किल भरा होगा और मैं चाहती थी कि मैं वहाँ आकर तुम्हारी मदद कर सकूँ...।

हरप्रीत और मोनिशा को अभी कुछ दूरी और तय करनी है। लेकिन मोनिशा के तर्कों और जवाबों के पीछे छिपी भावनाओं व कथाओं को सुनकर हरप्रीत ने एक ऐसे विषय पर कहीं ज़्यादा दिलचस्प और रचनात्मक बातचीत का आधार तैयार कर दिया, जो उन दोनों के ही लिए बड़ा कठिन विषय था।

आपसी सहक्रिया को एक नाम दें: समस्या को स्पष्ट करें

रीफ्रेम करने और सुनने में बातचीत को अपनी मनचाही दिशा देना भी शामिल होता है। ये दोनों शक्तिशाली तरीके हैं और अपनी अधिकांश बातचीतों में आपको इनकी जरूरत पड़ेगी। पर कभी-कभी ये दोनों तरीके काफी नहीं होते। चाहे आप सामनेवाले को कितनी भी अच्छी तरह सुनें या चाहे उसकी बातों को जितने बार रीफ्रेम कर लें, वह बीच में टोकना, मौखिक हमले करना और आपको खारिज करना जारी रखता है। हर बार जब आप एक ठोस बिंदु पर पहुँचनेवाले होते हैं, तो सामनेवाला एक नया कारण गिनाने लगता है कि समस्या आखिर सच में एक समस्या क्यों नहीं है। या फिर वह नाराज़गी भरा व्यवहार करता है, लेकिन हर बार जब आप इस बारे में कुछ पूछते हैं, तो वह कह देता है, 'नहीं-नहीं? मैं ठीक हूँ, कोई नाराजगी नहीं है।'

ऐसे मौकों पर आपसी सहक्रिया को एक नाम देना सहायक साबित हो सकता है। आप बातचीत में जो कुछ भी होते देख रहे हों, उसे आपसी चर्चा के एक विषय के रूप में सामने रखें। ऐसा करके आप एक लिहाज से खुद अपने 'बातचीत चिकित्सक' के रूप में कार्य करने लगते हैं, जो बीमारी (यानी समस्या) की पहचान व निदान कर वापस स्वस्थ (यानी सहज) होने का तरीका बताता है। इस प्रकार के

निदान व सुझाव कुछ ऐसे होते हैं:

मैंने गौर किया है कि जब भी हम इस बारे में बातचीत शुरू करते हैं, तो समय हमेशा कम ही रहता है। शायद हमें इसके लिए एक घंटे का समय अलग से निकालकर रखना चाहिए ताकि इस पर ध्यान केंद्रित करके, इससे निपट सकें।

मैं तीन बार ये बताने की कोशिश कर चुका हूँ कि मैं क्या सोच रहा था पर तुम हर बार मेरी बात पूरी होने से पहले ही बोलना शुरू कर देते हो। पता नहीं तुम्हें इसका एहसास है या नहीं, लेकिन मेरे लिए ये बड़ा ही हताशाभरा है। तुम जो भी कह रहे हो, अगर उसमें सचमुच कोई इतनी महत्वपूर्ण बात है, जो मैं समझ नहीं पा रहा हूँ, तो प्लीज उसे साझा करो। और इसके बाद मैं अपनी बात पूरी करना चाहूँगा।

मैं देख रहा हूँ कि जब मैं तुमसे पूछता हूँ कि क्या तुम मेरी बात से आहत हो, तो तुम कहती हो, 'नहीं- नहीं, बिलकुल नहीं। मैं ऐसी लड़की नहीं हूँ, जो इस तरह आहत हो जाऊँ।' लेकिन फिर तुम मेरे साथ ऐसा व्यवहार करती हो, जो लोग सिर्फ तभी करते हैं, जब वे किसी की वजह से आहत हुए हों या उससे नाराज हों। कम से कम मुझे तो यही लग रहा है। लगता है, सबसे बेहतर यही होगा कि मैं ये पता लगाने की कोशिश करूँ कि मैं ऐसा क्या कर रहा हूँ, जो तुम्हें बुरा लग रहा है। वरना मुझे नहीं लगता कि हमारी बातचीत कहीं पहुँचनेवाली है।

जरा एक मिनट रुको। ऐसा कई बार हुआ है कि जो बातें मेरे लिए महत्व-पूर्ण हैं, जब मैंने उन्हें सामने रखा, तो तुम इतनी बुरी तरह भड़क गए कि मैं घबरा गई। पता नहीं तुम्हारी ऐसी प्रतिक्रिया के पीछे क्या कारण है। अगर तुम परेशान हो, तो मैं सुनना चाहूँगी कि ऐसा क्यों है। अगर तुम मेरा इरादा बदलने के लिए मुझ पर हावी होने की कोशिश कर रहे हो, तो यकीन मानों, तुम्हारे ऐसा करने से कुछ नहीं होनेवाला। मैं सचमुच जानना चाहती हूँ कि तुम किस चीज़ से परेशान हो। मैं चाहती हूँ कि हम इसके बारे में बातचीत करने का ऐसा तरीका ढूँढ़ें, जिससे मुझे ये न लगे कि मुझ पर हावी होने की कोशिश की जा रही है।

आपसी सहक्रिया को एक नाम देना तनावपूर्ण माहौल को सहज बनाने में काफी मददगार सिद्ध हो सकता है। ये आप दोनों के मन में उठनेवाली उन बातों

व भावनाओं को सामने लाता है, जिन्हें आप कह नहीं रहे हैं - ताकि उन पर ईमानदारी से चर्चा की जा सके। साथ ही ये हताश करनेवाले संवाद को रोक सकता है; अक्सर सामनेवाले को ये एहसास नहीं होता कि वह कुछ ऐसा कर रहा है, जिससे आप परेशान हो रहे हैं। हालाँकि ये बातचीत को उसके मूल सार से दूर भी ले जाता है और कभी-कभी इससे आपसी तनाव बढ़ भी सकता है। इसलिए आप इसे - आपसी सहक्रिया को एक नाम देना - उस स्थिति में आज़मा सकते हैं, जब कोई और तरीका कारगर न हो रहा हो।

अब क्या? समस्या-समाधान की शुरुआत करें

'तीन बातचीतों के तंत्र' को खंगालने और सभी के लिए मामले का सार सामने लाने से अक्सर आपके बीच के मुद्दे सुलझ जाते हैं। लेकिन ऐसा हमेशा नहीं होता। एक-दूसरे की कथा को समझते हुए और जो हुआ, उसकी जटिलता को सुलझाते हुए, अब आप काफी कुछ जान-समझ चुके हैं। अब आपको इसमें शामिल भावनाओं की बेहतर समझ है। लेकिन अंततः आपको ये तो तय करना ही पड़ेगा कि आपको और दूसरे पक्ष को एक साथ मिलकर आगे कैसे बढ़ना है और हो सकता है कि इसे लेकर आप एक-दूसरे से सहमत न हो।

यही समय है समस्या का समाधान ढूँढ़ने का। मूलतः समस्या का समाधान ढूँढ़ने का अर्थ होता है - जानकारी इकट्ठा करना, अपनी धारणाओं का परीक्षण करना, दोनों पक्षों की प्रमुख चिंताओं को दूर करनेवाले विकल्प तैयार करना और आपसी मतभेदों को सुलझाने के न्यायसंगत तरीके ढूँढ़ना।

आपसी सहमति दो लोगों के बीच ही संभव होती है

कठिन बातचीत को संभव बनाने के लिए कुछ हद तक समझौता करना और दोनों पक्षों द्वारा एक-दूसरे की आवश्यकताओं का ध्यान रखना जरूरी होता है। अगर आपको समस्या का समाधान ढूँढ़ना मुश्किल और चिंता बढ़ानेवाला लगता है, तो शायद इसलिए क्योंकि आपका ध्यान सामनेवाले को राजी करने पर केंद्रित है। इस चक्कर में फँसनेवालों को, काँटे में फँसी मछली की तरह संघर्ष करना पड़ता है - जहाँ वे सामनेवाले की असंभव नज़र आनेवाली माँगों को पूरा करने की हताशापूर्ण कोशिश में उलझे रहते हैं ताकि इस बारे में एक न्यायसंगत आपसी

सहमति बना सकें कि इस मसले पर आगे क्या करना है। और कोई आश्चर्य नहीं कि इससे सारा नियंत्रण सामनेवाले के हाथ में चला जाता है - फिर जब तक सामनेवाला पूरी तरह संतुष्ट नहीं हो जाता, आप संघर्ष करते रहते हैं।

इस पैटर्न का ऐसा वर्णन करने से इसका दोष उजागर हो जाता है: यह मामला दो लोगों के बीच का है और जब तक दोनों सहमत न हों, तब तक कोई आपसी सहमति नहीं बन सकती। आपको सामनेवाले को राजी करने की सिर्फ उतनी ही कोशिश करनी है, जितनी वह आपको राजी करने के लिए करता है - न उससे ज़्यादा और न उससे कम। इससे आपके पास हमेशा स्थिति को पलटने का विकल्प होता है - यानी फिर आप सामनेवाले को नहीं बल्कि वह आपको राजी करे और वह ऐसा करे, इसके लिए आप जोर दे सकें। अगर आप इसे लेकर खुला रवैया रखते हैं और जरूरत पड़ने पर उस स्थिति को भी स्वीकार करने के लिए तैयार रहते हैं, जहाँ आप दोनों के बीच कोई सहमति न बनें, तो आप ये सब पूरी दृढ़ता के साथ कर सकते हैं: 'मैं समझ रहा हूँ कि तुम किसी भी हाल में अपने लेख की समीक्षा इसी सप्ताह कराना चाहते हो 'और' मैं अभी भी इस बात से राजी नहीं हूँ कि मुझे अपनी छुट्टियों के बीच ये काम निपटाने बैठ जाना चाहिए।

कई लोगों को जब ये एहसास होता है कि उन्हें सामनेवाले से बातचीत करने के लिए उससे सहमत होने की जरूरत नहीं है, तो उन्हें बड़ी राहत मिलती है और वे आज़ाद व सशक्त महसूस करने लगते हैं।

जानकारी इकट्ठा करें और अपनी धारणाओं का परीक्षण करें

हेनरी ने महीनों पहले से योजना बना रखी थी कि यह सप्ताहांत वह अपने दोस्तों के साथ बिताएगा। इसीलिए उसने क्लाइंट के लिए नए डिस्प्ले तैयार करने और सारा काम समय पर निपटाने के लिए पूरे हफ्ते अतिरिक्त मेहनत की। लेकिन शुक्रवार की सुबह हेनरी की बॉस रोजारियो ने आकर उससे कहा -

'हैंक, इस सप्लायर को लेकर मैं एक समस्या में फँस गई हूँ, जिसे हमें इस सप्ताहांत में ही सुलझाना पड़ेगा ताकि अगले महीने छुट्टियों के सीज़न में ग्राहकों की भीड़ को सँभालने के लिए हमारे पास पहले से पूरा स्टॉक मौजूद हो,' रोजारियो ने समझाते हुए कहा। 'आई एम सॉरी, मुझे पता है कि इस सप्ताहांत तुम अपने दोस्तों के साथ कहीं जानेवाले थे। पर तुम्हें रूकना होगा क्योंकि मुझे तुम्हारी जरूरत

है। तुम अपने दोस्तों के साथ बाद में कभी चले जाना, ठीक है?'

एक टेस्ट क्राफ्ट करने का प्रस्ताव दें। ये सुनने के बाद हेनरी ने भड़कने या बहस करने के बजाय तय किया कि पहले वह पता करेगा कि रोजारियो इतनी चिंतित क्यों है। जब हेनरी और रोजारियों ने अपनी कथाओं पर गहनता से गौर किया, तो पाया इस सप्लायर के साथ अपने संबंधों के बारे में उन दोनों की धारणाएँ अलग-अलग थीं। हेनरी का मानना था कि भविष्य में कोई समस्या आने पर भी ये सप्लायर रातोंरात ऑर्डर पूरा करने के लिए उनके साथ मिलकर काम करेगा। जबकि पिछले कुछ सालों में कई सप्लायर्स के साथ रोजारियो का अनुभव अच्छा नहीं रहा था। इसीलिए उसे लगता था कि छुट्टियों के सीज़न में आनेवाले ढेर सारे ग्राहकों को संभालने का इकलौता कारगर तरीका यही है कि समय से पहले ही सप्लायर से सारा स्टॉक मिल जाए।

विचारों की भिन्नता के पीछे अक्सर एक या एक से अधिक परस्पर विरोधी धारणाएँ या परिकल्पनाएँ होती हैं। अगर इन धारणाओं या परिकल्पनाओं की पहचान कर ली जाए, तो आप ये चर्चा कर सकते हैं कि ये धारणा किस निष्पक्ष परीक्षण में अनुभवजन्य रूप से मान्य होगी या किस हद तक मान्य होगी। हेनरी ने सुझाव दिया कि उन्हें सप्लायर को फोन करके स्टॉक की उपलब्धता के बारे में पूछना चाहिए और अगर आनेवाले हफ्तों में उनके सामने इसे लेकर कोई समस्या आई, तो क्या सप्लायर की ओर से कोई व्यक्ति उनके साथ मिलकर इस पर काम करेगा। रोजारियो चाहती थी कि सप्लायर से 'अगर ऐसा हुआ तो? अगर वैसा हुआ तो?' जैसे कई सवाल पूछे जाएँ और उसके किसी कर्मचारी से व्यक्तिगत संबंध बनाए जाएँ, जो इस पूरी प्रक्रिया को कारगर बनाने की जिम्मेदारी ले। स्वाभाविक है कि अंततः दोनों पक्ष राजी हों, इसके लिए जरूरी था कि ये परीक्षण दोनों पक्षों को निष्पक्ष और यथोचित लगे।

खुलकर बताएँ कि अभी भी किस चीज़ की कमी है। परस्पर विरोधी धारणाओं और निष्कर्षों के साथ संघर्ष करते हुए ये जरूरी हो जाता है कि हर पक्ष स्पष्ट शब्दों में बताए कि सामनेवाले की कथा का कौन सा पहलू अब भी आपकी समझ से बाहर है। जब आप सामनेवाले के तर्कों को परखें, तो देखें कि अभी भी आपको किस चीज़ की कमी लग रही है, जिसके पूरा होते ही उसकी कथा आपको सही लगने लगेगी। इसलिए हेनरी कह सकता है, 'अब मुझे समझ में आ रहा है कि

स्टॉक की समस्या के चलते पिछले साल हमें आर्थिक नुकसान क्यों हुआ था। अभी जरूर ऐसा लग रहा है कि हमें जल्द ही स्टॉक का इंतजाम करना होगा लेकिन अब भी इस समस्या से निपटने के लिए हमारे पास ३० दिन का समय है। इसीलिए ये बात मेरी समझ से बाहर है कि इस सप्ताहांत में इस पर काम करके क्या फर्क पड़ जाएगा।'

स्पष्ट करें कि आपको राजी करने के लिए क्या जरूरी है। राजी होने के लिए खुला रवैया रखना आपके सशक्त रुख को दर्शाता है। इससे आपको अपने मौजूदा विचारों के प्रति ईमानदार और दृढ़ रहने में और सामनेवाले के विचारों को सुनने में मदद मिलती है। 'जहाँ तक मुझे पता है, मेरा असिस्टेंट मैनेजर बिल इस सप्ताहांत में स्टॉक को सूचीबद्ध कर सकता है, जिससे मुझे अगले सप्ताह आनेवाले समस्याओं की जानकारी भी पहले ही मिल जाएगी। कहीं इस बारे में तुम्हारी राय मुझसे अलग तो नहीं है? क्योंकि हो सकता है कि बिल को लेकर तुम्हारी कुछ ऐसी चिंताएँ ऐसी हों, जो मुझे इसके लिए राजी कर सकें।'

सामनेवाले से पूछें कि उसे राजी करने के लिए क्या जरूरी है। 'सप्ताहांत में दोस्तों के साथ जाने के बजाय ऑफिस आने कोई मतलब क्यों नहीं बनता, इसे लेकर मैं कई उचित कारण दे चुका हूँ। इसके बावजूद आप अडिग हैं कि मुझे ऑफिस आना चाहिए। क्या इसके पीछे कोई ऐसा कारण है, जो अभी तक आपने मुझे न बताया हो? अगर नहीं, तो फिर मुझे नहीं पता कि आपको राजी करने के लिए मुझे क्या करना होगा? और अगर सचमुच कुछ ऐसा है, जिससे आप राजी हो सकती हैं, तो मैं जानना चाहूँगा कि वह क्या है।'

सामनेवाले से सलाह लें। मैं समझना चाहता हूँ कि अगर आप मेरी जगह होतीं, तो आपको कैसा महसूस होता और इस स्थिति को लेकर आपकी क्या राय होती? आप क्या करतीं और क्यों? आपको क्या लगता है, इस सप्ताहांत ऑफिस आकर आप ऐसा क्या करतीं कि दोबारा ऐसी स्थिति न बने?'

हमारा अनुभव कहता है कि जो लोग इस बात को समझते हैं कि राज़ी करना हमेशा दो तरफा कार्य होता है - यानी इसमें दोनों पक्षों का योगदान जरूरी होता है - उन्हें खुद ऐसी स्थितियों का सामना कम ही करना पड़ता है। उनकी छवि ऐसे व्यक्ति की होती है, जो बेवजह दबाव नहीं बनाता और इसके लिए उन्हें न सिर्फ सम्मान की नज़रों से देखा जाता है बल्कि हर मामले में उन लोगों के मुकाबले ज्यादा

गुंजाइश भी दी जाती है, जो मौका पाकर स्थिति का फायदा उठा सकते हैं।

विकल्प तलाशें

आइए एक बार फिर उस पड़ोसी का उदाहरण लेते हैं, जिसके पालतू कुत्ते के भौंकने की आवाज ने आपको परेशान कर रखा है। अंततः जब आप उसके सामने जाकर ये मुद्दा उठाते हैं, तब आपको पता चलता है कि पड़ोसी का मानना तो ये है कि घर की सुरक्षा के लिए कुत्ते का भौंकना जरूरी है और वह उसे रात में इसलिए घर के बाहर छोड़ देता है क्योंकि उसे डर है कि कहीं गलती से ये पालतू जानवर उसके नवजात बच्चे (जिसे वह बहुत प्यार करता है) को चोट न पहुँचा दे। उसकी ये बात आपको भी ठीक लगती है और फिर आप उससे ये बात साझा कर लेते हैं कि कुत्ते की आवाज के चलते नींद न आना आपके लिए कितना थकाऊ और हताशा-पूर्ण है। अब जब आप दोनों को ये तय करना है कि आगे क्या करना चाहिए, तो आप बीच में अटक सकते हैं। क्योंकि आपका समाधान (कि इस कुत्ते से छुटकारा पाना चाहिए) सामनेवाले के लिए आकर्षक नहीं है और उसका समाधान (कि कुत्ते के शोर से बचने के लिए आप इयरप्लग पहन लें या अपनी खिड़कियाँ बंद करके रखें) आपको बेहूदा लगता है।

कई कठिन परिस्थितियाँ ऐसी होती हैं, जिन्हें सुधारने के लिए उन रचनात्मक समाधानों की जरूरत होती है, जो हर पक्ष की अधिकांश जरूरतें पूरी करते हों। पर ऐसे समाधान आसानी से नज़र नहीं आते और उन्हें तलाशने के लिए थोड़ी मेहनत करनी पड़ सकती है। इसके लिए एक संयुक्त विचार-मंथन की जरूरत होती है - 'संभवतः हमें एक ऐसा समाधान तलाशने के लिए मिलकर काम करना होगा, जो हम दोनों के हित पूरे करे। तुम्हें क्या लगता है? क्या तुम कोशिश करने के लिए तैयार हो?' हो सकता है कि आपके दृढ़ प्रयास रंग लाएँ।

विचार-मंथन से उपयोगी विचार निकल सकते हैं। उदाहरण के लिए, आपका बेटा पड़ोसी के पालतू कुत्ते के साथ खेल सकता है, इससे कुत्ते की अच्छी कसरत भी हो जाएगी और जब पड़ोसी अपने नवजात बच्चे को संभालने में व्यस्त होगा, तो कुत्ते पर ध्यान देने के लिए आपका बेटा मौजूद होगा। इससे अपना कुत्ता पालने की आपकी बेटे की इच्छा भी कुछ हद तक पूरी हो जाएगी। या फिर आपका पड़ोसी अपने कुत्ते का साथ देने के लिए एक दूसरा कुत्ता ला सकता है या फिर वह अपने

कुत्ते को रात के दस बजे के बाद घर के अंदर बाँधकर अपने नवजात बच्चे के कमरे का दरवाजा लॉक कर सकता है। या फिर शायद वह आपसे कह सकता है कि जब भी कुत्ते की आवाज से आपकी नींद में खलल पड़े तो आप उसे फोन कर दें ताकि वह तत्काल ये समस्या हल करे और आपको सारी रात जागते हुए न बितानी पड़े।

इससे भी ज़्यादा महत्वपूर्ण ये है कि आप दोनों ही ये बात समझते हैं कि अगर आपको एक-दूसरे के पड़ोस में रहना है, तो कोई ऐसा समाधान तलाशने के लिए मिलकर कोशिश करनी ही होगी, जिससे हर पक्ष संतुष्ट हो- आप, आपका पड़ोसी और उसका पालतू कुत्ता।

ये पूछें कि कौन से मानक लागू होने चाहिए

किसी संघर्ष से आपसी संबंधों पर असर न पड़े, इसका सबसे अच्छा तरीका है, समाधान को दिशा देनेवाले मानक या निष्पक्ष सिद्धांत तय करना, न कि साम नेवाले पर हावी होने या कोई बखेड़ा खड़ा करने की कोशिश करना। अगर आप समस्या का कोई रचनात्मक समाधान नहीं निकाल पा रहे हैं, तो पूछें कि इस मामले में निष्पक्षता के कौन से मानक लागू होने चाहिए और क्यों? पालतू कुत्ते के मामले में शोर से जुड़ा कोई स्थानीय सरकारी नियम हो सकता है या कोई ऐसा तरीका हो सकता है, जिसका उपयोग करके आसपड़ोस में रहनेवाले लोग अपने पालतू कुत्तों को शांत रखते हों। ऐसी स्थितियों में औद्योगिक या स्थानीय चलन, कानूनी मिसालें या नैतिक सिद्धांत मुद्दो को सुलझाने के ऐसे तरीके प्रदान करते हैं, जिनमें किसी पक्ष को पीछे हटने की जरूरत नहीं पड़ती और न ही किसी को 'हारने' का अपमान सहना पड़ता है।

बेशक सभी मानक संबंधित पक्षों को राज़ी करने में समान रूप से सक्षम नहीं होते। समय, स्थान और परिस्थितियों के संदर्भ में कुछ मानक बिलकुल प्रत्यक्ष, व्यापक रूप से स्वीकृत या तात्कालिक रूप से प्रासंगिक प्रतीत होते हैं। विभिन्न मानकों की निष्पक्षता का पता लगाते समय यह निश्चित ही एक चर्चा का विषय हो सकता है।

आपस में मिलकर संभालने का सिद्धांत। कठिन बातचीत के इस चरण में याद रखी जानेवाली एक आपसी सहक्रिया है - ये मान लेने की हमारी प्रवृत्ति कि किसी चीज़ को करने का हमारा तरीका ही 'सही' तरीका है। क्योंकि इस तरह हम समस्या

के लिए इस बात को जिम्मेदार ठहरा देते हैं कि 'सामनेवाले के साथ कुछ तो गड़बड़ है' और साथ ही ऐसा 'समाधान' पेश कर देते हैं, जो अंततः हमारा ही तरीका हो: 'अगर तुम खुद को बदल लो, तो फिर कोई समस्या बचेगी ही नहीं।'

ऐसा समाधान देनेवाले की हताशा समझी जा सकती है, लेकिन ये तय है कि उसके इस तर्क से सामनेवाला राज़ी नहीं होगा। क्योंकि लोगों के बीच का भेद या फर्क ही उनके आपसी रिश्तों को दिलचस्प भी बनाता है और वही उनके लिए एक चुनौती भी साबित होता है। कभी-कभार होनेवाली हताशा असल में इस बात को स्वीकार करने की कीमत जैसी है और जैसा कि हम सब जानते हैं, ऐसा कोई भी रिश्ता हमेशा टिका नहीं रह सकता, जिसमें सिर्फ एक पक्ष को ही दूसरे के सामने झुकना पड़ता हो। आमतौर पर एक अच्छे समाधान के लिए जरूरी होता है कि हर पक्ष दूसरे पक्ष के भिन्न मत को कुछ हद तक जगह दे या फिर परस्पर आदान-प्रदान का तरीका अपनाए - जहाँ किसी एक मुद्दे से निपटने के लिए अपना तरीका और दूसरे मुद्दे से निपटने के लिए सामनेवाले का तरीका अपनाया जाए। आपस में मिलकर संभालने का यही नियम है।

अगर आप अब भी सहमत नहीं हो पा रहे हैं, तो अपने विकल्पों पर विचार करें

हर विवाद को आपसी सहमति से नहीं सुलझाया जा सकता। कभी-कभी अत्यधिक कुशल संवाद के बावजूद आप और दूसरा पक्ष एक ऐसा विकल्प नहीं तलाश पाते, जो आप दोनों को स्वीकार्य हो। ऐसे में आपको इस दुविधा का सामना करना पड़ता है: आप जितना चाहते हैं, क्या आपको उससे कम भी स्वीकार कर लेना चाहिए या फिर आपको वे परिणाम स्वीकार कर लेने चाहिए, जिनका सामना आपको सहमत न होने पर करना पड़ेगा?

चलिए एक बार फिर हेनरी और रोजारियो पर आते हैं। रोजारियो बॉस है। हेनरी एक महत्वपूर्ण कर्मचारी है। अगर वे इस समस्या का कोई समाधान नहीं ढूँढ़ पाते कि हेनरी को सप्ताहांत में ऑफिस आना चाहिए या नहीं, तो फिर दोनों को ही कुछ विकल्पों का सामना करना पड़ेगा। दोनों को ही ये सोचना पड़ेगा कि अगर इसका कोई समाधान नहीं निकलता है, तो वे क्या करेंगे।

अगर आप सहमत हुए बिना ही जा रहे हैं, तो आपको दो चीज़ों की जरूरत होगी। पहली, आपको ये समझाना पड़ेगा कि आप इस मुद्दे को छोड़कर क्यों जा

रहे हैं और जिस समाधान पर चर्चा हो रही है, उससे आपकी कौन सी चिंताएँ दूर नहीं होंगी और कौन से हित पूरे नहीं होंगे। मान लीजिए, रोजारियो के जोर देने के बावजूद अगर हेनरी सप्ताहांत में ऑफिस आने के बजाय छुट्टी मनाता है, तो फिर हेनरी को बॉस की बातों पर भड़कने के बजाय अपनी भावनाओं, हितों और चुनावों को लेकर बिलकुल स्पष्ट रहना होगा। वह कह सकता है, 'रोजारियो, आई एम सॉरी। मैं सचमुच एक अच्छे कर्मचारी की तरह काम करना चाहता हूँ और जब संभव हो, तब मदद भी करना चाहता हूँ। आमतौर पर मुझे सप्ताहांत में या रात के समय काम करने में कोई समस्या नहीं होती – उम्मीद है, आपने पहले भी कई बार मुझे ऐसा करते देखा होगा। लेकिन इस बार मामला सिर्फ ये है कि मुझे इसके बारे में बड़ी देर से बताया गया। मुझे इस तरह आपको बीच में छोड़ना अच्छा नहीं लग रहा है; साथ ही ये सप्ताहांत दोस्तों के साथ बिताना मेरे लिए बहुत मायने रखता है। मैंने आपको हफ्तों पहले बता दिया था कि इस सप्ताहांत में मेरी योजना क्या है। साथ ही मैंने पूरे सप्ताह बड़ी मेहनत से अपना काम पूरा किया ताकि मैं सप्ताहांत में आराम से जा सकूँ। तो मुझे इस तरह जाना अच्छा तो नहीं लगेगा, लेकिन मैं निश्चित ही यही विकल्प चुनूँगा।'

अब हेनरी को दूसरी चीज़ की जरूरत है: परिणामों को स्वीकार करने की इच्छा। हो सकता है कि सप्ताहांत की छुट्टी बिताने के बाद जब वह सोमवार को ऑफिस आए, तो उसे पता चले कि उसकी नौकरी जा चुकी है। अगर वह इस परिणाम को स्वीकार करने के लिए तैयार है या फिर अगर वह पहले से ही ये चाहता था, तो फिर दोस्तों के सप्ताहांत मनाने को प्राथमिकता देना बिलकुल ठीक है। दूसरी ओर ऐसा भी हो सकता है कि सोमवार को जब वह वापस ऑफिस आए, तो देखे कि उसकी बॉस रोजारियो उससे नाखुश तो है, लेकिन अब वह हेनरी को और अधिक सम्मान से देखने लगी है और हेनरी के समय का मोल समझने लगी है। शायद वह हेनरी से माफी भी माँगे और इस बारे में चर्चा करना चाहे कि भविष्य में ऐसी स्थिति से बचने के लिए क्या किया जाना चाहिए।

अगर हेनरी नौकरी खोने का खतरा उठाने के लिए तैयार नहीं है, तो संभवत: उसके लिए सबसे अच्छा विकल्प यही होगा कि सप्ताहांत में छुट्टियाँ मनाने के बजाय वह चुपचाप ऑफिस आकर काम करे। वह इस बात से हताश जरूर होगा कि इतनी लंबी योजना बनाने के बावजूद वह अपने दोस्तों के साथ समय नहीं बिता सका, लेकिन उसे ये एहसास भी होगा कि उसने इस बातचीत को बड़ी ही कुशलता

से संभाला और अंततः एक समझदारी भरा विकल्प चुना।

इसमें समय लगता है

अधिकांश कठिन बातचीतें सिर्फ एक बातचीत भर नहीं होती। वास्तव में कठिन बातचीतें, समय के साथ होनेवाले संवाद और अन्वेषणों की एक पूरी श्रृंखला होती हैं। अगर हम ये मान लें कि अंततः हेनरी और उसकी बॉस रोजारियो अपने सारे मतभेद भूल जाएँगे, तब भी ऐसे कई मुद्दे होंगे, जो भविष्य में उनके बीच उठ सकते हैं। काम का दबाव पहले की ही तरह बढ़ा हुआ होगा और उन्हें ऐसे तरीकों का पता लगाने के लिए एक-दूसरे के साथ मिलकर काम करना होगा, जिनकी मदद से हेनरी की व्यक्तिगत और पेशेवर प्रतिबद्धताओं के बीच तालमेल बिठाया जा सके। इसी तरह अध्याय-१ में ब्रोशर पर बहस करनेवाले दो दोस्तों - माइकल और जैक - को भी ऐसे तरीके ढूँढ़ने होंगे, जिनकी मदद से वे अपने आपसी संबंध सुधार सकें और ये तय कर सकें कि भविष्य में उन्हें एक-दूसरे के साथ काम करना है या नहीं और अगर करना है, तो कैसे। इसी तरह रात को कुत्ते की आवाज की समस्या से निपटने के लिए आपको और आपके पड़ोसी को भी ऐसे ही तरीके आज़माने होंगे - जैसे आपके बच्चे को उसके पालतू कुत्ते के साथ खेलने देना या रात को १० बजे के बाद पड़ोसी द्वारा अपने कुत्ते को घर के अंदर ही रखना - और ये देखना होगा कि ये तरीके कितने कारगर हैं। इसके बाद जो भी हो, आपको जाकर सामनेवाले से दोबारा बात करके देखना होगा कि आप दोनों का तरीका कितना कारगर साबित हो रहा है। साथ ही जरूरत पड़ने पर इससे निपटने के लिए नए तरीकों की तलाश भी शुरू करनी होगी।

12
सब एक साथ जोड़कर रखना

जैक एक बार फिर माइकल के साथ बातचीत की कोशिश करना चाहता है।

'मुझे लगा था एक बार जब ब्रोशर की बात खत्म हो जाएगी तो हमारे बीच चीज़ें बेहतर हो जाएँगी,' वह बताता है। लेकिन महीनों बाद भी माइकल उससे दूर-दूर ही रहता है और उनके बीच का दोस्ताना रिश्ता अब जरा अजीब सा हो गया है। जैक जानता है कि उसे माइकल से बात करनी चाहिए, लेकिन किस बारे में? जैक का मानना है कि बॉटम लाइऩ ये है: माइकल मूर्खों जैसा व्यवहार कर रहा था।

पहला कदम: तीन बातचीतों के तंत्र पर एक गहरी नज़र डालकर बातचीत की तैयारी करें

बातचीत की तैयारी करने के लिए जैक ने तीन बातचीतों के तंत्र पर एक गहरी नज़र डाली और अपने लिए कुछ नोट्स तैयार कर यह समझने की कोशिश की कि माइकल चीज़ों को कैसे देखेगा और इस समस्या में उन दोनों ने अपनी ओर से क्या योगदान दिया है। (जैक के नोट्स का एक संक्षिप्त संस्करण आगे दिया जा रहा है) इस तरह जैक को कुछ नई चीज़ें पता चलीं। उसे एहसास हुआ कि संभवत: माइकल को पता ही नहीं रहा होगा कि उसके ब्रोशर का काम समय पर निपटाने के लिए जैक को अपने बाकी सारे काम बंद करके रातभर जागना पड़ा था। जैक यकीन से नहीं कह सकता था कि माइकल का इरादा सचमुच उस पर हावी होने का था या नहीं। इस तरह जैक को समझ में आया कि उस दौरान और उसके बाद भी माइकल के सामने अपनी भावनाएँ न रखकर संभवत: उसने खुद समस्या में योगदान दिया है।

इस बात का एहसास होने के बाद जैक का ये संकल्प और दृढ़ हो गया कि अब उसे समस्या में योगदान देना बंद करके अपनी भावनाओं को सामने रखना

चाहिए। इस बारे में जैक कहता है, 'मेरे और माइकल के बीच जो भी हुआ, उसके बारे में अपनी धारणाओं पर पुनर्विचार करने के बाद मैं अपने इस विश्वास पर संदेह करने लगा कि मैं इस मामले में बिलकुल सही हूँ और असली समस्या माइकल ही था। शायद सबसे बड़ी बात, जो मुझे महसूस हुई, वह ये थी कि मैंने इस पूरे मामले को कभी माइकल के दृष्टिकोण से देखा ही नहीं। लेकिन अब मैं इसके लिए कोशिश करने को तैयार हूँ।

जैक की तैयारी के नोट्स

क्या हुआ?		
विविध कथाएँ	**प्रभाव/इरादा**	**योगदान**
मेरी कथा क्या है? मैंने अपने जरूरी काम छोड़कर एक दोस्त की मदद की, लेकिन उसने एक छोटी सी गलती पर ओवररिएक्ट किया और फिर मुझ पर धौंस जमाकर पूरा काम नए सिरे से करने के लिए मजबूर किया। इसके बाद उसने मुझे एक बार धन्यवाद तक नहीं कहा और न ही इस बात की जिम्मेदारी ली कि प्रिंट करने से पहले उसने खुद ही ब्रोशर की जाँच करके उसे सही बताया था। **उसकी कथा क्या है?** माइकल को पूरा भरोसा था कि मैं ये काम अच्छी तरह करके दूँगा, लेकिन मैंने उसे निराश किया। फिर मैंने ब्रोशर में सुधार करने के बजाय माइकल से इसके बारे में बहस की। हम्म। कुछ हद तक ये बात सच भी है।	**मेरे इरादे :** एक दोस्त की मदद करना। काम को अच्छी तरह करना। माइकल को ये मानने के लिए राज़ी करना कि जो गलती हुई, वह कोई बड़ी चीज़ नहीं थी(!) **मुझ पर पड़ा प्रभाव:** ऐसा लगा, जैसे वह मुझ पर धौंस जमा रहा है। कोई सराहना नहीं। हताशा। **माइकल के इरादे:** ब्रोशर को तत्काल तैयार कराना। सुनिश्चित करना कि ब्रोशर सही बना है? मुझ पर धौंस जमाना? **माइकल पर पड़ा प्रभाव:** हताशा? निराशा? क्लाइंट के साथ गड़बड़ होना?	**समस्या में मैंने क्या योगदान दिया?** उस दौरान और उसके बाद भी मैंने माइकल को नहीं बताया कि मैं परेशान था। हाँ, मुझसे ब्रोशर बनाने में गलती हुई थी। माइकल जिस संकट में था, उसे समझने के लिए मैंने माइकल से और सवाल नहीं पूछें। **समस्या में उसने क्या योगदान दिया?** प्रिंट करने से पहले माइकल खुद भी ब्रोशर की गलती को पकड़ नहीं पाया। उसने इस काम के लिए मुझे पहले से फोन नहीं किया था, इसीलिए सारा काम जल्दबाजी में करना पड़ा। वह लगातार पूछता रहा, 'क्या तुम इसे नए सिरे से करोगे? हाँ या ना में जवाब दो? जो ऐसा लग रहा था, मानों वह मुझ पर धौंस जमा रहा हो।

भावनाएँ	पहचान संबंधी समस्याएँ
मेरे आरोपों और आलोचनाओं के पीछे कौन सी भावनाएँ हैं? **गुस्सा** **हताशा** **निराशा** कि सब कुछ अच्छी तरह नहीं हो सका और माइकल ने किसी और से काम करवा लिया। **आहत होना** **दोषी महसूस करना** – काश मैंने इसे बेहतर ढंग से संभाला होता। **शर्मिंदगी** – मैंने कितनी मूर्खतापूर्ण गलती कर दी! **सराहना का भाव** – अतीत में माइकल द्वारा किए गए सहयोग के लिए। दुःख कि हमारी दोस्ती खत्म हो गई।	**जो हुआ, उससे मेरी पहचान खतरे में कैसे आई?** ओह! शायद इसका संबंध सचमुच मेरी पहचान से है, खासकर इसलिए क्योंकि मैं खुद को एक परफेक्शनिस्ट मानता हूँ। मेरे लिए ये स्वीकार करना बड़ा मुश्किल है कि मैं इतनी मूर्खतापूर्ण गलती पकड़ नहीं सका। और इससे भी ज़्यादा ये कि काश मैंने हमारे बीच की बातचीत को बेहतर ढंग से संभाला होता। आमतौर पर मैं ऐसी चीज़ें बड़ी कुशलता से करता हूँ – जैसे क्लाइंट की समस्याओं का निपटारा करना वगैरह। और अब मुझे दो-तरफा हानि हो रही है। मैंने खुलकर अपना बचाव भी नहीं किया और फिर भी एक क्लाइंट और एक दोस्त के रूप में माइकल को खो दिया।

किसी बातचीत की तैयारी करने के लिए अपने विश्वास पर संदेह करना हास्यास्पद लग सकता है। लेकिन इसी के परिणामस्वरूप माइकल की बात सुनने के लिए अब जैक के रवैये में पहले से कहीं ज़्यादा खुलापन आ गया और उन चीज़ों के प्रति उसकी जिज्ञासा बढ़ गई, जो उसे पता नहीं हैं (जैसे ये कि माइकल के इरादे क्या थे और माइकल के अनुसार समस्या में जैक का क्या योगदान था)। एक लिहाज से, अब जैक का आत्मविश्वास भी पहले से कहीं ज़्यादा था। समस्या में अपने योगदान को स्वीकार करने से वह पहले से अधिक स्थिर महसूस करने लगा, न कि कम। हालाँकि वह यकीन से नहीं कह सकता कि उसकी कथा 'सही' और माइकल की कथा 'गलत' है, लेकिन अब वह ये जरूर मानता है कि इस पूरे मामले में दोनों की कथाएँ मायने रखती हैं।

दूसरा कदम: अपने उद्देश्यों को जाँचें और तय करें कि समस्या को उठाना है या नहीं

सबसे महत्वपूर्ण बात ये है कि अब जैक इस बात को लेकर पहले से अधिक सुरक्षित महसूस करता है कि इन मुद्दों को उठाना अच्छा रहेगा, भले ही माइकल की प्रतिक्रिया कुछ भी हो। 'शुरू-शुरू में जब मैं इस बात पर विचार कर रहा था कि इस मुद्दे को फिर से उठाना ठीक रहेगा या नहीं, तो मैंने सोचा, 'अगर माइकल को लगा कि ये महत्वपूर्ण नहीं है या अगर उसने इसे गंभीरता से नहीं लिया, तब क्या? मुझे लगेगा कि मैं सचमुच मूर्ख हूँ या फिर ये लगेगा कि मैं असफल रहा।' मेरे मन में ये विचार भी आया कि इस मुद्दे को फिर से न उठाऊँ, लेकिन अगर मैं ऐसा करता, तो एक स्पष्ट विकल्प का चुनाव करने के बजाय सिर्फ इससे भागता ही रहता।'

'मैं ये मुद्दा उठाना तो चाहता था, लेकिन मैं नर्वस था। फिर मुझे ये सलाह याद आई कि सामनेवाले की प्रतिक्रिया को नियंत्रित करने की कोशिश नहीं करनी चाहिए। मैं ये मुद्दा उठा रहा हूँ क्योंकि मुझे ये जरूरी लगता है और इसलिए मैं इसे जितना हो सकेगा, उतनी अच्छी तरह उठाऊँगा और अगर माइकल को मुझसे बात करने में दिलचस्पी नहीं होगी या अगर उसके रवैये में खुलापन नहीं होगा तो मुझे ये सोचकर खुशी होगी, तो चलो कम से कम मैंने ये मुद्दा उठाया और अपना बचाव करने की हिम्मत दिखाई।'

आगे जैक और माइकल के बीच की संभावित बातचीत के कुछ अंश दिए जा रहे हैं – बस इसमें एक फर्क है: जैक क्या अच्छा कर रहा है और क्या नहीं, इसे बिलकुल स्पष्ट बनाने के लिए उसे एक कोच उपलब्ध कराया जा रहा है ताकि अगर कभी बातचीत के दौरान जैक अटक जाए, तो वह कोच उसे सिखा सके। इसके अलावा जैक को बातचीत शुरू और खत्म करने का मौका भी दिया जा रहा है। साथ ही जहाँ बातचीत ठीक न चल रही हो, वहाँ जैक को बातचीत फिर से शुरू करने का मौका भी मिलेगा।

तीसरा कदम: तीसरी कथा से शुरू करें

जैक बातचीत शुरू करने की कोशिश करता है, जिसका परिणाम ये रहा :

जैक: सुनो माइकल, तुम कुछ भी कहो, लेकिन उस ब्रोशरवाले मामले में समस्या ये थी कि तुम्हारे लिए सब कुछ छोड़कर इतना सारा काम करने के बाद भी तुमने मेरे साथ बुरा बर्ताव किया और तुम भी ये बात अच्छी तरह जानते हो।

माइकल: दरअसल असली समस्या ये थी कि मैंने उस काम के लिए तुम्हें चुना, जो मेरी गलती थी। अब मैं दोबारा ऐसी गलती कभी नहीं करूँगा!

....

जैक: अरे ज़रा ठहरो, ये बातचीत सही नहीं जा रही है।

कोच: क्या गड़गड़ हुई?

जैक: पता नहीं। उसकी प्रतिक्रिया बहुत अच्छी नहीं थी।

कोच: गौर करो, तुमने बातचीत की शुरुआत अपनी कथा के अंदर से की थी।

जैक: मुझे तीसरी कथा से बातचीत शुरू करनी चाहिए थी। हाँ, यही ठीक रहेगा। चलो, मैं दोबारा शुरू करता हूँ।

....

जैक: माइकल, उस ब्रोशर के मामले में हमारे बीच जो कुछ भी हुआ, उसके बारे में मैंने बहुत सोचा। मेरे लिए ये अनुभव बड़ा ही हताशापूर्ण रहा और मुझे लगता है कि तुम्हारा अनुभव भी ऐसा ही था। सबसे ज़्यादा चिंता की बात ये

है कि ऐसा लग रहा है, जैसे इसके चलते हमारी दोस्ती पर बुरा असर पड़ा है। शायद हमें इसके बारे में बात करनी चाहिए? मैं इस बात को बेहतर ढंग से समझना चाहता हूँ कि तुम्हारे साथ क्या चल रहा था और मेरे साथ काम करने को लेकर तुमने कैसा महसूस किया। साथ ही मैं भी तुमसे ये साझा करना चाहूँगा कि मैं किस चीज़ से परेशान हुआ।

माइकल: देखो जैक, समस्या ये है कि तुम सावधानी से काम नहीं करते और जब तुमसे कोई गलती होती है, तो तुम उसे स्वीकार भी नहीं कर पाते। मुझे उस समय बहुत गुस्सा आया था, जब तुम अपनी गलती मानने के बजाय बहाने बनाने लगे थे।

....

जैक: ओह, तो अब वह मुझ पर मौखिक हमला कर रहा है। मुझे लगा था कि अगर मैं बातचीत को तीसरी कथा से शुरू करूँगा, तो वह विनम्र व्यवहार करेगा।

कोच: देखो, तुम्हारी पहली कोशिश में माइकल की प्रतिक्रिया जितनी आक्रामक थी, उसकी तुलना में इस प्रतिक्रिया की आक्रामकता बहुत कम है। सच तो ये है कि इस बार तुम्हारी शुरुआत अच्छी रही है। तुमने तीसरी कथा से शुरुआत करके बेहतरीन कदम उठाया है। तुम्हें दृढ़ता बनाकर रखनी है, याद है ना? माइकल को ये बात तुरंत समझ नहीं आएगी कि तुम एक 'सीखनेवाली बातचीत' करने की कोशिश कर रहे हो। वह अपना बचाव करने के लिए एक हद तक रक्षात्मक रवैया अपनाएगा और तुम्हें इसके लिए तैयार रहना चाहिए।

जैक: और जब वह मुझ पर मौखिक हमला करे, तो मैं क्या कहूँ?

कोच: वह पहले से ही अपनी कथा के अंदर है। इस बातचीत के लिए तुम जो सर्वश्रेष्ठ कदम उठा सकते हो, वह है - सच्ची जिज्ञासावाले रुख के साथ माइकल की बात सुनना, सवाल पूछना और उसके शब्दों के पीछे छिपी भावनाओं पर विशेष ध्यान देना।

चौथा कदम: अपनी और सामनेवाले की कथा की छानबीन करें

जैक: तो तुम्हें ऐसा लगा कि मैं बहाने बना रहा हूँ? ज़रा खुलकर बताओ।

माइकल: सच तो ये है कि ब्रोशर के चार्ट को लेकर तुम्हें मुझसे बहस नहीं करनी चाहिए थी। तुम्हें बस सीधे-सीधे ब्रोशर को नए सिरे से तैयार कर देना चाहिए था।

जैक: तो तुम्हारी सोच ये थी कि चूँकि ग्राफ थोड़ा ठीक नहीं था, इसलिए उसे ठीक करके ब्रोशर को दोबारा प्रिंट करना मेरी जिम्मेदारी थी। और ऐसा लगता है, जब मैंने इस पर सवाल उठाया तो तुम हताश महसूस करने लगे।

माइकल: हाँ, मैं सचमुच हताश हो गया था। उस क्लाइंट ने मेरे सिर पर तलवार लटका रखी थी और वह पहले से ही हमसे खुश नहीं था।

जैक: पर क्यों?

माइकल: क्योंकि एक अन्य प्रोजेक्ट में उपयोग की गई एक तस्वीर उसे गलत लग रही थी। हालाँकि वह तस्वीर गलत नहीं थी, लेकिन ऐसे मौकों पर क्लाइंट से बहस नहीं की जाती। यही बात मेरे लिए बहुत हताशाभरी थी, जैक। लेकिन ऐसा लगता है, जैसे तुम ये बात समझने को तैयार ही नहीं हो कि ग्राहक हमेशा सही होता है।

जैक: तो क्लाइंट पहले से कुछ ऐसा ढूँढ़ रहा था, जिन्हें लेकर वह नाखुश हो सके?

माइकल: लग तो ऐसा ही रहा था। और रेवेन्यू चार्ट ही एक ऐसी चीज़ थी, जिसमें वह सबसे पहले गलती ढूँढ़नेवाला था और तुमने उसी में गड़बड़ कर दी। उसके कुछ हालिया निर्णयों के चलते उसके निवेशक पहले से ही ज़रा नाखुश चल रहे थे। हाँ, ये सच है कि चार्ट में बहुत छोटी सी गड़बड़ थी और ये ऐसी चीज़ नहीं थी, जिस पर हम दोबारा ध्यान देते हों, लेकिन इस मामले में - संवेदनशील परिस्थितियों के चलते - ये एक ऐसी चीज़ थी, जिसे हमें हर हाल से ठीक से करना था।

जैक: मुझे अंदाज़ा भी नहीं था कि परदे के पीछे ये सब चल रहा था। लगता है, उस समय तुम कई सारी चीज़ों में उलझे हुए थे और बहुत दबाव में थे।

....

जैक: जरा एक मिनट!

कोच: तुम बहुत बढ़िया कर रहे हो, जैक।

जैक: हाँ, शायद। ये सचमुच मददगार सिद्ध हो रहा है। अब मुझे समझ में आने लगा है कि माइकल चीज़ों को कैसे देख रहा है। लेकिन उसे अब भी समझ में नहीं आया है कि मैं चीज़ों को कैसे देख रहा हूँ। मुझे अपनी कथा सामने रखने का मौका कब मिलेगा?

कोच: तुमने उसकी बातों को अच्छी तरह सुना। इसलिए तुम्हारी बात सुनने के लिए अब संभवत: माइकल एक बेहतर स्थिति में होगा।

....

जैक: माइकल, मेरे नज़रिए से समस्या ये थी कि मैंने तुम्हारी मदद की और बदले में तुमने मेरे साथ बुरा बर्ताव किया। तुम्हारा व्यवहार बहुत गलत था।

....

कोच: ठहरो! ये ठीक है कि तुम अपने नज़रिए की ओर जाना चाहते हो, लेकिन पहले तुम्हें इस बदलाव के लिए एक ऐसे वाक्य की जरूरत होगी, जो ये स्पष्ट करे कि तुमने इस विषय पर सामनेवाले के विचारों को समझना शुरू कर दिया है और अब तुम अपने विचार साझा करना चाहते हो। और अपने विचार साझा करते समय अगर तुम अपनी भावनाएँ भी साझा करना चाहो, तो कर लो। लेकिन ऊपर तुमने जो कहा, वह माइकल की आलोचना थी, जो शायद ही कभी सहायक होती हो। बेहतर होगा, तुम ये कहो कि तुम कैसा महसूस करते हो।

....

जैक: अब मुझे समझ में आ रहा है, तुम चीज़ों को कैसे देख रहे हो और ये मेरे लिए अच्छा है। मैं भी तुम्हें समझाना चाहता हूँ कि मैं चीज़ों को कैसे देख रहा था और कैसा महसूस कर रहा था।

माइकल: ठीक है।

जैक: हम्म। मैं हमेशा अपनी भावनाओं के बारे में खुलकर नहीं बता पाता हूँ, लेकिन फिर भी मैं कोशिश करूँगा। दरअसल तुम्हारी कुछ बातों से मुझे बहुत दु:ख पहुँचा –

माइकलः जैक, मेरा इरादा तुम्हें दुःख पहुँचाने का नहीं था। मैं बस ये चाहता था कि ब्रोशर ठीक से तैयार हो जाए! कभी-कभी मुझे लगता है कि तुम कुछ ज़्यादा ही संवेदनशील हो जाते हो।

....

जैकः ओके, मैंने उसकी सारी बातें शांति से सुनी और जैसे ही मैंने बोलना शुरू किया, उसने मुझे बीच में ही टोक दिया। मुझे अपना पहला वाक्य तक पूरा करने का मौका नहीं मिला। माइकल ऐसा ही है। वह हमेशा बीच में टोका-टाकी करता है और मैं कभी अपनी बात सामने नहीं रख पाता।

कोचः यही वह बिंदु है, जहाँ तुम्हें दृढ़ता दिखानी है और अपनी कथा को उसके सामने रखने के लिए थोड़ा दृढ़ संकल्प दिखाना है। तुम अपनी बात रखने का मौका हासिल करने के लिए उसे बीच में ही टोक सकते हो। तुम्हें खुलकर कहना होगा कि अभी तुम्हारी बात पूरी नहीं हुई है और तुम चाहोगे कि पहले वह पूरी बात सुने।

....

जैकः ज़रा ठहरो। इससे पहले कि हम इस बारे में बात करें कि मेरी भावनाओं को लेकर तुम क्या महसूस करते हो, मैं तुम्हें इस बारे में थोड़ा बताना चाहता हूँ कि मैं चीज़ों को कैसे देख रहा हूँ।

माइकलः ठीक है, लेकिन मैं जो कह रहा हूँ, वो ये है कि तुम हमारे कामकाज से जुड़े संवाद को व्यक्तिगत तौर पर ले रहे हो -

....

जैकः देखा? उसने फिर वही किया। वह हमेशा ऐसा ही करता है।

कोचः वह सचमुच बीच में टोकने के मामले में बड़ा निपुण है। तो इस समय तुम कैसा महसूस कर रहे हो।

जैकः मैं बुरी तरह हताश हूँ।

कोचः तो ऐसे में तुम्हारे पास ये विकल्प हैं - तुम हार मान सकते हो, पर मुझे लगता है, अभी ऐसा करना जल्दबाजी होगी। तुम उसे थोड़ा और सुन सकते हो। ऐसा करना हमेशा अच्छा रहता है। लेकिन चलो मान लेते हैं कि

फिलहाल तुम ऐसा नहीं करना चाहते। तो इसके बजाय तुम दो अन्य चीज़ें कर सकते हो। पहली, तुम एक बार फिर सीधे शब्दों में कह सकते हो कि तुम अपनी बात सामने रखना चाहते हो और मुझे लगता है कि अंतत: ऐसा करना ही कारगर रहेगा। दूसरी बात ये कि तुम बार-बार बीच में टोके जाने को लेकर अपनी हताशा व्यक्त कर सकते हो।

जैक: अगर मैंने ऐसा किया, तो वह तत्काल मुझे बीच में टोकेगा और कहेगा कि मुझे हताश नहीं होना चाहिए। लेकिन चलो, मैं एक बार फिर दृढ़ता से अपनी बात रखने की कोशिश करता हूँ।

....

जैक: माइकल, मैं जानता हूँ कि तुम्हें ऐसा लग रहा है कि मैं चीज़ों को व्यक्तिगत तौर पर ले रहा हूँ। लेकिन इस बारे में बातचीत करने से पहले मैं तुम्हें बताना चाहता हूँ कि मुझे क्या लग रहा है।

....

कोच: बहुत बढ़िया। तुमने उसे सुना और उसकी इस बात की संक्षिप्त व्याख्या भी कर दी कि तुम चीज़ों को कुछ ज़्यादा ही व्यक्तिगत तौर पर ले रहे हो। इसके चलते, अब उसे ये बात बार-बार दोहराने की जरूरत महसूस नहीं होगी। यही वह बिंदु है, जहाँ से तुम अपनी कथा को आगे जारी रख सकते हो।

जैक: अब मैं इसमें कुशल होता जा रहा हूँ।

....

जैक: तो सुनो, बात ये है कि जब तुमने मुझे फोन किया तो मैंने सोचा, 'हे भगवान! मेरे पास पहले से ही इतना सारा काम है। मुझे एंडर्स का काम कल सुबह तक निपटाकर देना है, ऊपर से आज रात शार्लोट के साथ डिनर पर जाने का प्लान भी है।' फिर मैंने सोचा, 'मैं एंडर्स को फोन करके कह देता हूँ कि उनका काम एक दिन देर से पूरा होगा और शार्लोट को भी बता देता हूँ कि आज डिनर पर जाना संभव नहीं होगा।' क्योंकि तुम्हारी बात सुनकर ऐसा लग रहा था कि तुम एक आपात स्थिति में फँसे हुए हो और मैं सचमुच तुम्हारी मदद करना चाहता था।

माइकल: और इसके लिए मैं तुम्हारा आभारी हूँ –

जैक: लेकिन उस समय तुमने ऐसा कुछ नहीं कहा। मेरे नज़रिए से देखो, तो इतनी सारी चीज़ों से समझौता करने के बाद मुझे तुमसे जो पहला फीडबैक मिला, वह ये था, 'ओफ्फो जैक, तुमने इसे बर्बाद कर दिया!' क्या अब तुम्हें समझ में आ रहा है, मैं इससे परेशान क्यों हो गया था?

माइकल: मुझे ऐसा नहीं कहना चाहिए था, जैक। मैं तो तुम्हें धन्यवाद देना चाहता था। मुझे लगता है कि उस समय मैं पहले से ही अपनी कई चीज़ों के चलते हताश महसूस कर रहा था। मजे की बात ये है कि मैं ये सोच ही नहीं रहा था कि तुम मेरी मदद कर रहे हो, हालाँकि ईमानदारी से कहूँ, तो अब मुझे समझ में आ रहा है कि तुम सचमुच मेरी मदद ही कर रहे थे। मैं तो ये सोच रहा था और अब भी यही सोचता हूँ कि तुम्हें काम देकर दरअसल मैं तुम्हारी मदद कर रहा था। और भी कई लोग थे, जिनसे मैं ये काम करवा सकता था, लेकिन मुझे लगा कि तुम इस बात के लिए आभारी रहोगे कि मैं तुम्हें काम दे रहा हूँ।

जैक: मैंने आभार व्यक्त किया था। मुझे लगता है कि मैं सारा काम निपटाने के चक्कर में इतनी बुरी तरह उलझ गया था कि ऐसा लग ही नहीं रहा था कि तुम मेरी मदद कर रहे हो। लेकिन जाहिर है कि ये काम देने के लिए मैं तुम्हारा आभारी हूँ।

....

जैक: अब तो ये बातचीत मजेदार होती जा रही है।

कोच: तुम बहुत बढ़िया कर रहे हो जैक। बस इसी तरह आगे बढ़ते रहो।

....

माइकल: जैक, मैं भी तुमसे एक बात कहना चाहता हूँ। चूँकि हम दोनों अपनी-अपनी बात रख ही रहे है, तो तुम्हें भी ये मालूम होना चाहिए कि जब तुम इस बात से साफ इंकार कर देते हो कि तुमने कोई गलती की है, तो मुझे बहुत बुरा लगता है। तुम्हारा कहना था कि ब्रोशर में तुमने जो ग्राफ बनाया है, वह ठीक है, जबकि वह ठीक नहीं था।

....

जैक: अब ये संवाद एक बार फिर मजेदार नहीं रह गया है।

कोच: कठिन बातचीत ऐसी ही होती है। इसमें उतार–चढ़ाव आता रहता है। तुम्हें इस पर काम करते रहना होगा।

....

जैक: माइकल, मैं किसी चीज़ से इंकार नहीं कर रहा था। मैं कोई गलती नहीं की थी!

....

कोच: ओके, ज़रा आराम से। इस समय तुम एक मुश्किल मोड़ पर हो। यहाँ तुम दोनों के बीच या तो एक बड़ी बहस शुरू हो सकती है या फिर कुछ चीज़ों को इस तरह स्पष्ट भी किया जा सकता है, जो मददगार साबित हो।

जैक: मुझे आपकी बात पर विश्वास है, लेकिन मुझे ऐसा कुछ भी नज़र नहीं आ रहा है।

कोच: ज़रा पीछे मुड़कर देखो, माइकल ने क्या कहा था। उसका कहना था कि 'जब तुम इस बात से साफ इंकार कर देते हो कि तुमने कोई गलती की है, तो मुझे बहुत बुरा लगता है।' यहाँ वह प्रभाव और इरादों से जुड़ी एक बड़ी गलती कर रहा है, वहीं तुम ऐसी ही दूसरी बड़ी गलती कर रहे हो। माइकल अपने इस कथन में ये मानकर चल रहा है कि उसे पता है कि तुम क्या करने की कोशिश कर रहे थे और तुम्हारे इरादे क्या थे।

जैक: जबकि उसे इसके बारे में कुछ नहीं पता है।

कोच: बिलकुल सही। तो वह ये मानने की गलती कर रहा है कि उसे तुम्हारे इरादे पता थे, जबकि वास्तव में उसे तुम्हारे इरादों के बारे में कुछ नहीं पता था। जब लोग बातचीत के दौरान ऐसा करते हैं, तो इससे वही होता है, जो यहाँ हुआ। सामनेवाला बचाव की मुद्रा में आ जाता है और फिर दोनों पक्षों के बीच व्यर्थ की बहस शुरू हो जाती है।

जैक: लेकिन ऐसा कैसे हो सकता है कि मैं अपना बचाव बिलकुल न करूँ?

कोच: प्रभाव और इरादे से संबंधित भ्रम से निपटने का सबसे अच्छा तरीका अपना बचाव करना नहीं है। सबसे पहले तुम्हें सामनेवाले की भावनाएँ स्वीकार करनी होंगी। इसके बाद ही तुम्हें ये स्पष्ट करने की कोशिश करनी चाहिए कि तुम्हारे इरादे क्या थे।

....

जैक: तो मेरी प्रतिक्रिया तुम्हारे लिए हताशाभरी थी?

माइकल: हाँ। और मैं कोई बुरा व्यक्ति बनने की कोशिश नहीं कर रहा था। मैं तो बस ये कोशिश कर रहा था कि काम ठीक से पूरा हो जाए।

जैक: अब मैं तुम्हें अपनी प्रतिक्रिया समझाने की कोशिश करता हूँ। मैं ये दिखावा करने की कोशिश नहीं कर रहा था कि कोई गड़बड़ हुई ही नहीं है और न ही मैं उसका दोष तुम्हारे ऊपर डाल रहा था। मुझे सचमुच ऐसा लगता है कि ग्राफ जैसा है, वैसा ही ठीक है। इस बारे में तुमसे बातचीत करके मुझे एहसास हुआ कि मेरी प्रतिक्रिया संपूर्ण जानकारी पर आधारित नहीं थी। मैं पूरे यकीन से नहीं कह सकता कि फिलहाल उस ग्राफ के बारे में मेरी क्या राय है। हाँ, मैं ये जरूर जानता हूँ कि अगर मुझे सचमुच ऐसा लगा होता कि ग्राफ को दोबारा बनाने की जरूरत है, तो मैं ये बात स्वीकार करनेवाला सबसे पहला व्यक्ति होता।

माइकल: अब इसके बारे में तो मैं कुछ नहीं कह सकता। पर मुझे अभी भी लगता है कि जब भी तुमसे कोई गलती होती है, तो तुम अपना बचाव करने लगते हो।

जैक: ये सच नहीं है।

....

कोच: तुमने इरादों के सवाल को अच्छी तरह खंगाल लिया है। ऐसा करना आसान नहीं होता। अब हम फिर से एक मुश्किल चीज़ की ओर जा रहे हैं। अपने दिल पर हाथ रखकर बताओ कि क्या ये सच है कि गलतियाँ करना तुम्हें कोई बड़ी बात नहीं लगता।

जैक: बिलकुल नहीं! मुझे गलतियाँ करने से नफरत है। मैं गलतियाँ बर्दाश्त नहीं

कर सकता। जब भी मुझसे कोई गलती होती है, तो मैं बेचैन हो जाता हूँ - खासकर अगर वह कोई मूर्खतापूर्ण गलती हो।

कोच: तो फिर तुमने ये बात कही ही क्यों?

जैक: लगता है कि मैं ये स्वीकार करना नहीं चाहता था कि अपनी गलतियों को स्वीकार करने में मुझे थोड़ी परेशानी तो होती है।

कोच: तो सुनो, इसके पीछे चाहे जो भी कारण हो पर माइकल को इस बात का एहसास है कि तुम्हें अपनी गलतियाँ स्वीकार करने में ज़रा परेशानी होती है। अगर तुम उससे अपनी पहचान संबंधी बातचीत साझा करो, तो हो सकता है कि तुम बेहतर करने लगो। हालाँकि इसमें जोखिम तो है, लेकिन कोई बड़ा जोखिम नहीं है क्योंकि ऐसा लगता है कि वह पहले से ही इसके बारे में जानता है।

....

जैक: माइकल, दरअसल इस बारे में विचार करके मुझे महसूस हुआ कि गलतियाँ स्वीकार करने में मुझे थोड़ी परेशानी तो होती है। यहाँ तक कि ये बात स्वीकार करने में भी मुझे मुश्किल हो रही है।

माइकल: तुम्हारा इतना कहना ही काफी है। मैं बस यही चाहूँगा कि गलती होने पर तुम उसे स्वीकार करो, फिर हम उसे सुधारने के काम में लग सकते हैं।

जैक: मैं इन दोनों मुद्दों को लेकर कोई भ्रम नहीं रखना चाहता। मैंने ग्राफ के मामले में गलती की और मेरा आंकलन ये था - तब जब हमने इस पर बात की थी - कि ये समस्या इतनी महत्वहीन है कि इसके लिए ग्राफ को नए सिरे से बनाने की जरूरत नहीं है।

....

कोच: बहुत बढ़िया। तुमने अपनी असली समस्या को स्वीकार किया और साथ ही तुमने इस बात को स्पष्ट करने के लिए 'यह और वह वाले रुख' का उपयोग भी अच्छी तरह किया कि इस मामले में तुम्हें ऐसा लगा था कि तुम्हारा आंकलन बिलकुल सही है।

जैक: तो अब मुझे आगे क्या करना है? क्या मेरा ये सबक पूरा हुआ?

कोच: बस पूरा होने ही वाला है। तुम्हारे हिसाब से और क्या-क्या है, जिसे कहना जरूरी है? और ऐसा क्या है, जिसे सीखना तुम्हें जरूरी लगता हो?

जैक: हमने इस बारे में तो बात कर ली कि ब्रोशर बनाने में मुझसे क्या गलती हुई, लेकिन अभी तक हमने इस बारे में कोई बात नहीं की कि माइकल ने क्या गलती की थी। आखिर सबसे पहले ब्रोशर की समीक्षा उसी ने की थी और फिर प्रिंट करने की मंजूरी भी दे दी थी।

कोच: ये एक महत्वपूर्ण मुद्दा है। हो सके, तो इस मुद्दे को दोषारोपण के बजाय समस्या में संयुक्त योगदान के रूप में उठाओ।

....

जैक: माइकल, एक और मुद्दा है, जिसे मैं तुम्हारे सामने उठाना चाहता हूँ। ऐसा लगता है कि तुम ये सोच रहे हो कि ब्रोशर के ठीक न होने के लिए पूरी तरह मैं जिम्मेदार हूँ।

माइकल: जैक, हमें दोबारा इसमें पड़ने की जरूरत नहीं है। मैं तुम्हारी गलती निकालने पर जोर नहीं दे रहा हूँ। मैं समझता हूँ कि तुमने ब्रोशर के लिए कड़ी मेहनत की और मैं उसके लिए तुम्हारा आभारी हूँ।

जैक: मैं जानता हूँ। मैं बस दोषारोपण के सवाल पर एक दूसरा दृष्टिकोण सामने रखना चाहता हूँ। तुम्हारी प्रतिक्रिया ये थी कि चूँकि ये काम मैंने किया है, इसलिए ग्राफ सही न होना मेरी गलती है। और मेरी शुरुआती प्रतिक्रिया ये थी कि चूँकि तुमने इसकी समीक्षा की थी और प्रिंट करने की मंजूरी दी थी, इसलिए इसमें तुम्हारी भी गलती नहीं है।

माइकल: नहीं, मैंने कभी नहीं कहा कि मैंने ब्रोशर की प्रूफरीडिंग की है। प्रूफरीडिंग करना तुम्हारा काम था। प्रिंट करने की मंजूरी देने का मतलब ये था कि मैं ये मानकर चल रहा हूँ कि इसमें कोई गलती नहीं होगी, इसलिए तुम इसे प्रिंट कर सकते हो।

जैक: यही तो बात है ना! मैं ये कह रहा हूँ कि इस समस्या में हम दोनों का हाथ है। हमने एक-दूसरे की बात को गलत समझ लिया। मैं ये नहीं कह रहा हूँ कि इसमें कुछ सही या गलत था। अगर हम दोनों ने एक-दूसरे की बातों को और स्पष्ट ढंग से समझा होता, तो शायद ये समस्या खड़ी ही न होती।

माइकल: हाँ, ये तो सच है! पर उससे क्या होता है?

जैक: मेरे कहने का मतलब ये है कि अगर हम अगली बार से सावधानी रखते हुए अपनी बात को और स्पष्टता से कहें, तो भविष्य में ऐसी किसी भी समस्या से बच सकते हैं। मुझे तुमसे स्पष्ट शब्दों में पूछ लेना चाहिए था कि क्या तुमने पूरा ब्रोशर ठीक से पढ़ लिया है और तुम्हें साफ-साफ बता देना चाहिए था कि नहीं, तुमने ठीक से नहीं पढ़ा है। अगर हममें से किसी एक ने भी ऐसा किया होता, तो ये हमारे लिए बड़ा उपयोगी साबित होता। भविष्य में भी ऐसा करना उपयोगी रहेगा।

माइकल: हाँ, ये बात तो है।

....

जैक: वाह! ये चर्चा करना दोषारोपण करने से कहीं ज़्यादा आसान रहा और कहीं ज़्यादा सहायक भी।

कोच: और ज़रा गौर करो कि योगदान के बारे में बात करने से तुम्हारा ध्यान सहज ही समस्या का समाधान ढूँढ़ने की ओर केंद्रित हो गया। आओ, इस पर थोड़ा और काम करते हैं। ब्रोशर को नए सिरे से तैयार किया जाना चाहिए था या नहीं, इसके बारे में तुम दोनों का दृष्टिकोण अलग-अलग है। अब इस मुद्दे के संदर्भ में समस्या को सुलझाओ।

पाँचवाँ कदम: समस्या सुलझाना

जैक: माइकल, आओ अब इस विषय पर विचार करते हैं कि अगर भविष्य में दोबारा कभी हमारे आंकलन में फर्क हुआ, तो उससे कैसे निपटा जाएगा। उदाहरण के लिए ब्रोशर को नए सिरे से तैयार करने की जरूरत है या नहीं।

माइकल: एक क्लाइंट होने के नाते मुझे लगता है कि इस बारे में वही किया जाना चाहिए, जो मुझे सही लगता है। मैं इसे किसी संयुक्त निर्णय के रूप में नहीं देखता, जो हम दोनों को मिलकर लेना हो।

जैक: जहाँ तक इस बारे में अंतिम निर्णय लेने की बात है, तो मैं तुम्हारी बात से सहमत हूँ। ये निर्णय तुम्हें ही लेना चाहिए। मैं बस ये सोच रहा हूँ कि निर्णय होने से पहले मैं तुम्हें अपने आंकलन का लाभ कैसे दूँ। मुझे लगता है

कि ऐसे मौके भी आएँगे, जहाँ किसी चीज़ को लेकर तुम्हारा एक निश्चित दृष्टिकोण होगा, लेकिन उसके बारे में आपस में चर्चा करने के बाद तुम्हारा विचार बदल जाएगा।

माइकल: तुम सही कह रहे हो। तो अगर हम इस बात को लेकर और ज़्यादा स्पष्ट हों कि बातचीत का उद्देश्य क्या है, तो ये सोचने के बजाय कि तुम अंतिम निर्णय खुद लेने की कोशिश में हो, मुझे पता होगा कि तुम सिर्फ अपना मत सामने रख रहे हो।

जैक: बिलकुल।

माइकल: लेकिन कभी-कभी मेरे पास इतना समय नहीं होता कि मैं इस पर लंबी बातचीत करूँ।

जैक: मैं समझता हूँ। जब ऐसा हो तो तुम मुझे बता दिया करो, इससे मुझे मदद मिलेगी। वरना मुझे समझ में नहीं आएगा कि तुम हमारी बातचीत के दौरान इतने हताश क्यों हो रहे हो।

माइकल: यानी मैं साफ-साफ ये कह सकता हूँ कि 'इस पर बात करने के लिए मेरे पास समय नहीं है।'

जैक: हाँ, और ये भी बता दो कि तुम्हारे पास समय क्यों नहीं है - तुम्हें दोपहर तक कोई काम निपटाना है या तुम रेवेन्यू से जुड़े किसी संवेदनशील मामले को सुलझाने में लगे हुए हो या ये कि हम इसके बारे में बाद में बात कर सकते हैं। क्योंकि इतना बताने में तुम्हें सिर्फ पाँच सेकंड का समय लगेगा और इससे मैं ये सोचकर हताश नहीं होऊँगा कि तुम मेरी बात ही नहीं सुन रहे हो।

माइकल: मैं देख सकता हूँ कि ऐसा महसूस करना हताशाजनक क्यों लगता होगा।

....

कोच: जैक, तुम और माइकल बिलकुल सही दिशा में हो। बहुत बढ़िया!

जैक: चूँकि बातचीत बढ़िया चल रही है इसलिए मैं माइकल के सामने वह बात भी रखना चाहता हूँ, जो कई मायनों में सबसे ज़्यादा मुश्किल है - यानी हमारी दोस्ती की बात। मैं ठीक-ठीक जानना चाहता हूँ कि जो भी हुआ, उससे हमारी दोस्ती पर कोई आँच नहीं आई है।

कोच: पहले इसके पीछे के अपने उद्देश्यों की जाँच करो। 'मैं ठीक-ठीक जानना चाहता हूँ कि जो भी हुआ, उससे हमारी दोस्ती पर कोई आँच नहीं आई है' ये वाक्य कुछ ऐसा लगता है, मानो तुम उससे जबरन कुछ बुलवाना चाहते हो। ये सामनेवाले पर अपना नियंत्रण जमाने जैसा है। अगर तुम सचमुच कोई सवाल पूछना चाहते हो, तो सुनिश्चित करो कि वह एक खुला सवाल हो। माइकल से सीधे शब्दों में ये पूछ लो कि वह तुम्हारी दोस्ती के बारे में क्या सोचता है। अगर इस समस्या से सचमुच तुम्हारी दोस्ती पर आँच आई है, तो तुम भी यही चाहोगे कि वह इसके बारे में खुलकर बोले।

....

जैक: मुझे खुशी है कि हम इन मुद्दों से निपटने के लिए काम कर रहे हैं। मुझे लगता है कि दोस्तों के साथ काम करना ज़रा कठिन होता है। तुम्हें क्या लगता है, क्या इससे हमारी दोस्ती प्रभावित हुई है?

माइकल: तुम अपनी बताओ? तुम्हें इसके बारे में क्या लगता है?

जैक: सच कहूँ, तो अब चूँकि हमने इस बारे में खुलकर बातचीत कर ली है, इसलिए मैं इसे लेकर बेहतर महसूस कर रहा हूँ। इस बातचीत से पहले मैं काफी गुस्से में था और शायद थोड़ा आहत भी। अगर हमने इसके बारे में इस तरह खुलकर बातचीत न की होती, तो मुझे ये समझने में ज़्यादा मुश्किल नहीं होती कि अब आगे से हम दोस्त नहीं रहनेवाले।

माइकल: मैं तुम्हारी ये बात सुनकर हैरान हूँ। स्पष्ट है कि इस तरह की चीज़ों पर हम दोनों बिलकुल अलग-अलग किस्म की प्रतिक्रिया देते हैं। मैं हमारे कामकाजी रिश्ते से खुश नहीं था, लेकिन मुझे लगा था कि इससे हमारी दोस्ती पर कोई फर्क नहीं पड़नेवाला। मैं हमारे कामकाजी रिश्ते और हमारी दोस्ती को अलग-अलग रखता हूँ। पर चूँकि इस बारे में तुम्हारी सोच बिलकुल अलग है, इसलिए मुझे खुशी है कि हमने इस पर खुलकर बात कर ली।

....

जैक: लगता है, हमारी दोस्ती अब भी बरकरार है!

कोच: तुमने इस बातचीत को अच्छी तरह सँभाला।

जैक: थैंक्स। मुझे लगता है कि अब हमारे बीच दोबारा ऐसी समस्या खड़ी नहीं होगी।

कोच: ये तो मैं नहीं जानता, लेकिन हाँ, तुम्हारे लिए ये मानकर चलना ही बेहतर होगा कि दोबारा ऐसी समस्या खड़ी नहीं होगी। हालाँकि अब तुम्हें पता है कि समस्याओं के बारे में खुलकर बात भी की जा सकती है ताकि आपस में हुई गलतफहमी भावनात्मक बोझ न बनने पाए और आपसी संबंध बिगड़ने की संभावना कम हो जाए। पर मुझे इस बात पर संदेह है कि इसके बाद तुम्हें माइकल के साथ कभी कोई कठिन बातचीत करने की जरूरत नहीं पड़ेगी।

कहते हैं कि 'जिंदगी एक के बाद एक होनेवाली अप्रिय घटनाओं की श्रृंखला मात्र है,' ये सच भी है। पर अब आपके पास इसे संभालने का कौशल भी है।

कठिन बातचीत की चेकलिस्ट

पहला कदमः तीन बातचीतों के तंत्र पर एक गहरी नज़र डालकर बातचीत की तैयारी करें

१) देखें कि क्या हुआ

आपकी कथा का आधार क्या है (जानकारी, पिछले अनुभव या नियम-कायदे)? सामनेवाले की कथा का आधार क्या है?

इस स्थिति का आप पर क्या प्रभाव पड़ा? सामनेवाले का इरादा क्या रहा होगा?

समस्या में आप दोनों का क्या योगदान रहा है?

२) भावनाओं को समझें।

अपने भावनात्मक पदचिन्हों और उन भावनाओं की छानबीन करें, जिन्हें आपने अनुभव किया है।

३) अपनी पहचान को संतुलित रखें।

आपके लिए दांव पर क्या लगा हुआ है? बेहतर संतुलन बनाने के लिए आपको क्या स्वीकार करने की जरूरत है?

दूसरा कदमः अपने उद्‌देश्यों को जाँचें और तय करें कि समस्या को उठाना है या नहीं

* **उद्‌देश्यः** ये बातचीत करके आप क्या हासिल करने की उम्मीद कर रहे हैं? सीखने, साझा करने और समस्या सुलझाने का समर्थन करने के लिए अपना रुख बदलें।

* **निर्णय लेनाः** क्या मुद्‌दे को हल करने और अपने उद्‌देश्य पूरे करने का सबसे अच्छा तरीका यही है? क्या समस्या सचमुच आपकी पहचान संबंधी बातचीत में अंतर्निहित है? क्या अपना योगदान बदलने से समस्या पर कोई प्रभाव पड़ेगा? अगर आप इसे नहीं उठाते हैं, तो फिर इससे मुक्त होने के लिए आप और क्या कर सकते हैं?

तीसरा कदमः तीसरी कथा से शुरू करें

१) समस्या का वर्णन अपनी और सामनेवाले की कथा के बीच के **अंतर** के रूप में करें। दोनों के दृष्टिकोण को चर्चा के वैध भाग के रूप में शामिल करें।

२) अपने **उद्देश्य** साझा करें।

३) सामनेवाले को ऐसे भागीदार के तौर पर **आमंत्रित** करें, जिसके साथ मिलकर स्थिति को सुलझाना है।

चौथा कदमः अपनी और सामनेवाले की कथा की छानबीन करें

* **जो हुआ, उस पर सामनेवाले का दृष्टिकोण समझने के लिए उसे सुनें।** सवाल पूछें। बहस और आरोपों के पीछे की भावनाओं की स्वीकार करें। आपने सामनेवाले की बात समझ ली है या नहीं, ये देखने के लिए उसकी संक्षिप्त व्याख्या करें। इस गुत्थी को सुलझाने की कोशिश करें, कि आखिर आप दोनों के बीच ये स्थिति क्यों बनी।

* **अपना दृष्टिकोण**, अपने पिछले अनुभव, इरादे और भावनाएँ साझा करें।

* बातचीत को पटरी पर रखने के लिए **रीफ्रेम** करे। सच से लेकर धारणाओं तक, दोषारोपण से लेकर योगदान तक और आरोपों से लेकर भावनाओं तक, सामनेवाले की हर बात को रीफ्रेम करें।

पाँचवाँ कदमः समस्या सुलझाना

* ऐसे **विकल्प** तैयार करें, जो दोनों पक्षों की सबसे महत्वपूर्ण चिंताओं और हितों का ध्यान रखते हों।

* क्या होना चाहिए, इसके लिए **मानकों** का पता लगाएँ। एक-दूसरे का खयाल रखनेवाले मानकों को याद रखें; एक-तरफा रिश्ते हमेशा चलते रहें, ऐसा कम ही होता है।

* मामले में आगे बढ़ते हुए इस बारे में बात करें कि आपसी **संवाद** में खुलापन कैसे रखा जाए।

कुछ महत्वपूर्ण संगठनों पर एक टिप्पणी

हार्वर्ड नेगोसिएशन प्रोजेक्ट

हार्वर्ड नेगोसिएशन प्रोजेक्ट (एचएनपी) एक शोध परियोजना है, जिसे संघर्ष समाधान के बेहतर तरीके विकसित व प्रसारित करने के लिए सन १९८१ में हार्वर्ड विश्वविद्यालय में शुरू किया गया था। यह हार्वर्ड लॉ स्कूल के प्रोग्राम ऑन नेगोसिएशन एट हार्वर्ड का एक भाग है, जो विद्वानों का एक अंतर-विश्वविद्यालय संघ है। यह सौदेबाज़ी व संघर्ष समाधान के सैद्धांतिक एवं व्यावहारिक पहलुओं के प्रति बहु-विषयक दृष्टिकोण रखनेवाली गतिविधियों पर केंद्रित है। एचएनपी की गतिविधियों में एक्शन रिसर्च, सिद्धांतों का विकास, शिक्षा, प्रशिक्षण और लेखन शामिल है।

एक्शन रिसर्च- एचएनपी दुनिया की विभिन्न समस्याओं को दूर करने में जुटे लोगों के साथ काम करता है ताकि उनकी मदद कर सके, उनके अनुभवों से सीख सके और नए सिद्धांत विकसित कर सके। उदहारण के लिए एचएनपी ने सन १९८० के यूएस-ईरान बंधक संघर्ष जैसे कई बड़े संघर्षों का समाधान करने में अपना योगदान दिया, साथ ही यूएस और सोवियत यूनियन के संबंधों को बेहतर बनाने में और मध्य अमेरिका व दक्षिण अफ्रीका में शांति प्रक्रियाओं एवं सौदेबाज़ी का स्वरूप तय करने में भी मदद की।

सिद्धांत विकसित करना- एचएनपी में विकसित किए गए विचारों में से एक है, मध्यस्थता की एक-सूत्रीय प्रक्रिया, जिसका उपयोग यूनाइटेड स्टेट्स ने १९७८ के कैम्प डेविड शिखर सम्मेलन के बाद मध्य पूर्व की शांति वार्ताओं में किया था। इसके अलावा एचएनपी द्वारा सौदेबाज़ी में 'सैद्धांतिक लाभ' या 'आपसी लाभ' की विधि और उत्पादक बातचीत के दृष्टिकोण जैसे विचार विकसित किए गए, जिन्हें इस किताब में संक्षेप में प्रस्तुत किया गया है।

शिक्षा और प्रशिक्षण- एचएनपी ने ही हार्वर्ड लॉ स्कूल में सिखाई जानेवाली अत्यंत प्रभावशाली नेगोसिएशन वर्कशॉप को विकसित किया है, जिसने दुनियाभर के शिक्षकों को प्रभावित किया है। हार्वर्ड लॉ स्कूल के प्रोग्राम ऑफ इंस्ट्रक्शन फॉर लॉयर्स के तहत एचएनपी हर साल जून और नवंबर के महीने में वकीलों व

आम लोगों के लिए सौदेबाज़ी और कठिन बातचीतों पर विभिन्न साप्ताहिक कोर्स चलाता है। (इस विषय पर अधिक जानकारी पाने के लिए प्रोग्राम ऑफ इंस्ट्रक्शन फॉर लॉयर्स से (६१७) ४९५-३१८७ पर संपर्क करें या www.law.harvard.edu/Programs/PIL/. पर विजिट करें।

प्रकाशन- हार्वर्ड नेगोसिएशन प्रोजेक्ट में जो भी कार्य हुए हैं, उन्होंने कई किताबों को जन्म दिया, जैसे - इंटरनेशनल मीडिएशन: ए वर्किंग गाइड, गेटिंग टू यस: नेगोशिएटिंग एग्रीमेंट विदआउट गिविंग इन, गेटिंग टुगेदर: बिल्डिंग रिलेशनशिप्स एज़ वी नेगोशिएट, गेटिंग रेडी टू नेगोशिएट, बियॉन्ड मैकियावेली, कोपिंग विद इंटरनेशनल कॉन्फ्लिक्ट, गेटिंग इट डन: हाउ टू लीड व्हेन यू आर नॉट इंजार्च और यह किताब। इसके अलावा इस पर कई लेख, शिक्षण मार्गदर्शिका, पाठ्यक्रम और सौदेबाजी के अभ्यास भी प्रकशित हो चुके हैं। (शिक्षण सामग्री के बारे में जानकारी लेने के लिए प्रोग्राम ऑन नेगोसिएशन क्लियरिंगहाउस से (६१७) ४९५-१६८५ पर संपर्क करें या chouse@pon.law.harvard.edu. पर ई-मेल करें। इस क्षेत्र के नवीनतम विचारों के बारे में जानने के लिए इसी नंबर पर उपलब्ध नेगोसिएशन जर्नल को सब्सक्राइब करें)

कॉन्फ्लिक्ट मैनेजमेंट ग्रुप

कॉन्फ्लिक्ट मैनेजमेंट ग्रुप (सीएमजी) एक गैर-लाभकारी संगठन है, जो आपसी मतभेदों का रचनात्मक प्रबंधन करने में लोगों की मदद करने के लिए प्रतिबद्ध है। सीएमजी तीन विशेष क्षेत्रों में सहयोगात्मक समस्या-समाधान और शांति को बढ़ावा देने के लिए दुनियाभर के सार्वजनिक व निजी क्षेत्र के समूहों को प्रशिक्षण, सलाह, सहयोग उपलब्ध कराता है।

सामरिक सहायता: सामाजिक सरोकार से जुड़ी दीर्घकालिक समस्याओं का प्रबंधन करने के नए रास्ते खोजने में विभिन्न पक्षों की मदद करनेवाली अनौपचारिक पहल। सीएमजी ने न सिर्फ नस्लीय संघर्ष से निपटने में सोवियत संघ के नेताओं की और दक्षिण अफ्रीका व अल साल्वाडोर में आधिकारिक वार्ता दलों की मदद की है बल्कि इक्काडोर और पेरू के बीच के सीमारेखा विवाद को सुलझाने में भी महत्वपूर्ण भूमिका निभाई है।

क्षमता विकास: संगठनों और समुदायों की साथ मिलकर संघर्ष प्रबंधन करने और समस्याएँ सुलझाने की क्षमता बढ़ाना। सीएमजी ऑर्गनाइजेशन ऑफ अफ्रीकन

यूनिटी के साथ काम करता है, साइप्रस की ग्रीक और तुर्क आबादी को सहयोग देता है और यूनाइटेड स्टेट्स में युवा हिंसा पर अंकुश लगाने एवं नस्लीय तनाव को कम करने में विभिन्न समुदायों की मदद करता है।

सिद्धांतों और अभ्यास का परस्पर विनिमयः सीएमजी सिद्धांतों को पेशेवरों के लिए उपयोगी बनाने और व्यावहारिक प्रयोग से उपयोगी धारणाएँ विकसित करने के लिए काम करता है। सीएमजी की स्थापना हार्वर्ड नेगोसिएशन प्रोजेक्ट के सदस्यों ने की थी। (अधिक जानकारी के लिए सीएमजी से (६१७) ३५४-५४४४ पर संपर्क करें या www.cmgroup.org. पर विजिट करें।)

वैन्टिज पार्टनर्स, एलएलसी

वैन्टिज पार्टनर्स, एलएलसी मेसाचुसेट्स के कैम्ब्रिज शहर में स्थित एक अंतर्राष्ट्रीय कंसल्टिंग फर्म है, जो संगठनों को न केवल बेहतर सौदेबाज़ी और निर्माण में सक्षम बनाती है बल्कि आंतरिक विभागों, बाहरी भागीदारों, ग्राहकों एवं सप्लायर्स के साथ उनके संबंधों के बेहतर प्रबंधन में मदद भी करती है। वैन्टिज पार्टनर्स की स्थापना हार्वर्ड नेगोसिएशन प्रोजेक्ट के वर्तमान व पूर्व सदस्यों ने की थी। ये अपने ग्राहकों को संबंधों में मजबूती लाने, सौदेबाज़ी के परिणामों को बेहतर बनाने और प्रतिस्पर्धात्मक लाभ हासिल करने के लिए जरूरी व्यवहार कौशल, उपकरण, प्रक्रियाएँ, औपचारिक संरचनाएँ और सांस्कृतिक मानसिकता विकसित करने में मदद करती है। वैन्टिज की सेवाओं में गठबंधन संबंधी रिश्तों के प्रबंधन व सौदेबाजी में सहयोग करना, आंतरिक संघर्ष (कार्यकारी दलों के बीच, कार्यालयों के बीच और अन्य सभी के बीच होनेवाले संघर्ष) से सीखने की क्षमता विकसित करना और ग्राहकों व सप्लायर्स के साथ 'सौदेबाजी के संगठनात्मक परिणामों' में सुधार करना शामिल है। इसके साथ ही वैन्टिज सौदेबाज़ी, संबंधों के निर्माण और प्रबंधन, संघर्ष प्रबंधन और प्रभावी ढंग से कठिन बातचीत करने जैसे महत्वपूर्ण कौशलों का विकास करने के लिए विशेष रूप से तैयार किए गए प्रशिक्षण कार्यक्रम और उत्पाद भी उपलब्ध कराती है। (अधिक जानकारी के लिए वैन्टिज पार्टनर्स, एलएलसी से (६१७) ३५४-६०९० पर संपर्क करें या www.vantagepartners.com पर विजिट करें।)

ट्राइऐड कंसल्टिंग ग्रुप, इंक

ट्राइऐड कंसल्टिंग संगठनों, व्यवसायों और समुदायों की मदद करने के लिए

प्रतिबद्ध है, ताकि वे अपने सबसे कठिन संघर्षों से स्पष्टता, गरिमा व भावनात्मक समझ के साथ कुछ इस तरह निपट सकें – कि उनके आपसी संबंध और गहन हो जाएँ व समस्याओं के प्रभावी समाधान को बढ़ावा मिले। ट्राइऐड कंसल्टिंग के सलाहकारों को ऐसे विवादों का निपटारा करने में विशेषज्ञता हासिल है, जिनमें महत्वपूर्ण मूल्य दांव पर लगे होते हैं और भावनात्मक तीव्रता बहुत ज़्यादा होती है। ये व्यक्तिगत, दलगत और संगठनात्मक स्तर पर काम करते हुए सामरिक सौदेबाज़ी के बारे में सलाह, मध्यस्थता सेवाएँ, विशेष रूप से तैयार किए गए कौशल प्रशिक्षण कार्यक्रम और कार्यकारी कोचिंग उपलब्ध कराता है। ट्राइऐड के सलाहकार फोर्ड मोटर कंपनी, द सिटाडेल, अकामाई टेक्नोलॉजीज, सिंगापुर सुप्रीम कोर्ट, टेक्नोलॉजी पार्टनर्स इंटरनेशनल (टीपीआई) और बॉस्टन एरिया रेप क्राइसिस सेंटर जैसे विभिन्न समूहों और संगठनों के साथ काम कर चुके हैं। ट्राइऐड की स्थापना हार्वर्ड नेगोसिएशन प्रोजेक्ट और कॉन्फ्लिक्ट मैनेजमेंट ग्रुप के सदस्यों ने की थी। (अधिक जानकारी के लिए ट्राइऐड से (६१७) ५४७-१७२८ पर संपर्क करें या www.triadcgi.com पर विजिट करें।)

कठिन बातचीत के बारे में सामान्य जानकारी और ताजा खबरें पाने के लिए हमारा www.difficultconversations.com देखें।

यह पुस्तक पढ़ने के बाद आप अपना अभिप्राय (विचार सेवा) books.feedback@tejgyan.org पर पोस्ट कर सकते हैं।

तेजज्ञान फाउण्डेशन - परिचय

तेजज्ञान फाउण्डेशन आत्मविकास से आत्मसाक्षात्कार प्राप्त करने का एक रास्ता है। इसके लिए सरश्री द्वारा एक अनूठी बोध पद्धति (System for Wisdom) का सृजन हुआ है। इस पद्धति को अन्तर्राष्ट्रीय मानक ISO 9001:2015 के आवश्यकताओं एवं निर्देशों के अनुरूप ढालकर सरल, व्यावहारिक एवं प्रभावी बनाया गया है।

इस संस्था की बोध पद्धति के विभिन्न पहलुओं (शिक्षण, निरीक्षण व गुणवत्ता) को स्वतंत्र गुणवत्ता परीक्षकों (Quality Auditors) द्वारा क्रमबद्ध तरीके से जाँचा गया। जिसके बाद इन पहलुओं को ISO 9001:2015 के अनुरूप पाकर, इस बोध पद्धति को प्रमाणित किया गया है।

फाउण्डेशन का लक्ष्य आपको नकारात्मक विचार से सकारात्मक विचार की ओर बढ़ाना है। सकारात्मक विचार से शुभ विचार यानी हॅपी थॉट्स (विधायक आनंदपूर्ण विचार) और शुभ विचार से निर्विचार की ओर बढ़ा जा सकता है। निर्विचार से ही आत्मसाक्षात्कार संभव है। शुभ विचार (Happy Thoughts) यानी यह विचार कि 'मैं हर विचार से मुक्त हो जाऊँ।' शुभ इच्छा यानी यह इच्छा कि 'मैं हर इच्छा से मुक्त हो जाऊँ।'

यदि आप ऐसा ज्ञान चाहते हैं, जो सामान्य ज्ञान के परे हो, जो हर समस्या का समाधान हो, जो सभी मान्यताओं से आपको मुक्त करे, जो आपको ईश्वर का साक्षात्कार कराए, जो आपको सत्य पर स्थापित करे तो समय आ गया है तेजज्ञान को जानने का। समय आ गया है शब्दोंवाले सामान्य ज्ञान से उठकर तेजज्ञान का अनुभव करने का।

तेजज्ञान फाउण्डेशन – परिचय

हॅपी थॉट्स तेजज्ञान यूटयूब चैनल

महाआसमानी - अल्प परिचय

Self Development to Self Realization
Towords Self Stabilizaion

क्या आपको उच्चतम आनंद पाने की इच्छा है? ऐसा आनंद, जो किसी कारण पर निर्भर नहीं है, जिसमें समय के साथ केवल बढ़ोतरी ही होती है? क्या आप इसी जीवन में प्रेम, विश्वास, शांति, समृद्धि और परमसंतुष्टि पाना चाहते हैं? क्या आप शारीरिक, मानसिक, सामाजिक, आर्थिक और आध्यात्मिक इन सभी स्तरों पर सफलता हासिल करना चाहते हैं? क्या आप 'मैं कौन हूँ' इस सवाल का जवाब अनुभव से जानना चाहते हैं?

यदि आपके अंदर इन सवालों के जवाब जानने और 'अंतिम सत्य' पाने की प्यास जगी है तो तेजज्ञान फाउण्डेशन द्वारा आयोजित 'महाआसमानी परम ज्ञान शिविर' में आपका स्वागत है। यह शिविर पूर्णतः सरश्री की शिक्षाओं पर आधारित है।

महाआसमानी परम ज्ञान शिविर का उद्‌देश्य :

इस शिविर का उद्‌देश्य है, विश्व का हर इंसान 'मैं कौन हूँ' इस सवाल का जवाब जानकर सर्वोच्च आनंद में स्थापित हो जाए। उसे ऐसा ज्ञान मिले, जिससे वह हर पल वर्तमान में जीने की कला प्राप्त करे। भूतकाल का बोझ और भविष्य की चिंता इन दोनों से मुक्त हो जाए। हर इंसान को जीवन में स्थाई खुशी और सही समझ मिले। साथ ही उसे समस्याओं को विलीन करने की कला आ जाए। मनुष्य जीवन का उद्‌देश्य पूर्ण हो। 'मैं कौन हूँ? मैं यहाँ क्यों हूँ? मोक्ष का अर्थ क्या है? क्या इसी जन्म में मोक्ष प्राप्ति संभव है?' यदि ये सवाल आपके अंदर हैं तो महाआसमानी परम ज्ञान शिविर इसका जवाब है।

महाआसमानी– अल्प परिचय

हैपी थॉट्स सरश्री (इंग्लिश) यूट्यूब चैनल

सरश्री द्वारा रचित पुस्तकों की जानकारी

सरश्री ने विविध विषयों पर १५० से अधिक पुस्तकों का लेखन किया है, जिनमें से 'विचार नियम', 'विश्वास नियम' 'स्वसंवाद का जादू', 'स्वयं का सामना', 'स्वीकार का जादू', 'निर्णय और ज़िम्मेदारी', 'निःशब्द संवाद का जादू', 'संपूर्ण ध्यान' आदि पुस्तकें बेस्टसेलर बन चुकी हैं। इनमें से कुछ पुस्तकें दस से अधिक भाषाओं में अनुवादित की जा चुकी हैं और प्रमुख प्रकाशकों द्वारा प्रकाशित की गई हैं, जैसे पेंगुइन बुक्स, जैको बुक्स, मंजुल पब्लिशिंग हाऊस, प्रभात प्रकाशन, राजपाल ऍण्ड सन्स, पेंटागॉन प्रेस, सकाळ प्रकाशन इत्यादि।

विचार नियम
आपकी कामयाबी का रहस्य

विश्वास नियम
सर्वोच्च शक्ति के सात नियम

मौन नियम
स्वयं को जानने का निःशब्द उपाय

पुस्तकें ऑर्डर करने के लिए लॉग इन करें

- www.gethappythoughts.org

पुस्तकों की अधिक जानकारी के लिए संपर्क करें-

फोन नं.: 09011013210

www.ingramcontent.com/pod-product-compliance
Lightning Source LLC
LaVergne TN
LVHW090232051026
849517LV00001B/278